KARL VORLAUFER
TOURISMUS IN ENTWICKLUNGSLÄNDERN

KARL VORLAUFER

TOURISMUS IN ENTWICKLUNGSLÄNDERN

Möglichkeiten und Grenzen
einer nachhaltigen Entwicklung
durch Fremdenverkehr

Mit 26 Abbildungen, 11 Karten und 28 Tabellen im Text

WISSENSCHAFTLICHE BUCHGESELLSCHAFT
DARMSTADT

Einbandgestaltung: Neil McBeath, Stuttgart.

Einbandbild: Karl Vorlaufer.

Die Deutsche Bibliothek – CIP-Einheitsaufnahme

Vorlaufer, Karl:
Tourismus in Entwicklungsländern: Möglichkeiten
und Grenzen einer nachhaltigen Entwicklung
durch Fremdenverkehr; mit 26 Tabellen im Text /
Karl Vorlaufer. – Darmstadt: Wiss. Buchges., 1996
ISBN 3-534-11156-7

Bestellnummer 11156-7

© 1996 by Wissenschaftliche Buchgesellschaft, Darmstadt
Gedruckt auf säurefreiem und alterungsbeständigem Werkdruckpapier
Satz: Setzerei Gutowski, Weiterstadt
Druck und Einband: VDD – Darmstadt
Printed in Germany
Schrift: Linotype Garamond, 9.5/11

ISBN 3-534-11156-7

INHALT

VERZEICHNIS DER ABBILDUNGEN UND KARTEN

Abbildungen

X   Verzeichnis der Abbildungen und Karten

Karten

VERZEICHNIS DER TABELLEN

VORWORT

Die vorliegende Studie basiert auf

1. meinen seit 1974 durchgeführten Forschungsprojekten über den Tourismus
   in Kenya (1974, 1981, 1991/93), Sri Lanka (1977/79), Thailand (1991/94), auf
   den Seychellen (1990) und Philippinen (1991/93);
2. z. T. mehrmonatigen Studienreisen mit Informations- und Materialsamm-
   lungen in Indonesien (1978, 1994), Thailand (1976, 1978), auf den Philippinen (1978), in der Karibik (1980), in Kashmir u. Ladakh/Indien (1983),
   Zimbabwe (1984), Malaysia (1984), Singapur (1979, 1984), Hongkong und
   Macau (1993), Mexiko (1995) sowie der Dominikanischen Republik
   (1995);
3. mir brieflich zugestellten Informationen nationaler Tourismusbehörden
   sowie von Unternehmen der Tourismuswirtschaft;
4. der Auswertung der interdisziplinären Literatur.

Um die Zahl der Quellenangaben zu begrenzen, wurden nur wissenschaftliche Arbeiten als Quellen ausgewiesen. Alle quellenmäßig nicht belegten
Daten und Informationen basieren entweder auf Mitteilungen, Unterlagen
und Statistiken nationaler Tourismusbehörden oder auf eigenen Erhebungen.

Räumlich beschränkt sich die Studie auf die Entwicklungsländer (EL), die
bis zum Zusammenbruch des Sowjet-Blocks, der Zweiten Welt, als Dritte Welt
bezeichnet wurden.

Mein Dank gilt meinen Mitarbeiterinnen und Mitarbeitern am Geographi-
schen Institut der Heinrich-Heine-Universität Düsseldorf sowie den studenti-
schen Hilfskräften, die an der Datenerhebung und -auswertung mitgearbeitet
haben. Frau Dehling hat mit Engagement EDV-Arbeiten durchgeführt; Herr
Massoud mit Akribie Karten erstellt, Frau Potthoff mit Kompetenz die
Schreibarbeit übernommen. Danken möchte ich Herrn Vogel, der als Lektor
des Verlages die Fertigstellung des Manuskriptes mit Geduld und vielfältigen
Anregungen begleitet hat.

Das Buch widme ich meiner Frau Renate und meinen Kindern Miriam und
Tobias, die den Fortgang der Arbeit mit Anteilnahme, Verständnis, aber auch
mit dem Verzicht auf nicht wenige gemeinsame Wochenenden verfolgt haben.

Frühjahr 1996   Karl Vorlaufer

1. ENTWICKLUNGSLÄNDER-TOURISMUS – VEHIKEL DER ENTWICKLUNG ODER WEG IN DIE UNTERENTWICKLUNG?

1.1 Tourismus und multidimensionale Entwicklung

Bevölkerungsexplosion, Massenarbeitslosigkeit, Verelendung schnell wachsender Bevölkerungsteile, Verschärfung sozialer und räumlicher Disparitäten, zunehmende Ressourcenzerstörung, steigende Zahlungsbilanzdefizite, gravierende Verschuldungsprobleme und – damit eng verknüpft – wachsende politische Instabilität kennzeichnen mehr und mehr Entwicklungsländer (EL) und zwingen sie dazu, alle verfügbaren Ressourcen zur Überlebenssicherung einzusetzen. Zu diesen Ressourcen zählen auch für den Tourismus nutzbare Potentiale wie ein für die „Reichen aus dem Norden" angenehmes, warmes Klima, häufig von der modernen Zivilisation (oft scheinbar) noch nicht überformte, ökologisch intakte, „unberührte" Landschaften oder exotische Kulturen und Völker. Da die meisten dieser Ressourcen, das primäre touristische Angebot, in den Regionen der touristischen Nachfrage nicht substituiert und nicht in die Heimat der „Reichen", in die Industrieländer, transportiert werden können, besitzen EL oft nur mit ihren touristischen Attraktionen ein „absolut günstiges Angebot", durch das sie im Unterschied zu fast allen anderen von ihnen angebotenen Gütern etwa der Agrar- und Industriewirtschaft auf dem Weltmarkt häufig konkurrenzlos auftreten (Vorlaufer 1984, 1988, 1990).

In Anbetracht der bisher stark gestiegenen und auch für die Zukunft mit hohen Wachstumsraten prognostizierten Nachfrage nach „Reisen von den Ländern der Reichen in die Länder der Armen" sehen EL unterschiedlicher Ressourcenausstattung, Kultur und Gesellschaftsordnung in der verstärkten Förderung des Fremdenverkehrs eine Chance, ihren Anteil am wachsenden Welttourismus zu erhöhen und ihre wirtschaftliche Misere zu mildern. Dies trifft insbesondere auf Länder mit fehlendem Potential zur Steigerung alternativer agrar- oder industriewirtschaftlicher Produktionen und dementsprechend niedrigem Bruttosozialprodukt (BSP) pro Kopf der Bevölkerung zu. Aber auch Länder mit einer diversifizierten Produktionsstruktur, die – nach der Definition der Weltbank (1993) – bereits zur „oberen Einkommenskategorie" der „Länder mit mittleren Einkommen" zählen (z. B. Venezuela, Mexiko) oder sogar – wie Hongkong und Singapur – aufgrund ihres hohen BSP pro Kopf schon zu den entwickelten Staaten aufgeschlossen haben, versuchen über den weiteren Ausbau des Fremdenverkehrs ihr Wirtschaftswachstum zu beschleunigen und abzusichern. Winzige Inselstaaten mit oft nur wenigen tausend Einwohnern und einer fast ausschließlich subsistenz- und binnenmarktorientierten Agrar- und Fischereiwirtschaft, wie viele Karibik- und Pazifikinseln, die Seychellen oder die Malediven, aber auch bevölkerungsstarke Staaten mit einer diversifizierten und im hohen Maße in den Weltmarkt eingebundenen Wirtschaft, wie China, Indien, Mexiko oder Indonesien, sehen im Aufbau einer Fremdenverkehrswirtschaft einen Weg zur Entwicklung ihrer Gesellschaften.

In den nationalen Entwicklungsplänen der meisten Länder wird jedoch – zumindest implizit – „Entwicklung" gleichgesetzt mit wirtschaftlichem Wachstum. Die Erhöhung der Deviseneinnahmen, die Schaffung von Arbeitsplätzen und damit die Steigerung der Einkommen der Bevölkerung sind die in der Regel explizit formulierten und mit der Förderung des Fremdenverkehrs vorrangig verbundenen Oberziele. Erst in den letzten Jahren wird in den Reiseländern zunehmend auch explizit ein weiteres Ziel angestrebt: die touristische Nutzung peripherer, wenig erschlossener Regionen mit weithin fehlenden Ressourcen für alternative Produktionen, um so einmal über eine Mobilisierung aller Potentiale des Staates eine Steigerung des BSP und zum anderen den Abbau räumlicher und sozialer Disparitäten zu erreichen (Kap. 7).

Nichtökonomische Ziele werden mit der Tourismusförderung kaum verbunden und haben oft nur den Charakter von Leerformeln, wie z. B. die vor allem in den 70er Jahren noch häufiger formulierte Erwartung, daß der Tourismus zur Völkerverständigung und somit zum Weltfrieden beitragen könne.

Nur langsam setzte sich in mehr und mehr Ländern und bei deren Eliten die Erkenntnis durch, daß „Entwicklung" mehr beinhalten muß als nur das quantitative Wachstum des BSP, wenngleich die Formel „Entwicklung = Wachstum" aus volkswirtschaftlichen Wachstumstheorien der kapitalistischen Länder abgeleitet wurde, nach denen ein ausreichendes Wirtschaftswachstum letztlich auch die sozialen und politischen Probleme eines Landes lösen werde. Auch durch Tourismus induzierte „Entwicklung" umfaßt jedoch neben wirtschaftlichen auch sozio-kulturelle, politische und ökologische Dimensionen. In Ergänzung der z. B. von Nohlen u. Nuscheler (1992) als magisches Fünfeck von Entwicklung herausgestellten interdepenten Ziele von Entwicklung, nämlich Arbeit/Beschäftigung, wirtschaftliches Wachstum/Strukturwandel, Partizipation und Unabhängigkeit, müssen im Hinblick auf den Tourismus als möglichen Entwicklungsfaktor auch die ökologischen sowie die sozial- und wirtschaftsräumlichen Aspekte von Entwicklung berücksichtigt werden. Der durch den Fremdenverkehr ausgelöste soziale Wandel sollte zudem ohne abrupte Veränderungen überkommener Kulturmuster und Sozialbeziehungen sowie der dem einzelnen vertrauten sozialen und räumlichen

Umwelt erfolgen: Die Frage nach der *Sozialverträglichkeit* des Tourismus bekommt damit einen hohen Stellenwert.

Entwicklung als zielgerichteter, multidimensionaler Prozeß zur Steigerung der Wohlfahrt der Bevölkerung kann sich zudem nur auf der Basis ökologischer Stabilität, der langfristigen Sicherung natürlicher Ressourcen vollziehen – die *Umweltverträglichkeit* des Fremdenverkehrs ist eine Voraussetzung zur Erreichung einer „*nachhaltigen Entwicklung*" (sustainable development). „Nachhaltigkeit" eines Entwicklungsprozesses ist dann gegeben, wenn die Nutzung von Ressourcen zur Steigerung der Wohlfahrt der Bevölkerung so geschieht, daß sie auch späteren Generationen zur Sicherung ihrer sozialen Lage noch in einem ähnlichen Maße zur Verfügung stehen, keine irreparable Ressourcenzerstörung stattfindet.

Mit der Förderung des Tourismus verfolgen die EL vorrangig wirtschaftliche Ziele, wobei sie – im hohen Maße implizit basierend auf den Modernisierungstheorien (s. dazu z. B. Menzel 1991) – erwarten, daß auch der Fremdenverkehr ein Vehikel sein kann, über das eine an den westlichen Ländern orientierte „nachholende Entwicklung", eine Modernisierung ihrer Gesellschaften erreicht werden kann. In Anbetracht der Multidimensionalität von Entwicklung kollidieren wirtschaftliche Entwicklungsziele jedoch oft mit den soziokulturellen, politischen und ökologischen Elementen von Entwicklung, konterkarieren sie, schließen diese nicht selten sogar aus. In Anbetracht ihrer bedrückenden wirtschaftlichen Lage sind die Fernreiseländer jedoch bereit, die sozio-kulturellen und ökologischen Negativwirkungen des Tourismus hinzunehmen, zumal sie hoffen, daß mögliche Negativeffekte durch den wirtschaftlichen Nutzen kompensiert werden. Zudem erwarten viele Länder, daß mit Einnahmen aus dem Fremdenverkehr Maßnahmen z. B. zur Sicherung kultureller Identität und ökologischer Stabilität finanziert werden können (z. B. Bildungswesen, Denkmal- und Naturschutz).

1.2 Entwicklungstheorien und Tourismus: Diskussionsphasen, Leitthemen

In der wissenschaftlichen und entwicklungspolitischen Diskussion über die Auswirkungen des EL-Tourismus ist jedoch umstritten, ob die mit einer Förderung des Fremdenverkehrs verbundenen wirtschaftlichen Erwartungen erfüllt werden können. Insbesondere die auf der Politischen Ökonomie und den Dependenztheorien basierenden Wertungen (z. B. Britton 1980, 1981, 1989; May 1985) gehen davon aus, daß auch über den Tourismus der „Reichen in die Länder der Armen" die politische und wirtschaftliche Abhängigkeit der EL von den „Metropolen", den Quellgebieten des Tourismus verfestigt, die „strukturelle Heterogenität", das entwicklungshemmende Nebeneinander

überkommener, endogener sowie „moderner", exogener Werte und Strukturen
in den Reiseländern daher verschärft, eine „Entwicklung zur Unterentwicklung" eintritt und so auch über den Fremdenverkehr die Marginalisierung, die
Verelendung der Bevölkerungsmehrheit in den ELn beschleunigt wird. Vom
Tourismus können schneller, aggressiver und tiefgreifender als von anderen
wirtschaftlichen Aktivitäten Einflüsse auf die sozio-kulturelle Struktur, die
überkommenen Werte und Normen der „Bereisten" ausgehen. Die vom Fremdenverkehrsgewerbe erzeugten Güter und Dienstleistungen können nämlich
im Unterschied zu Gütern anderer exportorientierter Wirtschaftszweige nur
abgesetzt werden, wenn die Konsumenten, die Touristen, an die Produktions-
standorte fahren: Ein unmittelbarer Kontakt zwischen unterschiedlichen
Kultur- und Zivilisationsformen, zwischen Reichen und Armen, zwischen In-
dustrie- und ELn ist daher ein Charakteristikum nur dieses Wirtschaftszweiges.
Die Bewertung der vom Tourismus ausgehenden negativen und positiven Wirkungen wird dadurch erschwert, daß „Entwicklung" infolge unterschiedlicher
politischer, ideologischer und wissenschaftstheoretischer Positionen und Interessen nicht wertfrei beurteilt werden kann, die verschiedenen Entwicklungsziele oft inkompatibel sind und die auch im Zeitverlauf der Entfaltung einer
Tourismuswirtschaft unterschiedlichen und zudem räumlich sehr differenzierten wirtschaftlichen, sozio-kulturellen und ökologischen Auswirkungen,
die räumlich und zeitlich variablen Vor- und Nachteile des Fremdenverkehrs,
quantitativ nicht erfaßt und miteinander vergleichend bewertet werden können.
Die Zielgebiete haben zudem infolge divergierender touristischer Potentiale
und einer unterschiedlichen Ausstattung mit Ressourcen für alternative Produktionen auch variierende Entwicklungs- und Überlebensmöglichkeiten und
deshalb auch unterschiedliche Entwicklungsziele und -prioritäten.
   Die (z. T. vor-)wissenschaftlichen und entwicklungspolitischen Diskus-
sionen über die Vor- und Nachteile des Dritte-Welt-Tourismus für die Reiseländer setzten mit Beginn der 60er Jahre ein, lassen sich in charakteristische,
wenngleich sich z. T. überlappende Phasen mit jeweils spezifischen neuen
Schwerpunkten und Positionen zeitlich und thematisch gliedern (Abb. 1) und
wurden eingeleitet durch die Phase I.
   Diese Phase fällt mit der schnellen Ausweitung des Fernreiseverkehrs in den
60er Jahren zusammen und ist gekennzeichnet durch eine optimistische, ja
z. T. euphorische Bewertung fast nur der wirtschaftlichen Wirkungen des Tourismus (z. B. Meinke 1968, Frentrup 1969). Entsprechend dem vorherrschenden modernisierungstheoretischen Paradigma und vor allem der Dominanz der von der Volkswirtschaftslehre vertretenen Wachstumstheorien
wurde der Fremdenverkehr als ein Instrument gewertet, über das in ELn mit
touristischen Ressourcen ein Wirtschaftswachstum und, daraus folgend, eine
an Industrieländern orientierte Entwicklung in relativ kurzer Zeit erreicht
werden kann.

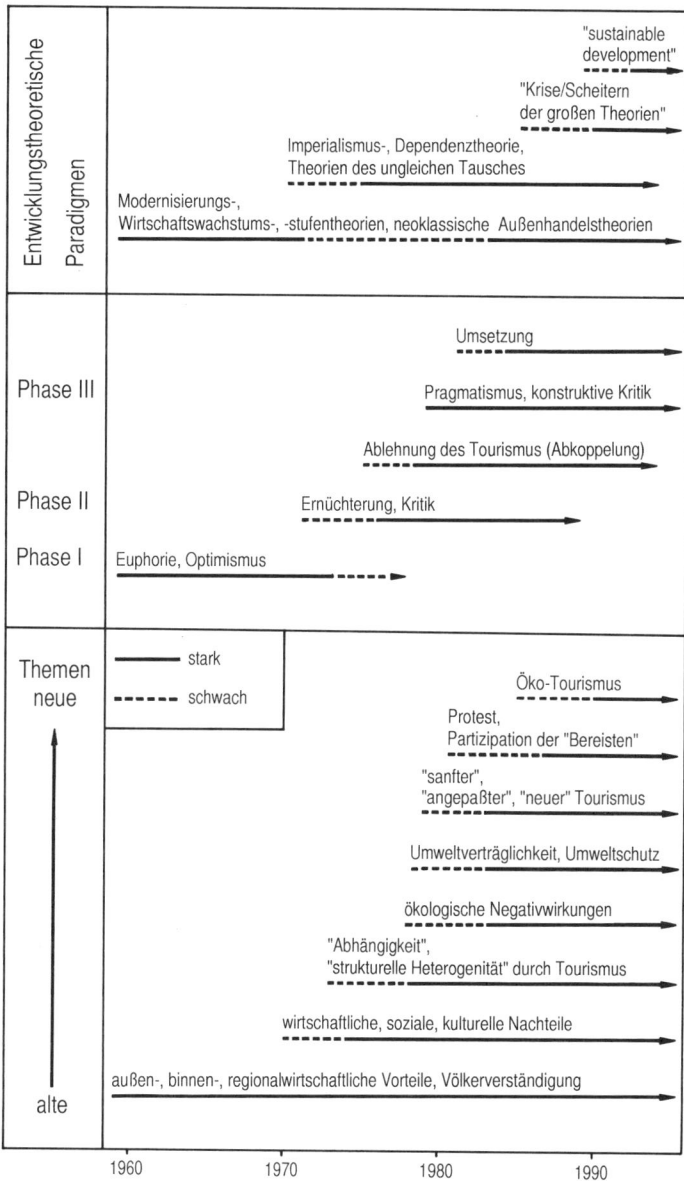

Abb. 1: Phasen und Leitthemen der wissenschaftlichen und entwicklungspolitischen Diskussion um den Entwicklungsländer-Tourismus im Rahmen der Rezeption der vorherrschenden entwicklungstheoretischen Paradigmen (Entwurf: Karl Vorlaufer; Zeichnung: U. Beha).

In der Phase II (ca. 1973–85) hatten sich mehr und mehr EL bereits als „klassische" Fernreiseziele etabliert; die Negativwirkungen des Tourismus auf verschiedenen Ebenen wurden offensichtlich; auch die in der Euphoriephase hoch gesteckten wirtschaftlichen Erwartungen schienen sich nicht zu erfüllen. Die erhofften wirtschaftlichen Positiveffekte wurden in Frage gestellt (z. B. Bryden 1973; Wirth 1976); auch die sozialen, kulturellen, politischen und schließlich auch die ökologischen Auswirkungen des EL-Tourismus wurden diskutiert (z. B. Young 1973; BMZ 1973, 1976; Turner, Ash 1975; SfT 1974, 1979; de Kadt 1979; Vorlaufer 1984a; Gormsen 1983a). Erstmals wurden auch kritische Stimmen aus einem Fernreiseland, aus Tanzania, dokumentiert (Shivji 1973). Viele der von Tourismuskritikern aus dem „Norden" und damit aus der Sicht der „Reichen" vorgebrachten Argumente gegen den Fremdenverkehr wurden aber noch bis weit in die 80er Jahre von einem großen Teil der Eliten in zahlreichen Reiseländern als neokolonialistischer Versuch des „Westens" gewertet, sie von den „Segnungen" und dem Wohlstand der modernen Zeit auszuschließen, den Zustand sozio-ökonomischer Rückständigkeit der Dritten Welt zu verfestigen.

Empirische Studien auch der Geographie (z. B. Dress 1979; Vorlaufer 1976 ff.; Gormsen 1979) belegten jedoch bereits, daß weder negative noch positive Pauschalwertungen des EL-Tourismus vertretbar sind.

Im Zuge der Rezeption dependenztheoretischer und politisch-ökonomischer Ansätze zur Erklärung von Entwicklung und Unterentwicklung und als Pendelschlag auf die vorhergehende Euphoriephase bildeten sich ab Mitte der 70er Jahre zwei grundsätzliche „Lager" heraus:
1. Die explizit, überwiegend aber implizit auf den Modernisierungs-, ökonomischen Wachstums- und Wirtschaftsstufentheorien, bei der Diskussion um die Devisenrentabilität des Tourismus auch auf den neoklassischen Außenhandelstheorien (Theorem der komparativen Vorteile) basierenden Wertungen argumentieren, daß – hier generalisierend dargestellt – bei einer noch kontrollierbaren, z. T. geplanten Entfaltung des Fremdenverkehrs die wirtschaftlichen Vorteile die (häufig durchaus erkannten) Nachteile ausgleichen und schließlich der Fremdenverkehr auch zur Wohlfahrt der Bevölkerung beitragen werde.
2. Die auf den Imperialismus- und Dependenztheorien basierenden Wertungen halten in ihrer radikalsten Form Entwicklung für die Dritte Welt nur dann für möglich, wenn die EL sich auch über den Reiseverkehr vom Weltmarkt abschotten oder nur einen „Tourismus der kleinen Zahl" erlauben. Ähnlich wie die Befürworter des Fremdenverkehrs in der Euphoriephase neigten die Vertreter dieses „Lagers" bis etwa Mitte der 80er Jahre zu einer Pauschalisierung ihrer Wertungen. Erkannte, empirisch aber oft nicht belegte Negativeffekte des Tourismus wurden nicht selten als gültig für alle Kulturen, Zeiten und Gesellschaftsformationen bewertet.

Die Funktion auch des Tourismus zur entwicklungshemmenden und gesell-
schaftsdeformierenden Verfestigung der Abhängigkeit der Entwicklungs- von
den kapitalistischen Industrieländern wurde – auch anschaulich anhand eines
Modells – besonders deutlich von Britton (1980, 1989) am Beispiel südpazifi-
scher Destinationen (vor allem Fidschi) aufgezeigt.

Auf der Grundlage einer zunehmenden Zahl empirischer Studien, die sowohl negative als auch positive Wirkungen des EL-Tourismus erfaßten und auf
der Basis der wachsenden Erkenntnis, daß weder positive noch negative Pauschalwertungen in Anbetracht auch der unterschiedlichen Bedingungen in
den einzelnen Reiseländern vertretbar sind sowie auf dem Hintergrund auch
der Krise bzw. des „Scheiterns der großen Theorien" (Menzel 1992) setzte sich
ab etwa 1985 eine pragmatische Bewertung durch, die durch eine partielle Syn-
these der Positionen der beiden „Lager" gekennzeichnet ist. Selbst dezidiert
(noch) auf einem dependenztheoretischen Ansatz basierende Studien lehnen
den EL-Tourismus nicht mehr grundsätzlich ab, sondern versuchen über die
Propagierung neuer Reiseformen den Tourismus in umwelt- und sozialverträgliche Bahnen zu lenken, „von der Kritik zur Strategie" (May 1985) in eine
„angepaßte" Tourismusentwicklung überzuwechseln (z.B. Scherrer 1988;
Bachmann 1988; Singh et al. 1989).

Bedingt durch den Zusammenbruch des Sowjetimperiums und damit auch
des (zumindest vorläufigen) Scheiterns sozialistischer Utopien und im Zuge
der Liberalisierung der Märkte sowie der Privatisierung auch verstaatlichter
Wirtschaftssektoren in vielen ELn erfolgte auch eine für die Tourismusförderung relevante Hinwendung und Rückkehr zu neoklassischen Wachstumstheorien. Auch noch oder vormals sozialistische Länder (China, Kuba,
Vietnam, Tanzania) sehen jetzt im Fremdenverkehr wieder einen Faktor wirtschaftlichen Wachstums. Auch die seit dem Brundtland-Report (1987) intensi-
vierte Diskussion um die Nachhaltigkeit von Entwicklung verknüpft die ökologische Dimension jetzt zunehmend enger auch mit dem Wirtschaftswachstum: Fast jedes wichtige Reiseland propagiert, zumindest verbal und
auch als Komponente der Vermarktungsstrategie, den Öko-Tourismus als ein
zentrales Element fremdenverkehrswirtschaftlicher Entwicklung. Die sich
auch in den ELn verstärkenden, nicht selten auch durch „Advokaten" aus den
„Ländern der Reichen" initiierten Proteste der „Bereisten" gegen eine zu geringe Teilhabe an den Einnahmen aus dem Fremdenverkehr oder an touristischen Planungen nehmen in der jüngsten Diskussion einen hohen Stellenwert
ein (z.B. Lea 1988). Auch deshalb, weil offensichtlich wird, daß nachhaltige
Entwicklung auch im Fremdenverkehr, z.B. die langfristige Sicherung des naturräumlichen Potentials als Grundlage des Tourismus, ohne eine stärkere Partizipation der lokalen Bevölkerung etwa am Natur- und Wildschutz sowie an
den Einnahmen aus dem naturorientierten (Öko-)Tourismus nicht möglich
ist.

2. DIE GLOBALE EXPANSION DES FREMDENVERKEHRS

2.1 Ausmaß und Grundmuster

Ein Charakteristikum der zweiten Hälfte unseres Jhs. und eine zentrale Komponente der wachsenden globalen Verflechtung ist die rasante Intensivierung und räumliche Expansion des Tourismus. Der Fremdenverkehr entfaltete sich in den letzten Jahrzehnten zu einem der wichtigsten und dynamischsten Zweige des Weltwirtschaftssystems. Die Zahl der internationalen Touristenankünfte stieg z. B. von nur 25,3 Mio. (1950) über 112,7 Mio. (1965), 284,8 Mio. (1980) bis 1994 auf 537,1 Mio. (WTO 1995). Die touristischen Deviseneinnahmen nahmen noch schneller zu (Abb. 2). Sie stiegen daher schneller als der Wert des gesamten internationalen Warenhandels. Bei einem Index von 100 im Jahre 1965 stieg z. B. bis 1990 der Wert bei den Erlösen aus dem Fremdenverkehr auf 2196,6, beim Warenhandel nur auf 1859,9. Die touristischen Einnahmen erreichten so 1965 erst 6,3%, 1992 aber schon 8,15% des Wertes aller Warenexporte. Kein einzelnes Welthandelsgut erreichte eine ähnliche Bedeutung für den internationalen Zahlungsverkehr. Zudem stellte der Fremdenverkehr z. B. 1991 15,27% des Wertes aller internationalen Dienstleistungen (WTO 1993).

Der World Travel and Tourism Council (WTTC) bezeichnete den Fremdenverkehr daher als „The World's Largest Industry" mit einer auch in absehbarer Zukunft großen Wachstumsdynamik. Schon 1990 erwirtschaftete dieser Sektor 5,9% des globalen BSP und setzte etwa 2,9 Billionen (!) US-$ um; er tätigte mit ca. 351 Mrd. US-$ etwa 6,7% der weltweiten Kapitalinvestitionen; er stellte mit 118 Mio. Beschäftigten 6,5% aller Arbeitsplätze und schafft Arbeit für weitere 295 Mio. Personen in den der Fremdenverkehrswirtschaft vorgelagerten Branchen. Etwa 12,3% aller Verbraucherausgaben entfielen auf die Tourismuswirtschaft.

2.2 Die Stellung der Entwicklungsländer im Weltreiseverkehr

In Anbetracht der großen wirtschaftlichen Bedeutung und der weiterhin positiven Wachstumsaussichten des Tourismus bemühen sich die meisten EL seit Jahrzehnten intensiv um Besucher vor allem aus den einkommensstarken Industrieländern. „Reisen der Reichen in die Länder der Armen" haben dementsprechend vor allem auch in den 80er Jahren stark zugenommen (Abb. 2). Auf die von der WTO (1995) erfaßten 170 „Developing Countries" entfiel

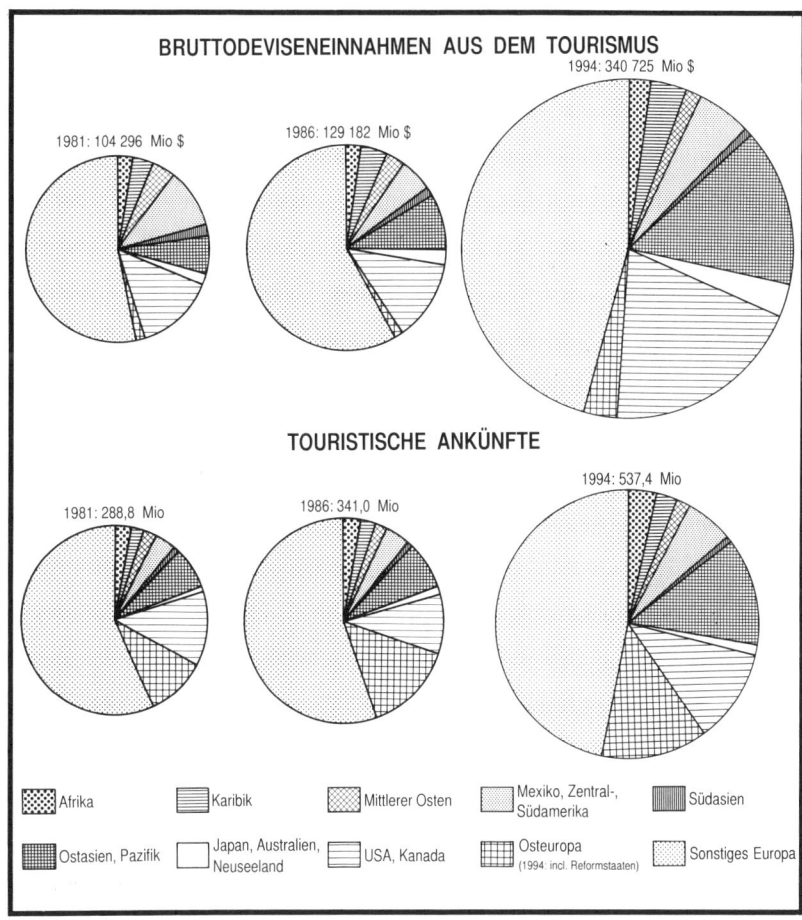

Abb. 2: Die Verteilung der Brutto-Devisen-Einnahmen aus dem Tourismus und der touristischen Ankünfte des Welttourismus auf Ländergruppen und Kontinente (1981, 1986, 1994).

1994 gut ein Viertel (27,2%) sowohl aller internationalen Touristenankünfte als auch aller touristischen Deviseneinnahmen (27,8%). Die große innen- und außenwirtschaftliche Bedeutung des internationalen Fremdenverkehrs wird dadurch belegt, daß dessen Einnahmen 1992 2,2% des BSP sowie 9,5% des Wertes der Warenausfuhr aller EL entsprachen (Tab. 1). Allein in den Jahren von 1988–94 stieg die Zahl der Touristenankünfte in den Developing Countries von 98,0 auf 147,1 Mio. (+50,1%), die Deviseneinnahmen schnellten von 53,8 auf 94,7 Mrd. US-$ hoch (+76,0%).

Tab. 1: Volumen und Wachstum der Reise-Deviseneinnahmen und -ausgaben (in Mio. US-$) großer Ländergruppen 1989–1993

	Entwicklungsländer[1]			ASEAN[2]			OECD[3]		
	1989 abs.	1993 abs.	1989-93 %	1989 abs.	1993 abs.	1989-93 %	1989 abs.	1993 abs.	1989-93 %
Reisedevisen									
Einnahmen	60326	82981	+37,6	10880	18829	+73,1	156129	217985	+39,6
Ausgaben	29057	47487	+63,4	4248	8743	+105,8	169965	221710	+30,4
Salden	+31269	+35494	+13,5	+6632	+10086	+52,1	-13836	-3725	+73,1
Internationale Luftverkehrs-leistungen (Passagiere)									
Einnahmen	6312	9086	+43,9	868	2078	+139,4	30732	43163	+40,4
Ausgaben	4822	6469	+34,2	557	916	+64,5	32929	42766	+29,9
Salden	+1490	+2617	+75,6	+311	+1162	+273,6	-2197	+397	+118,1
Einnahmen in %									
des Bruttosozialprodukts	2,07	2,23	–	3,86	4,36	–	1,00	1,12	–
des Warenhandels	9,49	9,57	–	8,94	9,21	–	7,16	8,32	–
der internationalen Dienstleistungen	42,42	42,76	–	44,33	41,02	–	28,24	28,48	–

[1]ohne die Staaten des (ehemaligen) Sowjet-Blocks; einschl. der ASEAN-Länder; [2]Brunei, Indonesien, Malaysia, Philippinen, Singapur, Thailand; [3]19 entwickelte Staaten Europas (einschl. Türkei), USA, Kanada, Mexiko, Japan, Australien, Neuseeland; Türkei und Mexiko werden von der WTO sowohl zu den Entwicklungs- als auch zu den OECD-Ländern gezählt; Quelle: WTO 1995

Die für den Welthandel typischen Austauschbeziehungen sind auch charakteristisch für die Verflechtungen des Weltreiseverkehrs. Obwohl sich vor allem seit den 80er Jahren nicht nur der Reiseverkehr zwischen den Industrie- und den ELn, sondern auch zwischen den Staaten der Dritten Welt intensiviert hat, vollzieht sich auch gegenwärtig ein Großteil des Fremdenverkehrs zwischen den OECD-Staaten.

2.3 Deutschland als Quellgebiet für den Entwicklungsländer-Tourismus

Deutschland ist eines der wichtigsten Quellgebiete des EL-Tourismus. Allein in den 80er Jahren verdoppelte sich die Zahl deutscher Dritte-Welt-Reisender von 1,88 auf 3,45 Mio. Besonders spektakulär war – nach der Reiseanalyse des Studienkreis für Tourismus (SfT) – die Zunahme der Urlaubs- (d. h. ohne Geschäfts-)Reisen von 0,81 Mio. (1981) auf 2,4 Mio. (1991; BMZ 1993). 1990 stellte Deutschland bereits etwa jeden vierten EL-Touristen aus den europäischen OECD-Ländern. Wachsende Arbeitslosigkeit, sinkende Realeinkommen stetig größerer Bevölkerungsteile, größte politische Umwälzungen in der Heimat oder auch der Golfkrieg 1991 haben die Reiselust der Deutschen nicht bremsen können. Im Gegenteil: Nicht zuletzt auch getragen von einer zusätzlichen Nachfrage aus den Neuen Bundesländern wurden zu Beginn der 90er Jahre bei den Fernreisen zweistellige jährliche Zuwachsraten erreicht. Die großen deutschen Reiseveranstalter erzielten ihre z. T. spektakulären Umsatzsteigerungen wesentlich durch einen vermehrten Verkauf von Fernreisen. In fast allen wichtigen Reiseländern stellen Deutsche in absoluter und relativer Hinsicht eine bedeutende Besuchergruppe (Tab. 2).

Ein hoher Anteil der westdeutschen, aber auch schon der ostdeutschen Bevölkerung verfügt so über Erfahrungen als Dritte-Welt-Reisende. Schon 1978 hatten 5,8% (2,7 Mio.), 1991 aber bereits 20,4% (= ca. 10 Mio.) der westdeutschen Bevölkerung in der Vergangenheit mindestens einmal ein EL nur zu Urlaubszwecken besucht (BMZ 1993); 8,6% (4,2 Mio.) der Westdeutschen hatten sogar mindestens einmal einen Urlaub in einem Dritte-Welt-Fernziel, d. h. nicht nur in den Dritte-Welt-Nahzielen Türkei, Tunesien, Marokko oder Ägypten, verlebt. Beträchtlich ist zudem die Zahl potentieller EL-Touristen. Nach der Reiseanalyse des SfT interessierten sich Anfang 1979 ca. 8,2% (3,8 Mio.), Anfang 1992 bereits 18,5% (9,2 Mio.) der westdeutschen Bevölkerung für eine Reise in ein EL innerhalb der nächsten drei Jahre. Auch in den Neuen Bundesländern konnten sich 1992 bereits 11,7% der Bevölkerung vorstellen, innerhalb der nächsten drei Jahre einen Dritte-Welt-Urlaub anzutreten.

Da EL-Touristen im Vergleich zu Inland- und Europa-Reisenden häufiger zu höheren Einkommensgruppen zählen, ist anzunehmen, daß auch bei wirt-

Tab. 2: Die Ankünfte von Touristen aus Deutschland (in 1000) in ausgewählten Reise-
        ländern 1988 und 1993

	abs. Zahl (in 1000)		%-Anteil (an allen Ankünften)		Rang (nach größten Besuchergruppen)	
	1988	1993	1988	1993	1988	1993
Tunesien	474,0	711,9	13,7	19,5	2^1	1^1
Ägypten	178,5	261,6	9,1	10,4	1^1	2^1
Sri Lanka	41,0	95,5	22,5	24,4	1	1
Kenya	121,5	130,0	17,9	15,7	1	2
Thailand	190,3	320,2	4,5	5,6	8	5
Philippinen[2]	29,0	41,8	3,1	3,4	6	8
Seychellen	5,5	18,5	7,1	15,9	4	3
Bahamas[3]	18,4	36,0	1,2	2,4	4	3
Indien	76,4	83,3	4,8	4,7	5	4
China[4]	69,0	138,8	3,7	3,0	5	9

[1]ohne Berücksichtigung der Besucher aus Nordafrika; [2]ohne Übersee-Philippinos;
[3]ohne Kreuzfahrtbesucher; [4]ohne Chinesen aus Hongkong, Macau, Taiwan;
Quelle: WTO 1990, 1995

schaftlicher Rezession zumindest kurzfristig keine drastischen Nachfrage-
Rückgänge in diesem Reisemarkt-Segment eintreten werden.

2.4 Entwicklungsländer-Tourismus und Reiseverkehrszahlungen

Die außenwirtschaftliche Bedeutung des Fremdenverkehrs liegt für die
überwiegend durch Zahlungsbilanz- und Verschuldungsprobleme gekennzeichneten EL in der Möglichkeit (Kap. 6.1), über den Reiseverkehr dringend
benötigte Devisen zu erwirtschaften. Korrespondierend mit der räumlichen
Expansion des Dritte-Welt-Tourismus stiegen in den letzten Jahrzehnten auch
die touristischen Bruttodeviseneinnahmen der EL zwar insgesamt, doch war
die jährliche Wachstumsrate etwa von 1980–93 regional auch in der Dritten
Welt, ja von Land zu Land extrem unterschiedlich (Tab. 3). Wesentliches
Merkmal der globalen Reiseverkehrsbilanz ist es, daß die EL insgesamt positive, die entwickelten OECD-Länder demgegenüber negative Bilanzen aufweisen. Die Reisedevisenströme verlaufen somit gegenläufig zum internationalen Warenhandel. Der Fremdenverkehr trägt so zur Milderung der Zah-
lungsbilanzprobleme der Dritten Welt bei. Diese positive Bilanz wird verbessert durch die den ELn zufließenden Erträge aus internationalen Leistungen
im Passagierflugverkehr. Entgegen der z.B. von Wirth (1976) geäußerten An-

Tab. 3: Volumen (in Mio. US-$) und Wachstum (1980-93 in %) touristischer Devisen-Einnahmen und -Salden der Entwicklungsländer-Regionen im Vergleich mit Europa und der Welt

	Einnahmen					Salden		
	1980 abs.	1980 %	1993 abs.	1993 %	1980-93 %	1980 abs.	1993 abs.	1980-93 %
Afrika	2711	2,6	5985	1,9	+120,8	-480	+1475	+407,3
davon								
östl. Afrika[1]	452	0,4	1273	0,4	+181,6	+75	+686	+814,7
nördl. Afrika[2]	1165	1,1	2415	0,8	+107,3	+679	+1771	+160,8
südl. Afrika[3]	697	0,7	1543	0,5	+121,4	-109	-334	-206,4
sonst. Afrika[4]	397	0,4	754	0,2	+89,9	1125	-648	-157,6
Karibik	3483	3,4	10905	3,5	+213,1	+2615	+9190	+251,4
Mittel-/Südamerika[5]	4285	4,1	9750	3,2	+127,5	-2086	+600	+100,3
Südostasien[6]	3140	3,0	19492	6,3	+520,8	+1624	+10736	+561,1
Mela-, Mikro- u. Polynesien[7]	457	0,4	2211	0,9	+482,1	+420	+2111	+402,6
Südasien[8]	1549	1,5	2277	0,7	+47,0	-437	+268	+100,6
Mittl. Osten[9]	3470	3,4	4802	1,6	+38,4	-2006	+784	+139,1
östl. Mittelmeerl.[10]	1433	1,4	7465	2,4	+420,9	+729	+4085	+460,4
Europa[11]	58513	56,5	137400	44,5	+134,8	+2630	+4202	+59,8
Welt[12]	103535	100,0	309098	100,0	+198,5	+872	+39764	+4460,1

[1]Burundi, Komoren, Djibuti, Äthiopien, Kenya, Madagaskar, Malawi, Mauritius, Reunion, Ruanda, Seychellen, Somalia, Uganda, Tanzania, Sambia, Zimbabwe; [2]Algerien, Marokko, Sudan, Tunesien; [3]Botswana, Südafrika, Lesotho, Swasiland; [4]19 Staaten; [5]ohne Mexiko; [6]Brunei, Kambodscha, Indonesien, Laos, Malaysia, Philippinen, Singapur, Thailand, Vietnam; [7]19 pazifische Territorien und Staaten; [8]10 Staaten vom Iran bis Burma (Myanmar); [9]11 Staaten von Lybien bis einschl. Irak; [10]Türkei, Israel, Zypern; [11]ohne heutige Reformländer; [12]einschließlich hier nicht aufgeführter Regionen; Quelle: WTO 1995

sicht sind Luftverkehrsgesellschaften vieler EL in diesem Sektor des Tourismusgewerbes stark engagiert (Kap. 5.4).

Korrespondierend mit dem Umfang und der Richtung der Reiseströme
weisen die touristischen Zahlungsbewegungen eine extreme räumliche Differenzierung auf. Aus der breiten Gruppe der EL heben sich insbesondere die
südostasiatischen Länder mit hohen Zuwachsraten heraus (Tab. 3).

Die herausgehobene Position SE- und E-Asiens auch als boomende Tou-
rismus-Destination wird durch die Rangfolge der EL mit den höchsten Bruttodeviseneinnahmen (Tab. 4) bestätigt. Die noch 1980 auf hinteren Plätzen gelegenen Ziele Hongkong, Singapur und Thailand zählen heute in der Welt mit
zu den Spitzenverdienern des Tourismus, und diese Länder haben, obwohl sie
als Quellgebiete des Fremdenverkehrs von wachsender Bedeutung sind, auch
eine hohe positive Reiseverkehrsbilanz.

Kleinstaaten mit einer im Vergleich zur Bevölkerung hohen Besucherzahl
weisen jedoch häufig noch höhere Nettoeinnahmen pro Kopf auf als Hongkong, die Destination mit den höchsten Bruttoeinnahmen unter den ELn.

Bis auf China und Indien zählt von den Destinationen mit den höchsten
touristischen Bruttodeviseneinnahmen kein anderer Staat zu der von der Weltbank (1995) definierten Gruppe „Länder mit niedrigem Einkommen" (BSP
<695 US-$/Kopf). Auch Kleinstaaten mit hohen Deviseneinnahmen aus dem
Fremdenverkehr pro Kopf der Bevölkerung, wie z. B. die Seychellen (1992:
1674 US-$), oder Antigua u. Barbuda (4700 US-$) zählen überwiegend nicht zu
den ärmsten Ländern der Erde. Dieser *relativ* hohe durchschnittliche Lebens-
standard ist sicher nicht nur und vor allem in größeren Ländern nicht primär
Folge der starken touristischen Expansion, gleichwohl ist auffallend, daß die
„ärmsten" Länder der Erde bis auf wenige Ausnahmen auch zu den Staaten
mit einem nur geringen oder gänzlich fehlenden Fremdenverkehr zählen.
Ebenso auffällig ist, daß auch unter den Ländern mit – nach der Definition der
Weltbank – „gravierendsten Verschuldungsproblemen" nur wenige touristi-
sche Destinationen von größerer Bedeutung sind – obwohl gerade diese
Länder mit ihren nicht selten großen touristischen Attraktionen vom Fremdenverkehr eine Milderung wirtschaftlicher Probleme erwarten könnten.
Selbst so bekannte Reiseziele wie die mit außergewöhnlichen Attraktionen
ausgestatteten, aber zu den fünf ärmsten Ländern der Erde zählenden Staaten
Tanzania und Nepal haben relativ geringe touristische Einahmen. Der geringe
Umfang des Fremdenverkehrs in diesen zwar ärmsten Ländern der Erde ist si-
cherlich nicht Ursache der Armut, trägt aber zu deren Verschärfung bei. Bür-
gerkriege und politische Instabilität sind die wesentlichen Gründe für den
fehlenden oder bescheidenen Fremdenverkehr z. B. in Mosambik, Uganda,
Äthiopien, Burundi und im Tschad. In Tanzania hat die bis in die 80er Jahre
auf dem Konzept des „afrikanischen Sozialismus" basierende Politik den Niedergang des vormals blühenden Fremdenverkehrs bedingt: die Rückgewin-

Tab. 4: Die 15 Entwicklungsländer mit den höchsten Bruttodeviseneinnahmen aus dem Tourismus[1] 1993 im Vergleich mit 1980

	Einnahmen in Mio. US-$		Rang[2]		Salden in Mio US-$		Nettoeinnahmen pro Kopf[5] in US-$		BSP pro Kopf[6] (US-$)
	1993	1980	1993	1980	1993	1980	1993	1980	1993
1. Hongkong	7562	1317	8	18	+3267	+1111	+1167	+463	18060
2. Singapur	6289	1433	10	15	+605	+1219	+7	+18	19850
3. Mexiko	6167	5393	11	8	+2922	+623	+50	+13	3610
4. Thailand	5014	867	13	26	+4128	[4]	+4	[4]	2110
5. China	4683	555	15	35	+2449	-129	+13	-1	490
6. Indonesien	3988	246	20	54	+3025	+212	+51	+5	740
7. Türkei	3959	327	21	45	+1169	-1446	+35	-52	2970
8. Argentinien	3614	345	22	42	+216	+19	+5	+1	7220
9. Korea (Süd)	3475	369	24	40	-4642	+170	-223	+9	7660
10. Taiwan	2943	988	27	22	[4]	[4]	[4]	[4]	[7]
11. Macau	2460	[3]	29	[3]					[7]
12. Philippinen	2122	320	30	47	+1992	+215	+31	+7	850
13. Malaysia	1876	265	32	51	-84	-205	-4	-15	3140
14. Puerto Rico	1628	595	34	34	+852	+195	+237	+58	7000
15. Indien	1487	1150	37	19	+1087	+1037	+1	+2	300
zum Vergleich:									
USA	57875	10058	1	1	+17163	-327	+67	-1	24740
Deutschland	10509	6566	7	6	-27005	-14033	-335	-230	23560
Österreich	13566	6442	5	7	+5386	+3595	+682	+479	23510

[1]ohne Einnahmen aus internationalen Verkehrsleistungen; [2]in der Abfolge aller Länder nach der Höhe der Einnahmen; [3]nicht erfaßt; [4]Ausgaben nicht erfaßt; [5]berechnet auf der Grundlage der Bevölkerungsdaten des Weltentwicklungsberichts 1995, Washington; Daten auf- bzw. abgerundet; [6]Weltbank, Weltentwicklungsbericht 1995, Washington; [7]keine Daten vorliegend; Quelle: WTO 1995

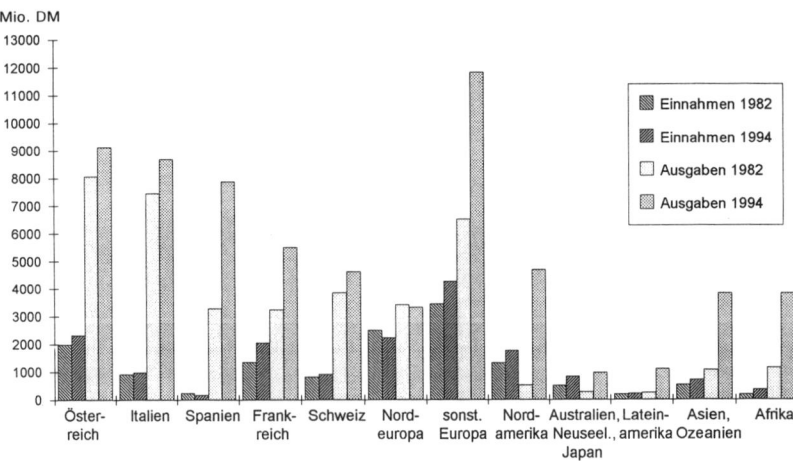

Abb. 3: Die Ausgaben der Reisenden aus der BRD in Entwicklungsländern und anderen ausgewählten Ländern sowie die Einnahmen der BRD aus den entsprechenden Ländern 1982 und 1994 (Quelle: Deutsche Bundesbank).

nung nennenswerter Marktanteile ist auch aufgrund der Konkurrenz alter (Kenya) und neuer Destinationen mit ähnlichen Attraktionen (Zimbabwe, Namibia) schwierig.

Die wachsende Bedeutung des Fremdenverkehrs als Einkommensquelle für EL spiegelt sich zwar auch in der räumlichen Verteilung wachsender Ausgaben deutscher Touristen wider, jedoch ist der der Dritten Welt von allen deutschen Reiseausgaben zufließende Anteil immer noch gering (Abb. 3). Auch bedingt durch die zusätzliche Nachfrage aus den Neuen Bundesländern stiegen die Ausgaben deutscher Besucher in ELn jedoch in wenigen Jahren von 3,8 Mrd. DM (1989) auf 8,8 Mrd. DM (1994) und damit um 131,6%, während die gesamten deutschen Reiseausgaben nur um 32,3% zunahmen. Gleichwohl flossen damit 1994 in die gesamte Dritte Welt nur 13,5% aller deutschen Reiseausgaben (1989: 8,6%; 1980: 5,4%; Quelle: Deutsche Bundesbank).

2.5 Das raumzeitliche Expansionsmuster des Entwicklungsländer-Tourismus

2.5.1 Das globale Muster

Gormsen (1983 a) hat in einem „Schema" die Entfaltung des internationalen (Bäder-)Tourismus nach Zeitphasen und -zonen aufgezeigt. Ausgehend von England unterschied er die Zonen I–IV, über die sich der Fremdenverkehr seit 1800 in Zeit und Raum entfaltete. Nach vollständiger touristischer Erschließung der europäischen Mittelmeerküste griff demnach der Fremdenverkehr erst in den 60er Jahren auf die mediterrane Gegenküste als dritte Zone über. Der Zone III schließt sich nach diesem Schema die Zone IV an.

Auf der Basis auch der Analyse der Entwicklung der Besucherzahlen in Ländern verschiedener Weltregionen habe ich in Tab. 5 die Zonen I–III ausgewiesen, die sich um die heute drei wichtigsten, primären Quellgebiete des Dritte-Welt-Tourismus sowie um das sekundäre Herkunftsgebiet Australien/Neuseeland seit Beginn des 19. Jh. entfaltet haben. Diese Zonen wurden aufgrund ihrer gegenwärtigen Erreichbarkeit nach der Flugdauer differenziert, sind aber vor dem Zeitalter des Düsenflugzeugs hinsichtlich ihrer Erreichbarkeit in ihren Zeit-Kosten-Relationen vergleichbar. Die ausgewiesenen Zeitphasen I–III überschneiden sich zwar z.T. und sind in sich auch noch weiter differenziert, weisen aber doch wesentliche Charakteristika auf.

Die Zeit vor 1914, die *Phase I*, ist u. a. dadurch charakterisiert, daß nur eine dünne, in Europa überwiegend adlige oder großbürgerliche Oberschicht die zeit- und kostenaufwendige Reise in ein „Übersee"-Land unternehmen konnte; Schiffsreisen dienten der Anfahrt oder auf großen Flüssen, wie z.B. dem Nil, der Fahrt ins Landesinnere. Landausflüge basierten auf traditionellen Verkehrsmitteln (Reittiere, später auch Eisenbahn).

Die *Phase II* ist gekennzeichnet durch eine zunehmende Beteiligung oberer Mittelschichten am sich intensivierenden Reiseverkehr; der organisierte Kreuzfahrttourismus von Europa in den Mittelmeerraum oder von den USA in die Karibik beginnt sich zu entfalten, Überlandreisen mit der Eisenbahn nehmen zu und mit dem Auto werden aufgenommen. Unterbrochen durch den Zweiten Weltkrieg und die ersten Nachkriegsjahre setzte der internationale Tourismus verstärkt erst wieder in den 50er Jahren zunächst mit dem Besuch der Vorkriegsdestinationen ein; (Propeller-)Flugzeuge wurden mehr und mehr zu Konkurrenten der „Übersee"-Schiffe.

In der *Phase III* werden ab 1960, vor allem infolge steigender Einkommen in den westlichen Industrieländern, sinkender Arbeitszeit, des Einsatzes größerer, schnellerer und damit kostengünstigerer Fluggeräte zunächst mittlere und schließlich auch untere Einkommensschichten in den EL-Tourismus einbezogen.

Tab. 5: Schema der raumzeitlichen globalen Expansion des Entwicklungs- (bzw. Kolonial-)länder-Tourismus

		Zielräume					
	Herkunfts-räume	**Zone I** T.D.^{1}	IS^2	**Zone II** T.D.^{1}	IS^2	**Zone III** T.D.^{1}	IS^2
Phase I ca. 1820-1914	A^3	N-Afrika / Vorderasien	1-2 / 1-2	S-, SE-Asien / E-Afrika	1 / 1		0
	B	Karibik, Mexiko	4-5	Lateinamerika	1	E-, S-Afrika	1
Phase II ca. 1919-1960	A^3	N-Afrika / Vorderasien	3 / 3	Karibik, E-Afrika / Lateinamerika S-Afrika	1-2 / 2	Pazifik	1
	B	Mexiko, Karibik	2-3	Pazifik, Südamerika / Israel, Ägypten	2 / 2	S-, SE-Asien / E-, S-Afrika	1 / 2
	C	Philippinen, Korea / Nördlicher Südpazifik	1-2 / 1-2	Südl. S-Pazifik / SE-Asien	1 / 1		0
Phase III ab ca. 1960	A^3	N-Afrika, Vorderasien	4-5	alle obigen Destinationen	3-4	Antarktis / Pazifik	1 / 2-3
	B	Mittelamerika / Karibik, Mexiko	3-4 / 4-5	Pazifik, Südamerika / Israel, Ägypten	3 / 3	E-, S-Afrika / S-, SE-Asien	3 / 3
	C	Nördl. S-Pazifik / Philippinen / China	4 / 4 / 3	S-, SE-Asien / Südlicher S-Pazifik / S-Asien	3-4 / 2-3 / 2-3	Lateinamerika; / E-Afrika / Karibik	2-3 / 1-2 / 1-2
	a)	Südlicher S-Pazifik / SE-Asien	2-3 / 2-4	E-Afrika	1		0
	b)	SE-Asien	3-4		0		0

Zoneneinteilung nach heutiger Erreichbarkeit in Flugstunden

Zone I	< 5 Stunden =	Nahstreckenziele
Zone II	5 -12 Stunden =	Mittelstreckenziele
Zone III	> 12 Stunden =	Langstreckenziele

Entwurf: K. Vorlaufer
Satz: F. Geile

^{1} T.D. =Typische Destination;

^{2} IS. =Intensitätsstufen touristischer Erschließung:

0   touristisch (fast) ungenutzt

1   einzelne Entdeckungsreisende, Pionier-Touristen; touristische Infrastruktur fehlt vollständig für die Besucher aus dem ersten Herkunftsraum

2   wachsende Zahl nachahmender Pioniertouristen; erste fremdenverkehrswirtschaftliche Angebote vor allem des informellen Sektors für Besucher aus dem ersten Herkunftsraum

3   wachsender, z.T. organisierter Reiseverkehr vornehmlich oberer, zunehmend auch mittlerer Einkommensschichten; embryonale Tourismusorte; erste kleinere monofunktionale Fremdenverkehrs-standorte bzw. Nutzung vorher entstandener Angebote mit dieser Intensität durch Besucher aus jüngeren Herkunftsräumen

4   punktuell beginnender "Massen"- Tourismus auch mittlerer Einkommensschichten; erste multi-funktionale Fremdenverkehrszentren bzw. deren Nutzung durch Besucher aus jüngeren Herkunftsräumen

5   linien-, z.T. flächenhafte Erschließung durch den Massentourismus mittlerer, z.T. auch unterer Einkommenschichten

^{3} Primäre Quellgebiete des Entwicklungsländer-Tourismus: A = Europa; B = USA/Kanada; C = Japan. Sekundäre Quellgebiete: a) = Australien/Neuseeland; b) = südost-, ostasiatische "Schwellenländer"

Die einzelnen Entfaltungszonen I–III werden im Verlaufe der Phasen I–III in unterschiedlicher Intensität vom Fremdenverkehr erschlossen: auch hier kann das „Schema" nur generalisierend die wichtigsten Merkmale berücksichtigen.

Demnach waren Europa und insbesondere England schon seit Beginn sowie die USA seit Ende des 19. Jh. die auch zeitlich primären Quellgebiete des damals noch als Koloniallander-Tourismus zu bezeichnenden Fremdenverkehrs. Die nordafrikanischen und vorderasiatischen Mittelmeerländer, von Marokko über Tunesien, Ägypten und Israel bis zur Türkei, liegen demnach in der Zone I Europas; diese Ziele werden zwar erst seit den 60er Jahren zunächst zaghaft, dann aber mit großer Dynamik dem europäischen Massentourismus erschlossen, jedoch waren diese Länder zumindest punktuell schon Reiseziele zunächst fast nur von Angehörigen der europäischen Oberschicht. Diese Destinationen bildeten eine erste Pionierfront des späteren Dritte-Welt-Tourismus. Die englische Oberschicht besuchte so schon seit dem frühen 19. Jh. z. B. Ägypten. Hier wurden kulturelle Stätten besichtigt und vor allem aus bioklimatischen (und sozialen) Gründen längere Winteraufenthalte realisiert. Auch Palästina, schon stets ein wichtiges Ziel des europäischen Pilgertourismus seit dem Mittelalter, wurde jetzt mit seinen „heiligen Stätten" zunehmend von Reisenden aus dem „Abendlande" besucht: Das (erste) in Deutschland 1863 gegründete Reisebüro Stangen (seit 1905 Hapag) hatte schon 1873 Reisen nach Ägypten und 1878 sogar um die ganze Welt im Programm (Ludwig 1990). Dieser beginnende Tourismus in einige der heutigen EL war noch eng verknüpft mit der Expansion der europäischen Kolonialmächte. Mehr und mehr Franzosen bereisten z. B. in dieser Phase Marokko, einzelne „Aussteiger" reisten sogar bis in die ferne Südsee, so z. B. der französische Maler Paul Gauguin, der von 1891–93 auf Tahiti (Franz.-Polynesien) lebte und als früher „Prototyp" eines Pioniertouristen angesehen werden kann, dessen Malerei bei den Europäern das Bild vom „Zauber der Südsee" mitgeprägt hat. Auch Ostafrika, vor allem Kenya, wurde bereits seit 1900 zunehmend bereist. Vor allem dank der Fertigstellung der von Mombasa ausgehenden sog. Uganda-Bahn ab 1896 konnten insbesondere Großwildjäger die wildreichen Räume im Landesinnern günstig erreichen.

Neben Europa entwickelten sich noch vor 1914, aber im wesentlichen erst ab 1898, dem Jahr der Vertreibung der Spanier von Kuba durch die Amerikaner, die USA zu einem primären Quellgebiet. Reisen in die Karibik waren nicht mehr ungewöhnlich; vor allem das nahe Kuba zeigte bereits Ansätze zu einer sich dann in *Phase II* intensivierenden Entwicklung zum Vergnügungszentrum und Bordell für US-Touristen. Auch die Bahamas und die US-amerikanischen Karibik-Territorien (US-Jungferninseln, Puerto Rico) wurden in der Zwischenkriegszeit zu wichtigen Destinationen der Zone I. Die Westindischen Inseln wurden bereits 1920 von 76 700 und 1938 sogar von ca. 190 000 (überwiegend Kreuzfahrt-)Touristen aus den USA besucht (Blume 1963).

Sekundäre Quellgebiete des Dritte-Welt-Tourismus entwickelten sich bereits vor 1914, verstärkt aber in der Phase II, mit Südafrika und dem südlichen Lateinamerika. Von Südafrika aus expandierte z. B. der sich mit dem Eisenbahnbau intensivierende Fremdenverkehr nach Rhodesien (heute Zimbabwe u. Sambia). So wurde z. b. eine Süd-Nord-Eisenbahn um die Jahrhundertwende in ihrem Streckenverlauf auch deshalb unmittelbar an den Viktoria-Fällen vorbeigeführt, um Reisenden vom Zug aus einen Blick auf diese bis heute größte touristische Attraktion des südlichen Afrika zu ermöglichen. Zudem entstand unmittelbar an den Fällen ein noch heute existierendes, zunächst für Eisenbahntouristen erstelltes Luxushotel.

Im südlichen Lateinamerika vollzog sich der von einer dünnen Oberschicht getragene „EL"-Tourismus dominant „intraregional" zwischen Argentinien, Uruguay und Brasilien.

Die etwa 1960 zunächst zaghaft, dann aber stürmisch einsetzende *Phase III* umfaßt die eigentliche Zeit des EL-Tourismus. Sie ist dadurch charakterisiert, daß

- die in der Zone I gelegenen, innerhalb von einigen Flugstunden erreichbaren und noch in der Phase II durch einen vergleichsweise geringen, wenngleich wachsenden (Individual-)Tourismus gekennzeichneten Destinationen der mediterranen Gegenküste nun von Europa aus und der Karibik von den USA aus intensiv touristisch vermarktet und erschlossen werden;
- die bisher von „Pionieren" besuchten, in ca. 6–10 Flugstunden erreichbaren Ziele der Zone II zunächst punktuell und mit wachsender Dynamik von einer schnell steigenden Zahl von Touristen besucht werden, so z. B. von Europa aus S- und SE-Asien, die Karibik, attraktive Destinationen an der Westküste Lateinamerikas sowie die Andenstaaten oder einzelne Reiseländer Schwarzafrikas wie vor allem Kenya;
- die US-Amerikaner nun auch außerhalb ihrer Zone I, der Karibik und Mexikos, gelegene Destinationen wie Zentralamerika, aber punktuell auch andere Kontinente intensiver besuchen;
- mit Japan ab den 60er, verstärkt seit den 70er Jahren ein drittes primäres Quellgebiet des EL-Tourismus entsteht, dessen intensiv besuchte Zone I zunächst die Nachbarländer Korea, die Philippinen sowie Guam umfaßt; die Japaner aber im Zeitraffer auch die Zone II, die sonstigen Länder SE- und S-Asiens sowie insbesondere die pazifischen Inseln zunehmend besuchen;
- die in der Zone III Europas gelegenen, für Europäer erst nach einem mehr als 12- bis 15stündigen Flug erreichbaren pazifischen Inseln erst ab den 80er Jahren für Europäer mehr und mehr den Charakter einer „Pionierfront"

des Dritte-Welt-Tourismus verlieren und sich heute punktuell bereits am Beginn einer intensiven Überformung auch durch europäische Touristen befinden (z. B. Fidschi, Franz.-Polynesien);

– in den 60er, dann aber verstärkt in den 70er Jahren mit Australien/Neuseeland auf der Südhalbkugel ein sekundäres Quellgebiet des EL-Tourismus entsteht;

– einige Inseln des Pazifik, z. b. die Cook Islands, aber auch Indonesiens (z. B. Bali), in die sich schnell entfaltende Zone I des Südkontinents einbezogen werden, während nur wenige „Pionier"-Reisende die Zonen II und III der Australier und Neuseeländer besuchen. Wohlhabendere, überwiegend britisch geprägte Bewohner dieses Kontinents haben allerdings, häufig in Form einer Grand Tour, schon früher Europa bereist und auf der Schiffsreise auch Hafenstädte wie Colombo oder Bombay besucht; diese Destinationen waren aber nicht Ziele der auf Europa orientierten Reise, sondern notwendige Zwischen- und Bunkerstationen der Passagierschifffahrt vor ihrer Verdrängung durch den Flugverkehr;

– die wirtschaftlich boomenden Schwellenländer E- und SE-Asiens, insbesondere Korea, Taiwan, Hongkong, Singapur, zunehmend auch Malaysia und Thailand, seit den 80er Jahren die Funktion eines weiteren sekundären Quellgebietes übernehmen, das aber bisher intensiv nur Destinationen der Zone I erschlossen hat. Auf den Philippinen z. B. stellen Besucher aus Taiwan oder Hongkong hohe Anteile aller Touristenankünfte. Mit wachsendem Wohlstand ist auch eine stärkere Erschließung vor allem der Zone II, etwa der südpazifischen Inseln, zu erwarten.

Das in diesem Schema erfaßte Expansionsmuster des EL-Tourismus ist auch typisch für die Ausweitung des Reiseradius eines einzelnen Dritte-Welt-Reisenden. Die Reiseanalyse 1992 des SfT (BMZ 1993) hat z. B. das „Prinzip des zunehmenden Reiseaktionsradius" empirisch bestätigt. Die ersten touristischen Erfahrungen mit ELn werden von der Mehrheit der Dritte-Welt-Reisenden zunächst in außereuropäischen Mittelmeerländern gemacht. Diese Nahstreckenziele der Zone I sind für die überwiegende Zahl der EL-Touristen Einstiegs- bzw. Durchgangsstationen für Reisen zu Zielen in der Zone II und schließlich in der Zone III. Dies erklärt die herausgehobene Stellung der Nahstreckenziele für den Urlaubsreiseverkehr aus Deutschland in EL wesentlich mit.

2.5.2   Fremdenverkehrswachstum in touristisch bisher unterentwickelten Ländern – Beispiele, Muster, Probleme

Die globale Expansion des Tourismus erfaßt die einzelnen Ländern in sehr
unterschiedlichem Maße. Neben prosperierenden Reiseländern stehen
Staaten, die – häufig sogar mit einem hohen touristischen Potential – kaum
oder gar nicht am Fremdenverkehr teilhaben. Ungünstige Lagebedingungen
etwa im Hinblick auf den Weltflugverkehr, eine mangelhafte Infrastruktur,
Naturkatastropen, politische Instabilität oder gar Krieg sind häufige Ursachen; einige Länder haben, zumindest zeitweise, aus ideologisch-politischen
Gründen den Tourismus fast vollständig unterbunden (z. b. Laos, Vietnam)
oder nur in einem eingeschränkten, noch kontrollierbaren Maße erlaubt (z. B.
Burma). Der Himalaya-Staat Bhutan ist ein markanten Beispiel für jene allerdings
nur wenigen Länder, die sich aus Furcht vor einem Verlust kultureller
Identität dem Fremdenverkehr lange gänzlich verschlossen haben.

In Anbetracht wachsender wirtschaftlicher Probleme und zunehmender
Verelendung stetig größerer Bevölkerungsteile bemühen sich jedoch mehr
und mehr Länder auch mit einer vor wenigen Jahren noch tourismusfeindlichen oder zumindest -neutralen Politik um eine Förderung des Fremdenverkehrs. Die Liberalisierung der Einreiseformalitäten, die Gewährung spezieller
Devisenkurse für Touristen, die intensive Vermarktung touristischer Potentiale, ein Ausbau der touristischen Infrastruktur – dies sind nur einige von
mehr und mehr Ländern eingesetzte Instrumente zur Erhöhung der Besucherzahlen. Ideologische, sozio-kulturelle oder ökologische Argumente, die für
eine Beschränkung des Fremdenverkehrs sprechen können, werden in Anbetracht der wirtschaftlichen Misere, ehrgeiziger Entwicklungspläne sowie in
Erwartung ökonomischer Vorteile aus dem Fremdenverkehr zurückgestellt.
Einige markante Beispiele:

In SE-Asien möchten die nach dem Vietnam-Krieg für den internationalen
Urlaubstourismus vollständig geschlossenen Länder Laos, Kambodscha und
Vietnam am fremdenverkehrswirtschaftlichen Boom dieser Region teilhaben.
Das bis Ende der 80er Jahre noch kaum besuchte Laos will sich nun dem Tou-
rismus schrittweise öffnen. Auch mit Hilfe von Investoren aus dem westlichen
Ausland erfolgt ein zügiger Ausbau z. B. des Hotelgewerbes: Die Zahl von
etwa 100000 Besuchern 1993 soll pro Jahr um ca. 25% gesteigert werden.
Auch das Nachbarland Kambodscha bemüht sich seit Beendigung des Bürger-
krieges trotz politischer Instabilität vor allem über Veranstalter aus Thailand
den Fremdenverkehr wieder zu beleben und insbesondere die Tempelstadt
Wat Ankor zu vermarkten.

Die spektakulärste Öffnung für den Fremdenverkehr hat jedoch Vietnam
vollzogen. Das nach einem verlustreichen Krieg gegen die Amerikaner 1975
vereinigte und strikt kommunistische Land hat sich in Anbetracht großer

wirtschaftlicher Schwierigkeiten entschlossen, die touristischen Attraktionen des Landes auch und bevorzugt Besuchern aus dem Westen zu öffnen. Speziell bei amerikanischen Kriegsveteranen wird mit einem Besuch der Schlachtfelder des Vietnam-Krieges geworben.

Eine geradezu revolutionäre Hinwendung zum Tourismus als einem Schlüsselsektor der noch an einer kommunistischen Utopie fixierten Wirtschaftspolitik vollzieht verstärkt seit 1989 die Regierung Kubas. Mit der kommunistischen Machtergreifung Fidel Castros 1959, der Verstaatlichung der großen, von Nordamerikanern dominierten Luxushotels und schließlich dem von den USA 1962 durchgesetzten Embargo setzte zunächst ein drastischer Rückgang des Fremdenverkehrs ein, zumal die Regierung auch aus ideologischen Gründen an westlichen Besuchern nicht interessiert war. Erst 1972 wurde Touristen aus Kanada und Spanien, den Ländern, die sich dem US-Embargo nicht angeschlossen hatten, der Besuch erlaubt. Ab 1975 wurde die Karibikinsel auch für Touristen aus den West-Ländern zunehmend geöffnet – westdeutsche Urlauber konnten jedoch zunächst nur über die kommunistisch ausgerichtete Deutsch-Kubanische Gesellschaft eine Reise buchen (Wilhelmy 1992). Weniger Bade-, sondern politisch motivierte „Revolutions"-Touristen besuchten in diesen Jahren vornehmlich die Zuckerinsel.

Nach dem Zusammenbruch des Sowjet-Imperiums und dem Ausbleiben der vormals für Kuba lebensnotwendigen sowjetischen Hilfe, dem Wegfall des wichtigsten Marktes, der Sowjetunion, für den Hauptexportartikel Zucker, sieht Kuba im massiven Ausbau des Fremdenverkehrs die günstigste Möglichkeit zur schnellen Steigerung des Zuflusses dringend benötigter Devisen und der Abwendung der die Existenz des Regimes gefährdenden Wirtschaftskrise. Der dafür notwendige Ausbau der touristischen Infrastrukturen, insbesondere des Hotelgewerbes, hat gegenwärtig Vorrang vor allen anderen Investitionsbereichen. Über Joint-ventures sollen mit Investoren vor allem aus Spanien sowie aus Deutschland, Kanada und Italien große Hotelkomplexe errichtet werden. 1993 hat Castro die Einstellung aller großen nichttouristischen Baumaßnahmen und die Umorientierung aller verfügbaren Baukapazitäten auf die Tourismuswirtschaft angeordnet.

Auch Länder, die sich erst vor wenigen Jahren der Außenwelt gegenüber geöffnet haben und im Tourismus eine Gefährdung ihres kulturellen Erbes und besonders ihrer Religion sehen, öffnen sich in jüngster Zeit, zumindest zaghaft, auch dem Fremdenverkehr. Das für westliche Ausländer und neuzeitliche Einflüsse bis 1970, bis zur Regierungsübernahme des jetzigen Herrschers, vollständig für Ausländer geschlossene Sultanat Oman hat 1991 beschlossen, das erste Ferienhotel mit 260 Zimmern und umfangreichen Sportanlagen (u. a. Golfplatz) zu bauen und das Management dieser Anlage dem Club Mediterranée zu übertragen.

Eine ähnliche Politik der begrenzten Öffnung für den Tourismus verfolgt

auch das durch den lamaistischen Buddhismus geprägte Bhutan. Dieser Himalaya-Staat von etwa der Größe der Schweiz, aber mit nur 600 000 Einwohnern, möchte die mit dem Massentourismus im benachbarten Nepal verbundenen negativen Entwicklungen vermeiden, indem die Zahl der Besucher
durch eine Hochpreispolitik niedrig gehalten wird. Einzelreisende müssen
z. B. (1993) eine „Eintrittsgebühr" von 260 US-$ pro Tag bezahlen.

Im Zuge der globalen Expansion des Fremdenverkehrs dringt der Tourismus in immer abgelegenere, oft von der modernen Zivilisation noch unberührte Räume vor. Der Expansionsprozeß auch innerhalb einzelner Länder
wird einmal häufig getragen von regionalpolitischen Maßnahmen der Regierungen (Kap. 7). Zum anderen dringen auch Reiseveranstalter – oft einzelnen
Pioniertouristen und Aussteigern folgend – auf der Suche nach neuen und
möglichst sensationellen Angeboten für eine stetig anspruchsvollere Klientel,
häufig sogar im Rahmen auch von Expeditionen, in schwer zugängliche
Räume vor.

Diese Expansion einer Vermarktung auch extrem peripherer Reiseziele
wird ermöglicht durch die Politik vieler Länder, alle nur verfügbaren Ressourcen der wirtschaftlichen Entwicklung nutzbar zu machen. Auch bisher
evtl. aus kulturellen Gründen für den Fremdenverkehr gesperrte Regionen
werden jetzt zunehmend für den Tourismus geöffnet. Ein Beispiel bietet
Nepal, das einer begrenzten Besucherzahl (zunächst nur 200 pro Jahr) die Ein-
reise in das bis zu Beginn der 90er Jahre für Touristen gesperrte, zwischen
Nepal und Tibet gelegene ehemalige Königreich Mustang erlaubt.

Die „Sucht" der Nachfrager, der Touristen und Reiseveranstalter, nach
neuen, extremen Erfahrungen und nach guten Marktchancen einerseits sowie
das Bestreben vieler Länder andererseits, ihre Position auf dem Welttourismusmarkt durch ein breiteres Angebot zu sichern und über den Tourismus
einen Abbau disparitärer Raumentwicklung zu erreichen, sind wesentliche
Triebfedern der Expansion des Tourismus auch bis in die letzten noch nicht
touristisch vermarkteten Peripherieräume dieser Erde.

2.5.3 Fremdenverkehrswachstum in „etablierten" Reiseländern –
Beispiele, Muster, Ursachen

Obwohl die heute wichtigen Reiseländer über einen längeren Zeitraum gesehen fast durchweg hohe Besucherzuwächse verzeichnen konnten, weisen
viele Zielgebiete jedoch ein durch Brüche, Schrumpfungs- und Stagnations-
phasen gekennzeichnetes Wachstum auf. Zunächst ist es bemerkenswert, daß
einige heute sehr wichtige Reiseländer noch in den 70er Jahren kaum in den internationalen Tourismus eingebunden waren. Das wohl prägnanteste Beispiel
für die stürmische Entfaltung eines Landes zu einer der wichtigsten Ziele des

EL-Tourismus innerhalb von wenigen Jahren ist die vornehmlich für den Bade-(und Sex-)Tourismus attraktive Dominikanische Republik. Massiv gefördert durch staatliche Maßnahmen und getragen von ausländischen Investitionen stieg die Zahl der Besucher schon in den 70er Jahren stürmisch von nur 87 000 (1970) auf 566 000 (1980) und schnellte bis 1994 auf 1,75 Mio. hoch (Abb. 4).

Auch gefördert durch Investitionen und den Transfer von Know-how deutscher Reisekonzerne – die TUI ist Mitgesellschafter der mit vier Betrieben vertretenen Hotelkette Riu, die LTU-Tochter LTI betreibt z. B. ein Hotel – wurde die Dominikanische Republik z. B. für Deutschland zur wichtigsten Karibik-Destination: 1994 reisten z. B. allein über den vor allem für den Charterflugverkehr wichtigen Flughafen Puerto Plata 148 000 Deutsche ein. Trotz einer enormen Ausweitung der Beherbergungskapazitäten (Gästezimmer 1970: 2200, 1980: 5400, 1995: 29000) auch an peripheren Standorten (Karte 8) konnte die wirtschaftlich wichtige Raumbelegungsrate von z. B. 59,5 % (1981) auf den auch im internationalen Vergleich hohen Wert von 72 % (1994) erhöht werden. Schon seit 1986 ist der Tourismus der größte Devisenbringer; 1993 erzielte er mit 1,24 Mrd. US-$ 70 % aller Deviseneinnahmen; jährliche Zuwachsraten der Besucherzahlen von 20–30 % bis zum Jahre 2000 werden prognostiziert.

Abb. 4 verdeutlicht für einige heute wichtige Reiseländer, daß externe und interne Faktoren die Wachstumsmuster wesentlich beeinflussen können. Tanzania ist unter den heute (wieder) stärker besuchten Ländern eines der wenigen Beispiele dafür, daß der in den 70er Jahren einsetzende, z. T. drastische Rückgang der Besucherzahlen trotz einer beachtlichen Wiederbelebung des Fremdenverkehrs seit etwa 1988 bis heute kaum ausgeglichen werden konnte. Dieses Land ist auch ein Beispiel dafür, daß politische Leitbilder, mit einer kritischen bzw. ablehnenden Haltung Touristen gegenüber, einen vorher boomenden Fremdenverkehr trotz großer touristischer Attraktionen zum Erliegen bringen können. Tanzania orientierte sich von 1967 bis 1986 am Leitbild eines afrikanischen Sozialismus (Vorlaufer 1989a), der mit der touristischen Entwicklung die Gefahr einer zunehmenden Abhängigkeit des Landes von den Industrieländern verbunden sah. Die knappen Ressourcen des Landes wurden daher bevorzugt in andere Wirtschaftssektoren investiert, mit der Folge eines weitgehenden Zerfalls der touristischen Infrastruktur. Dieser Prozeß wurde ab 1977 beschleunigt, nachdem Tanzania die bis dahin bestehende Ostafrikanische Gemeinschaft aufgekündigt und die Grenze zum Nachbarn Kenya auch mit dem Argument geschlossen hat, daß Tanzania keinen adäquaten wirtschaftlichen Nutzen aus der touristischen Nutzung der in Nordtanzania gelegenen Attraktionen erzielt. Der Kilimanjaro, die Serengeti und der Ngorongoro-Krater z. B. wurden überwiegend von Safari-Veranstaltern aus dem nahen Nairobi vermarktet, über das auch die meisten der Tanzania-Besucher einreisten, hier ihre Reisebuchungen vornahmen, Reise-Ausstattungen und -Andenken kauften und Fahrzeuge mieteten. Ziel war es, die Touristen jetzt über den neu eröffneten Kilimanjaro-Flughafen bei Arusha

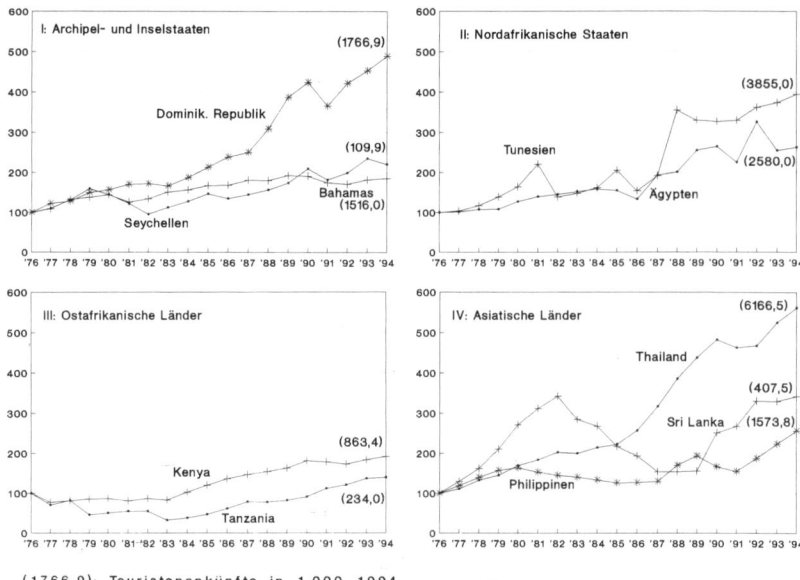

(1766,9): Touristenankünfte in 1.000 1994

Abb. 4: Wachstumsmuster der Zahl der Ankünfte ausländischer Touristen in ausgewählten Ländern 1976–1994 (1976 = 100) (Quelle: Nationale Tourismusbehörden; Entwurf: K. Vorlaufer; Computer-Kartographie: Cl. Dehling).

einreisen zu lassen, die Ausgaben der Besucher nordtanzanischer Attraktionen im Lande zu behalten. Infolge der o. g. ungünstigen Rahmenbedingungen wurde dieses Ziel jedoch nicht erreicht; der Fremdenverkehr verfiel und hat sich erst jüngst wieder im Zuge marktwirtschaftlicher Reformen erholt.

Alle anderen in Abb. 4 dargestellten Beispiele zeigen zwar generell eine Zunahme der Besucherzahlen, die Kurvenverläufe weisen jedoch markante Unterschiede auf. Gemeinsam ist allen Ländern nur, daß mehr oder weniger starke Rückgänge in den wirtschaftlichen Rezessionsjahren zu verzeichnen waren (so z. B. nach den Erdölkrisen 1973/74, 1978/79 sowie in den Rezessionsjahren 1982/83). Während fast alle Länder die hierdurch bedingten ein- bis zweijährigen Schrumpfungen (z. B. Seychellen, Tunesien) oder Stagnationen (z. B. Thailand) nach kurzer Zeit ausgleichen konnten, ist Kenya ein Beispiel für jene Länder, die erst mit dem Aufschwung der Weltwirtschaft ab 1984 stärkere Zuwächse erzielen konnten. Atypisch ist der Kurvenverlauf für Sri Lanka, das, kaum beeinflußt durch die weltwirtschaftliche Entwicklung in den 70er Jahren, bis 1980 hohe Zuwächse hatte. Ein günstiges Preis-Leistungs-Verhältnis sicherte die Position dieser Insel als attraktive Destination auch in Rezessionsjahren. Der drastische Rückgang der Besucherzahlen ab 1982 ist Folge der bürgerkriegsähnlichen Auseinandersetzungen zwischen Tamilen und Singhalesen. Erst nach (scheinbarer?) Beruhigung der innenpolitischen Situation bzw. der räumlichen Beschränkung der Unruhen auf die rein tamilischen Siedlungsräume im N und E erfolgte eine Revitalisierung des Tourismus.

Innenpolitische Konflikte erklären auch die Einbrüche bei den Kurvenverläufen für die Philippinen, Ägypten und – hier nicht dargestellt – für China.

Auf den Philippinen ging der zunächst durch die Weltwirtschaftsrezession ausgelöste Rückgang ab 1981 über in eine bis 1988 anhaltende Schrumpfung der Besucherzahlen: Innenpolitische Unruhen im Zuge des Sturzes des Marcos-Regimes 1986 sind hierfür die Ursachen. Der schon 1989 wieder einsetzende Rückgang wurde demgegenüber bedingt durch Naturkatastrophen (Erdbeben Baguio 1990; Ausbruch des Pinatubo-Vulkans 1991) und zudem – wie auch in vielen anderen Ländern – durch den Golfkrieg 1991.

Ein landesspezifisches Wachstumsmuster weist auch der Fremdenverkehr in China auf. Trotz ideologischer und politischer Vorbehalte hatte sich das kommunistische China nach den Wirren der Kulturrevolution ab 1976 zunehmend dem internationalen Reiseverkehr geöffnet. Die Besucherzahlen schnellten generell und auch in vielen tief im Binnenland gelegenen Städten und Regionen steil nach oben (Gormsen 1990) – bis zum Jahre 1989, bis zur blutigen Niederschlagung der Demokratie-Bewegung auf dem „Platz des himmlichen Friedens" in Peking (1988: 1,8 Mio., 1989: 1,4 Mio. Ausländer, ohne Auslandchinesen). Trotz der Befürchtung, daß auch durch den Tourismus eine weitere ideologische Beeinflussung der Chinesen erfolgen könne, startete die Regierung noch 1989 Maßnahmen zur Wiederbelebung des Fremdenverkehrs, so wurden z.B. generell Touristenrabatte von 20% gewährt. Gleichzeitig wurde die Öffnung des Landes intensiviert. Im Januar 1989 waren 571, ab Juni 1992 schon insgesamt 754 Städte und Gebiete Chinas Ausländern zugänglich, einschließlich Tibet, das aber nur über organisierte Gruppenreisen besucht werden kann. Schon 1991 wurde die bisherige Rekordzahl von 2,7 Mio. Ankünften ausländischer Besucher erreicht (1994: 5,2 Mio. Ausländer; ohne Besucher aus Taiwan, Hongkong, Macau – 1994: 38,4 Mio.! und Auslandchinesen – 1994: 0,1 Mio.).

Ein aktuelles Beispiel für den massiven Einfluß innenpolitischer Probleme auf dem Fremdenverkehr ist Ägypten. In Ägypten verüben islamische Fundamentalisten seit 1993 Terroranschläge gezielt gegen ausländische Besucher, um über eine Zerstörung dieses Wirtschaftszweiges die Regierung zu schwächen sowie um generell den Fremdenverkehr als Quelle negativer Einflüsse auf den Islam auszuschalten.

Der in Ägypten durch den Golfkrieg 1991 bedingte Rückgang der Touristenankünfte um 14,8% konnte zwar 1992 ausgeglichen werden, da die Zahl der Besucher um 44,8% auf den Rekordwert von 3,2 Mio. anstieg: Der durch die Anschläge bedingte Rückgang seit 1993 ist jedoch massiv.

Demgegenüber ist Thailand das Paradebeispiel für die nicht wenigen Reiseländer mit einem seit Jahren weitgehend kontinuierlichen Wachstums des Tourismus, der vor allem seit 1987 – nur geringfügig unterbrochen durch den Golfkrieg 1991 – spektakuläre Zuwächse aufweist. Die Zuwächse wurden u. a. auch deshalb erreicht, weil die thailändische Tourismusbehörde im Rahmen eines 1987 proklamierten „Visit Thailand Year" das Königreich weltweit massiv vermarktete: Thailand ist deshalb auch in dieser Hinsicht ein Beispiel und Vorbild für ähnliche Marketing-Strategien zahlreicher anderer Länder.

2.5.4 Zeit-, Kosten- und soziale Distanz – Determinanten des Volumens und der Richtung der Reiseströme

Auch aufgrund der Analyse der raumzeitlichen Entfaltung des Fremdenverkehrs kann die These formuliert werden, daß mit zunehmender Zeit-, Kosten- und sozialer Distanz zwischen Herkunfts- und Zielräumen – unter der Voraussetzung ähnlicher touristischer Angebote in alternativen Reiseländern – tendenziell eine Abnahme des Reiseverkehrs verbunden ist. Die von wichtigen Quellgebieten zeit- und kostengünstig erreichbaren Reiseländer haben dementsprechend die meisten Besucher aus relativ nahegelegenen Räumen; insbesondere unmittelbar benachbarte Länder stellen dann die weitaus meisten Touristen, wenn nicht – wie etwa im Falle USA/Kuba – politisch bedingte Reisebeschränkungen bestehen. Bei Betrachtung nur des Reiseverkehrs zwischen Industrie- und ELn wird deutlich, daß z. B.
- für Kenya und Tanzania (und auch andere nord- bzw. ostafrikanische Ziele) Europa und vor allem Deutschland,
- für die Karibik dominant die USA und Kanada,
- für Thailand, die Philippinen und vor allem die Marianen vorrangig Japan, mit wachsender Bedeutung auch die Schwellenländer E- und SE-Asiens,
- für Fidschi wie für den Südpazifik insgesamt – in diesem Falle trotz vergleichsweise geringer Einwohnerzahl – Australien/Neuseeland die wichtigsten Herkunftsländer sind.

Australien stellt nicht nur im Pazifik, sondern auch in allen anderen wichtigen Reiseländern SE-Asiens, vor allem gemessen an der relativ geringen Bevölkerungszahl des Fünften Kontinents (1991: 17,3 Mio.; zum Vergleich Japan: 121,9 Mio.), sehr große Besucheranteile.

Diese wesentlich durch den Distanzfaktor getragene große Bedeutung relativ nahe gelegener Herkunftsländer wird dadurch gestützt, daß Investitionen aus den touristischen Quellgebieten vor allem in das Fremdenverkehrsgewerbe nahe gelegener und intensiv besuchter Zielräume getätigt werden, da hier Gewinnerwartungen in einem zudem vertrauten Raum risikoloser realisiert werden können.

Die von diesen Investoren stark mitbestimmten oder kontrollierten transnationalen Reisekonzerne und Hotelketten lenken die Reiseströme wiederum vorrangig in jene Räume, in denen sie direkt oder indirekt am Fremdenverkehrsgewerbe als Kapitaleigner beteiligt sind. Diese interdependenten Faktoren (Distanz/Investoren) verstärken die Reiseströme zunächst in relativ nahe gelegene Destinationen.

Die dadurch bedingte, oft extreme Abhängigkeit eines Reiselandes von nur einem Herkunftsland ist ein großer Nachteil, u. a. da Krisen und dadurch bedingte Nachfrage-Rückgänge in einem derart überragenden Quellgebiet zum Zusammenbruch der Fremdenverkehrswirtschaft führen können. Fast alle Reiseländer bemühen sich daher um eine Diversifizierung der Märkte. Ein höherer Anteil von Touristen auch aus weiter entfernten Regionen bietet zudem den Vorteil, daß über große Distanzen anreisende Besucher in der Regel länger im Lande verweilen, eher den oberen Einkommensschichten angehören und dementsprechend häufiger und höherwertige Leistungen z. B. des Hotelgewerbes in Anspruch nehmen. Die Einnahmen von Besuchern aus weiter entfernten Märkten sind daher im Durchschnitt pro Touristenankunft deutlich höher. Viele Länder bemühen sich zudem auch deshalb um eine Erschließung zahlreicher Märkte, weil Besucher aus verschiedenen Ländern häufig unterschiedliche Urlaubspräferenzen und Verhaltensmuster aufweisen und so evtl. eine breitere Palette touristischer Ressourcen genutzt werden kann. Ein Beispiel bietet hierfür die auch räumlich differenzierte Nachfrage deutscher und US-amerikanischer Touristen in Kenya. Überproportional konzentrieren sich die Übernachtungen deutscher Gäste in der auf dem preisgünstigen Badeurlaub ausgerichteten Küstenzone, während Touristen aus den USA hier kaum vertreten sind, aber in den teuren Lodges der Wildschutzgebiete eine starke Gruppe bilden.

Ein, wenngleich nicht ganz so pointiertes regional differenziertes Nachfragemuster weisen auch die Touristen unterschiedlicher Herkunftsräume in Tunesien auf. Auch hier sind z. B. die Deutschen in den durch Pauschalreisen und den Badetourismus erschlossenen Regionen, wie z. B. Djerba, stark vertreten, während die französischen Touristen deutlich häufiger über Rundreisen auch z. B. periphere Sahara-Orte besuchen und so einen größeren Beitrag zur Abschwächung disparitärer Raumentwicklung leisten.

Neben der Zeit- und Kostendistanz ist auch die soziale Distanz ein wichtiger Faktor zur Beeinflussung des Volumens und der regionalen Herkunft der Besucher in einer Destination. Touristen aus Frankreich stellen z. B. auch in weitentfernten französischen Übersee-Territorien und generell in frankophonen Ländern die größte Besuchergruppe, so z. B. auf Reunion (1993: 74,8% aller Besucher) oder in den Karibik-Destinationen Martinique (1993:

71,3% aller Touristenankünfte) und Guadeloupe (1993: 79% aller Hotelankünfte). Selbst für das weitentfernte Französisch-Polynesien stellte Frankreich 1993 mit 31 986 Touristen (21,6% aller Ankünfte) den nach den USA (45 848 Besucher) zweitwichtigsten Markt mit noch deutlichem Abstand vor Japan (10,9%) und Deutschland (6,5%). 1994 z. B. wurden in der Karibik insgesamt 601 600 Ankünfte von Touristen aus Frankreich registriert; hiervon entfielen allein 68,7% auf die beiden französischen Übersee-Territorien Martinique und Guadeloupe. Eine ähnliche Konzentration auf ihnen kulturell und sprachlich nahestehende Destinationen ist auch typisch für Niederländer: 1994 besuchten 154 300 „Holländer" die Karibik, davon 80,1% die niederländisch-westindischen Territorien Curacao, Aruba, St. Maarten und Bonaire. Hiermit korrespondiert, daß auch nahegelegene und mit großen Attraktionen ausgestattete Destination dann nicht so stark besucht werden, wenn hier z. B. eine Sprachbarriere besteht oder eine nicht vertraute, durch ein anderes Quellgebiet dominierte Kultur ein Hemmnis ist. So stellten z. B. US-Amerikaner 1994 in den anglophonen Karibik-Destinationen Jamaika 64,2 %, Puerto Rico 71,6 % sowie auf den Bahamas 82,7 %, jedoch auf Martinique nur 4,2 % aller registrierten Touristenankünfte.

Insbesondere die bisher extrem auf den US-Markt ausgerichteten Karibik-Länder versuchen neue und vor allem europäische Märkte stärker zu erschließen. Dieser Region, aber auch Destinationen wie den Seychellen oder Kenya, ist es so gelungen, die vormals deutlich größere Abhängigkeit von wenigen Märkten oder sogar nur von einem Quellgebiet zu mildern.

2.5.5 Die Saisonalität der touristischen Nachfrage – Ausprägung und Problematik

Viele Reiseländer bemühen sich auch deshalb um eine Diversifizierung ihrer Märkte, weil Besucher aus verschiedenen Ländern nicht nur oft ein regional, sondern auch ein im Jahresverlauf differenziertes Reiseverhalten haben und so die oft extreme Saisonalität (Abb. 5) des Fremdenverkehrs mit ihren negativen Auswirkungen auf Beschäftigung und Einkommen gemildert werden kann. Ein großer Nachteil des Tourismus ist es nämlich, daß sich die Nachfrage in vielen Ländern oft unterschiedlich über das Jahr verteilt und so fremdenverkehrswirtschaftliche Einrichtungen saisonal nicht oder nur eingeschränkt genutzt werden, in der Nach- oder Nebensaison investiertes Kapital brachliegt, die Zahl der Arbeitsplätze etwa im Hotelgewerbe oft reduziert wird. Viele Betriebe schließen dann gänzlich, geben ihren Mitarbeitern den Jahresurlaub oder führen notwendige Verbesserungsarbeiten durch. Ein Beispiel: In Gambia, einem Land mit hoher innen- und außenwirtschaftlicher Abhängigkeit vom Fremdenverkehr, ist die Saisonalität besonders extrem ausgeprägt, da

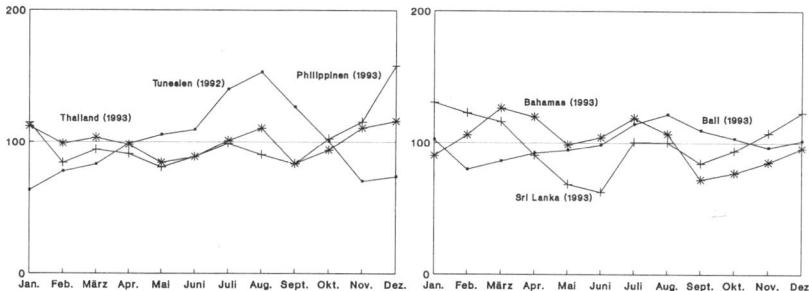

Abb. 5: Die Saisonalität der Touristenankünfte in ausgewählten Reiseländern bzw. in der Tourismusregion Bali (Saisonalitätsindex: der durchschnittliche Monatswert [= 100] wird in Beziehung gesetzt zum tatsächlichen Wert) (Quelle: Nationale und regionale Tourismusbehörden; Entwurf: K. Vorlaufer; Computer-Kartographie: Cl. Dehling).

hier im Nordsommer Regenzeit ist und das Land mit seinen weitgehend einzigen Attraktionen „Sonne, Sand, See" dann nicht mit den sonnenreicheren und näher an den Märkten gelegenen mediterranen Destinationen konkurrieren kann. Der Tourismus bricht dann vollständig zusammen; die meisten Hotels schließen, die Angestellten werden entlassen oder erhalten geringeren Lohn (Dieke 1993).

Die Saisonalität ergibt sich auf der Angebotsseite dadurch, daß oft die für ein Land typischen Attraktionen infolge klimatischer Gegebenheiten nicht oder nur eingeschränkt ganzjährig genutzt werden können. Der Wechsel von Regen- und Trockenzeit bedingt z. B. die touristische Saisonalität in den Tropen und Subtropen. Starke Niederschläge, geringe Sonnenscheindauer und ein starker Seegang sind die Ungunstfaktoren in der Regenzeit, die z. B. die Attraktivität eines Badeurlaubes beschränken. In den jahreszeitlich von Taifunen und Hurrikans berührten Reiseländern (z. B. Philippinen, Karibik) wird die Reisemöglichkeit weiter eingeschränkt. In der regenreichen Monsunzeit ist z. B. auch das Trekking etwa in Nepal kaum möglich.

Vereinfacht kann festgestellt werden, daß in den Tropen und Subtropen der nördlichen Halbkugel und in Ostafrika auch in den unmittelbar südlich des Äquators gelegenen Destinationen Südkenyas und Nordtanzanias im Nordwinter die touristischen Gunst- und im Nordsommer die Ungunstfaktoren dominieren. Die Niederschläge (und auch die tropischen Wirbelstürme) folgen nämlich der Nord- bzw. Südverlagerung des Sonnenhöchststandes. Nur die mediterranen Küsten Nordafrikas und des Nahen Ostens weisen davon abweichend im Nordsommer die touristisch günstigere trockenere und sonnenreichere Jahreszeit auf. Tunesien verzeichnet dementsprechend auch in den Monaten Juli/August den stärksten Besuch (Abb. 5). Die meisten Fernreiseländer (z. B. Thailand, Philippinen, Kenya, die Karibik) bieten jedoch dann die klimatisch besten Voraussetzungen für den Reiseverkehr, im Nordwinter, wenn auch die Bereitschaft der Besucher aus dem „Norden" am größten ist, den relativ hohen Aufwand für eine Fernreise zu den „Sonnenzielen" zu tragen. Die Reiseländer der südlichen Halbkugel haben demgegenüber nicht nur den Standortnachteil einer großen Zeit- und Kostendistanz zu den wichtigsten Tourismusmärkten. In der hier günstigen Reisezeit, im Nordsommer, müssen diese Länder zudem mit Destinationen z. B. des Mittelmeerraumes konkurrieren, die nun klimatisch ähnlich günstige Reisebedingungen bieten. Bali (Abb. 5) oder – noch ausgeprägter – Länder wie Sambia (Vorlaufer 1984), Zimbabwe oder Nambia erreichen jedoch – trotz ihrer Standortferne und ihres zeitlich ungünstigen, der Nachfragespitze der nördlichen Märkte nach Fernreisen nicht entsprechenden Angebots – im Nordsommer deshalb große Touristenzahlen, weil sie ungewöhnliche kulturelle (Bali) oder naturräumliche (Wildschutzgebiete) Attraktionen aufweisen, mit denen vornehmlich auf den Badetourismus ausgerichteten mediterranen Ziele wie Tunesien in bestimmten Marktsegmenten nicht konkurrieren müssen.

Während z. B. viele Wildschutzgebiete Zimbabwes oder Sambias während der Regenzeit im Nordwinter schon aus verkehrstechnischen Gründen kaum besucht werden können und oft gänzlich geschlossen werden, hat Bali den Vorteil, daß es mit seinen wetterunabhängigeren kulturellen Attraktionen ganzjährig stark besucht wird, hier die Saisonalität, trotz der Spitze im Nordsommer, nicht so kraß ausgebildet ist wie z. B. in Sambia: Auch die von Land zu Land unterschiedlichen typischen Tourismusarten haben einen Einfluß darauf, inwieweit klimatische Faktoren die Saisonalität prägen. Kulturorientierte Reisen können z. B. auch in der regenreicheren Zeit attraktiv sein.

Auch der Badetourismus ist in einigen Ländern selbst in der Regenzeit noch möglich, da die Heftigkeit und Dauer der Niederschläge unterschiedlich ist. Während an den durch den niederschlagsreichen und stürmischen Monsun geprägten Küsten z. B. S- und SE-Asiens im Nordsommer der Badetourismus oft auch infolge des Seegangs eingestellt werden muß, haben einige Länder, wie insbesondere Inseln der Karibik, der Seychellen oder Malediven, den Vorteil, daß hier trotz eines Wechsels von Regen- und Trockenzeiten ganzjährig eine hohe tägliche Sonnenscheindauer erreicht wird, Niederschläge oft nachts fallen und so der Badetourismus keine extreme Saison hat. Für die Karibik z. B. kommt hinzu, daß in den – im Vergleich zum Nordwinter – regenreicheren Sommermonaten Besuche aus dem wichtigsten Quellgebiet, den USA, z. Z. der Schulferien, im August, hohe Werte erreichen (Beispiel Bahamas, Abb. 5).

Die Ferienzeitregelungen in den Herkunftsräumen sind so eine weitere wichtige Determinante der touristischen Saisonalität auch in Fernreiseländern. Ein Beispiel hierfür ist das tradierte Urlaubsverhalten der Italiener. Im traditionellen Ferienmonat August erreichen Besucher aus Italien in Sri Lanka die weitaus höchsten Monatswerte, obwohl dann z. B. an der SW-Küste Monsunregen und -stürme den Badetourismus stark einschränken und seit Ausbruch des Bürgerkrieges 1983 der Besuch der dann im Regenschatten des Zentralen Berglandes gelegenen und deshalb niederschlagsärmeren Ostküste aus Sicherheitsgründen nicht mehr (noch nicht wieder) möglich ist.

Fast alle Reiseländer bemühen sich um eine Milderung der Saisonalität über vielfältige Maßnahmen: Preisnachlässe in der Nebensaison; die Erschließung wetterunabhängigerer Attraktionen (z. B. Kulturstätten) und Fremdenverkehrsarten (z. B. Kongreßtourismus); Bau von Allwetterstraßen, die den Besuch selbst peripherer Räume auch in der Regenzeit erlauben (z. B. Straßenbau in den Nationalparks Afrikas); die dargelegte Erschließung neuer Märkte.

Vor allem versuchen viele Länder über eine Förderung des Binnentourismus insbesondere in der Nebensaison die saisonalen Schwankungen der ausländischen Nachfrage zu kompensieren (Kap. 3.3). Diese Maßnahmen haben zumindest in einigen Reiseländern zu einer Abschwächung der Saisonalität geführt.

2.6 Rahmenbedingungen der globalen Expansion des Fremdenverkehrs

Die rasante Entfaltung des EL-Tourismus vor allem ab etwa 1965 wurde durch die Herausbildung spezifischer wirtschaftlicher, technologischer, sozialer und politischer Rahmenbedingungen in Industriegesellschaften ermöglicht. Hierzu zählen vor allem

- steigende Realeinkommen stetig größerer Bevölkerungsteile, denen es zunehmend möglich wurde, wachsende Einkommensteile für nicht lebensnotwendige Güter, z. B. für Urlaubsreisen, auszugeben;
- sinkende Jahres- und Lebensarbeitszeiten ermöglichen die Realisierung die Reise während des Jahresurlaubs und erklären die „Reisefreudigkeit" älterer Touristen wesentlich mit, während die kürzere Wochenarbeitszeit für den Dritte-Welt-Tourismus bisher nur eine eingeschränkte Bedeutung hat (etwa Wochenendreisen von Spanien nach Marokko oder den USA nach Mexiko oder die Bahamas);
- technologische Entwicklungen im Verkehrswesen, vor allem im Flugverkehr, wie insbesondere die Einführung von kosten- und zeitgünstigen großräumigen Langstreckenjets. Auch die wachsende Motorisierung, Entwicklungen in der Kreuz- und Fährschiffahrt (Kap. 3.8), im Bahn- und Autoverkehr haben den EL-Tourismus begünstigt. Die weltweite Verbreitung von Autos und Bussen hat z. B. den Rundreisetourismus und die touristische Erschließung auch peripherer Standorte in den Reiseländern ermöglicht;

- die zunehmende Liberalisierung im grenzüberschreitenden Verkehr wie
  erleichterte Einreise-, Zoll- und Devisenbestimmungen;
- die Entstehung einer global operierenden und vernetzten Reiseverkehrs-
  wirtschaft, wie sie sich augenfällig in den transnationalen Hotelketten und
  Reisekonzernen oder der Kooperation von Luftverkehrsgesellschaften ma-
  nifestiert;
- die technologische Entwicklung im Kommunikationswesen, wie vor allem
  die Entstehung globaler und effizienter Computerreservierungssysteme.

Dank dieser Faktoren und der Konkurrenz der Fluggesellschaften, Reiseunternehmen und der touristischen Destinationen um Marktanteile sind auch
Fernreisen preisgünstig durchzuführen. Gefördert wurde der EL-Tourismus
auch durch Informationen der Medien über die Dritte Welt.

Die Öffnung der Grenzen zum ehemaligen Ostblock hat zudem in den
letzten Jahren neue Quellgebiete entstehen lassen. Dies trifft verstärkt auf die
neuen Bundesländer zu.

Aber auch z.B. der Reiseverkehr zwischen Rußland und China sowie Indien hat sich seit 1989 enorm entfaltet („Einkaufs"-Tourismus russischer
Kleinhändler). Auch Thailand z.B. hat 1994 erstmals Marketing-Strategien für
Rußland initiiert, um die in den letzten Jahren auch hier stark gestiegene Zahl
russischer Touristen weiter zu erhöhen.

2.6.1 Flugverkehr und Flugverbindungen
als Determinanten fremdenverkehrswirtschaftlicher Entwicklung

Die wesentliche Voraussetzung für die Expansion des Tourismus war die Er-
findung leistungsfähiger und preisgünstiger Langstreckenjets, durch die vormals nur nach oft wochenlangen Anreisen erreichbare Destinationen jetzt in
wenigen Stunden besucht werden können. Der internationale Flugverkehr
entfaltete sich so mit ähnlicher Dynamik wie der Welttourismus. Mehr und
mehr Länder der Erde werden über Direktflüge mit den wichtigsten Entsen-
deländern des EL-Tourismus verknüpft. In das internationale Linienflugnetz
wurden einmal Hauptstädte auch z.B. oft winziger Inselstaaten eingebunden,
die selbst nur ein relativ geringes Fluggastaufkommen haben, sich aber so oft
zu bedeutenden touristischen Destinationen entfalten konnten. Zum anderen
erhielten auch in den bevölkerungsreichen und flächengroßen Staaten – in der
Regel zeitlich nach der Haupt- und Primatstadt – auch Sekundär- oder sogar
Kleinstädte mit einer heute großen Bedeutung für den Urlauber-Reiseverkehr
Häfen für den internationalen Flugverkehr. Beispiele sind Mombasa in Kenya,
Denpasar auf Bali, Phuket sowie Chiang Mai in Thailand oder das als „Retortenstadt" für den Fremdenverkehr geplante und entwickelte Cancun in Me-
xiko (Kap. 7.3). Ein sich schnell verdichtendes Netz von Regionalflughäfen in

fast allen Reiseländern mit einem großen Territorium gewährleistet die indirekte Einbindung auch peripherer Tourismusregionen in den internationalen Luftverkehr, wie z. B. Karte für die Bahamas veranschaulicht. Diese Netze von Häfen wurden in vielen Reiseländern verdichtet durch eine oft große Zahl von häufig einfachsten Flugpisten für Kleinflugzeuge, über die auch sonst nur unter hohem Zeit- und Kostenaufwand oder sogar überhaupt nicht zugängliche touristische Attraktionen mit dem internationalen Verkehrssystem verknüpft wurden, so z. B. Lodges und Zeltlager in den Wildschutz- und Jagdgebieten Afrikas, touristisch erschlossene Indio-Dörfer in den Regenwäldern Amazoniens oder am Orinoco, Buschmann-Siedlungen in der Kalahari oder winzige Eilande im Pazifischen und Indischen Ozean.

Im Zuge der Expansion der Fernreisen erfolgte nicht nur eine stürmische Zunahme der Flugbewegungen und die Einbeziehung immer neuer Destinationen in das Flugnetz, auch in den Quellgebieten wurde die Zahl der Abflughäfen ständig erhöht. Die dadurch erreichte Verkürzung der Anreise zu den Flughäfen ermöglichte die optimale Ausschöpfung regionaler Marktpotentiale. In Deutschland z. B. können auch relativ kleine Reiseveranstalter über die Kooperation mit den weltweit operierenden Charter- und Ferienfluglinien ihrer Klientel zunehmend Abflughäfen in der Heimatregion anbieten (Karte 1).

Flugkosten und touristische Entwicklung

Die Attraktivität eines Landes als Reiseziel wird wesentlich bestimmt von dem Reisepreis in Relation zur Leistung. Die Kosten einer Reise setzen sich vor allem aus Anreise- und Aufenthaltskosten zusammen.

Dritte-Welt-Länder werden fast ausschließlich über den Flugverkehr, eingeschränkter über die Kreuz- oder Fährschiffahrt mit den Industrieländern verknüpft. Der Autoverkehr ist nur für Mexiko-Besucher aus den USA von Bedeutung. Die kosten- und zeitgünstig erreichbaren Ziele haben einen Standortvorteil. Länder, die im Vergleich zu Destinationen mit einem ähnlichen touristischen primären und sekundären Angebotspotential etwa von Europa oder den USA aus in zwei bis vier Flugstunden erreichbar sind, werden von der Nachfrage begünstigt. Die kurze Flugzeit mindert die Reisebeschwernisse; die mit längeren Flügen oft verbundenen Zeitverschiebungen entfallen weitgehend – der Erholungswert des Urlaubs wird erhöht, die Aufenthaltsdauer im Ferienland verlängert. Für „sonnenhungrige" Europäer stellen auch deshalb die mediterranen Länder, für die Nordamerikaner die Karibik wichtige Reiseziele.

Zwischen Flugzeit und -kosten besteht zwar eine hohe Korrelation, gleichwohl wird die Höhe der Flugpreise auch von anderen Faktoren beeinflußt. EL, die, evtl. schon im Hinblick auch auf eine optimale Vermarktung ihres touristischen Potentials, den Aufbau nationaler Fluggesellschaften mit großen Kapazitäten realisiert haben (wie z. B. Thailand, Singapur), bieten auf dem in-

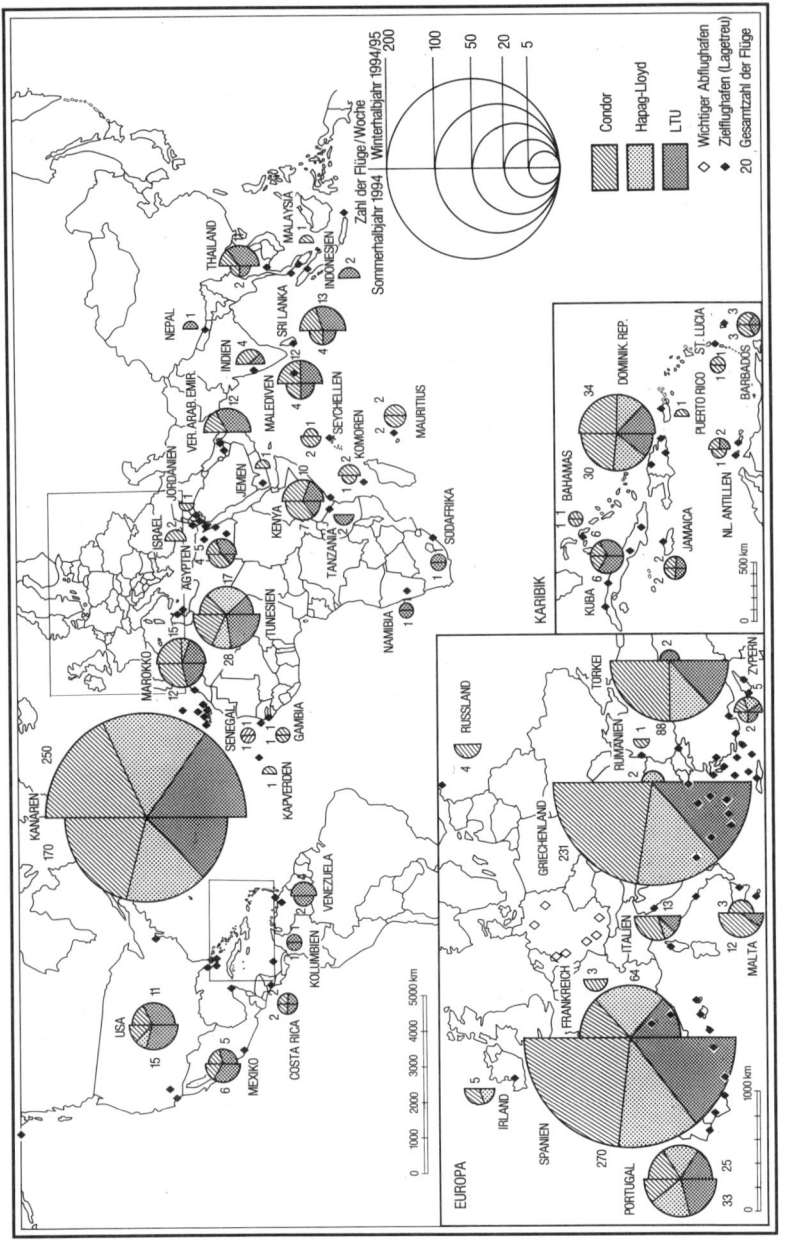

Karte 1: Der Flugverkehr der Charterfluggesellschaften Condor, LTU und Hapag Lloyd aus Deutschland 1994/95 (Entwurf: K. Vorlaufer; Quelle: Flugpläne der Fluggesellschaften 1994, 1994/95).

zwischen weitgehend liberalisierten Flugverkehrsmarkt häufig preisgünstige Flugreisen an.

Je größer die auf den Flugrouten eingesetzten Kapazitäten sind, desto stärker wird der über Service, Flugsicherheit und über den Preis ausgetragene Konkurrenzkampf der Fluggesellschaften um Marktanteile. Schon geringe saisonale und auch einmalige Schwankungen der Nachfrage können zur Unterauslastung kalkulierter Kapazitäten führen, denen durch Preisnachlässe und Sondertarife entgegengewirkt wird. Markantes Beispiel hierfür ist die in den letzten Jahren stürmische Ausweitung der Last-Minute-Angebote: Der Flugmarkt ist nämlich trotz der enormen Nachfragesteigerung durch Überkapazitäten gekennzeichnet – mit der Folge tendenziell sinkender Flugpreise.

Luftdrehkreuze und abhängige Destinationen – Standortbedingungen, Beispiele, Probleme

Einen Standortvorteil haben Großflughäfen, die aufgrund ihrer Ausstattung und zentralen Lage einer Weltregion zunächst vom Fernflugverkehr angeflogen werden und von denen aus dann die Bedienung kleinerer Flughäfen in der Region erfolgt. Wichtige Gateway-Funktionen haben z.B. Bangkok und Singapur für Südostasien.

Zudem wurden in das interkontinentale Flugnetz zunächst jene Ziele einbezogen, die selbst bereits wichtige Feriendestinationen sind. Im Südpazifik z.B. haben eine dortige Schlüsselstellung Tahiti (Französisch-Polynesien), vor allem aber der Flughafen Nadi auf der Insel Viti Levu/Fidschi. Die Fremdenverkehrswirtschaft Fidschis profitiert einmal davon, daß Nadi als eine Zwischenstation auf der Linienverbindung zwischen Australien/Neuseeland und den USA auch von Transpazifik-Reisenden häufig zumindest für einige Tage besucht wird. Zum anderen können Touristen, die über Nadi einreisen, viele der über eine Fläche von fast 1,3 Mio. km zerstreuten 300 Inseln des Fidschi-Archipels relativ gut erreichen. Dank dieser günstigen Lage im internationalen Flugnetz konnte sich Fidschi zur wichtigsten südpazifischen Destination entfalten.

Die starke Abhängigkeit von einem regionalen Gateway kann in Krisenzeiten für die Tourismuswirtschaft eines Landes verhängnisvoll sein. Ein Beispiel: 1987 fand auf Fidschi ein Staatsstreich statt, der nicht nur den Tourismus hier vorübergehend zum Erliegen brachte. Auch die anderen, damals noch stärker als heute vom Drehkreuz Nadi abhängigen südpazifischen Destinationen verzeichneten drastische Einbußen. So ging z.B. auf den wesentlich über Fidschi mit der Außenwelt verbundenen Cook-Inseln die Zahl der Besucher von 31 000 (1986) auf 28 800 (= −7,8%) zurück.

Vor allem infolge großer Überkapazitäten auf dem Weltflugmarkt und den daraus resultierenden Preiskämpfen der Linien untereinander verzeichneten fast alle Carrier seit Jahren z.T. hohe Verluste. Der dadurch verstärkte Rationalisierungsdruck führte dazu, daß die großen Fluggesellschaften zunehmend größere Flugzeuge zumindest auf den lukrativen und aufkommensstarken interkontinentalen Strecken einsetzen. Dank des zunehmenden Einsatzes von Großraumflugzeugen kann jetzt z. b. der Pazifik Non-Stop überflogen werden, mit der Folge, daß viele Pazifik-Inseln ihre vormalige Funktion als Zwischenstops, als „Tankstellen" verloren haben. Da auch das Fluggastaufkommen dieser bevölkerungsschwachen Mikrostaaten trotz des Fremdenverkehrs äußerst gering ist, werden sie immer seltener auf interkontinentalen Flügen angeflogen. Auch infolge der geringen Einbindung dieser Mikrostaaten in das Weltflugnetz sind die Flugpläne der nationalen Carrier (mit oft nur einem größeren Düsenjet) wenig zuverlässig. Nicht rechtzeitig angekündigte Ausfälle, Flugplan- und Routenänderungen sowie oft auch beträchtliche Tarifschwankungen sind fast die Regel. Insbesondere für deutsche Reiseveranstalter ergeben sich hieraus angesichts der strengen deutschen Reisevertragsgesetze große Probleme: Die Vermarktungschancen der kleinen Inselstaaten sind auch deshalb eingeschränkt.

Mehr und mehr Länder mit ähnlich ungünstigen Lagededingungen versuchen daher, die Abhängigkeit von Gateway-Häfen zu mildern und ihre direkte Einbindung in das internationale Flugverkehrsnetz zu realisieren. Die bis 1972 z. B. nur über Nairobi/Kenya mit kleineren Flugzeugen erreichbaren Seychellen oder die bis 1981 lediglich über Colombo/Sri Lanka in das internationale Flugverkehrssystem eingebundenen Malediven haben unter hohen Kosten den für insulare Mikrostaaten besonders schwierigen Bau (u. a. Landmangel) von Flughäfen auch für Großraumflugzeuge realisiert.

Kleine Inselstaaten unterhalten zudem häufig auch Langstreckenverbindungen, vor allem um auf den wichtigsten Tourismusmärkten präsent zu sein. So verbindet z. B. die Air Seychelles den Inselstaat im Direktflug mit Deutschland und Frankreich.

2.7 Ein günstiges Preis-Leistungs-Verhältnis – ein Wettbewerbsvorteil vieler Entwicklungsländer

Die Höhe der Aufenthaltskosten ist ein weiterer wichtiger Faktor der Wahl eines Reiselandes, aber auch des Urlaubs- und Ausgabeverhaltens der Touristen.

Das Preisniveau in Reiseländern ist abhängig vor allem von
– der Höhe der Lebenshaltungskosten in den einzelnen Ländern;
– der Stabilität der Währung eines Reiselandes, d.h. den Devisenkursen und der Kaufkraft ausländischer Währung;
– dem Verhältnis von touristischem Angebot und touristischer Nachfrage;
– der an übergeordneten fremdenverkehrswirtschaftlichen Entwicklungszielen ausgerichteten Preispolitik der Regierungen der Reiseländer.

Länder mit „weichen" Währungen werden so z. B. Besuchern aus Hartwährungsländern einen preisgünstigen Aufenthalt bieten können. Da transnationale Reisekonzerne aus den Quellgebieten in vielen Reiseländern zudem eine starke Marktposition haben, können sie auch in teuren Destinationen häufig noch günstige Preise aushandeln: Je stärker ein Reiseziel von Reisekonzernen abhängig ist, desto stärker muß sich das heimische Fremdenverkehrsgewerbe den Preisvorstellungen der ausländischen Veranstalter anpassen. Kenya z. B. hat – auch über eine Niedrigpreispolitik – bis in die frühen 80er Jahren primär den von Reiseveranstaltern dominierten Pauschalreisetourismus gefördert und so die Verhandlungsposition der transnationalen Reisekonzerne etwa gegenüber der heimischen Hotellerie so gestärkt, daß diese ihre Leistungen zu extrem niedrigen Preisen anbieten mußten.

Fremdenverkehrswirtschaftliche Dienstleistungen unterliegen darüber hinaus den Marktmechanismen von Angebot und Nachfrage. Destinationen mit außergewöhnlichen und stark nachgefragten touristischen Attraktionen können bei einem der Nachfrage nicht entsprechenden Angebot, etwa bei Übernachtungen, Preise erzielen, die dem heimischen Kaufkraftniveau bei weitem nicht angepaßt sind und evtl. sogar weltweit mit zur Spitze zählen.

Länder, die aufgrund fehlender Ressourcen und geringer Güterproduktion im hohen Maße Waren und Dienstleistungen auch für das Fremdenverkehrsgewerbe und evtl. noch aus weitentfernten Räumen importieren müssen, sind in der Regel relativ teuere Reiseländer. Dies trifft im besonderen Maße auf insulare Mikrostaaten etwa der Karibik und des Pazifik, besonders ausgeprägt auch auf die Seychellen zu (Vorlaufer 1991). Dieser Inselstaat strebt – u. a. auch aus ökologischen Gründen und in Anbetracht des nur geringen heimischen Arbeitskräftepotentials – nicht den „billigen" Massentourismus an, sondern versucht über eine staatlich kontrollierte Hochpreispolitik weniger, dafür aber einkommensstärkere Besucher anzusprechen, die bereit sind, für einen exklusiven Urlaub in einem ökologisch intakten Land einen hohen Preis zu zahlen.

Wesentlich zahlreicher sind jedoch die Länder, deren Regierungen über eine Niedrigpreispolitik Wettbewerbsvorteile auf dem Welttourismusmarkt zu erzielen versuchen. Steuererleichterungen für das Fremdenverkehrsgewerbe, niedrige Eintrittsgebühren für staatliche Einrichtungen und Gebühren für staatliche Leistungen, aber auch die Festsetzung oberer Preisgrenzen z. B. in der Hotellerie, sind in vielen Ländern Instrumente, über ein niedriges Preisniveau Marktanteile zu sichern.

Die Eintrittspreise für den Besuch der Nationalparks Ostafrikas lagen z. B. über Jahrzehnte, in Tanzania bis in die 80er, in Kenya sogar bis in die 90er Jahre, für einen zeitlich nicht begrenzten Besuch mit umgerechnet 3,00 DM pro Besucher so niedrig, daß hiervon nicht einmal die laufenden Kosten der Parkverwaltung getragen und schon gar nicht Kompensationszahlungen an

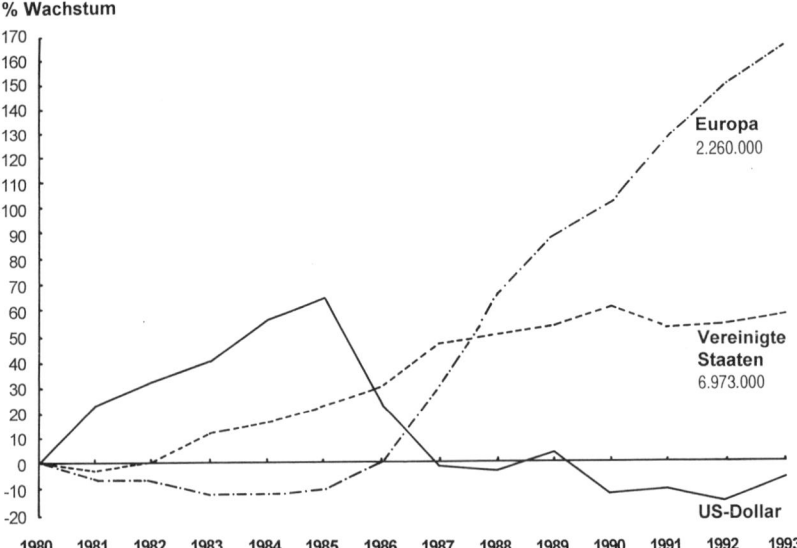

Abb. 6: Das Wachstum der Touristenankünfte (ohne Kreuzfahrtbesucher) in der Karibik aus den wichtigsten Herkunftsregionen im Vergleich zur Entwicklung des Kurses des US-$ zur DM (1980–1993) (Quelle: Caribbean Tourism Organization, Barbados).

die Lokalbevölkerung für den Verlust von Weiden, Tränken und Ackerland getätigt werden konnten: Kenya subventionierte somit massiv den Tourismus.

Der enge Zusammenhang zwischen der Entwicklung der Devisenkurse und der Besucherzahlen läßt sich eindrucksvoll am Beispiel der Karibik belegen. Dieser währungspolitisch eng an den US-$ gebundene Raum wies in den letzten Jahrzehnten stets dann schnell wachsende Besucherzahlen vor allem aus Europa aus, wenn der Wert des Dollar zurückgegangen war und umgekehrt (Abb. 6).

2.8 Restriktionen des Entwicklungsländer-Tourismus

Naturkatastrophen können, wie das Beispiel Philippinen zeigt, den Fremdenverkehr vorübergehend und regional zum Erliegen bringen. Hier ging der Tourismus 1990/91 insgesamt und vor allem regional beträchtlich zurück, nachdem ein Erdbeben das Fremdenverkehrszentrum Baguio (Kap. 7.7) zerstört hatte. Der Ausbruch des Pinatubo 1991 hat nicht nur den Tourismus in Nähe des Vulkans, sondern auch den Flugverkehr nach Manila vorübergehend beeinträchtigt. 1990 fegten zudem drei Taifune über den Archipel, forderten

fast 800 Todesopfer und verwüsteten auch für den Tourismus wichtige Landesteile. Die häufigen Hurrikans im karibischen Raum oder Zyklone im Süd-
pazifik haben ähnliche Negativwirkungen. Touristen ist unmittelbar nach
diesen Ereignissen nicht nur häufig der Besuch dieser Feriendestinationen un-
möglich, sondern auch potentielle Besucher fürchten sich vor einer Wiederho-
lung ähnlicher Katastrophen. Oft wird zudem die touristische Infrastruktur,
wie z. B. in Baguio, teilweise zerstört und ist für Jahre nicht mehr voll nutzbar.

Die Einflüsse politischer Instabilität, von Menschenrechtsverletzungen
oder gar von Bürgerkriegen auf den Fremdenverkehr wurden bereits an den
Beispielen China, Sri Lanka und Ägypten verdeutlicht. Größere internationale militärische Konflikte betreffen jedoch nicht nur den Fremdenverkehr im
Kriegsgebiet selbst, sondern häufig auch in den Nachbarländern. Ein markantes Beispiel hierfür sind die Auswirkungen des Golfkrieges 1991. Nicht
nur brach der Tourismus in den unmittelbar beteiligten Länder Irak, Kuwait,
Saudi-Arabien, Israel und Jordanien vollständig zusammen, auch alle anderen
arabischen Länder, die Türkei, Zypern, ja selbst Kenya, Sri Lanka oder so weit
entfernte Destinationen wie Thailand oder Fidschi mußten drastische Einbußen hinnehmen. Die Touristen befürchteten eine Ausweitung des Golfkrieges oder fehlende Sicherheit im Flugverkehr durch Anschläge arabischer
Terroristen. Das Beispiel zeigt, daß viele potentielle Touristen bereits aufgrund vermuteter Unsicherheit ihre Reisepläne aufgeben. Die Krisenanfällig-
keit des Fremdenverkehrs auch im Vergleich zu vielen anderen Wirtschaftsbereichen wird sichtbar. Unter objektiv gleichen Bedingungen konnten andere
exportorientierte Branchen in den nicht unmittelbar vom Krieg betroffenen
Regionen oft kontinuierlich weiterarbeiten und ihre Produkte ausführen.

Menschenrechtsverletzungen, fehlende Rechtsstaatlichkeit, Diktaturen
oder politische Unterdrückung sind demgegenüber für Touristen aus den Industrieländern überwiegend kein Anlaß, langfristig auf den Besuch eines
Landes zu verzichten wie die boomenden Destinationen China und Kuba beispielhaft belegen. Die politischen Verhältnisse eines Gastlandes werden von
der Mehrheit der Besucher gar nicht wahrgenommen oder ignoriert.

Sensibler reagieren jedoch Touristen auf die in zahlreichen Reiseländern,
auch infolge der wachsenden Verelendung breiter Massen, zunehmende Kriminalität. 1992 wurden z. B. in Kenya Besucher Opfer bewaffneter Raubüber-
fälle: Der Tourismus verzeichnete starke Einbrüche.

Ähnliche Entwicklungen sind in vielen Reiseländern festzustellen, auch
wenn mehr und mehr Staaten, wie z. B. Thailand, bemüht sind, durch den
Aufbau einer speziellen Touristen-Polizei die Sicherheit – oder das Gefühl der
Sicherheit – für Besucher zu erhöhen.

Im Zuge des enormen Bevölkerungswachstums und dramatisch steigender
Verelendung in vielen ELn ist eine weitere Zunahme der Kriminalität auch
gegen Touristen zu erwarten. Da zudem das Massenelend in unmittelbarer

Nachbarschaft der Tourismussiedlungen für mehr und mehr Besucher die Möglichkeit eines unbeschwerten Urlaubs einschränkt, wird der EL-Tourismus in Zukunft durch „fehlende Sicherheit und Ordnung" am stärksten gefährdet sein. Auch die immer offensichtlicheren Umweltbelastungen, wie insbesondere infolge des schnell und unkontrolliert wachsenden Verkehrs, halten bereits heute mehr und mehr Touristen von einem Besuch der ökologisch besonders belasteten Ferienländer ab.

Viele Besucher des „Nordens" werden zudem durch die medizinischen und hygienischen Bedingungen in den Reiseländern im wachsenden Maße von einem Besuch dieser Länder abgehalten. Die rasante Ausbreitung von Aids vor allem im östlichen und südlichen Afrika, in Thailand und in der Karibik hält viele, auch der nicht am Sextourismus interessierten Touristen von einer Reise in diese Länder ab. Die Furcht vor Magen- und Darmerkrankungen aufgrund mangelhafter Hygiene, vor allem aber vor Malaria, die geomedizinischen Belastungen durch das in vielen Reiseländern ungewohnte feucht-heiße Klima sind weitere Faktoren, die die Nachfrage nach EL-Reisen weiter drosseln.

3. REISEMOTIVATIONEN, TOURISTENTYPOLOGIE UND TOURISMUSARTEN

3.1 Touristentypen und Entwicklungsländer-Tourismus

Sozialwissenschaftliche Disziplinen wie die Soziologie oder die Psychologie haben zahlreiche Modelle, Konzepte und Klassifikationen zur Erfassung des „Touristen" nach seinen Reisemotiven, sozio-demographischen Merkmalen, Urlaubserwartungen und Verhaltensweisen vorgelegt (s. Steinecke 1988), die auch für die Analyse des EL-Tourismus relevant sind. Empirische Studien belegen (BMZ 1993), daß sich z. B. die deutschen EL-Touristen von der Bevölkerung insgesamt, aber auch von den Inland- und Europa-Reisenden u. a. durch folgende Merkmale unterscheiden:
– sie sind überwiegend zwischen 20–49 Jahre alt, die Altersgruppe der 20- bis 29jährigen und der Anteil der Männer sind überproportional hoch;
– sie verfügen über ein vergleichsweise hohes monatliches Nettoeinkommen und eine hohe formale Ausbildung (Sprachkenntnisse!);
– sie gehören mehrheitlich oberen Sozialschichten an;
– sie sind politisch aktiver, kulturell interessierter und reisefreudiger;
– sie verhalten sich (zumindest nach der Selbsteinschätzung) umweltbewußter und nehmen Umweltprobleme deutlicher wahr.
Diese Merkmale sind bei EL-Touristen der Nahziele (des mediterranen Raumes) weniger ausgeprägt als bei Fernziel-Reisenden. Diese sind deutlich stärker an erlebnis- und bildungsorientierten Aspekten (neue Eindrücke gewinnen, Horizonterweiterung usw.) interessiert. Fernziel-Reisende bewerten ihre Reise am häufigsten als eine Studien-/Besichtigungs- oder Bildungsreise, während Nahziel-Reisende des Dritte-Welt-Tourismus ihre Ferienreise vornehmlich als Bade- und Sonnenurlaub kennzeichnen.

Ein Vergleich des Anfang der 80er sowie Anfang der 90er Jahre erfaßten Urlaubsreiseverhaltens westdeutscher EL-Touristen zeigt, daß die Reisemotive und -erwartungen vielfältiger geworden sind. Auch für Fernziel-Reisende werden entspannungs- und erholungsorientierte Motive zunehmend wichtiger. Bei beiden Kategorien von Touristen haben sowohl bade-, strand- und sonnenorientierte als auch Studien-, Besichtigungs- und Bildungsreisen zugenommen (BMZ 1993).

Ende der 80er Jahre zeigten 38% aller westdeutschen EL-Touristen ihr Interesse

– sich vor Reiseantritt über die sozialen und politischen Probleme des Reiselandes und über die Lebenswelt der Einheimischen genau zu informieren;
– auf der Reise über die Entwicklungshilfe informiert zu werden und in Kontakt mit Einheimischen zu kommen, um deren soziale und wirtschaftliche Probleme und deren Kultur kennenzulernen;
– das bereiste EL weniger über organisierte Touren, sondern durch Eigeninitiative kennenzulernen;
– in kleineren landestypischen Hotels zu wohnen anstatt in großen Betrieben internationalen Standards.

Weitere 34% aller EL-Touristen standen 1991 den o. g. Aspekten zwar aufgeschlossen gegenüber, waren sich jedoch vor allem wegen bisher noch fehlender Dritte-Welt-Erfahrung über ihr tatsächliches Verhalten unsicher. Nur 28% zeigten ein geringes oder gar kein Interesse, z. B. die Lebensbedingungen und die Probleme des Reiselandes näher kennenzulernen.

Vor allem EL-Touristen mit einem Fernziel und mit Dritte-Welt-Erfahrung bilden so ein hohes Potential für einen umwelt- und sozialverträglichen Fremdenverkehr.

Auch empirische Studien in Kenya belegen, daß zumindest schon eine knappe Mehrheit der Besucher dieses Landes (1991) als umweltbewußte Reisende klassifiziert werden kann (Vorlaufer 1995 a).

3.2 Touristische Entfaltungsphasen, Touristentypen, Auswirkungen

Cohen (1972), Smith (1977), Noronha (1979), van Doorn (1979) oder – auch unter räumlicher Perspektive – Miossec (1976) haben verschiedene Entfaltungsphasen des Fremdenverkehrs im Zusammenhang mit dem jeweils vorherrschenden Touristentypus, dessen zahlenmäßigem Auftreten und Interaktionsmustern mit den gastgebenden Gesellschaften gesehen. Butler (1980) hat diese Konzepte zur Erklärung der Erfassung der Zusammenhänge zwischen Touristentypen und touristischer Entfaltung um ein Modell über die hypothetische Entwicklung von Fremdenverkehrsregionen erweitert, das sich an die Produktzyklus-Theorie anlehnt.

In Kombination, Modifikation und Erweiterung dieser unterschiedlichen Ansätze habe ich in Tab. 6 modellhaft drei Entfaltungsstufen ausgewiesen und mit den Charakteristika und Verhaltensweisen der Touristen korreliert, um die im Entfaltungsprozeß des Fremdenverkehrs typischen Auswirkungen des Tourismus in ihren vielfältigen Erscheinungsformen und Intensitätsstufen sichtbar zu machen. Auch wenn hier die Realität nur vereinfacht und verkürzt wiedergegeben werden kann und auch weitere wichtige Determinanten der unterschiedlichen Effekte des Fremdenverkehrs, wie vor allem die nachfolgend dargestellten Tourismusarten, nicht berücksichtigt sind, wird deutlich,

Tab. 6: Modellhafte Darstellung der Erscheinungsformen und Auswirkungen des Fremdenverkehrs in unterschiedlichen touristischen Entfaltungsphasen

Charakteristika	Stufe/ Phase der a) Entdeckung (I)[1] b) Exploration (I)[2]	Stufe/ Phase der a) Reaktion und Initiative in den Destinationen (II) b) Involvierung (II)[2]	Stufe/ Phase der a) Institutionalisierung (III)[1] b) Entwicklung u. Konsolidierung (III, IV)[2]
Zahl der Touristen	sehr klein	klein	groß
Touristentypen[3]	Forschungsreisende, "Weltenbummler" (driftet)	Forschungsreisende, "Weltenbummler", "Pioniere des Massentourismus"	Pauschal- u. Einzelreisende des Massentourismus
Reisestil	erforschend, mußiggängerisch, mehrzweck- u. mehrzielorientiert	erforschend, mußiggängerisch, mehrzweck- u. mehrzielorientiert	schnell- u. zielgerichtet reisend; einzelzweck- u. einzelzielorientiert
Interesse der (meisten) Touristen an der Gastgesellschaft	sehr groß	groß	oberflächlich
Kontakte zwischen Besuchern u. Einheimischen	unmittelbar, persönlich (face-to-face)	noch vornehmlich unmittelbar, persönlich (face-to-face)	vermittelt, unpersönlich
Anpassungsverhältnis zwischen Besuchern und Einheimischen	Besucher passen sich vollständig an	Besucher und Einheimische passen sich jeweils teilweise an	Einheimische passen sich den Besuchern an
Verhalten, Einstellung der Einheimischen gegenüber Tourismus	euphorisch	positiv bis gleichgültig	gleichgültig bis feindlich (bis zum "Protest der Bereisten")
Erwartung touristischer Dienstleistungen durch Besucher	keine	erhofft, erwartet gewisse Leistungen	verlangt Leistungen "westlichen" Standards
dominante Kulturmuster in den Gastländern	traditionell	traditionell, mit erster Akzeptanz fremder kultureller Werte	westliche Zivilisation aufgestülpt auf Traditionen, tradierten Werten
Umweltbelastungen	fehlend	punktuell gering	punktuell extrem, flächenhaft oft groß
Umwelt-, Denkmalschutz	fehlend	punktuell beginnend	punktuell stark, flächenhaft oft beträchtlich
Organisationsgrad der Tourismuswirtschaft	spontan, improvisierend, "informell"	gelegentliche Organisation; angemessene, aber unkoordinierte Verbesserungen	voll organisiert, standardisiert, "formell"
wirtschaftliche Bedeutung	volks- u. regionalwirtschaftlich unbedeutend	regionalwirtschaftlich wachsend, volkswirtschaftlich wenig bedeutend	volks-, v.a. regionalwirtschaftlich große bis dominante Bedeutung
Kontrolle der Tourismuswirtschaft	lokale Bevölkerung	lokale Bevölkerung, erste einheimische Katalysatoren in Kooperation mit (u. Abhängigkeit von) Auswärtigen als 'Brückenköpfe' (Vertragspartnern) der Quellgebiete	Auswärtige (nationale Eliten, ausländische Investoren)
Raumwirksamkeit, Raummuster	ephemer, flüchtig	punktuell fixiert	linien- u. flächenhafte Erschließung, Fixierung

Nach van Doorn (1979, zitiert bei Pearce 1989; nach Butler (1980); in Anlehnung an Cohen (1972)   Entwurf: K. Vorlaufer   Satz: F. Gelle daß die Auswirkungen des Fremdenverkehrs in den einzelnen touristischen Entfaltungsphasen in der Regel sehr unterschiedlich sind. Diese Unterschiedlichkeit kann auch typisch für ein Land sein, dessen Einzelregionen durch unterschiedliche Entfaltungsphasen gekennzeichnet sind: Ein heterogenes und disparitäres Raummuster touristischer Effekte ist somit auch aus dieser Perspektive für viele Reiseländer typisch.

Dieses Schema kann in Anlehnung an das von Butler (1980) entworfene Modell der hypothetischen Entwicklung einer Fremdenverkehrsregion um eine Stagnations- und schließlich evtl. um eine Niedergangsphase ergänzt werden (n. Butler Phase V und VI), die auch jeweils typische Erscheinungsformen der touristischen Nachfrage und des Angebots aufweisen. Die Zahl der Besucher stagniert und geht evtl. zurück. Charakteristisch ist zudem eine Veränderung der Struktur der Gäste: Ausländische Touristen werden z. T. durch inländische Besucher ersetzt; die Ansprüche z. B. an die Hotellerie oder an die Umweltqualität können sinken. Typische Beispiele für eine Stagnations- und beginnende Niedergangsphase sind z. B. die Seebäder Pattaya (Thailand) oder Acapulco (Mexiko). Schon Butler hatte angenommen, daß in der Phase des Niedergangs zudem der Anteil der heimischen Eigentümer von Tourismusbetrieben wieder steigt, weil nun die Lokalbevölkerung infolge sinkender Nachfrage Betriebe preisgünstiger erwerben und aufbauen kann sowie die Konkurrenz auswärtiger und kapitalkräftiger Investoren nachläßt. Auch die Zahl informeller touristischer Betriebe und Leistungen nimmt in dieser Phase wieder zu (Kap. 5.5). Der Niedergang setzt sich fort, wenn nicht, u. a. auch über staatliche Maßnahmen, eine Qualitätsverbesserung in der Fremdenverkehrsregion (u. a. Umweltschutz, Raumordnung, Marketing) bewirkt und so die Voraussetzungen für eine Erneuerung der Destination geschaffen werden.

3.3 Ausgewählte Fremdenverkehrsarten in ihrer sozio-ökonomischen, ökologischen und räumlichen Relevanz

Entsprechend der stark segmentierten Nachfrage infolge der großen Vielfalt von Touristentypen bieten die Reiseveranstalter, aber auch nichtkommerzielle Organisationen, wie z. B. Kirchen, eine breite Palette von Reisen für unterschiedliche Zielgruppen an. Diese um die ebenso vielfältigen Individualreisen ergänzten, zunehmend auch als Bausteine buchbaren Veranstalterangebote, die von Touristen individuell zu einem Reisepaket zusammengesetzt werden können, umfassen u. a.

– Reisen für Singles, Familien mit Kleinkindern, Senioren, Jugendliche, Studenten, Feministinnen, Lesben, Schwule, Flitterwöchner, Behinderte oder auch für bestimmte Berufsgruppen, wie Ärzte, Landwirte oder Wissenschaftler unterschiedlicher Disziplinen;

- sportorientierte Reisen für Golfer, Reiter, Wanderer, Bergsteiger, Hochseeangler, Kanuten, Segler, Surfer, Schwimmer, Radwanderer und -rennfahrer, ja selbst für Marathonläufer;
- Kultur- und/oder religiösorientierte Reisen zu Kultur- und Kultstätten von Völkern aller Kulturen und Zivilisationsstufen sowie unterschiedlichen Alters;
- Reisen zu exotischen, von der Zivilisation scheinbar oder anscheinend noch unberührten Völkern und Kulturen (Ethno-Tourismus);
- Reisen zum Besuch von Naturheilern (z. B. auf den Philippinen), von Kursen über die traditionelle indische Naturheilkunde, von Bädern und Heilquellen;
- Abenteuer-Reisen wie die Durchquerung von Wüsten und Regenwäldern zu Fuß oder auf Reittieren, auf Booten oder mit geländegängigen Fahrzeugen;
- Kreuzfahrten mit großen Luxuslinern, aber auch mit kleineren, oft hochspezialisierten Schiffen zu allen großen Kreuzfahrtrevieren der Erde, zu abgelegenen Eilanden und an bisher noch unbesuchte Küsten z. B. selbst der Antarktis oder auf großen Strömen und kleinen Flüssen;
- Pilgerreisen zu den Zentren der Hochreligionen; mehrwöchige Besuche von christlichen oder buddhistischen Klöstern mit der Möglichkeit zur Teilnahme an Meditationen und religiösen Übungen;
- Jagd- und Fotosafaris, Trekking und Wildwasserfahrten;
- Übernachtungen in einfachen und luxuriösen Zeltlagern, auf Campingplätzen, in Luxushotels, bei einheimischen Familien, auf Bauernhöfen, Viehfarmen, Plantagen, in Klöstern, Jugendherbergen, Schlössern und Burgen oder in Dorfgemeinschaftshäusern (Luxus-, Rucksack-Tourismus);
- Kreuzflüge rund um die Welt;
- Bahn- und Busreisen, Fahrten mit geländegängigen Fahrzeugen, Oldtimern, Yachten, Segelschiffen, Ruderbooten, Kanus, Flössen, Flüge mit Hubschraubern, Segel- und Sportflugzeugen;
- Reisen zum Besuch von Einkaufs- und Vergnügungszentren, Spielkasinos, von Sportveranstaltungen unterschiedlicher Art und Dimension, zu Kongressen, Tagungen, Workshops (evtl. auch über den Dritte-Welt-Tourismus), Kunstausstellungen, Messen;
- ausbildungsorientierte Reisen wie u. a. zu Sprach-, Maler-, Töpfer-, Kochkursen;
- Reisen zur Mitarbeit in Entwicklungshilfe-Projekten, zur Erntehilfe, bei karitativen Organisationen, Umweltgruppen, politischen Parteien, Gewerkschaften (prägnante Beispiele: der Brigade-Tourismus in das sadinistische Nikaragua, Sikor 1993), des deutschen ASA-Programms (Häusler et al. 1993);

– umwelt- und sozialverträgliche Reisen des „Öko-, sanften, alternativen, neuen, einsichtigen Tourismus".

Diese keineswegs vollständige, aber die Breite der Nachfrage und des Angebots widerspiegelnde Aufzählung einiger Fremdenverkehrsarten verdeutlicht auch, daß die positiven und negativen Auswirkungen des EL-Tourismus, zumal auf dem Hintergrund zudem sehr unterschiedlicher touristischer Ressourcen, Rahmenbedingungen und „Tragfähigkeiten" in den Reiseländern, äußerst vielfältig sind.

3.4 Binnentourismus und internationaler Fremdenverkehr

In vielen ELn stellt der Binnentourismus einen wichtigen, auch raumprägenden Faktor dar. Die Erscheinungsformen und Intensität dieses Fremdenverkehrs sind vielfältig; traditionelle, endogene Elemente sowie „moderne", exogene, aus den Industrieländern übernommene Formen des Reise- und Erholungsverhaltens stehen in vielen Ländern unverbunden nebeneinander, können sich aber auch, selbst in einer Person, miteinander verknüpfen (Grötzbach 1982; Berriane 1993).

In Anlehnung an das Wirtschaftsstufen-Modell von Rostow (1960) und unter Weiterentwicklung der von Schlenke u. Stewig (1983) entworfenen Konzeption zur Erfassung und Erklärung des endogenen Binnentourismus habe ich versucht, in Tab. 7 die zeitliche Entfaltung und einige Merkmale dieses Fremdenverkehrs beispielhaft zu erfassen. Auch wenn die Wirtschaftsstufen-Theorie von Rostow nicht kritiklos zu sehen ist, die Zuordnung einzelner EL zu den verschiedenen Phasen strittig sein kann und auch die Aussonderung verschiedener Sozialschichten nicht problemlos ist, bildet dieser Ansatz jedoch ein Grobraster, um zumindest Grundmuster des Binnentourismus sichtbar zu machen. Die meisten EL sind jedoch auch hinsichtlich des Grades ihrer Überformung durch exogene Werte und Strukturen sehr heterogen. In der Regel sind noch große Bevölkerungsteile mehr oder weniger stark der traditionellen Wirtschaft und Gesellschaft, ihren Normen und Werten verhaftet, während ein anderer Teil – in der Terminologie von Rostow – bereits der nächsten wirtschaftlichen Entwicklungsstufe zuzurechnen, stark durch exogene Wertvorstellungen und Verhaltensweisen geprägt ist. Infolge dieser „Gleichzeitigkeit der Ungleichzeitigkeiten" bestehen in den meisten ELn sowohl tradierte als auch moderne Formen des Reiseverkehrs. Berriane (1993) hat zudem am Beispiel Marokkos veranschaulichen können, daß auch traditionelle Reisen, wie z. B. volksfestähnliche Wallfahrten zu heiligen Gräbern, noch verbreitet sind, ja durch die Verknüpfung mit ursprünglich westlichen Verhaltensweisen der Reisenden sogar eine Verstärkung erhalten haben.

Tab. 7 verdeutlicht demnach, daß in traditionellen Gesellschaften insbeson-

Tab. 7: Schema der Entfaltung des Binnentourismus in Entwicklungsländern in Anlehnung an die wirtschaftlichen Entwicklungsphasen von W. W. Rostow[1] (1960)

Wirtschaftliche Entwicklungsphasen	Typische Erholungs-/Tourismusarten	vornehmlich beteiligte gesellschaftliche Schichten [2]	Beispiele
I Traditionelle Gesellschaft	a) Pilgerreisen, Wallfahrten	alle	Islamischer Orient, S-, SE-Asien, Mexiko, China [3]
	b) Besuch von Heilquellen	MS, OS, z.T. auch bäuerl. Bevölkerung	Indien, Orient [4, 5, 6]
	c) Besuch von Gebirgssommerfrischen	Land-, später auch Stadtbevölkerung	Türkei (Yala-Erholung) [5]
II Übergangsgesellschaft	a) Verwandtenbesuche	städtische MS, in Afrika und sonst später auch US	in allen Ländern mit stärkerer Verstädterung, (Land-Stadt-Migration)
	b) Besuche kolonialer Hill Stations	westlich geprägte OS, später auch MS	Indien, Sri Lanka, Pakistan, Philippinen (Baguio), Indonesien, Malaysia[7], Marokko (Ifrane)[8]
III take-off Phase	a) gebirgsorientierter Fremdenverkehr	zunächst städtische OS, später MS	"Argentinische Schweiz"[9], Elborz-Gebirge (Iran)[10], Huang-shan-Bergland (China)[11], Marokko[12], Arabien (Taif)[6]
	b) Seebädertourismus	zunächst OS, dann MS, in Argentinien (unter Peron) u. China auch US	Argentinien (Mar del Plata)[9], China (Seebad Beidaihe seit 1889)[11], Mexiko (u.a. Acapulco),Thailand (Hua Hin) alle seit den 30er Jahren; Indien (Goa, Kovalam)[13], Arabien (seit 1970)[6],Ägypten (Alexandrien)[6]
IV Entwicklung zur Reife	alle "westlichen" Fremdenverkehrsarten	OS, dann obere MS	Ansätze u.a. jüngst in Malaysia, Thailand, Tunesien, Mexiko
V Zeitalter des Massenkonsums	—	—	—

[1] Siehe dazu Schätzl 1992; [2] US = Unterschicht, MS = Mittelschicht, OS = Oberschicht; Quellen u.a.: [3] Rinschede 1990; [4] Robinson 1972; [5] Grötzbach 1982; [6] Ritter 1979; [7] Vorlaufer 1984, s. auch Kap. 7.7.; [8] Müller-Hohenstein,1990; [9] Eriksen 1970, Bünstorf 1992; [10] Ehlers et al. 1983; [11] Gormsen 1993; [12] Berriane 1993; [13] Kamp 1993, Häusler 1993

Entwurf: K. Vorlaufer

Satz: F. Geile

dere der Hochkulturen Pilgerreisen, Wallfahrten und der Besuch von Heilquellen oft eine große, fast alle Bevölkerungsteile in Stadt und Land erfassende
Bedeutung hatten und haben. Einen Erholungs- und Freizeitverkehr im engeren Sinne gab es nur punktuell. Ein Beispiel hierfür ist der überkommene
Yayla-Erholungsverkehr in der Türkei (Czapek/Grötzbach 1981): In den
heißen Sommermonaten verlegen viele einheimische Familien ihren Wohnsitz
auf die hochgelegenen, kühleren Yaylas der Gebirge, die vormals von Semino-
maden als Weiden, später von Bauern und schließlich auch von Städtern als Erholungsstandorte genutzt wurden. Noch in den 70er Jahren nahmen in NW-
Anatolien z. B. etwa 50% der Landbevölkerung an der Yayla-Erholung teil
(Schulz 1991).

Mit der zunehmenden Überformung traditioneller Gesellschaften durch
„westliche" Werte, der Industrialisierung und dem Einsetzen der Take-off-
Phase setzen sich westlich geprägte Erholungsformen und Tourismusarten zunehmend durch. Die für Agrargesellschaften typischen engen verwandtschaft-
lichen Beziehungen bedingen – infolge verstärkter Verstädterung und Landflucht – in vielen Ländern einen oft umfangreichen Reiseverkehr häufig über
große Distanzen und vornehmlich von der Stadt aufs Land, in die ursprünglichen Heimatregionen der jetzigen Städter.

Im Zuge der Entkolonialisierung übernahmen häufig zunächst die Angehörigen der Oberschicht, schließlich auch der Mittelschicht das Erholungsver-
halten der vormaligen Kolonialherren und damit auch die von ihnen in vielen
Kolonialländern angelegten Sommergebirgsfrischen, die Hill Stations (Kap.
7.7). Dies trifft insbesondere auf Asien zu; aber auch die von den Franzosen im
Mittleren Atlas angelegte marokkanische Sommerfrische Ifrane wird heute
vornehmlich vom Binnentourismus genutzt (Müller-Hohenstein/Popp 1990).

Schon vor dem Zweiten Weltkrieg entfaltete sich in weiter entwickelten
Ländern des südlichen Lateinamerika ein bedeutender Fremdenverkehr der
Inländer. In Argentinien entstanden die bis heute für den Binnen- und auch
Ausländertourismus wichtigen Fremdenverkehrsregionen am Lago Nahuel
Huapi, in der „Argentinischen Schweiz", im Bergland der Sierra de Cordoba
oder auch das mondäne Seebad Mar del Plata (Eriksen 1970). Diese Erho-
lungsräume wurden typischerweise zunächst von der Ober-, dann von der
Mittelschicht, unter der Diktatur Perons aber auch von der Arbeiterschaft
über große parastaatliche Programme besucht.

Auch in vielen anderen Ländern entfaltete sich zunächst ein vornehmlich
gebirgsorientierter Erholungsverkehr, so z. B. im Himalaya (Indien), im El-
borz-Gebirge (Iran); in Saudi-Arabien entstand die Gebirgssommerfrische
Taif bei Mekka.

Der küstenorientierte und umfangreiche Badetourismus auch für Inländer
setzte in China schon 1898 (Gormsen 1993), in Ägypten (Alexandria) seit den
30er Jahren, in Mexiko und Thailand im wesentlichen nach 1950 ein. In dem

durch einen umfangreichen Binnentourismus geprägten Indien spielte dieser Fremdenverkehr lange nur eine vergleichsweise geringe Rolle und entfaltete sich verstärkt erst seit den 70er Jahren und zudem weitgehend nur punktuell, nämlich vorrangig in Goa (Häusler 1993).

In schon weiter entwickelten und stärker durch westliche Leitbilder überformten Take-off-Ländern, wie die Türkei, Mexiko, China, Tunesien, Thailand oder Marokko, nehmen inzwischen auch große Teile mittlerer und unterer Einkommensschichten an den in diesen Ländern umfangreichen Binnentourismus teil.

- In Tunesien weist der Reiseverkehr der Inländer seit den 60er Jahren hohe und kontinuierliche Zuwächse auf (Bierwirth 1981). So wurden 1967 erst 225 300, 1978 schon 651 300 und 1992 schließlich 1,51 Mio. Hotelübernachtungen von Inländern (Ausländer 1992: 20,2 Mio.) registriert.
- In der Türkei sind große Abschnitte der Mittelmeer- sowie insbesondere der Schwarzmeerküste durch den Binnentourismus geprägt. Schon 1980 hat eine Erhebung in der Stadt Bursa ergeben, daß 76,8%(!) aller Haushalte ihren Urlaub außerhalb der Stadt, aber noch in der Türkei verleben (Schlenke, Stewig 1983).
- Mit der modernen Entwicklung vollzieht sich auch in der Türkei eine Ausweitung des inländischen Reiseverkehrs und eine Veränderung überkommener Erholungsformen. Bauern in den Baumwoll- und Zitrusebenen am Fuße des Taurus sind z. B. heute durch die Anwendung neuzeitlicher Bewässerungsmethoden und die Kultivierung anderer Feldfrüchte als vormals auch im Sommer so stark in der Landwirtschaft engagiert, daß ihnen der Weg zu den Yayla im Taurus inzwischen zu weit ist. Mehr und mehr Familien bevorzugen daher einen Urlaub an der nahen Meeresküste (Höhfeld 1989).
- In Marokko ist der Binnentourismus größer als der internationale Fremdenverkehr. Neben den schon in der Protektoratszeit besuchten Sommerfrischen im Gebirge entwickelte sich ab 1950 der Wintersporttourismus für Inländer. Aber auch in Marokko dominiert – neben der weiter großen Bedeutung der Verwandtenbesuche sowie der religiös motivierten, aber mit profanen Aktivitäten verknüpften Wallfahrten – zunehmend der Badeurlaub an der Meeresküste, die nach Berriane (1993) etwa 60% aller inländischen Urlauber anzieht. Dieser Badetourismus beschränkt sich nicht nur auf die Ober- und Mittelschicht, auch Angehörige unterer Einkommensgruppen beteiligen sich an den Badereisen. Für die verschiedenen Sozialschichten haben sich jedoch räumlich getrennte Küstenabschnitte als Zielräume mit einem dem jeweiligen Einkommensniveau entsprechenden Angebot entwickelt. Nach Berriane (1993) nehmen ca. 30% der städtischen Bevölkerung Marokkos am Binnentourismus teil! Der Anteil der Inländer an den Hotelübernachtungen in Marokko liegt bei etwa 18–20 % pro Jahr. Hinzu kommen zahlreiche Nächtigungen bei Privatpersonen, auf wilden Campingplätzen oder in Zeltlagern im Zusammenhang mit traditionellen Wallfahrten.
- In China übertrifft der Tourismus der Inländer den der Ausländer bei weitem (Gormsen 1993). 1992 z. B. haben sich ca. 300 Mio. Chinesen am Binnentourismus beteiligt, während – ohne die 33,9 Mio. „Compatriots" aus Hongkong, Macau und Taiwan – „nur" 4,0 Mio. ausländische Besucher gezählt wurden. In allen bedeu-

tenden Fremdenverkehrsregionen stellen Chinesen die weitaus größte Besuchergruppe. Im Bergland von Huangshan wurden z. B. 1987 ca. 1,6 Mio. in- und nur
15 144 ausländische Fremdenmeldungen registriert; in Guilin mit seiner berühmten
Turmkarst-Landschaft entfielen 1991 auf Inländer 128 Mio. (!), auf Ausländer nur
0,4 Mio. Ankünfte. 1991 standen für den internationalen Tourismus 2130 Hotels,
aber 95 556 nur für Chinesen reservierte Beherbergungsbetriebe zur Verfügung.

– In Mexiko stellen Inländer auch mittlerer Einkommensschichten in vielen Fremdenverkehrszentren selbst internationalen Standards, so z. B. in Acapulco, die
größte Besuchergruppe und beachtliche Anteile in fast allen anderen Tourismusorten des Landes (Karte 7, Tab. 27).

– Im wirtschaftlich boomenden Thailand tragen auch Angehörige der stark wachsenden Mittelschicht den sich rasant entfaltenden Binnentourismus mit. Nicht nur
die schon seit langem, zunächst nur von oberen Schichten besuchten Badeorte wie
etwa Hua Hin, sondern auch in erst jüngst entstandenen internationalen Seebädern
wie Pattaya, Phuket oder Ko Samui stellen Thailänder eine starke Gruppe. Auch
einige der im Binnenland gelegenen Nationalparks, die in allen Landesteilen und
insbesondere im nördlichen Bergland zahlreich errichteten Resorts, großflächige
Ferienanlagen sowie nicht zuletzt die für die Identität der Thais wichtigen religiösen
und historischen Zentren wie etwa Chiang Mai oder Sokkuthai sind intensiv in den
Binnentourismus eingebunden. Verwandtenbesuche, Geschäfts-, aber auch religiös
und kulturell motivierte Reisen machen Bangkok zum wichtigsten Zentrum auch
des Binnentourismus (Vorlaufer 1995 b).

Während in vielen Ländern, vor allem alter Hochkultur, die Tourismuswirtschaft überwiegend oder wesentlich von der Binnennachfrage lebt, ist dieses
Marktsegment in den Staaten Tropisch-Afrikas bisher kaum erschlossen. In
Tanzania und Kenya z. B. beteiligen sich – abgesehen von den im Lande lebenden Europäern – Inländer am Urlaubsverkehr zu den Badeküsten oder in
die Wildschutzgebiete kaum. Dies trifft auch auf die kleine, aber einkommensstarke Oberschicht zu. Für die sonst stark westlich geprägte Elite z. B. Kenyas
vermittelt die Teilnahme an „europäischen" Erholungs- und Urlaubsformen
kein Prestige, ja erscheint weithin als skurril. Auch die Bemühungen der heimischen Hotellerie, über Preisnachlässe für Einheimische generell und über
weitere Rabatte in der Nebensaison die Binnennachfrage zu beleben, waren
bisher wenig erfolgreich. Auch die Versuche der Regierung, Kenyaner zu
einem stärkeren Besuch ihrer Wildschutzgebiete anzuregen, auch um bei der
heimischen Bevölkerung Verständnis für die Schutzmaßnahmen zu erreichen,
blieben weitgehend wirkungslos. Eine wichtige Komponente des inländischen Reiseverkehrs stellen jedoch die intensiven und häufigen Verwandtenbesuche der „Städter" in ihrer alten Heimat dar (Vorlaufer 1992). Diese vor allem
an den Festtagen umfangreichen Reiseströme berühren aber die vom internationalen Fremdenverkehr geprägten Regionen nur randlich und nur insoweit,
als das innerstaatliche Verkehrssystem auf den Hauptstrecken etwa von Nairobi oder Mombasa zu den dichtbesiedelten, aber auch deshalb von Ausländern kaum besuchten Abwanderungsregionen extrem überlastet ist.

Dieses Beispiel verdeutlicht, daß der inländische Fremdenverkehr oft ein gänzlich anderen Raummuster als der internationale Tourismus aufweist, beide Fremdenverkehrsarten häufig nicht in einem Konkurrenzverhältnis stehen. Der in vielen ELn wichtige verwandtschaftlich oder religiös motivierte Reiseverkehr deckt sich räumlich kaum mit dem Erholungs-, Abenteuer-, Bade- oder Sporttourismus der Ausländer.

Beim erholungsorientierten Reiseverkehr der In- und Ausländer kann es zwar zu einer räumlichen Verquickung beider Nachfragegruppen kommen, wie z. B. der Besuch mexikanischer Seebäder sowohl durch Einheimische als auch durch Ausländer belegt (Vorlaufer 1996). Oft ist dann aber für beide Marktsegmente eine deutliche intralokale oder intraregionale räumliche Segregation zu verzeichnen: In Marokko z. B. zeigt sich „eine deutliche Aufteilung der Urlaubsgebiete zwischen den nationalen Touristen einerseits und den ausländischen andererseits" Berriane (1993, S. 247). Die Inländer „erobern" immer mehr die ursprünglich für den internationalen Fremdenverkehr angelegten Ferienzentren um Tanger und an der Mittelmeerküste zurück und „reservieren für sich" die mittlere Atlantikküste sowie den Mittleren Atlas. Die Ausländer verleben demgegenüber ihren (stationären) Urlaub überwiegend im S Marokkos. Auch für Tunesien sind ähnlich differenzierte Raummuster typisch (Bierwirth 1981).

Eine räumliche Inkongruenz besteht auch zwischen der Nachfrage in- und ausländischer Touristen in China. Nur an einzelnen, hervorragenden kulturhistorischen oder naturräumlichen Attraktionen treffen sich beide Reiseströme: In Beijing mit der Großen Mauer; in Xian mit der Ton-Armee; in der Turmkarst-Landschaft Guilin oder in den Schluchten des Yangtsekiang. Der chinesische Massentourismus konzentriert sich aber vorrangig auf die von Ausländern kaum besuchten Badeorte wie Beidahe (Dalian), Xiamen (Amoy) oder (das ehemals deutsche) Qingdao (Gormsen 1993).

Unterschiedliche Preis- und Anspruchsniveaus bedingen wesentlich diese räumliche Differenzierung der Nachfrage. Hinzu kommen – wie Ritter (1979) für die Arabische Halbinsel in einem Modell aufgezeigt hat – Informations- und Tabuschranken, die dazu führen können, daß die Erholungsstandorte von In- und Ausländern im Extremfall sogar „unverbunden" nebeneinander bestehen.

In vielen Ländern macht jedoch erst die gemeinsame und räumlich konzentrierte in- und ausländische Nachfrage die infrastrukturelle Erschließung von Regionen und Standorten für den Fremdenverkehr rentabel. Dies trifft z. B. auf die zahlreichen Seebäder Mexikos zu.

Der in- und ausländische Reiseverkehr stehen zudem oft in einem zeitlich positiven Komplementärverhältnis. In den Seebädern Mexikos (Müller 1983), aber auch z. B. im Zentralen Bergland Sri Lankas oder in der philippinischen Hill Station Baguio (Abb. 7) fallen die Haupreisezeiten der In- und der Aus-

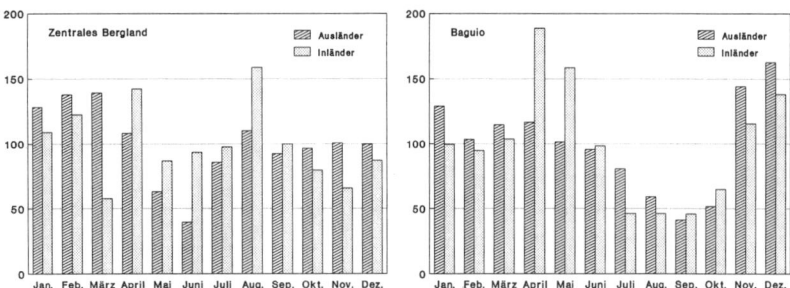

Abb. 7: Die Saisonalität der Nachfrage in- und ausländischer Touristen im Zentralen
Bergland Sri Lankas und in Baguio/Philippinen 1993 (dargestellt durch Saisonalitätsin-
dices [s. Abb. 5]) (Entwurf: K. Vorlaufer; Computer-Kartographie: Cl. Dehling).

länder nur eingeschränkt zusammen, so daß die für das Tourismusgewerbe negative extreme Saisonalität gemildert wird. In einigen Ländern kann es aber
durch das zeitliche und räumliche Zusammentreffen von aus- und inländischen Tourismusformen zu Unverträglichkeiten kommen. Ein Beispiel: Besonders der in buddhistischen und hinduistischen Ländern oft umfangreiche
Pilgertourismus der Einheimischen zu bedeutenden Kultstätten ist für Ausländer oft eine eigenständige touristische Attraktion: „Unangepaßtes" Verhalten der Touristen, wie das Fotografieren religiöser Zeremonien oder der
Besuch von Tempeln in Strandkleidung, sind nicht selten und werden zunehmend von Pilgern als Ausdruck der Geringschätzung ihrer Kultur bewertet.

3.5   Stationärer Bade- und mobiler Besichtigungstourismus –
       Gegensatz und Ergänzung

Aus geographischer und raumwirtschaftstheoretischer Sicht ist die Analyse
des räumlichen Musters, der räumlichen Fixierung oder Variabilität der touristischen Nachfrage von besonderer Relevanz, da hierdurch auch die Muster
der wirtschafts- und sozialräumlichen Auswirkungen des Fremdenverkehrs
geprägt werden. Die mit der räumlichen Konzentration oder Dispersion des
Tourismus verbundenen Merkmale und Probleme lassen sich pointiert am stationären Badetourismus einerseits und am kultur- oder naturorientierten
Rundreisetourismus andererseits skizzieren. Durch den stationären Badetourismus erfolgt eine zunächst punktuelle, schließlich eine linienhafte Erschließung eines relativ schmalen Küstenstreifens mit einer Tiefe von überwiegend
weniger als einem Kilometer. Die sozialen und ökologischen Auswirkungen
des Fremdenverkehrs treten räumlich daher konzentriert auf; berühren aber
oft die nur wenige Kilometer landeinwärts gelegenen Räume nicht mehr. Die

Herausbildung von Touristen-Ghettos ist mit diesem Fremdenverkehr in hohem Maße verbunden. Die starke räumliche Konzentration der Nachfrage auf einen fixierten Standort bietet Vor- und Nachteile.

Vorteile u. a.:
- Durch die Ballung von Wirtschaft und Bevölkerung entstehen volks-, regional- und betriebswirtschaftliche Agglomerationsvorteile.
- Durch die räumliche Konzentration werden die infrastrukturellen Erschließungskosten tendenziell minimiert, die Ver- und Entsorgung der Touristensiedlungen (Wasser, Elektrizität, Kanalisation, Müll) wird erleichtert.
- Für Touristen ergeben sich durch die Ballung ebenfalls zahlreiche Vorteile wie u. a. ein breites, vielfältiges, leistungsfähiges und – infolge der durch die Agglomeration bedingten Konkurrenz – häufig auch ein günstiges Angebot des Tourismusgewerbes.
- Die mit der Entfaltung des Tourismus häufig verbundenen sozio-kulturellen Negativwirkungen werden tendenziell räumlich begrenzt. Kontakte der Touristen mit Einheimischen werden minimiert.

Nachteile u. a.:
- Vor allem durch den stationären Badetourismus geprägte Siedlungen weisen in vielen Reiseländern mehr oder weniger bereits die negativen Folgen der Überagglomerationen auf: Zersiedlung, extreme Verdichtung, rasant steigende soziale Kosten, Probleme der Ver- und Entsorgung (z. B. Wassermangel, Müllnotstand).
- Tendenziell ist mit der zunehmenden Dominanz des stationären Badetourismus zumindest eine Verfestigung, häufig sogar eine Verschärfung disparitärer Raumentwicklung verbunden. Relativ schmale Küstenstreifen entwickeln sich zu verhältnismäßig dynamischen Wirtschaftsräumen, während schon das unmittelbare Küstenhinterland oft durch Abwanderung, wirtschaftliche Stagnation oder Verfall gekennzeichnet ist.

Demgegenüber bietet der Rundreisetourismus den Vorteil, daß
- die Ausgaben der Besucher eine große räumliche Streuung aufweisen und so tendenziell der Verschärfung regionaler Disparitäten entgegengewirkt wird;
- die ökologischen und sozio-kulturellen Negativwirkungen nicht so massiv und dann höchstens punktuell wirksam werden.

Nachteile der großen Streuung sind u. a., daß
- infolge der Notwendigkeit der Überwindung oft großer Reisedistanzen die ökologischen Belastungen durch den Verkehr oft hoch sind;
- die Infrastrukturkosten, z. B. im Straßenbau, infolge der großen räumlichen Streuung der touristischen Attraktionen oft extrem hoch sind;
- in vielen Ländern die vom touristischen Transportsektor benötigten Inputs (Fahrzeuge, Treibstoffe) importiert werden müssen, der Abfluß von

Devisen – im Vergleich zum stationären Fremdenverkehr – daher in der Regel größer ist;
– Rundreisetouristen deutlicher als die ihren Urlaub nur in einem Küsten-Ghetto verlebenden Besucher in der Regel mehr an Land und Leuten interessiert sind, oft den Kontakt mit Einheimischen suchen und so als äußerst wirksame Agenten des sozialen Wandels die gastgebenden Gesellschaften auch auf räumlich breiter Basis mit westlichen Verhaltensweisen konfrontieren.

Viele Touristen kombinieren einen stationären Badeaufenthalt mit Rundreisen. In Sri Lanka z.b. ist für viele Besucher eine Reise von drei bis fünf Tagen ins Zentrale Bergland oder zu den „historischen Städten" eine willkommene Unterbrechung des Badeurlaubs; in Kenya buchen Besucher der Seebäder oft auch eine Safari, in Mexiko kombinieren Touristen häufig den Strandaufenthalt mit dem Besuch kulturhistorischer Stätten.

Selbst Touristen, die z. B. primär nach Afrika fahren, um die Wildschutzgebiete zu besuchen, schließen die oft strapaziöse Safari mit einem Badeaufenthalt an der Küste ab. Auf diese Bedürfnisse haben sich z. B. auch die Reiseveranstalter ausgerichtet. Rundreisen z. B. im Binnenstaat Zimbabwe können in Kombination mit einen Badeaufenthalt etwa auf Mauritius gebucht werden.

Dieses Beispiel zeigt, daß es Länder gibt, die primär – wie Zimbabwe – auf dem Rundreise-/Safari-Tourismus oder aber – wie insbesondere kleine Inselstaaten – vorwiegend auf dem stationären Fremdenverkehr basieren.

Ein Vergleich des Fremdenverkehrs in Tunesien und Marokko zeigt aber, daß selbst in zwei relativ ähnlichen Ländern die Bedeutung der beiden Fremdenverkehrsarten sehr unterschiedlich sein kann (Berriane 1990).

Tunesien wird geprägt durch den stationären Badetourismus. Ein relativ schmales Band an schon verhältnismäßig großen Abschnitten der Ostküste ist touristisch intensiv überformt worden (Karte 2). Mit dem Badetourismus setzte die Expansion des Fremdenverkehrs in Tunesien ein, und bis heute ist er die Basis der Tourismuswirtschaft. Seit langem bemüht sich aber die Regierung, auch die touristischen Potentiale des Binnenlandes zu erschließen, die Wüste, die Oasen, den großen Salzsee Schott el Djerid oder die kulturhistorisch interessanten Berbersiedlungen. Ein forcierter Ausbau der touristischen Infrastruktur, der sich allerdings an der ökologischen und sozialen Tragfähigkeit der Wüste orientieren soll, und intensive Marketingmaßnahmen ermöglichten zwar die Verdoppelung der Übernachtungszahlen des Rundreisetourismus z. B. von 1982–92, jedoch konnten die Seebäder ihren Anteil an den insgesamt in Tunesien registrierten Ausländer-Übernachtungen von 90,2 auf 90,6% erhöhen.

Die Struktur der touristischen Nachfrage weist in Marokko ein gänzlich anderes räumliches und zeitliches Entfaltungsmuster auf. Hier basierte der Fremdenverkehr zunächst auf dem Rundreiseverkehr, der auch heute – trotz

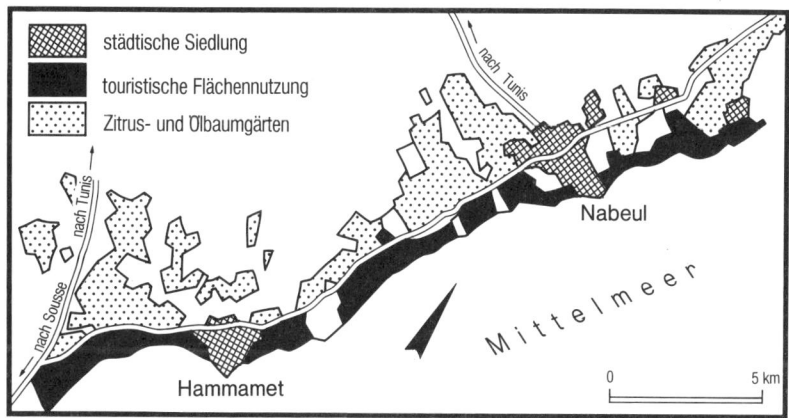

Karte 2:   Der Badetourismus als Faktor der linienhaften Küstenerschließung. Beispiel:
Nabeul–Hammamet/Tunesien (Quelle: Plan d'aménagement de la zone touristique
Hammamet–Nabeul, nach Berriane 1990; Kartographie: K. Massoud).

der auch in Marokko stark wachsenden Bedeutung des Badetourismus – noch
eine wesentliche Komponente ist. Insbesondere die Königsstädte Fès, Marrakech, Meknes und Rabat sowie zunehmend die Wüsten- und Gebirgsland-
schaften und die für Touristen exotischen Berbersiedlungen sind häufig besuchte Attraktionen (Müller-Hohenstein/Popp 1990).

Der Schwerpunkt der Nachfrage verlagerte sich auch in Marokko in den
letzten Jahrzehnten zunehmend zur Küste. Vor allem das nach einem Erdbeben 1960 planmäßig als Touristenstadt aufgebaute Agadir hat sich zu einem
der bedeutendsten Seebäder des Maghreb entwickelt. Die Kombination etwa
eines ein- bis zweiwöchigen Strandurlaubs mit mehrtägigen Rundreisen ist in
Marokko jedoch stärker verbreitet als in Tunesien; zudem ist das Land eine
wichtige Destination für Studienreisen, die in verschiedene Landesteile
führen. Inbesondere Marrakech entfaltete sich daher zu einem bedeutenden
Fremdenverkehrszentrum, von dem aus Rundreisen in den „großen Süden"
sowie zu anderen Königsstädten ausgehen. Zudem ist hier der Aufenthalts-
tourismus, insbesondere im Winter wegen des milden Klimas, bedeutend
(Widmer-Münch 1990).

Da die oft kulturinteressierten Rundreisetouristen als Souvenirs Kunst-
handwerksartikel häufig und bevorzugt in der exotischen Atmosphäre einer
Medina (Altstadt) kaufen, profitiert gerade das auf die touristische Nachfrage
ausgerichtete traditionelle Handwerk der Königsstädte von diesem Reiseverkehr (Escher 1986; Escher/Wirth 1992).

Badetouristen kombinieren ihren Strandurlaub mit Rundreisen fast nur innerhalb ihres Gastlandes. Mehr und mehr Länder bemühen sich aber – auch

über eine grenzüberschreitende Kooperation mit Nachbarländern – auch dem „international circuit traveller" (Chant 1992) Angebote zu unterbreiten. Rundreisen durch mehrere Länder werden z. B. über die sog. Anden- oder auch die Maya-Route themenorientiert (präkolumbianische Hochkulturen) realisiert.

3.6 Grenznaher Reiseverkehr – Beispiele, Determinanten, Bedeutung

Eine spezifische, für einige Regionen der Dritten Welt wichtige Variante des Tourismus ist der grenznahe Besucherverkehr. Die Attraktivität grenznaher Räume für Ausländer aus dem Nachbarland ist dann besonders hoch, wenn hier Attraktionen, Güter und Dienstleistungen geboten werden, die in der Heimat gar nicht oder nur eingeschränkt vorhanden bzw. nur zu höheren Preisen erhältlich sind. Da von den entwickelten Staaten nur die USA (und das Semi-Peripherieland Südafrika) gemeinsame Landesgrenzen mit einem Dritte-Welt-Land haben, vollzieht sich dieser Tourismus zwar überwiegend zwischen einzelnen ELn, jedoch lassen sich die Determinanten dieses touristischen Grenzverkehrs besonders prägnant am Beispiel Mexiko/USA veranschaulichen.

Infolge des für EL typischen niedrigeren Lohnniveaus in Mexiko und des damit verbundenen starken Kaufkraft-Gefälles können US-Amerikaner im südlichen Nachbarland viele Güter und Dienstleistungen günstiger als in der Heimat erwerben. Der Besucherstrom aus den USA in die grenznahen Räume Mexikos wurde aber zunächst, in den 20er und 30er Jahren, dadurch ausgelöst, daß sich in den Grenzregionen Mexikos ein auf die US-amerikanischen Nachfrage orientiertes legales und illegales Vergnügungsgewerbe entfaltete, das bis heute eine hohe Attraktivität besitzt. Nachtbars, Spielcasinos, Glücksspiele, Wettgeschäfte, Prostitution, Drogen, der in den USA verbotene Stierkampf und – in der Prohibitionszeit – auch Alkohol sind wesentliche touristische Angebote. Zudem galt und gilt Mexiko als Scheidungsparadies für Amerikaner und zieht auch aus diesem Grunde eine große Zahl kurzfristiger Besucher an (Gierloff-Emden 1970). Städte wie Tijuana, Mexicali, Cuidad Juaréz, Laredo und Reynosa entfalteten sich mit diesen Attraktionen zu dynamischen Touristenzentren.

Sie können als Typus für jene zahlreichen grenznahen Fremdenverkehrsstandorte in vielen Dritte-Welt-Ländern gelten, die aufgrund weniger rigider Moralvorstellungen Standorte für ein Vergnügungsgewerbe sind, das in Nachbarländern nicht geduldet wird, dessen Besuch evtl. negativ sanktioniert wird und auch teurer ist.

Neben den nordmexikanischen Städten kann etwa das südthailändische Hat Yai erwähnt werden, das sich mit seinem für Besucher aus dem islamischen Nachbarstaat Malaysia attraktiven Nachtleben zu eines der wichtigsten Fremdenverkehrszentren Thailands entwickelte.

Auch einige Nachbarstaaten Südafrikas bzw. die (bis 1994) formell unabhängigen „Homelands" sind Standorte einer oft gigantischen Vergnügungsindustrie (Casinos, Prostitution), die von weißen Besuchern aus dem „prüden" Südafrika lebt. In Boputhtsawana wurden die riesigen Vergnügungsstätten Sun City und Lost City vor allem auch durch das Engagement der südafrikanischen und multinationalen Hotelkette Sun International aufgebaut; in Swasiland sind drei Casinos die Attraktion für südafrikanische Kurzzeitbesucher (Harrison 1992), wo zudem, ebenso wie in Lesotho, Prostitution und Pornographie Touristen anziehen, die mit dem Grenzübertritt auch die in Südafrika geltenden Moral- und Rassenschranken durchbrechen können (Crush/Wellings 1983).

Spektakulär ist auch die im wesentlichen erst in den 70er Jahren einsetzenden Entfaltung der portugiesischen China-Kolonie Macau zu einem bedeutenden Fremdenverkehrszentrum. Diese portugiesische Enklave (bis 1999) gilt als „Spielerparadies" für die glücks- und wettspielbesessenen Chinesen vor allem aus Hongkong, das nur 60 km entfernt am gegenseitigen Mündungsufer des Perlflusses liegt und über einen leistungsfähigen Fährdienst in nur einer Stunde erreicht werden kann: 1991 wurden bereits 7,6 Mio. Besucher, davon fast 2,6 Mio. aus Hongkong, gezählt. Insbesondere für diese Besuchergruppe sind die sieben Spielcasinos, die Pferde- und Windhundrennen (aber auch die Striptease-Shows Pariser Revue-Gruppen) von größter Attraktivität: 52,6% aller Macau-Besucher hatten 1991 während ihres Aufenthaltes Spielcasinos besucht (Statist. Amt, Macau). Auf der Grundlage der Attraktivität als Vergnügungszentrum für Besucher aus Hongkong entfaltete sich der Fremdenverkehr zum wichtigsten Wirtschaftszweig Macaus, dessen Beitrag zum BIP 1991 bereits 37% erreichte.

3.7 Trekking und Bergsteigen

Der Trekking- und – eingeschränkter – der Bergsteiger-Tourismus verzeichnen seit Mitte der 70er Jahre eine starke Expansion. Vor allem die Nachfrage nach Trekking-Reisen hat sich so stark erhöht, daß heute auch extrem periphere Räume zunehmend für diese Fremdenverkehrsart erschlossen werden, auch deshalb, weil das Trekking sowohl sport- und natur- als auch kulturorientierte Touristen anspricht. Abgelegene, von der Zivilisation (anscheinend oder scheinbar) noch nicht berührte Landschaften, Völker und Kulturen, seltene Biotope oder eine exotische Fauna und Flora, können nicht selten nur über mehr oder weniger lange Fußmärsche erreicht werden. Der Trekking-Tourismus weist einen extremen Drang zur Peripherie auf. Hierdurch erhält einerseits die auch weit abseits wirtschaftlicher Aktivräume lebende Bevölkerung oft erstmals die Möglichkeit, ein monetäres Einkommen aus einem „modernen" Wirtschaftszweig zu erzielen. Typische Einkommensquellen für die an den Trekking-Routen lebende Bevölkerung sind:

– die Vermietung von in der Regel (zunächst) einfachsten, ohne großen Kapitalaufwand mit lokalen Baumaterialien erstellten Unterkünften,
– der Verkauf von Speisen und Souvenirs, die aus heimischen Produkten gefertigt werden,
– die Tätigkeit als Fremdenführer oder Träger.

Somit kann der Trekking-Tourismus einerseits als ein besonders effizientes Instrument zur Abschwächung disparitärer Raumstrukturen angesehen werden. Das Reisen und Wandern in kleinen Gruppen unter Benutzung der vorhandenen Infrastruktur ist zudem typisch, d. h., größere Investitionen in den Bau z. B. von Straßen sind nicht notwendig, westliche Verkehrstechnologien müssen nicht eingesetzt werden – der Kapitalaufwand für diesen Tourismus ist daher gering; der Devisenabfluß zur Bezahlung der für das Fremdenverkehrsgewerbe sonst häufig notwendigen Importe (z. B. Autos, Treibstoffe) ist unbedeutend.

Andererseits führen die Treks bevorzugt durch ökologisch und sozio-kulturell fragile Räume. Der relativ enge Kontakte zwischen den Trekkern und ihrem „Hilfspersonal" auf den oft wochenlangen Wanderungen und ihre Unterkunft bei der einheimischen Bevölkerung fördern die schnelle Ausbreitung westlicher Werte, Kultur- und Konsummuster; die Wanderer sind so besonders wirkungsvolle Agenten des sozialen Wandels, zumal sie als in der Regel kulturinteressierte Touristen bemüht sind, sich der heimischen Gesellschaft äußerlich anzupassen und so ihre Akzeptanz bei der einheimischen Bevölkerung zunächst relativ hoch ist.

Ein umwelt- und sozialverträgliches Verhalten ist daher eine besonders an Trekking-Touristen gerichtete Forderung der Tourismus-Kritiker, aber auch zunehmend der Veranstalter von Trekking-Reisen. Der in diesem Marktsegment führende deutsche Veranstalter, Hauser exkursionen international, versteht sich so zwar als ein nach kommerziellen Grundsätzen geführtes Unternehmen, das „die Reisebedürfnisse seiner Kunden bestmöglich befriedigen und angemessene wirtschaftliche Ergebnisse erzielen" will, aber die „Reisephilosophie" vertritt, daß „dieses Ziel dauerhaft nur erreicht werden kann", wenn der Tourismus „gleichermaßen wirtschaftlich ergiebig, sozial verantwortlich und umweltverträglich ist" (Programmübers. 1994/95; 25, S. 7).

Trekking- und Bergsteiger-Reisen nur dieses einen Veranstalters führen heute zu Zielen faktisch „rund um den Globus" und in extreme Peripherieräume. Neben den schon „klassischen" Zielen des Trekking- und Bergsteigertourismus in den Anden und im Himalaya werden auch mehr und mehr andere Hoch- und zunehmend auch Mittelgebirge sowie selbst Savannen und die Regenwälder der Tiefländer oft auch mit massiver staatlicher Unterstützung für diesen Tourismus erschlossen. Ein Beispiel: Marokko entwickelt seit den 80er Jahren eine den Hohen Atlas querende Trekkingroute. Der Routenverlauf wurde als Komponente eines umfassenderen regionalen Entwicklungsprogrammes so gelegt, daß die oft nur auf Maultierpfaden erreichbaren Berberdörfer besucht werden können: Bauernhäuser sollen als Etappenunterkünfte dienen, um Bergbauern Einkommen zu erschließen.

Ein prägnantes Beispiel für die große Bedeutung dieser Tourismusart auch in Mittelgebirgsregionen ist Nordthailand: Das Trekking – in Kombination mit Floßfahrten (Rafting), dem Besuch der in den Bergen lebenden Hill Tribes (Ethnotourismus) und kulturhistorischen Stätten – hat diese vormalige Peripherieregion touristisch intensiv überformt (Vorlaufer 1995 b).

Ein Beispiel für die relativ große wirtschaftliche Bedeutung des Bergsteiger-Tourismus selbst in einem primär durch den Fotosafari- und Jagdtourismus geprägten Land wie Tanzania bietet der höchste Berg Afrikas, der 5895 m hohe Kilimanjaro, dessen Besteigung bis 1980 noch weitgehend unkontrolliert auch Einzeltrekkern möglich war. Um die Devisen- und Arbeitsplatzeffekte sowie die staatlichen Gebühreneinnahmen zu erhöhen, darf der 1973 errichtete, im wesentlichen die oberen Höhenstufen umfassende Kilimanjaro N.P. heute nur noch mit Führern und Trägern im Rahmen organisierter, meistens fünftägiger Gruppentreks besucht werden. Die Besteigungsgebühr betrug 1993 pro Person bereits 200 US-$; hinzu kommen Kosten von 200–230 US-$ für Träger, Verpflegung und Unterkunft. Der Gesamtumsatz touristischer Aktivitäten (einschl. Übernachtungen, Eintrittsgebühren) erreicht im Haushaltsjahr 1991/92 ca. 1,7 US-$, das sind 8,4% der gesamten, über die Schutzgebiete Tanzanias erzielten touristischen Umsätze. Bezeichnenderweise erzielte dieses Bergsteiger-Ziel mit einem Beitrag von 317 Mio. TSH 46% (!) aller Einnahmenüberschüsse der für den Tourismus wichtigsten neun Nationalparks Tanzanias, obwohl auf dieses Schutzgebiet nur 5,4% aller Aufenthaltstage von Besuchern entfielen (zum Vergleich: in dem rentabelsten N.P., der Serengeti, mit 88 400 Besuchern [= 40,1%] nur 32,8!): In den von Bergsteigern und Trekkern genutzten Schutzgebieten sind im Vergleich zu den auf dem Safari-Tourismus basierenden Parks die Unterhaltskosten vergleichsweise niedrig (z.B. keine Kosten für Bau und Unterhaltung von Verkehrswegen, für Wildhüter); die Rentabilität dieser Tourismusart ist dementsprechend relativ hoch. Durch den Einsatz von Trägern und Bergführern sind zudem die Beschäftigungseffekte verhältnismäßig intensiv. Im Kilimanjaro N.P. erhalten immerhin 600 bis 800 Personen aus dieser Tätigkeit (wenngleich saisonal) Einkommen. Obwohl sich gegenwärtig an einzelnen Tagen Hunderte von Personen auf der Aufstiegs- oder Abstiegsroute befinden, sind jedoch, abgesehen von den hohen Gebühreneinnahmen und den relativ hohen Einkünften der Träger und Bergführer, die wirtschaftlichen und sozio-kulturellen Effekte gering. Der Aufstieg beginnt nämlich oberhalb der Siedlungsgrenze; die ohnehin nur vier Übernachtungen erfolgen in einfachen Hütten der Parkverwaltung. Ein ähnliches Muster des Routenverlaufs ist typisch auch für den Mt. Kenya und den Ruwenzori.

In den klassischen Trekking- und Bergsteigerregionen des Himalaya sind demgegenüber die Auswirkungen des Fremdenverkehrs nicht nur wegen der größeren Besucherzahlen massiver, sondern auch, weil hier die oft mehrere Wochen dauernden Trekking-Touren überwiegend durch Siedlungsräume verschiedener Bergvölker verlaufen. Die Einkommensmöglichkeiten, auch die sozio-kulturellen und ökologischen Auswirkungen sind dementsprechend größer.

3.7.1 Nepal – das Bergsteiger- und Trekker-„Paradies"

Diese Auswirkungen zeigen sich prägnant im wichtigsten Zielgebiet des Bergsteiger- und Trekking-Tourismus, in Nepal. Erst in den 60er Jahren setzte ein allmähliches, ab ca. 1970 ein stürmisches Wachstum des Tourismus ein (Engelhard 1983, Donner 1994; Zahl der Einreisen 1962: 6179, 1970: 45970, 1980: 162900, 1992: 334400). Zwar waren z. B. 1991 nur 13% der Besucher Nepals Trekking- und 1,2% Bergsteigertouristen, diese immerhin etwa 40000 Personen stellten jedoch infolge ihres längeren Aufenthaltes von in der Regel mindestens 20 Tagen etwa 30% aller Übernachtungen. Hierdurch fließen auch dem Staat beträchtliche Einnahmen zu, da jeder Trekker und Bergsteiger eine gebührenpflichtige Genehmigung zum Besuch der für diese Tourismusarten freigegebenen Regionen und Berge benötigt. Die Bergsteigergebühren richten sich nach Berühmtheit und Attraktivität eines Berges; sie lagen 1992 etwa zwischen 3000 bis 8000 US-$ pro Person (ohne Kosten für Träger u. Führer).

Da z. B. 1991 130 Expeditionen mit 1038 Bergsteigern derartige Genehmigungen erhielten, sind die staatlichen Einnahmen, aber auch die Beschäftigungs- und Einkommenseffekte für die Bergbevölkerung beträchtlich: 1990 z. B. beschäftigten die 120 genehmigten Expeditionen 863 relativ gut entlohnte Hochgebirgs- und 13316 örtliche Träger. Weitaus attraktivstes Ziel für Bergsteiger ist der höchste Berg der Welt, der Mt. Everest, der bis 1993 schon von etwa 500 Bergsteigern erklommen wurde. 1991 lagen dem Tourismus-Ministerium 150 Expeditionsanträge vor; der Mt. Everest ist damit nach den Vorgaben der Regierung bis zum Jahre 2005 „ausgebucht". Infolge der starken Nachfrage und um – aus ökologischen Gründen – eine zu starke Zunahme zu verhindern, wurden die Gebühren in den letzten Jahren drastisch erhöht. 1996 betrugen die Besteigungsgebühren (über die Südroute) für ein Team mit bis zu sieben Mitgliedern 70000 US-$, für jedes weitere Mitglied 10000 US-$. Zudem muß jede Mannschaft vor Beginn der Expedition eine „Müll"-Gebühr in Höhe von 4000 US-$ hinterlegen, die erst rückerstattet wird, wenn die strikten Umweltauflagen (u. a. Rücktransport des Mülls) erfüllt wurden. Mit der Erhöhung der Gebühren geht zudem eine Beschränkung der Zahl der Expeditionen einher. Da aber acht der zehn höchsten Berge der Welt gänzlich oder teilweise in Nepal liegen, bieten sich auch der wachsenden Zahl der Extremkletterer zahlreiche attraktive Alternativen. Allerdings betragen auch die Gebühren für die Besteigung anderer 8000er für ein Team mit bis zu neun Mitgliedern 8000 US-$, für jede weitere Person 800 US-$ (Müll-Gebühr 3000 US-$).

Während das eigentliche Bergsteigen oberhalb der an den einzelnen Bergen eingerichteten Basislager (Karte 3) und damit oberhalb der Siedlungsgrenze beginnt, führen die große Teile des Landes erschließenden und oft traditionellen Handelspfaden folgenden Trekking-Routen durch bäuerliche Siedlungsräume; aber auch für das Trekking waren 1992 18 „kleinere" Gipfel mit Höhen zwischen 5587 und 6584 m für eine Besteigung freigegeben; die Gebühren pro Personen betrugen zwischen 150 US-$ für sechs kleinere und 300 US-$ für die restlichen 12 Berge. Darüber hinaus betragen die Trekking-Gebühren (1994) je nach Region 7–10 US-$ pro Woche/Person; werden Nationalparks durchwandert, wie z. B. die bei Trekkern besonders beliebten Schutzgebiete um den Annapurna oder Mt. Everest, werden nochmals Gebühren erhoben.

Fast 100 Agenturen, vor allem in Kathmandu, vermitteln die oft bis zu dreiwöchigen Trekking-Touren. Die Einkommens- und Beschäftigungseffekte sind beträchtlich und räumlich weit gestreut, da die Trekker Verpflegung und sonstige Dienstleistungen bei der bäuerlichen Bevölkerung erwerben. Als Beispiel für zahlreiche ähnliche Trekking-Routen kann der auch von deutschen Veranstaltern angebotene „Große Everest-Trek" angesehen werden, der von Jiri im E über eine Distanz von ca. 200 km in 22 Tagen bis zum Everest-Basislager führt, große Höhenunterschiede aufweist (Karte 3), verschiedene Klima- und Vegetationsstufen berührt und durch bäuerliche Siedlungsräume mit buddhistischen und hinduistischen Kultstätten führt.

Trekking-Gruppen mit in der Regel 15–20 Teilnehmern sowie bis zu 45 Trägern (für Nahrungsmittel, Getränke, Zelte, Tische, Stühle!), aber auch zahlreiche Individual-Trekker mit ein bis zwei Trägern (Führern) durchwandern die Bergwelt; an allen stärker begangenen Treks gibt es in dichter Folge Unterkünfte und „Teashops" zur Verpflegung der Besucher. Zahlreiche Betriebe entstanden aus Bergbauernhöfen. Allerdings: Die Routen führen weithin durch Food-deficit-Räume, wo sich die Bauern schon früher oft nicht durch eine Eigenproduktion selbst ausreichend versorgen konnten. Nach Donner (1994) führen daher die Trekking-Gruppen auch mindestens 90% der benötigten Lebensmittel mit sich, und auch die Restaurants an den Routen müssen den Küchenbedarf oft von weither mittels Träger einführen.

1994 wurden offiziell 12 824 Trekking-Urlauber auf der Everest-Route registriert; die Einnahmen aus den „Permits" erreichten umgerechnet fast 0,3 Mio. DM. Die ökonomische Bedeutung, aber auch die sozio-kulturelle und ökologische Problematik des Trekking-Tourismus veranschaulicht sich eindrucksvoll an dem Ort Thyangboche, der

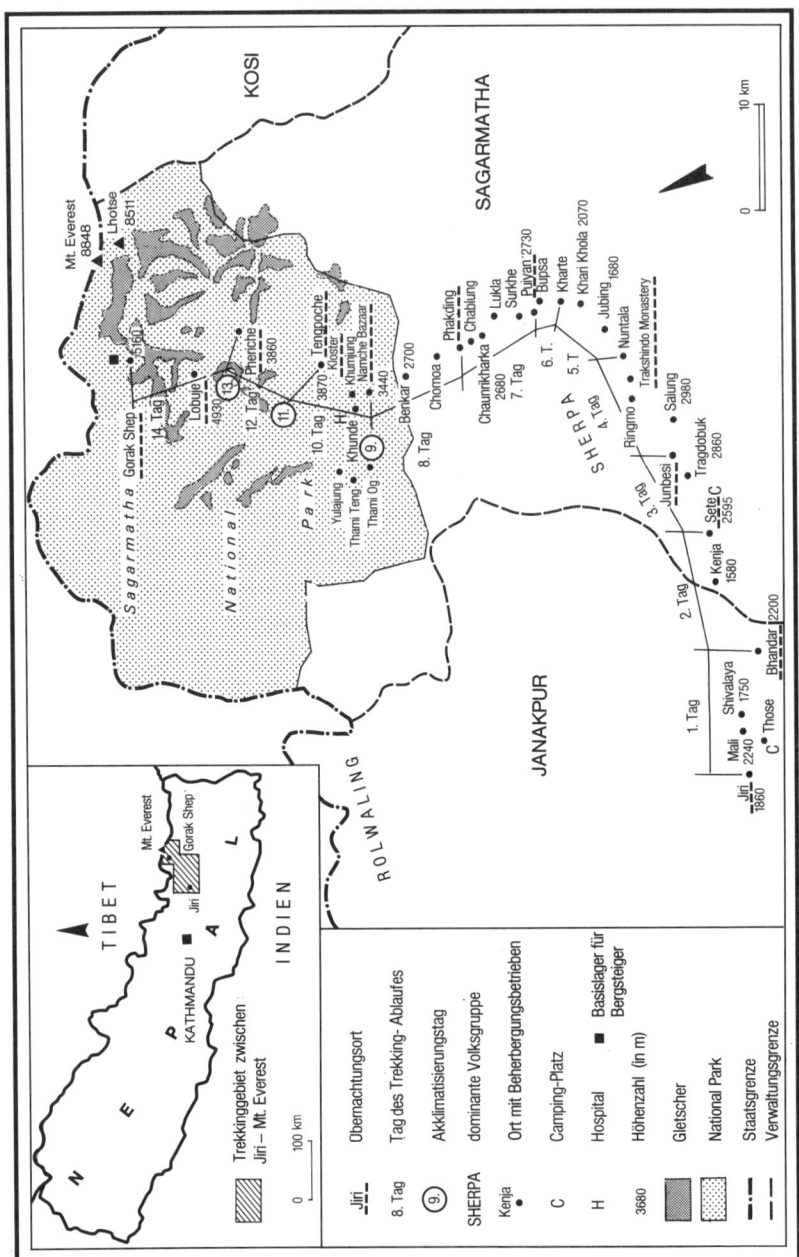

Karte 3: Trekking am Mt. Everest. Beispiel: Route Jiri–Gorak Shep (Entwurf: K. Vorlaufer; Quelle: u. a. Aminton, St.: Wanderhandbuch Nepal, Bremen 1993; Kartographie: K. Massoud).

auf halbem Wege zwischen dem Basislager am Mt. Everest und dem Flugplatz in Lukla, dem Ankunftsort vieler Touristen, liegt. Hier treffen sich in der Hochsaison, im Oktober und im März, täglich bis zu 600 Touristen, die – zudem begleitet von mindestens 1000 Trägern, Bergführern und Köchen – in einem Lager mit ca. 300 Zelten hier z. T. auch mehrere Nächte (Akklimatisierung!) rasten: Vor allem die Verseuchung des Trinkwassers durch Fäkalien und die zahlreichen Müllkippen sind ein wachsendes Problem.

Dieser Prozeß der Umstrukturierung einer vormals vom Handel lebenden zu einer auf den Tourismus orientierten Gesellschaft ist besonders weit fortgeschritten bei den etwa 3000 am Mt. Everest siedelnden Sherpas von Khumbu (Stevens 1993). Dieser Teil des Sherpa-Volkes betrieb vor Beginn des Tourismus in Dauersiedlungen eine überwiegend eigenbedarfsorientierte Landwirtschaft bis auf eine Höhe von 4300 m. Im Herbst und Winter wurden eventuelle Überschüsse auch über den Fernhandel nach Tibet und Indien abgesetzt. Bis Mitte der 60er Jahre beteiligte sich fast jede Khumbu-Familie zudem an den jährlichen Handelsreisen bis in diese Nachbarländer. Diese Tradition war wesentlich für die Einbindung der Khumbu-Sherpas in den touristischen Trägerverkehr. Die Sherpas aus Khumbu, aber auch aus Rolwaling (Baumgartner 1980), haben sich so schon mit Beginn der Bergsteiger-Expeditionen einen Namen als leistungsfähige Träger und Bergführer erworben. Heute geht fast die gesamte männliche jüngere Bevölkerung in der Trekking-Saison (März–Mai; Okt.–Nov.) dieser Arbeit nach; zahlreiche Sherpas haben zudem einen Zweit- oder auch schon den Hauptwohnsitz in der Hauptstadt Kathmandu, um sich bereits hier, dem Ankunftsort der meisten Nepal-Reisenden, in das Trekking-Geschäft einbringen zu können. Eine 1987 durchgeführte Studie hat z. B. ergeben, daß in einem Khumbu-Dorf 80% der 141 Sherpa-Haushalte direkt oder indirekt Einkommen durch den Tourismus, vornehmlich über die Arbeit als Träger, Koch oder Führer von Wander- bzw. Bergsteigergruppen (101) beziehen, 14 Haushalte waren Besitzer eines Teehauses, einer Lodge oder eines Ladens (vor allem: Trekking-Ausrüstung, Andenken). In Kathmandu waren 39 der 54 befragten Trekking- und Bergsteigeragenturen im Besitz eines Sherpa (wenngleich die meisten und größten Betriebe Ausländer gehörten; Adams 1992). Mitte der 80er Jahre betrieben bereits 15% aller Sherpa-Haushalte einen touristischen Betrieb: einen Gasthof, ein Restaurant oder einen Andenkenladen (Stevens 1993). In Khumbu bestanden 1991 an den Mt. Everest-Treks schon 81 Sherpa Lodges (1973: 7, 1983: 47). 1991 erzielten in der größten Siedlung Khumbus, in Nauje, 91% aller Haushalte direktes Einkommen aus dem Tourismus. Die Sherpas insbesondere der Khumbu-Region haben sich so im hohen Maße auf den Fremdenverkehr ausgerichtet. Einige traditionelle Elemente auch des Wirtschaftslebens bestehen aber nicht nur weiter, sondern wurden sogar ausgebaut. Einmal wird die Landwirtschaft auch von den im Tourismus engagierten Familien in der Regel weitergeführt. Dies wird einmal dadurch erleichtert, daß viele landwirtschaftliche Arbeiten in die Monsunzeit fallen, wenn der Tourismus zum Erliegen kommt. Nur in den Hochlagen kommt es zur zeitlichen Überlagerung der Fremdenverkehrssaison z. B. mit dem Heuen von September bis Dezember, so daß Engpässe bei der Winterfütterung für das Vieh eintreten können (Baumgartner 1980), zumal viele Familien mit dem Einkommen aus dem Tourismus vorrangig ihren Viehstock erhöhen – vor allem auch um Packtiere für das Trekking anbieten zu können.

Zeitliche Engpässe im Arbeitsablauf werden zum anderen dadurch abgeschwächt, daß die in der traditionellen Arbeitsverfassung übliche Reziprozität, das gegenseitige „Ausleihen" von Arbeitskräften, sogar ausgeweitet wurde (Adams 1992). Die mit der Entfaltung der Fremdenverkehrswirtschaft verknüpfte Zunahme individualistischen Gewinnstrebens (z. B. bei Inhabern von Tourismus-Betrieben) wird zudem begleitet von einer Verdichtung des überkommenen Netzes gegenseitiger Verpflichtungen. Diese Reziprozität mag auch dadurch eine Akzentuierung erfahren, daß auf den oft wochenlangen Bergtouren eine enge Kooperation aller Gruppen-Mitglieder erforderlich ist. Hiermit verknüpft ist ein Festhalten an überkommenen religiösen und profanen Ritualen zur Absicherung dieser reziproken Beziehungen.

Die Arbeit im Fremdenverkehrsgewerbe ist somit einerseits eine Determinante der Sicherung überkommener Sozialstrukturen und Werte, andererseits aber auch ein wesentlicher Faktor sozialen Wandels. Ein Merkmal dieses Wandels ist eine Veränderung der traditionellen Arbeitsteilung zwischen den Geschlechtern. In vortouristischer Zeit haben die jungen Männer z. B. die Yak-Herden auf den Hochweiden auch in der Zeit vor und nach dem Monsun, der jetzigen Trekking-Saison, geweidet. Jetzt müssen infolge der Abwesenheit der Männer diese Arbeiten von Frauen mit übernommen werden, die zudem oft auch die Arbeit in den familieneigenen Lodges sowie – traditionell – die meisten Feldarbeiten leisten müssen. Frauen werden zudem verstärkt als Trägerinnen eingesetzt, so daß sie die Hauptlast des durch den Tourismus induzierten Wandels zu tragen haben.

Mit dem Wandel von einer vornehmlich auf Tauschhandel zu einer auf Geld basierenden Wirtschaft setzte zudem eine soziale Differenzierung und Schichtung in der vormals homogenen Sherpa-Gesellschaft ein (Coppock 1978). Insbesondere Personen, die zu Beginn der touristischen Entwicklung über Englischkenntnisse verfügten, hatten einen entscheidenden Vorteil, der sich in steigenden Einkommen aus dem Fremdenverkehr niederschlug. Land und Vieh als wirtschaftliche Grundlage der traditionellen Gesellschaft waren in vor- und auch noch in frühtouristischer Zeit (Abb. 8) wesentlich gleichmäßiger innerhalb der Bevölkerung verteilt als die Einkommen aus dem Fremdenverkehr, die nun im hohen Maße eingesetzt werden vor allem zur Vergrößerung des familiären Viehstocks (weniger in Land): Mit wachsender Bedeutung der Einkommen aus dem Fremdenverkehr dürfte sich die soziale Differenzierung

Gesamteinkommen
aus Tourismus

Gesamteinkommen

Viehbesitz

Wert d.
Kartoffelernte

Landbesitz

0,25

0,50

0,75

Einkommen
aus Viehhaltung

1,0

Einkommen aus
traditioneller
Produktion

Tourismus- Einkommen
aus Rolwaling-Tal

Jeder Sektor des Polygons repräsentiert die Verteilung (nach Lorenz) von Einkommen und Produktionsmitteln zwischen den Haushalten. Eine vollständige Gleichverteilung ist dann gegeben, wenn der äußere Kreisradius berührt wird; eine zunehmende Verlagerung der Index-Werte zum Kreismittelpunkt verdeutlicht eine wachsende Ungleichverteilung. Die Indizes wurden errechnet auf der Basis des durchschnittlichen Anteils pro Kopf der einzelnen Haushalte.

Abb. 8: Die Verteilung von Einkommen und Produktionsmitteln in einem Dorf der Rolwaling-Sherpas (Nepal) (Quelle: Baumgartner 1988).

verschärfen. Dieser Prozeß hat auch räumliche Auswirkungen. Zunehmende intraregionale Disparitäten haben sich bereits ausgebildet. Von den acht traditionellen Dauersiedlungen in Khumbu haben die drei Dörfer Nauje, Khumjung und Kunde besonders stark vom Fremdenverkehr profitiert. Um 1991 waren z. B. 70% aller Läden dieser Region im Besitz von Familien aus Nauje.

Baumgartner (1988) hat für die Sherpas des Rolwaling-Tals nachgewiesen, daß die traditionelle Ökonomie dieser in extremer Peripherielage lebenden Bevölkerung schon unmittelbar vor Einsetzen des Fremdenverkehrs in eine Krise geraten und nicht mehr in der Lage war, die wachsende Bevölkerung zu ernähren. Der Tourismus bot sich somit rechtzeitig als Möglichkeit der Existenzsicherung an. Schon wenige Jahre nach Beginn des Fremdenverkehrs, um 1977, erzielte die Rolwaling-Bevölkerung bereits ein Drittel des Einkommens aus dem Tourismus, 47% aus dem Kartoffelanbau und 20% aus der Viehhaltung.

In der weitaus stärker frequentierten Khumbu-Region ist der Fremdenverkehr wichtigster Wirtschaftszweig. Die Bedeutung der Landwirtschaft als Haupterwerbsquelle hat hier auch in absoluter Hinsicht abgenommen. Auch 1992 wurden jedoch noch alle Felder (fast ausschließlich von Frauen) bestellt. Auch die im Beherbergungsgewerbe engagierten Sherpas bewirtschaften die Landwirtschaft weiter. Die für Touristen benötigten Nahrungsmittel müssen jedoch fast vollständig aus anderen Regionen eingeführt werden, da die Bauern an ihren überkommenen, auf Eigenbedarfsdeckung ausgerichteten Produktionstechniken und -zielen festhalten.

Durch die Einbindung peripherer Räume in die Fremdenverkehrswirtschaft eines Landes erfolgt auch eine engere Integration dieser Regionen in
den nationalen Wirtschaftsraum, wodurch auch ein Beitrag zur „Nationswer-
dung" der ethnisch und/oder religiös oft extrem segmentierten Gesellschaften
geleistet werden kann. Die Rolwaling-Sherpas waren so vor Beginn des Fremdenverkehrs wirtschaftlich und kulturell nach Tibet, die Khumbu-Sherpas,
z.B. über saisonale Migrationen, in die Teeanbaugebiete, nach Darjeeling in
Indien orientiert, von wo aus auch die ersten Everest-Expeditionen starteten.
Mit der Entfaltung der Hauptstadt Kathmandu zum Drehkreuz des Fremdenverkehrs erfolgte erstmals eine stärkere Orientierung des Sherpa-Siedlungs-
raumes auf das Zentrum des Staates.

Gravierend ist die durch den Fremdenverkehr direkt oder indirekt mit ausgelöste Brennholzkrise. Vor allem in den ersten Jahren des Massentourismus
deckten Trekker und Bergsteiger ihren Energiebedarf im hohen Maße durch
Feuerholz, das an den Routen geschlagen wurde. In den oberen Vegetationsstufen hat das Schlagen von Sträuchern und Bäumen deshalb langfristige
Folgen, weil hier die Regeneration der Vegetation aus klimatischen Gründen
kurzfristig nicht möglich ist. Zwar wird die Auflage, andere Energieträger als
Feuerholz zu verwenden (z.B. Kerosin-Gas), von Besuchern bzw. Trekking-
Agenturen weithin befolgt, jedoch wird u.a. der Energiebedarf der Lodges
und Restaurants noch im hohen Maße durch Feuerholz gedeckt. Da insbesondere Bergtouristen eine hohe Sensibilität für ökologische Probleme haben,
drängen viele von ihnen allerdings auf den – auch von den Naturschutzbe-
hörden propagierten – Einsatz alternativer Energien. Viele Lodges, z.B. im
Annapurna-Gebiet, haben bereits Sonnenkollektoren installiert, auch um
dem Wunsch der Trekker nach einer „heißen Dusche" umweltverträglich
nachkommen zu können.

Da die Zahl der Touristen selbst in der Hauptsaison im Vergleich zur Gesamtbevölkerung, die fast ausschließlich noch auf die traditionellen Energieträger angewiesen ist, verschwindend gering ist, ist die fortgeschrittene Entwaldung weiter Räume nur sekundär durch Trekker mit zu erklären. Die
oberen, besonders fragilen und stark frequentierten Höhenstufen wurden
zudem weithin unter Naturschutz gestellt. So wurde z.B. die Mt.-Everest-Re-
gion schon 1975 als Sagarmantha (Mt. Everest) National Park ausgewiesen, in
dem der Holzeinschlag auch der heimischen Bevölkerung nur auf kleinen
Arealen im beschränkten Maße erlaubt ist. Expeditionen müssen ihren Energiebedarf im Park durch „Importe" decken. Gleichwohl: Auch vor Erlaß re-
striktiver Bestimmungen hinsichtlich des Holzeinschlages 1979 war der Beitrag des Fremdenverkehrs zur Entwaldung bescheiden. Eine Regierungs-
studie hat 1977 geschätzt, daß die damals jährlich 4200 Besucher der Mt.-
Everest-Region nur ca. 10% des insgesamt geschlagenen Holzes benötigten
und so der Fremdenverkehr die damals schon weit fortgeschrittenen Entwal-

dung höchstens um ein Jahr beschleunigt hat (Pawson et al. 1984 b). Da die ab-
geholzten Flächen in den Siedlungsräumen der Sherpas (bis auf etwa 4300 m)
relativ schnell mit sekundärer Buschvegetation bedeckt werden, ist zudem die
Erosion hier nicht deutlich höher als in anderen Regionen. Die stärksten Ero-
sionsauswirkungen hat nach Ansicht vieler Experten die – allerdings durch die
touristischen Einnahmen mitbedingte – starke Zunahme des Viehbestandes
und die damit verbundene Überweidung, vor allem durch Ziegen.

Die stärkste Umweltbelastung ergibt sich heute durch die von Touristen
auch in den oberen Stufen hinterlassenen Müllberge: Der Mt. Everest wird als
höchste Müllkippe der Welt bezeichnet, da die zahlreichen Expeditionen stets
einen Teil ihrer Ausrüstung hier liegen lassen. Allerdings drängt die Regierung
auf eine Beseitigung dieser „Altlasten". Allein 1993 sollten vier Expeditionen
den Mt. Everest von den hier lagernden 50 t ca. 17 t Müll entsorgen. 1991
wurde zudem das „Sherpa Pollution Control Commitee" (SPCC) gegründet,
in dem die Lokalbevölkerung mit internationaler Unterstützung Strategien
zur Müllvermeidung und -beseitigung entwickelt und umsetzt. Das SPCC hat
z.B. 1994 ca. 10 000 kg Müll im Everest-Gebiet gesammelt und entsorgt. Die
von den Bergsteigern erhobene „Müllgebühr" erweist sich zudem als ein wirk-
sames Instrument der Umweltsicherung.

Um die Attraktivität der Bergregionen für den Tourismus und die naturräumlichen Grundlagen der nepalesischen Gesellschaft langfristig zu sichern,
hat Nepal – auch im Rahmen internationaler Zusammenarbeit – stark frequentierte Regionen unter Naturschutz gestellt. In der gegenwärtig von ca. 30 000
Trekkern pro Jahr besuchten Annapurna-Region wurde 1986 mit Hilfe des
World Wildlife Fund und des Deutschen Alpenvereins die 2600 qkm umfassende Annapurna Conservation Area ausgewiesen. Bereits 1976 war der 1448
qkm große Sagarmatha (Mt. Everest) National Park eingerichtet worden.
Über die Ausweisung von Zonen unterschiedlicher Nutzungsart und -inten-
sität in den Schutzgebieten (Taylor-Ide et al. 1992) soll eine der ökologischen
und kulturellen Tragfähigkeit angepaßte agrarische, forstliche und touristische Nutzung erreicht werden. Eine wesentliche Aufgabe ist es, die lokale Bevölkerung in die Schutz- und Entwicklungsmaßnahmen mit einzubeziehen
(Aufklärung, Mitsprache, wirtschaftliche Vorteile), da nur dann eine nachhaltige Sicherung des Naturraumes sowie der kulturellen und wirtschaftlichen
Existenz der Bergvölker möglich ist.

Um der wachsenden Nachfrage nach attraktiven Bergsteiger- und Trekker-
regionen entgegenzukommen, werden mehr und mehr vormals verschlossene
Regionen für den Tourismus geöffnet. Erst seit Anfang 1992 sind so auch die
nordwestlich der Hauptstadt im Grenzbereich zu Tibet gelegenen, für den
Trekking-Tourismus attraktiven Räume wie Mustang, Manaslu und der
Norden Dolpos Besuchern, wenngleich mit Einschränkungen, geöffnet. Die
Zahl der Touristen in Mustang wird z. B. auf 200 pro Jahr begrenzt; die „Ein-

trittsgebühr" betrug 1994 pro Person 700 US-$. Die Begrenzung erfolgt auch
aus ökologischen Gründen. Zudem wird befürchtet, daß die hier noch ar-
chaisch lebenden Bergvölker über den Tourismus in einen zu schnellen Akkul-
turationsprozeß einbezogen werden und Besuchern zudem infolge fehlender
Infrastruktur nicht die notwendige Sicherheit und Grundversorgung z. B. in
medizinischen Notfällen garantiert werden kann.

3.8 Der Kreuzfahrt- und Yachttourismus –
Erscheinungsformen, Wachstum, Bedeutung

Der Kreuzfahrt- und Yachttourismus ist ein seit Jahren stark wachsendes
Segment des Reiseverkehrs. Die Gewässer der Tropen und Subtropen sind
wichtige Reviere für die Kreuzschiffahrt. Diese Fremdenverkehrsart nimmt
im Vergleich zum landgebundenen Tourismus eine Sonderstellung ein. Der
Kreuzfahrt- und Yachttourismus verbringt einen Großteil seiner Reise auf See
und außerhalb der Hoheitsgewässer der Staaten, die von Schiffen und Yachten
angelaufen werden. Die Seefahrt sowie die Sport- und Vergnügungsmöglich-
keiten an Bord sind wesentliche Motive für die Buchung einer Kreuzfahrt,
deren Attraktivität ergänzt wird durch die Möglichkeit des Besuchs von Ha-
fenstädten und der Teilnahme an Landexkursionen.
    Die Kreuzschiffahrt weist gegenwärtig zwei grundsätzliche Entwicklungs-
tendenzen auf. Einerseits werden immer größere Schiffe mit bis zu 80 000
BRT, einer Kapazität mit zu bis 3000 Passagieren und vielfältigen Erholungs-
und Erlebnismöglichkeiten an Bord in Dienst gestellt. Schiffe dieser Größe
können nur wenige Häfen anlaufen. Die gleichzeitige Ankunft von Tausenden
von Passagieren und einer großen Zahl von Besatzungsmitgliedern verändert –
besonders in den oft nur kleinen Städten z.B. der Karibik – schlagartig den
Rhythmus dieser Häfen. Während der kurzen Zeit des Landgangs von oft nur
wenigen Stunden, auch um die Liegezeiten und Hafengebühren zu reduzieren, tätigen die Passagiere vergleichsweise hohe Ausgaben z.B. für Einkäufe, Taxi- und Busfahrten, Fremdenführungen, Eintrittsgebühren oder Re-
staurantsbesuche. Geschäfte und Vergnügungsstätten richten Angebot und
Geschäftszeiten nach der Ankunft und den Bedürfnissen der Kreuzfahrt-Besucher; die Zahl ambulanter Händler, Musiker, Gaukler, oft auch von Prosti-
tuierten und Taschendieben sowie einer großen Zahl von Gelegenheitsarbei-
tern, die vielfältige Güter und Dienste anbieten, nimmt auch infolge einer
kurzfristigen Zuwanderung von Personen aus dem Umland der Hafenorte zu.
Infolge der starken zeitlichen und räumlichen Konzentration der touristischen Nachfrage ist der Nutzungsdruck auf die Hafenstadt und die Umwelt in
der Regel extrem; die Häfen müssen mit großem Aufwand Infrastrukturen für
eine hohe, aber zeitlich nur begrenzt ausgelastete Kapazität errichten und un-

terhalten. Die Tendenz zu größeren Einheiten wird daraus ersichtlich, daß Schiffe der Größenklasse von 50 000 bis 80 000 BRT (zum Vergleich: die MS Europa zählt 37 000 BRT) 1992 bereits 19,9% aller 146 776 Passagierplätze der Weltkreuzfahrtflotte (noch 1985: 4,5%) umfaßten.

Zum anderen werden verstärkt auch hochspezialisierte, luxuriöse, relativ kleine, nicht selten nur einige hundert BRT große Schiffe in Dienst gestellt. Einheiten dieser Größe bieten den Vorteil, daß sie in von Megaschiffen nicht befahrbaren flacheren Gewässern kreuzen, kleinere Häfen und „abgelegene, unberührte" Küsten anfahren können. Für die Reiseländer bietet der Einsatz dieser kleinen Schiffe einerseits den Vorteil, daß auch periphere und kleine Häfen Einnahmen aus der Kreuzschiffahrt erzielen, die durch größere Schiffe eher verstärkte disparitäre Raumentwicklung gemildert wird. Andererseits sind kleine Schiffe im hohen Maße autark, da sie z. b. auch als Tauch-, Schnorchel- und Segelsportbasis mit eigenen Geräten und am Heck ausfahrbaren Marinas ausgestattet sind: Die Beschäftigungs- und Einkommenseffekte sind gering oder entfallen sogar gänzlich, zumal diese Schiffe oft siedlungsleere Küsten ansteuern oder nur die Gewässer der EL nutzen: Die Küsten dienen nur noch als Kulisse, die an Bord genossen wird. In diesen Fällen erzielen die von Kreuzfahrten angesteuerten oder passierten Länder keinen wirtschaftlichen Nutzen, es entstehen vielmehr externe Kosten, etwa infolge Umweltbelastungen.

Da Kreuzfahrtteilnehmer an Bord Unterkunft und auch überwiegend Verpflegung erhalten sowie sonstige Dienste im hohen Maße auf der Fahrt oder selbst während der Liegezeiten in den Häfen angeboten bekommen, sind die Ausgaben der Kreuzfahrtbesucher an Land vergleichsweise gering. 1992 konnten z. B. 94% aller touristischen Einnahmen aller Karibik-Staaten über Stayover-Touristen erzielt werden, die aber nur 42% aller Besucher stellten. Die durchschnittlichen Ausgaben eines Stayover-Besuchers betrugen demnach 778, eines Kreuzfahrt-Besuchers jedoch nur 45 US-$.

Die Karibik-Staaten erzielen zwar durch Hafengebühren und in einigen Destinationen durch Passagier-Steuern ein zusätzliches Einkommen, jedoch kann der Kreuzfahrttourismus nur einen bescheidenen Beitrag zur wirtschaftlichen Entwicklung leisten.

Zunehmend erkennen z. B. die Karibik-Staaten, daß ein exzessiver Kreuzfahrttourismus den wirtschaftlich attraktiveren Stayover-Tourismus gefährden kann. Für Ruhe und Erholung suchende Gäste ist die erste Ankunft eines Schiffes mit 2000-3000 Passagieren evtl. noch ein attraktives Erlebnis, das mit der Ankunft von mehr und mehr Schiffen jedoch negativ besetzt wird. Einzelne Länder bemühen sich deshalb um eine Einschränkung des Kreuzfahrttourismus. Kuba hat deshalb 1995 als (bisher?) erstes Land in Zusammenarbeit mit Seereise-Veranstaltern Kreuzfahrtbesuchern einen mindestens 24stündigen Landaufenthalt, d. h. eine Übernachtung vorgeschrieben.

Tab. 8: Umfang und Wachstum des Stayover-[1] und des Kreuzfahrt-Tourismus[2] in ausgewählten Destinationen der Karibik

	Touristen (in 1000)		Kreuzfahrtbesucher (in 1000)		Einwohner (in 1000)	Fremdenverkehrsintensität 1994 Besucher je 1000 Einw.	
	1970	1994	1970	1994	1994	Touristen	Kreuzfahrtb.
Antigua und Barbuda	63,4	262,9	18,7	222,9	64,2	4095	3472
Aruba	75,0	582,1	44,7	257,1	78,9	7378	3259
Bahamas	891,5	1516,0	351,9	1805,6	273,0	5553	6614
Barbados	156,4	425,6	79,6	459,5	264,1	1612	1740
Bermuda	302,8	416,0	?	172,9	59,5	6992	2906
Bonaire	7,4	55,8	-	11,9	11,4	4895	1044
Brit. Jungferninseln	33,5	240,4	?	64,9	18,0	13356	3606
Cayman Inseln	22,9	341,5	0,3	599,4	30,0	11383	19980
Curacao	106,6	226,1	110,9	160,5	146,9	1539	1093
Dominica	13,5	56,5	?	125,5	73,0	774	1719
Dominikanische Rep.	63,0	1766,9	4,5	50,1	7157,0	247	7
Grenada	30,4	109,0	41,3	200,8	96,5	1130	2081
Jamaika	309,1	976,6	86,2	59,5	2480,0	394	24
Martinique	33,4	419,0	99,3	419,9	360,0	1164	1166
Montserrat	9,5	21,3	1,4	17,0	10,0	2130	1700
Puerto Rico	1088,4	3042,4	136,6	976,9	3685,0	826	265
St. Kitts und Nevis	13,5	94,2	5,4	112,9	42,0	2243	2688
St. Lucia	29,5	218,6	36,1	171,5	142,7	1532	1202
St. Maarten	100,0	585,7	?	718,6	33,0	17748	21776
St. Vincent u. Grenadinen	16,4	55,0	16,1	70,5	110,5	498	638
US-Jungferninseln	372,4	540,0	256,0	1240,7	109,0	4954	11383

[1] Stayover-Touristen: Besucher mit mindestens einer Übernachtung an Land; [2] Kreuzfahrt-Besucher: Besucher mit mindestens einer Übernachtung nur an Bord des im Hafen liegenden Schiffes. Nicht berücksichtigt: Transitbesucher, die nur für einige Stunden an Land gehen, die Hoheitsgewässer innerhalb 24 Stunden durchfahren; Quelle: zusammengestellt und errechnet nach Daten der Caribbean Tourism Organization, Barbados

Tab. 9: Der Anteil der Entwicklungsländer an der Weltflotte der Kreuzfahrtschiffe (ohne die nur auf Binnengewässern operierenden Schiffe) 1995

	Reedereien		Schiffe		BRT		Passagierplätze	
	abs.	%	abs.	%	abs.	%	abs.	%
Entwicklungsländer	13	13,3	24	9,6	129251	2,8	5562	3,3
Entwickelte Länder gesamt	85	86,7	227	90,4	4428300	97,2	161066	96,7
davon USA	35	41,2	116	51,1	2844078	64,2	97080	60,3
Deutschland	8	9,4	14	6,2	193578	4,4	6669	4,1
Gesamt	98	100,0	251	100,0	4557551	100,0	166628	100,0

Quelle: Cruise Fleet List. In: Seatrade Review, März 1995, S. 149-165

Insbesondere in den 80er Jahren zählte die Kreuzschiffahrt zu den am schnellsten wachsenden Segmenten des EL-Tourismus. Auf zahlreichen Karibik-Inseln ist der Kreuzfahrttourismus hinsichtlich der Besucherzahlen umfangreicher als der Stayover-Fremdenverkehr (Tab. 8). Die enorme Ausweitung der Kreuzfahrten in der Karibik resultiert wesentlich aus der rasanten Steigerung der Nachfrage nach Seereisen in den USA. Hier stieg die Zahl der Kreuzfahrttouristen von 1980–93 von 1,4 auf 4,4 Mio. (1993 weltweit: 5,46 Mio.; Wild 1994). Bis 2000 wird mit etwa 10 Mio. Seereisegästen gerechnet. Bis zum Ende der 90er Jahre werden US-Reedereien voraussichtlich ca. 100 neue Kreuzfahrtschiffe mit über 200000 Kabinenplätzen in Dienst stellen. Die ohnehin schon überragende Stellung der USA als wichtigste Kreuzschifffahrt-Nation wird weiter ausgebaut (Tab. 9). Diese Expansion ist deshalb möglich, weil in den USA, bisher noch im Unterschied zu Europa, nicht nur ältere Passagiere, sondern auch jüngere Personen sowie Familien mit Kindern die kurzen und preisgünstigen Kreuzfahrten in die nahegelegene Karibik buchen.

Nordamerika ist der weitaus wichtigste Markt für Kreuzfahrten und die Karibik das bei weitem wichtigste Revier. Von den 1991 etwa 4,83 Mio. Kreuzfahrtteilnehmern kamen 4 Mio. aus Nordamerika (1985: „nur" 1,79 Mio.!) und lediglich 0,62 Mio. aus Europa (1985: 0,24 Mio.). Vor allem im Winterhalbjahr konzentrieren sich Angebot und Nachfrage extrem auf die Karibik. Am 1. Dez. 1993 umfaßte die Kapazität der in der Karibik operierenden Kreuzschiffahrt-Schiffe 72918 Passagierkabinen (64% der Weltkapazitäten). Die anderen Reviere waren demgegenüber von deutlich geringerer Bedeutung. Im Sommerhalbjahr 1993 waren die nördlichen Reviere zwar stärker vertreten (Mittelmeer 16,7%, Nordeuropa 7,6%, nördliche Westküste Nordamerikas 15,2%), jedoch erreichte selbst in dieser Jahreszeit, wenn die Nachfrage nach tropischen Zielen generell geringer ist, die Karibik noch einen Anteil von 35,6%.

Der Kreuzfahrttourismus ist auch für Hafenstädte in Revieren außerhalb der Karibik oft ein wichtiger Faktor. Dies betrifft insbesondere Häfen, in denen sich Kreuzfahrtrouten bündeln. Singapur z.B. hat für die ost- und südostasiatischen Reviere eine derartige Gateway-Funktion und konnte daher an der weltweiten Expansion dieses Fremdenverkehrs partizipieren: Das mit allen für die Schiffahrt notwendigen Einrichtungen ausgestattete „Singapore Cruise Centre" zählte z. B. 1992 350 Ankünfte (1987: 172) von insgesamt 40 (24) Kreuzfahrtschiffen mit 190 031 (59 730) Passagieren. Die Entwicklung am Beispiel Singapur belegt, daß zwar die klassischen, schon vor 1939 in den Kreuzfahrttourismus eng eingebundenen Reviere Karibik und Mittelmeer noch eine dominante Position einnehmen, jedoch heute mehr und mehr Seereisen auch in andere, für Touristen attraktive Gewässer, von der Arktis bis zur Antarktis und – buchstäblich – rund um den Globus führen.

Flußkreuzfahrten haben sich in den letzten Jahren besonders stürmisch entfaltet. Auf den Weltmeeren kreuzende Einheiten erschließen bereits intensiv das Amazonas-Becken. Speziell für Flußfahrten erbaute Schiffe kreuzen vor allem auf dem Nil, zunehmend auch auf dem Yangtze (China) und Mekong oder selbst auf dem Sepik (Papua-Neuguinea), der ein besonders prägnantes Beispiel dafür ist, daß über diese Kreuzfahrten ansonsten auf dem Landwege kaum erreichbare Peripherieräume und so auch bisher weit abseits der Zivilisation lebende Völker vom Tourismus mit seinen positiven und negativen Effekten berührt werden.

Zwei kleine Schiffe heimischer Reederei mit jeweils 18 bzw. 50 Passagieren befahren regelmäßig den Sepik-Fluß. Diese Schiffe dienen auch als Basis, von der aus flachere Gewässer und kleinere Flüsse auch auf mehrtägigen Fahrten mit Einbäumen befahren werden (Karte 4): Übernachtungen und Verpflegung erfolgen – wenn nicht an Bord des Kreuzschiffes – in den mit Booten angefahrenen Dörfern, die so häufig erst seit kurzem mit den „Segnungen der Zivilisation" vertraut werden, so oft erstmals auch ein Geldeinkommen erhalten.

Die Weltkreuzschiffahrtsflotte wird überwiegend von Reedereien aus entwickelten Ländern betrieben und von Reiseveranstaltern aus den Quellgebieten vermarktet. Die in ELn beheimateten Reedereien unterhalten überwiegend nur kleinere Schiffe. Die Kreuzfahrtschiffe vor allem der Luxusklasse werden zudem fast ausschließlich, im Unterschied zum sonstigen Linienschiffbau, auf Werften der alten Industrieländer erbaut, die so auch in dieser Hinsicht den Hauptnutzen aus der Expansion dieser Fremdenverkehrsart erzielen. Viele Schiffe fahren allerdings unter den Billigflaggen auch und vor allem der EL: 1995 z. B. von der Gesamttonnage der 222 Schiffe mit mehr als 1000 BRT unter der Flagge der Bahamas 25,2 %, Liberias 15,3 % und Panamas 10,8 % (Vergleich: BRD 1,8 %, USA 1,0 %!).

Die für andere Zweige des Tourismusgewerbes typische Herausbildung stetig größerer, auch vertikal integrierter Unternehmen und Konzerne ist auch für die Kreuzschiffahrt charakteristisch. Ein Beispiel für die horizontale Konzentration: die US-amerikanische Carnival Group umfaßt u. a. die drei großen Reedereien Carnival Cruise

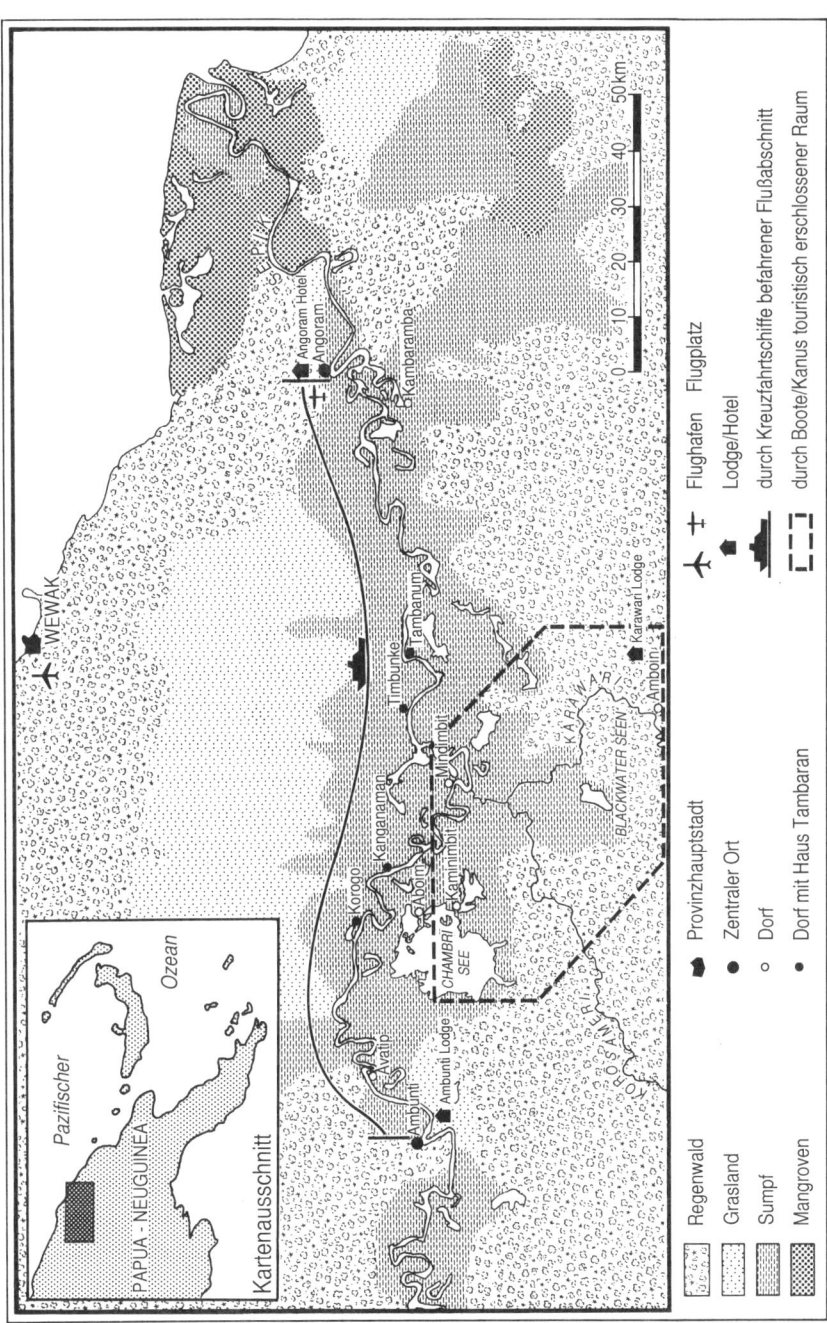

Karte 4: Die touristische Erschließung eines Peripherieraumes durch die Flußkreuzschiffahrt am Beispiel Sepik/Papua-Neuguinea (Entwurf: K. Vorlaufer; Quelle: Unterlagen der Air Nuigini; Kartographie: U. Beha).

Line, Holland-America-Line und Windstar sowie 1992/93 mit ca. 19 000 Kabinenplätzen etwa 15% der Kapazität der Weltflotte. Beispiele für die auch zunehmende vertikale Integration der Kreuzschiffahrt sind:
- die transnationale Hotelkette Radisson (Vorlaufer 1993 a) hat 1992 im Rahmen eines
  Joint-ventures mit einer finnischen Reederei den Luxusliner Radisson Diamond in
  Dienst gestellt (19 000 BRT, 354 Passagiere);
- die an der TUI beteiligte und im Charterflugverkehr engagierte Hapag Lloyd ist Betreiber der MS Europa (37 012 BRT, 600 P.);
- der deutsche Reisekonzern LTU/LTI veranstaltet seit 1990 mit einem eigenen Schiff
  Fahrten auf dem Nil zwischen dem von der LTU angeflogenen Luxor und Assuan;
- der Club Méditerranée hat 1990 bzw. 1992 die bisher zwei größten Segelpassagier-
  schiffe für Kreuzfahrten in Dienst gestellt (850 Passagiere; Vorlaufer 1994).

Ausgangs- und Endhäfen der Kreuzfahrt in der Karibik liegen überwiegend
in den Quellgebieten, d. h. vor allem in den USA, die so auch in dieser Hinsicht einen besonderen wirtschaftlichen Vorteil erzielen, weil viele Kreuzfahrtteilnehmer auch z. B. aus Europa hier ihre Seereise beginnen und be-
enden. Allein von Miami und Port Everglades (Florida) aus gingen z. B. in der
zweiten Jahreshälfte 1993 49% aller im Karibik-Verkehr eingesetzten Kabinen-
kapazitäten aus. Allerdings hat sich in den letzten Jahren auch das mit den
USA assoziierte Puerto Rico mit der Hauptstadt San Juan zu einer wichtigen
Basis entfaltet, die 1993 Ausgangs- und Endhafen für 34% aller Karibik-Kapa-
zitäten war und auch für Europäer, die vornehmlich mit dem Flugzeug anreisen, Ausgangspunkt der Seereise ist.

Die für die Kreuzfahrt attraktiven Gewässer sind auch für Motor- und Se-
gelyachten häufig wichtige Reviere. In der Karibik mit den Schwerpunkten
Bahamas, Jungferninseln, Antigua und den Grenadinen (San Vincent) sowie
im östlichen Mittelmeer ist der Yachttourismus ein wichtiger Zweig der Fremdenverkehrswirtschaft. Typisch für diese Branche ist es, daß die vor allem aus
dem Ausland kommenden Bootseigner ihre Yachten Spezialfirmen für eine gewisse Zeit des Jahres zum Verchartern anbieten. Ein beträchtlicher Teil der
Chartergebühren fließt so ins Ausland. Auch die direkten Beschäftigungseffekte sind gering. Im Unterschied zu früheren Jahren werden jetzt große
Yachten von 12–15 m Länge, mit mehreren Schlafkojen und allen notwendigen
Versorgungseinrichtungen nachgefragt. Diese Boote sind relativ autark und
ankern häufig in Buchten fernab der Zivilisation.

Auf den Booten werden nur wenige Einheimische beschäftigt, da die meisten Touristen entweder über das sog. Bareboat Charter gegen eine Kaution
das Schiff für eine bestimmte Zeit übernehmen und selbst fahren oder bei den
Eignern privater Yachten gegen ein Entgelt mitsegeln können. Bordpersonal
wird so kaum beschäftigt. Die aufwendigste und einzig beschäftigungswirk-
same Kategorie stellt die zunehmend auch von der internationalen Reisebranche vermittelte sog. Crewed Yachtcharter dar. Skipper, Hosteß und

Bootsmann, d.h. in der Regel drei Beschäftigte, übernehmen die Führung dieser überwiegend luxuriösen Schiffe und bieten dem Gast einen Aufenthalt wie in einem Hotel. Beträchtliche Einkommen fließen allerdings den Häfen über die oft hohen Liegegebühren und insbesondere den Ausgangshäfen der Törns zu, da hier die Touristen Versorgungsgüter und Ausrüstungen einkaufen oder entleihen.

Eng verknüpft mit dem Yachttourismus ist das sog. Big Game Fishing. Auf den Bahamas z. B. gibt es zahlreiche Firmen mit einem oft großen Bestand an ausleihbaren Spezialbooten für Sportangler. An einigen Küsten, so z.b. in Kenya (Vorlaufer 1977), machen die Fänge der Angler-Touristen einen beachtlichen Teil aller Fischanlandungen aus und tragen so häufig zur Versorgung auch der lokalen Bevölkerung mit preiswertem Fisch bei.

3.9 Der Bahntourismus – Beispiele und Perspektiven

Ein in den lezten Jahren stark wachsendes Marktsegment ist der Bahntourismus. Bahnlinien, die durch spektakuläre Landschaften führen oder wegen ihres kolonialzeitlichen Ambiente den „Flair von gestern mit dem Komfort von heute" verbinden, werden von mehr und mehr Ländern als touristische Attraktion vermarktet. Der Verkauf von Bahnreisen hat u. a. den Vorteil, daß den defizitären Eisenbahngesellschaften eine Einnahmequelle erschlossen wird, die häufig exklusiven Touristenzüge den sonstigen Bahnverkehr z. T. mit subventionieren können und dieses auch in ELn zunehmend als umweltverträglich bewertete Verkehrsmittel auch für die Einheimischen so erhalten werden kann.

Die Transsibirische Eisenbahn ist das klassische Beispiel für die touristische Attraktivität einer Bahnlinie, die für den EL-Tourismus insofern bedeutsam ist, als sie für Reisende in die Mongolei und nach China eine Alternative zum Flugverkehr darstellt. Eine schon lange große Bedeutung hat die Bahn insbesondere für Indienreisende. Dieses Land hat mit 66 777 km das zweitlängste Streckennetz der Welt, das sich für eine touristische Nutzung anbietet, da die kulturhistorisch interessanten Städte über die Bahn miteinander verbunden sind. Superschnelle Züge, der „Sarbath-Expreß", bedienen die mittelindische Tiefebene; von besonderer Attraktivität für Ausländer ist aber eine Reise mit einer britisch dekorierten Dampfeisenbahn. Dieser in der Werbung als „Palast auf Rädern" vermarktete Luxuszug verkehrt u. a. zwischen Delhi, Agra und Jaipur und verknüpft so die für den Indien-Besucher attraktiven Kulturziele. Eine andere touristisch attraktive Linie führt mit der Schmalspurbahn vom Himalaya-Vorland in das Hochland von Darjeeling. Aus dem Tiefland kommend, können Touristen die verschiedenen Höhen- und Vegetationsstufen durchfahren. Ein anderes Beispiel: In Argentinien und Chile dient der vormalige Salpeterzug seit 1971 als Touristenzug; er führt von der nordargentinischen Stadt Salta mit ihrer attraktiven Kolonialarchitektur über die Anden bis zur chilenischen Pazifikküste. Regionalwirtschaftlich bedeutsam ist, daß sich an den Haltestelle oft große Touristenmärkte entfalten konnten, wo Indio-Frauen durch den Verkauf von Strickwaren aus Lama-Wolle ein Einkommen erzielen.

Eine der spektakulärsten, zunächst für den Bergbau (1953–61) angelegten, aber zunehmend auch von Touristen genutzten Eisenbahnen führt in Nordmexiko über 653 km von der Pazifikküste durch die Kupferschlucht (Barranco del Cobre; 1760 m tiefer Canon; zum Vergleich: Grand Canon/USA: 1425 m tief) bis nach Chihuahua: Die Regierung Mexikos will in den nächsten Jahren die Canon-Region mit der Bahn als Basis der Infrastruktur zu einer der wichtigsten Tourismus-Regionen ausbauen.

Ein Beispiel für die touristische Nutzung von Bahnstrecken in Afrika ist die vom Mombasa über Nairobi zum Viktoria-See verlaufende sog. Uganda-Bahn; sie wurde schon mit ihrer Eröffnung 1901 von Touristen als damals noch einziges Verkehrsmittel für Safaris in das Landesinnere benutzt und verzeichnet eine steigende Nachfrage.

In Anbetracht guter Vermarktungschancen luxuriöser Eisenbahnfahrten wurde 1993 auch der ausschließlich für den touristischen Markt konzipierte „Eastern & Oriental Express" in Dienst gestellt, der die etwa 2000 km lange Strecke zwischen Singapur und Bangkok in 41 Stunden zurücklegt und über Pauschalarrangement mit der Lufthansa auch in Deutschland angeboten wird. China hat für zahlungskräftige Ausländer 1993 sogar den Luxuszug Mao Tsetungs für Fahrten zwischen Nanjing in Ostchina und der Grenze zu Kasachstan eingesetzt: Der hohe Fahrpreis von ca. 4500,00 DM (1993) deutet an, daß mit luxuriösen und abenteuerlichen Bahnfahrten eine zahlungskräftige Klientel angesprochen werden kann.

3.10 Der Golftourismus – Expansion und Widerstand der „Bereisten"

Körperliche Ertüchtigung und Entspannung durch sportliche Aktivitäten sind auch für EL-Touristen wichtige Kriterien für die Wahl eines Reiseziels. Aus der Vielzahl der von Touristen ausgeübten Sportarten bietet sich die Betrachtung des Golfs an, da sich am Beispiel der rasanten Entfaltung von Golfplätzen einige für den EL-Tourismus wichtige Probleme pointiert verdeutlichen lassen.

Der Golftourismus erlebt seit Jahren einen Boom auch deshalb, weil in den dichtbesiedelten Quellgebieten des EL-Tourismus, in den Industrieländern, nur noch mit hohem Aufwand, beträchtlichen sozialen Kosten und oft gegen den Widerstand der Bevölkerung die großflächigen Golfplätze angelegt werden können. Da die hohe Nachfrage nach Golfferien lange nicht befriedigt werden konnte, haben fast alle wichtigen Reiseländer der Anlage von Golf- plätzen hohe Priorität eingeräumt, um mit diesem Angebot einkommensstär- kere Touristen anzusprechen.

Tunesien z. B. hat in den 80er Jahren in den Seebädern Monastir, Port el Kantaoui, Hammamet und Tabarka große Golfplätze angelegt, vor allem, um in den milden Wintermonaten als Reiseland attraktiv zu sein, die durch den Badetourismus bestimmte Nachfragespitze im Sommer zu relativieren.

Die spektakulärste Entfaltung des Golftourismus vollzieht sich jedoch in SE- und E-Asien. In Japan, aber auch in Südkorea, Taiwan, Singapur und Hongkong ist Golf jetzt schon fast ein Volkssport, der auch von Angehö- rigen mittlerer Einkommensschichten trotz hoher Kosten ausgeübt wird. Allein in Japan drängelten sich um 1992 fast 20 Mio. Golfspieler um die be- grenzten Spielmöglichkeiten auf den „nur" 1700 Golfplätzen des Landes (Pleumaron 1992). Infolge der bereits dichten Besiedlung und damit hohen Bodenpreise stößt die Anlage weiterer Plätze auf Grenzen. Auch über japa- nische Investoren wurden vor allem die ASEAN-Staaten, seit Anfang der 90er Jahre auch die Küstenprovinzen Chinas mit einem dichten Netz von Golfplätzen überzogen. Allein in Thailand gab es 1993 etwa 120 Plätze, etwa 80 befanden sich im Bau. Malaysia hatte 1992 ebenfalls 75 Anlagen, weitere 125 sollen bis 2000 entstehen: Der Flächenverbrauch ist enorm, hat doch der hier typische 18-Loch-Platz die Größe von etwa 150 bis 200 Fußballfel- dern.

Da die Golfer die Ausübung ihres Sportes nach Möglichkeit in landschaft- lich schöner und intakter Umgebung ausüben möchten, die Regierung Thai- lands den Golftourismus auch deshalb massiv fördert, um die Entwicklung außerhalb Bangkoks zu beschleunigen, entstehen diese Riesenanlagen bevor- zugt auf vormaligem Agrarland, aber auch nicht selten auf Land, das formell unter Naturschutz steht. 1994 wurde z. B. von der Verwaltung der thailändi- schen Provinz Phichit ein Master Plan vorgelegt, der die zumindest partielle Umwandlung des zweitgrößten Feucht-Biotops Thailands (Bung Sifai) in ein Golfzentrum vorsieht – infolge der zu befürchtenden ökologischen Negativ- wirkungen hat sich hiergegen eine breite, auch von den Medien beachtete Op- position formiert: Die großflächigen Eingriffe in einen oft sensiblen Natur- haushalt bedingen massive Umweltbelastungen. Die notwendige Bewässe- rung verschärft den in Thailand schon spürbaren Wassermangel; der generell praktizierte exzessive Einsatz von Dünger und Pestiziden, um ein möglichst makelloses Grün zu erhalten, belastet Boden und Grundwasser. Die Beschäf- tigungseffekte aber sind gering. Für den Unterhalt eines Golfplatzes werden nur 30–40 Arbeitskräfte benötigt.

Pleumaron (1992) sieht in der rasanten Ausbreitung des Golftourismus eine wesentliche Ursache für die wachsende Landlosigkeit der ländlichen Bevölkerung Thailands, die oft unter massiven Druck gesetzt wird, das von den Investoren benötigte Land zu verkaufen.

In Anbetracht dieser exzessiven Ausweitung des Golf-Booms kommt es gerade bei dieser Fremdenverkehrsart zu einem bereits international vernetzten Widerstand der „Bereisten". Das in Japan beheimatete „Global Network for Anti-Golf Course Action" versucht den sich vor allem in Thailand, Malaysia, Indonesien und im indischen Goa formierenden Widerstand gegen die weitere Umwandlung von Ackerland, Wäldern und Naturschutzland zu stärken und zu koordinieren.

3.11 Der Einkaufstourismus

Der Kauf von Andenken, Kunstgegenständen, Antiquitäten, aber auch von Gebrauchsgütern, Obst, Nahrungs- und Genußmitteln unterschiedlicher Art ist für viele Touristen eine wesentliche Komponente der Urlaubsgestaltung. Je nach Angebot und der durch den vorherrschenden Besucher-Typus geprägten Nachfrage ist der Verkauf dieser Güter in den meisten Ländern von relativ großer Bedeutung. Die meisten Reiseländer werden aber nicht primär günstiger Einkaufsmöglichkeiten wegen besucht, auch wenn dieser Aspekt für einen Teil der Touristen dann relevant wird, wenn alternative Destinationen hinsichtlich der anderen, vorrangig nachgefragten Angebote eine ähnliche Attraktivität aufweisen. Einige Fremdenverkehrsziele basieren jedoch primär oder im hohen Maße auf einem Einkaufstourismus, d.h., die Möglichkeit, hier günstig Güter kaufen zu können, wird mit zu einem Faktor bei der Wahl des Reisezieles. Dies trifft insbesondere auf die Stadtstaaten Singapur und Hongkong zu, die mit ihrem Image als „Einkaufsparadies" weltweit werben und für viele andere Staaten Vorbilder dafür sind, daß über eine Förderung des Verkaufs von Gütern große Einnahmen erzielt werden können.

Eine interessante, zunächst auf dem organisierten Tauschhandel basierende Variante des Einkaufstourismus entfaltete sich nach dem Zusammenbruch der Sowjetunion zwischen der nordostchinesischen Provinz Heilongjiang und der angrenzenden russischen Amur-Region. Im Rahmen organisierter Touren werden Besichtigungsprogramme mit der Möglichkeit des Tauschhandels verbunden (Zhao 1994).

Auch Thailand erzielt z.B. ca. 40% aller touristischen Deviseneinnahmen aus diesem Bereich. Mit der zunehmenden Verlagerung der Produktion von Konsumgütern aus den (Alt-)Industrieländern etwa in die wirtschaftlich boomenden asiatischen Anrainerstaaten des Pazifik werden hier viele dieser Güter im Produktionsland den Touristen in großer und preisgünstiger Auswahl angeboten. In den Fremdenverkehrszentren Thailands verkaufen oft Hunderte von Läden, Verkaufsständen und fliegenden Händlern z. B. auch in Europa bekannte Markenartikel der Bekleidungsindustrie.

Ein für den Einkaufstourismus klassisches Reiseziel ist Hongkong; das seit Jahren etwa die Hälfte seiner gesamten touristischen Einnahmen aus dem Verkauf von Waren vor allem der hier ansässigen Bekleidungs-, Leder-, Gold- und Schmuckwarenindustrie erzielt. Infolge des in Hongkong schon relativ hohen Lohnniveaus wurden in den letzten Jahren zunehmend diese Produktionen in die Sonderwirtschaftszonen der VR China verlagert, die so am Einkaufstourismus Hongkongs ebenso wie Japan Nutzen ziehen, das vor allem, mit allerdings abnehmender Tendenz, optische Geräte über die Kronkolonie auch an japanische Besucher absetzt. Eine hohe Attraktivität als Einkaufszentrum hat Hongkong nämlich vorrangig für Touristen aus E- und SE-Asien. Besucher z. B. aus Thailand, den Philippinen oder Japan geben pro Kopf für Einkäufe mehr aus als Touristen z. B. aus der BRD oder den USA.

3.12 Der Kongreßtourismus

Viele Reiseländer fördern den Ausbau des Kongreßtourismus auch deshalb, weil Kongreßbesucher überwiegend eine einkommensstarke und ausgabenfreudige Gruppe stellen und aufgrund ihrer häufig herausgehobenen beruflichen Position als Multiplikatoren effektive Werbeträger für das Reiseland sind. Der Kongreßtourismus ist zudem wetterunabhängig; Kongresse können auch in der Nebensaison durchgeführt und kostengünstig angeboten werden: Diese Tourismusart eignet sich somit zur Abschwächung der Saisonalität.

Insbesondere die Hauptstädte vieler Reiseländer bieten sich aufgrund ihrer Infrastruktur für die Durchführung großer internationaler Kongresse, Ausstellungen und Konferenzen an. Nairobi, Manila, Bangkok oder Singapur weisen so z. B. einen umfangreichen Kongreßtourismus auf. Insbesondere Singapur ist eines der wichtigsten Konferenzzentren. Hier stieg z. B. die Zahl der Konferenzteilnehmer von 17 019 (1981) über 24 708 (1986) auf 47 206 (1992).

Auch die philippinische Hauptstadt wurde in den 70er und 80er Jahren unter dem Marcos-Regime großzügig mit der Infrastruktur für internationale Tagungen ausgestattet. Manila ist ein Beispiel dafür, daß der Kongreßtourismus in gewisser Hinsicht weniger krisenanfällig ist als z. B. der auf Erholung und Besichtigung ausgerichtete Fremdenverkehr. Während z. B. die Gesamtzahl der Besucher – vor allem infolge von Naturkatastrophen – von 1989 bis 1991 um 21 % auf 0,95 Mio. zurückging, nahm die Zahl ausländischer Konferenzteilnehmer selbst von 1990–91 von ca. 37 000 auf 44 000 zu.

Im Rahmen ihrer Bemühungen, disparitäre Raumentwicklungen abzuschwächen, versuchen mehr und mehr Länder Konferenzmöglichkeiten auch in Sekundärstädten anzubieten. Beispiele sind Thailand und Mexiko. In Thailand besuchten z. B. 1993 zwar noch 61% aller 63 817 ausländischen Kongreßteilnehmer (1987: 27 315) Tagungen in der Hauptstadt, jedoch waren z. B. die Seebäder Pattaya mit 14,2%, Phuket mit 9,6%, das nordthailändische Chiang Mai mit 8,0% sowie sonstige, in der Regel kleinere Städte mit insgesamt 7,2% bereits wichtige Tagungszentren.

In Mexiko ist z. B. das Seebad Cancun neben der Hauptstadt ein bedeutendes internationales Konferenzzentrum.

4. DIE GLOBALISIERUNG DER FREMDENVERKEHRSWIRTSCHAFT UND DIE ENTWICKLUNGSLÄNDER

4.1 Die vertikale, horizontale und transnationale Integration des Reisegewerbes

Sowohl Determinante als auch Resultat und Begleiterscheinung des rasanten Wachstums des Tourismus ist die Entfaltung global tätiger, horizontal und vertikal integrierter transnationaler Reisekonzerne, die oft eine große Zahl von Unternehmen mit einem Engagement in verschiedenen Gliedern der touristischen Wertschöpfungskette sowohl in den Herkunfts- als auch in den Zielräumen der Touristenströme umfassen. Das auch für den kurzfristigen Besucher augenfälligste Merkmal der Globalisierung des Reisegewerbes ist die weltweite Verbreitung von Hotels mit gleichen Namen, mit einem identischen oder ähnlichen Angebot (Vorlaufer 1993 b). Die bisher und auch in absehbarer Zukunft günstigen Wachstums- und Gewinnchancen bei gleichzeitig starker Konkurrenz auf dem Welttourismusmarkt sowie der große Kapitalbedarf für Investitionen in die expandierende Fremdenverkehrswirtschaft bedingen diesen globalen Konzentrationsprozeß, in den auch EL einbezogen werden. Da die meisten transnationalen Hotelketten und Reisekonzerne in den entwickelten Ländern beheimatet sind und diese Reisegiganten wesentlich die globalen Fremdenverkehrsströme nach ihren Interessen lenken, argumentieren Kritiker des Dritte-Welt-Tourismus, daß auch über diese „Transnationals" die Abhängigkeit der EL von den entwickelten Staaten ausgebaut und verfestigt werde (z. B. Britton 1981, 1989). Weltweit tätige, auch in ELn verbreitete, aber wesentlich von Unternehmen des Nordens gesteuerte Hotelketten, oft als Teile oder enge Partner von Reisekonzernen und/oder Luftverkehrsgesellschaften aus Industrieländern, tragen nach dieser Argumentation ebenfalls dazu bei, daß nur ein geringer Teil der touristischen Einnahmen den Zielgebieten verbleibt, da entweder ein beträchtlicher Devisentransfer über diese Abhängigkeit aus dem S zum N erfolgt oder ein großer Teil der Ausgaben insbesondere der Pauschalreisenden schon bei der Buchung der Reise in den Quellgebieten getätigt wird und nur eingeschränkt den Reiseländern zufließt. Andererseits wurde die Entfaltung eines umfangreichen Reiseverkehrs von den „Ländern der Reichen in die Länder der Armen" auch dadurch begünstigt, daß z. B. die Reisekonzerne nicht nur die Marktpotentiale in den Quellgebieten optimal ausschöpfen können, sondern dank ihrer Größe und ihres

Engagements in verschiedenen Branchen des Reisegewerbes, der daraus resultierenden Economies of Scale und Rationalisierungsmöglichkeiten sowie ihrer starken Verhandlungsposition z. B. gegenüber Fluggesellschaften, auch in der Lage sind, Pauschalreisen günstig anzubieten. Fernreisen weisen auch deshalb im Vergleich zu vielen Urlaubsreisen selbst innerhalb Europas ein günstiges Preis-Leistungs-Verhältnis auf und werden daher auch von zunehmend breiteren Einkommensschichten nachgefragt. Diese starke Position der Reisekonzerne erlaubt es ihnen allerdings auch häufig, ihre Preisvorstellungen dem Reisegewerbe insbesondere in jenen ELn zu diktieren, die mit ihren Attraktionen auf dem Markt mit zahlreichen Destinationen konkurrieren müssen.

4.1.1 Transnationale Reisekonzerne und Entwicklungsländer

Eine Schlüsselstellung bei der touristischen Vermarktung der EL kommt den in den Herkunftsländern der Touristen ansässigen Reisekonzernen zu (Vorlaufer 1993 a). Große Reiseveranstalter waren und sind hier Kerne der horizontalen und vertikalen Integration, der Entstehung transnationaler Reisekonzerne mit einem in der Regel auch starken Engagement in ELn. In Deutschland z. B. gruppieren sich um die Großveranstalter Touristik Union International (TUI), NUR-Touristik oder ITS zahlreiche „Töchter", die in vor- und nachgelagerten Branchen des Reisegewerbes tätig sind. Ein besonders prägnantes Beispiel ist die TUI. So können Reisekonzerne das Marktpotential für Fernreisen optimal ausschöpfen und über gezielte Produktwerbung jene Destinationen vorrangig vermarkten, wo für sie der wirtschaftliche Nutzen hoch ist. Dies ist in Ländern gegeben, wo sich die Reiseveranstalter mit eigenen Töchtern oder Partnerschaften in nachgelagerten Gliedern der touristischen Wertschöpfung engagieren. Beherbergungsbetriebe sowie Zielgebiets-Agenturen, die dem Kunden im Reiseland Dienstleistungen, wie u. a. Flughafen-Transfers, Autovermietung oder Rundreisen anbieten, sind oft Teile dieser Konzerne. So kann das Unternehmen besser auf die Wünsche und Bedürfnisse seiner Kunden auch während des Urlaubes eingehen und sich so einen Wettbewerbsvorteil auf dem hart umkämpften (Anbieter-)Markt sichern. Zudem kann der Konzern seine Umsatzrendite verbessern und seinen Anteil am Gesamtpreis einer Reise erhöhen.

Die von den Konzernen in Umfang und Richtung wesentlich mitgesteuerten Reiseströme auch in EL sind sowohl Ursache als auch Folge des direkten Engagements der Unternehmen in den Zielgebieten. Die Konzerne investieren vorrangig in den von ihnen im hohen Maße vermarkteten Destinationen; sie lenken die Nachfrage vorrangig in diese Länder, um eine optimale Auslastung ihrer Töchter zu erreichen. Die Reisekonzerne können so zwar den Fremdenverkehr und damit auch die wirtschaftliche (sowie soziale und ökologische) Entwicklung einiger Reiseländer beeinflussen, jedoch ist in keinem wichtigen Fernreiseland ein Unternehmen so dominant, daß eine extreme Abhängigkeit besteht. In den meisten Zielgebieten konkurrieren in der Regel zahlreiche Großveranstalter aus zahlreichen Ländern miteinander. Gerade der Fernreisemarkt ist zudem dadurch charakterisiert, daß einmal der Anteil die Individualreisenden, die keine Leistungen der Konzerne buchen, relativ hoch ist und zudem viele, oft auf enge Marktsegmente spezialisierte Kleinveranstalter mit Nischenangeboten flexibel auf die Konkurrenz der Reisekonzerne reagieren können. Allerdings: Mit wachsendem Massentourismus auch in zumindest einigen ELn einerseits und der Entstehung zunehmend größerer transnationaler Reisegiganten, auch z. B. infolge der Liberalisierung des EU-Marktes und der Milderung kartellrechtlicher Bestimmungen, wird der Einfluß der Reisekonzerne auch auf die Gestaltung der Fremdenverkehrswirtschaft in den Zielgebieten wachsen.

4.1.2 Zielgebietsspezialisierte Reiseunternehmen und ihre Expansion – Beispiel: „African Safari Club"

Ein Beispiel für ein zunächst regional spezialisiertes, aber schon früh vertikal verflochtenes transnationales Reiseunternehmen stellt der vornehmlich mit branchenfremdem Schweizer Kapital 1967 gegründete African Safari Club (ASC) dar, der in Kenya eigene Hotels (1993: 6) unterhält, die Gäste mit Flugzeugen der „Tochter" African Safari Airways transportiert und in Ostafrika mit eigenen Landfahr- und Kleinflugzeugen Rundreisen anbietet. Der zunächst ausschließlich auf Kenya konzentrierte ASC hat unter dem Druck wachsender Konkurrenz seine Produktpalette ausgeweitet. 1991 wurde der größte Schweizer Florida-Veranstalter, der „Ferien-Service", übernommen. Eine Mehrheitsbeteiligung erwarb der ASC zudem an der Schweizer „Sindbad-Reisen", einem Spezialisten für Individualreisen und kleine Gruppen, der die Karibik, Südamerika, Westafrika und die Türkei anbietet. Der ASC hofft, so stärker in den wachsenden Individualmarkt vorrücken und in den Marktsegmenten Incentive-, Leser- und Vereinsreisen verstärkt aktiv sein zu können. Insbesondere sollte die Abhängigkeit von nur einer Destination, von Kenya, beseitigt werden. Diesem Ziel diente auch die Ausweitung des Programmes auf Ägypten. Hier können nun – in Kombination auch mit einem Kenya-Aufenthalt – einwöchige Nilkreuzfahrten gebucht werden. Zudem erfolgte der Einstieg in das Kreuzfahrtgeschäft mit der ASC-Tochter „Airline Kreuzfahrten", die mit der konzerneigenen, auf den Bahamas registrierten MS Royal Star (5000 BRT, 240 Passagiere) 4- bis 5tägige Fahrten vor allem im Indischen Ozean und Mittelmeer durchführt.

4.1.3 Die Entfaltung globaler Hotelketten

Augenfälligstes Merkmal der Globalisierung der Fremdenverkehrswirtschaft ist das stürmische Wachstum und die rasante räumliche Expansion transnationaler Hotelketten, in deren Standortnetz auch fast alle EL einbezogen sind. Die weltweite Verbreitung von Hotels z. B. der Marken Holiday Inn, Hyatt, Sheraton, Inter-Continental, Kempinski, Marriott, Novotel oder Best Western gilt den Kritikern des Dritte-Welt-Tourismus als eine allen Besuchern sichtbare Manifestation der wirtschaftlichen Abhängigkeit des „Südens" vom „Norden" auch über diese „Transnationals". Tourismus-Befürworter sehen jedoch in der Verbreitung weltweit bekannter Hotelmarken einen Beweis für die internationale Leistungsfähigkeit des Beherbergungsgewerbes auch in ELn und die Möglichkeit, den Markenamen von Hotels gewinnbringend zu vermarkten, die globalen Reservierungssysteme der Ketten zu nutzen und vom Know-how international erfahrener Hoteliers zu profitieren.

Auch in ELn können drei grundsätzliche Typen von Hotelketten unterschieden werden, mit denen auch jeweils unterschiedliche wirtschaftliche Vor- und Nachteile verbunden sein können (Vorlaufer 1993 b):
1. Ketten im engeren Sinne (i. e. S.), die häufig – aber nicht stets – unter einer bekannten Hotelmarke auftreten. Hinsichtlich der Eigentumsverhältnisse und Rechtsstellungen können drei Untertypen unterschieden werden:
   a) Die einzelnen Häuser sind in der Regel über Franchise-Verträge an die Kette gebunden. Der Franchise-Nehmer, der Hotelier, verpflichtet sich, das vereinheitlichte Produkt des Franchise-Gebers, der Kette, unter dessen Namen sowie einheitlicher Marktstrategie zu verkaufen. Der Franchise-Nehmer, in der Regel auch Eigentümer des Hotels, bleibt rechtlich selbständig; er trägt das Geschäftsrisiko. Der Franchise-Geber hat Kontrollbefugnisse; er gibt evtl. Management- und Finanzhilfen; er betreibt das Marketing und stellt sein Reservierungssystem zur Verfügung; er bekommt dafür eine umsatzabhängige Gebühr (Franchise).
   b) Das Hotel ist gänzlich oder nur z. T. Eigentum der Kette und trägt ebenfalls deren Markenname; es wird geführt evtl. von einer beauftragten Management-Gesellschaft oder in Eigenregie der Kette.
   c) Für ein rechtlich selbständiges Hotel übernimmt die Kette unter ihrem Namen, evtl. auf der Basis eines Pachtvertrages, auch das Management und die Geschäftsführung. Je nach Rechtsstellung sind auch die Anteile der Kette am Umsatz und an der Rendite unterschiedlich. Die Zusammensetzung der Portfolios der einzelnen Ketten ist extrem unterschiedlich. Während früher die Ketten häufig selbst Hotels erbauten, deren Eigentümer und Betreiber waren, hat sich in den letzten Jahren zunehmend das Franchising auch in ELn durchgesetzt. So erreichen die Ketten eine größere Flexibilität über die Mobilisierung heimischer Ressourcen, z. B. bei der Standort- und Kapitalbeschaffung und beim Bau von Hotelanlagen. Der Verwaltungsaufwand der Kette wird so minimiert.
2. Hotel-Management-Gesellschaften, die oft weltweit eine große Zahl von Betrieben

der o.g. Ketten, aber auch einzelne, eigentumsrechtlich gänzlich eigenständige Hotels betreiben. Diese sog. second-tier management companies haben in der Regel keinen bekannten Markennamen, operieren aber ebenfalls weltweit. In ELn kann so ein unter eigenständigem Namen geführtes Hotel einheimischer Eigentümer von derartigen „Kette" betrieben werden. In der Regel ist dieses Hotel dem weltweiten Vermarktungssystem dieser „Transnationals" angeschlossen; die Management-Gesellschaft ist in der Regel am Umsatz bzw. Gewinn beteiligt.

3. Kettenähnliche Gruppierungen von kettenunabhängigen oder -gebundenen Hotels, die mehr oder weniger lose miteinander verbunden sind. Gemeinsamer Einkauf, Schulung von Mitarbeitern, Nutzung vertikaler Reservierungssysteme, insbesondere das Marketing mit einem oft werbewirksamen Namen und Emblem sind häufig Merkmale. Einer Verbundgruppe treten oft nur Hotels mit einem bestimmten Profil bei. Utell International, London, ist z.B. die größte dieser Gesellschaften, die 1993 z.B. 6858 Hotels mit 1,37 Mio. Zimmern in 144 Ländern rund um den Globus vertrat und weltweit Verkaufsbüros unterhält.

Am Beispiel des Shangri-La-Hotels in Manila habe ich die oft komplexen Eigentumsverhältnisse an Hotels auch in ELn aufgezeigt (Vorlaufer 1993b).

4.1.4 Internationale Hotelketten in Entwicklungsländern

Das weltweit stürmische Wachstum großer Hotelketten ist auch typisch zumindest für einige durch ein starkes Wirtschaftswachstum gekennzeichnete EL insbesondere des pazifischen Raumes (Tab. 10). Auch in der Dominikanischen Republik sind z.B. von den 21 000 Gästezimmern (1994) der Betriebe mit mehr als 100 Räumen (ca. 73% der Gesamtkapazität) 78,6% und von den zwischen 1992 und 1994 neu eröffneten 6413 Räumen sogar 82% als Eigentum oder über das Management einer internationalen oder – seltener – nationalen Kette angeschlossen (Unterlagen des Tourism Promotion Council, Santo Dominigo). Insbesondere spanische Ketten (Occidental, Grupo Barceló, Riu) haben sich stark engagiert. Der stürmische Aufbau der Tourismuswirtschaft der Dominikanischen Republik erfolgt wesentlich auf der Grundlage ausländischen Kapitals und Know-hows. Gleichwohl: In den meisten ELn stellen die den Ketten aus Industrieländern angeschlossenen Hotels weniger als ein Drittel der Raumkapazitäten, nach meinen Schätzungen z.B. in Kenya und Sri Lanka zwischen 5–15%.

Die Herkunft der Mutterunternehmen der in ELn engagierten transnationalen Hotelketten korrespondiert nur eingeschränkt mit den Quellgebieten des Dritte-Welt-Tourismus, obwohl die ersten Niederlassungen von Ketten (überwiegend von Fluggesellschaften) im Ausland in der Regel gegründet wurden, um Besuchern aus der Heimat auch in der Fremde eine ihnen vertraute Leistung zu garantieren. Von den zwölf größten Ketten der Welt (31.12.94, Hotels u. Rest. Int., Juli 1995) sind allein zehn in den USA sowie je

Tab. 10: Zahl (1978, 1994) und Wachstum (1978–94, in %) der Betriebe ausgewählter Hotelketten in Entwicklungsländern[1] und entwickelten Ländern[2] sowie die Zahl der Hotels im Ursprungsland der Kette 1994

	Entwicklungs-länder		entwickelte Länder[3]		Entw.-länder	entw. Länder	Ursprungs-land	
	1978	1994	1978	1994	%	%		1994
Holiday Inn	47	79	67	226	68,1	237,3	USA	1534
Inter-Continental	46	41	28	39	-10,9	39,3	USA	9
Hilton Int.	39	57	33	87	46,2	163,6	USA	6
Sheraton	30	79	34	69	163,3	102,9	USA	95
Club Méditerranée	26	39	30	44	50,0	46,7	Frankr.	15
Hyatt	20	44	6	27	120,0	350,0	USA	107
Novotel	18	50	27	119	177,8	340,1	Frankr.	111
Meridien	10	37	1	18	270,0	1700,0	Frankr.	3

[1]einschließlich der "Schwellenländer" Hongkong, Singapur, Taiwan, Südkorea; [2]einschließlich der "Reformländer" Israel, Türkei; [3]ohne Betriebe im Ursprungsland der Kette; Quelle: Dunning/McQueen 1982 (für 1978); Unterlagen der Ketten für 1994

eine in Frankreich (Accor) und England (Forte) beheimatet, während die größte Gesellschaft aus dem wichtigsten Quellgebiet, aus Deutschland, Maritim, erst Rang 43 einnimmt und von ihren insgesamt 43 Hotels nur ein Haus in einem EL des Mittleren Osten unterhält. Mit anderen Worten: Ketten in wichtigen Herkunftsländern des Fremdenverkehrs haben in den Zielräumen der Reiseströme aus ihrem Land keine dem Marktpotential entsprechende Präsens. Deshalb ist es zumindest über diesen Sektor dem Reisegewerbe nur eingeschränkt möglich, eine zwischen Beherbergungsangebot und -nachfrage koordinierte Lenkung der Reiseströme zu realisieren.

Eine im Vergleich zu Deutschland stärkere Expansion von Hotels in wichtige Zielräume des Reiseverkehrs aus ihrem Land weisen jedoch in jüngster Zeit vor allem japanische Ketten auf. Ketten wie Tokyu Hotel Group (1992: Rang 23; 102 Hotels/22 671 Zimmer; in 11 Ländern), Prince Hotels (27; 70/20 249; 5), Fujita Kanko (33; 65/14 891) und die von japanischen Fluggesellschaften dominierten Ketten Nikko Hotels (37; 33/13 590; 15) oder Ana Enterprises (43; 33/11 210; 7) expandieren stark auch in die wichtigsten japanischen Feriendestinationen vor allem des pazifischen Raumes. EL-Touristen aus Japan buchen weit überwiegend eine Pauschalreise; sie bevorzugen an ihren Ferienorten Unterkunft in einer vertrauten Umgebung, in einem japanisch geprägten Hotel. Japaner kaufen so – häufiger als Deutsche – in einem Pauschalpaket in der Regel fast ausschließlich die Leistungen japanischer Unternehmen (Reiseveranstalter; Flug; Hotel).

Die meisten der in ELn vertretenen Ketten kommen zwar aus Industrieländern, jedoch haben sich auch hier beheimatete Gesellschaften zu global tätigen Unternehmen entfalten können. Hongkong und Singapur sind wichtigere

Zentren der internationalen, auch in ELn engagierten Hotellerie als z. B.
Deutschland.

Nach Hongkong und Singapur sind Südafrika, Indien, Thailand und Mexiko Heimatstandorte transnationaler Ketten. Die mexikanischen Kette Al-
legro Resorts z. B. unterhält (1995) in Costa Rica, Mexiko, Venezuela und der
Dominikanischen Republik insgesamt 20 großflächige Ferienanlagen, in
denen 1994 mehr als eine Mio. Gäste Urlaub machten.

Die bedeutende Nachfrage des heimischen Marktes nach Leistungen der
Luxushotellerie war die Grundlage z. B. für die Entfaltung der Ketten Taj und
Oberoi in Indien. Von dieser Basis aus erfolgte die Expansion zunächst vor
allem in die asiatischen Nachbarländer; Taj z. B. unterhält aber auch ein Hotel
in Marokko. Ein ähnliches Expansionsmuster ist auch typisch für einige mexikanische Ketten. Die erst Mitte der 80er Jahre gegründete Situr Gruppe wurde
zunächst wesentlicher Investor im pazifischen Seebad Puerto Vallarta, expandierte dann in andere Ferienregionen Mexikos und engagiert sich heute auch
im zentralamerikanischen Raum.

Von den drei transnationalen Ketten Südafrikas nimmt Sun Hotels auch im
internationalen Maßstab eine ungewöhnliche Stellung aufgrund des Engagement in vielen Sparten der Freizeitindustrie ein, die sich um die Hotellerie
gruppiert. Sun Hotels Intern. eröffnete z. B. 1992 in Nähe des von ihr bereits
betriebenen Hotel-, Casino- und Vergnügungskomplexes Sun City im vormaligen „Homeland" Bophuthatswana die gigantische Freizeitanlage „The Lost
City". Dieser Komplex soll in ein gemeinsames Marketingkonzept auch für
die Nachbarländer Namibia, Zimbabwe, Sambia, Botswana und Swasiland
eingebunden werden, auch deshalb, weil die Kette in diesen Ländern Hotels
betreibt. Die Freizeitstädte Sun City und Lost City sowie die naturräumlichen Attraktionen des südlichen Afrika werden in Rundreiseprogramme einbezogen, die mit Übernachtungen in Häusern der Gruppe verknüpft sind. Die
Hotels der Kette sind somit Teil eines im südlichen Afrika dominierenden, vertikal verflochtenen und transnationalen Reisekonzerns.

Spektakulär ist das Wachstum und die räumliche Expansion der thailändischen Kette Dusit Thani, die 1994 zusätzlich zu ihren 20 Luxushotels (1988: 4)
– vornehmlich in Thailand – die global in der gehobenen Hotellerie tätige, vormals zur Lufthansa zählende Kempinski-Kette mit 19 Häusern erwarb.

Auch und gerade die im Vergleich zu den „Großen" der Hotellerie relativ
kleinen regionalen Ketten aus ELn kooperieren häufig mit den globalen Hotelgesellschaften, um deren Wettbewerbsstärke, Know-how und Markennamen ihren Unternehmen nutzbar zu machen. Oberoi hat so z. B. 1991 mit
der Accor-Gruppe ein Joint-venture gegründet, um gemeinsam mit den Franzosen in Indien Novotel-Hotels zu etablieren und zu betreiben. In China
werden ebenfalls Hotels über Joint-ventures mit ausländischen Ketten betrieben (Kap. 5.1.2).

Spektakulär und umfangreich ist vor allem die Zusammenarbeit der spanischen Sol-Gruppe (1994 weltweit 175 Betriebe, 46 500 Zimmer, Rang 17) mit den staatlichen Hotelketten Kubas. Über Joint-ventures wurden gemeinsam zahlreiche Luxushotels vor allem in den Badezentren der Insel errichtet. Unter Zurückstellung ideologischer Bedenken hat sich Kuba zu einer Kooperation mit einem kapitalistischen „Multi" bereit erklärt, um auch mit einer leistungsfähigen Hotellerie dringend benötigte Deviseneinnahmen zu erzielen.

Der oft große, nicht selten über die Hotellerie und das Reisegewerbe hinausgehende wirtschaftliche und politische Einfluß transnationaler Hotelketten (und Reisekonzerne) vor allem in ELn resultiert auch daraus, daß viele Ketten Glieder größerer Mischkonzerne sind und von branchenfremdem Kapital kontrolliert werden. Einige Beispiele: So hat 1990 der britische Brauereikonzern Bass die Kette Holiday Inn übernommen; die Sheraton-Gruppe gehört seit 1968 zum Elektrokonzern ITT und die „Mutter" der Inter-Continental, die japanische Saison-Gruppe, besitzt u. a. Eisenbahnen, Supermarktketten und ist im Kreditkartengeschäft tätig. Diese Muttergesellschaften sind jedoch vornehmlich in ihren Heimatländern bzw. in den Industrieländern engagiert, d. h., ihr direkter Einfluß auf die EL ist deshalb eingeschränkter als der jener Mischkonzerne, die hier – neben Hotelketten – auch große Unternehmen anderer Branchen besitzen.

Ein besonders markantes Beispiel ist hierfür das Engagement des transnationalen, etwa 700 Unternehmen umfassenden Mischkonzerns Lonrho, dem auch 26 Hotels mit 7459 Zimmern (1994) gehören.

Diese vornehmlich in Afrika tätige Gruppe (u. a. Bergbau, Plantagen, Industriebetriebe) unterhält z. B. in Kenya sechs Hotels/Lodges der oberen Kategorie sowie zwei luxuriöse Safari-Camps. Die Lonrho-Unternehmen und -Hotels in Kenya sind wichtige politische und wirtschaftliche Zentren auch des öffentlichen Lebens; die hochrangigen Vertreter des Konzerns sind auch der breiten Öffentlichkeit bekannt; ihre Zusammenarbeit mit der erst seit der Unabhängigkeit Kenyas 1963 entstandenen nationalen Bourgeoisie und mit der politischen Führung ist äußerst eng. Vertreter der heimischen Elite sind Wirtschaftspartner des Konzerns, der dieser Gruppe Leitungspositionen in seinen Betrieben übertragen und mit ihr auch häufig gemeinsame Tochterunternehmen gegründet hat (Kaplinsky 1982).

4.1.5 Transnationale Hotelketten und Reisekonzerne – Nutzen oder Belastung für Entwicklungsländer?

In der wissenschaftlichen und politischen Diskussion insbesondere in den 60er und 70er Jahren wurde vor allem in Bezug zu den ELn kontrovers um die Frage gestritten, ob und in welchem Maße transnationale (= multinationale)

Unternehmen das Weltwirtschaftssystem dominieren und inwieweit bei Investitionen der „Multis" in Dritte-Welt-Ländern die wirtschaftlichen und politischen Vor- oder Nachteile überwiegen (s. z. B. Nuscheler 1991).

In Anbetracht der großen Bedeutung transnationaler Unternehmen für die weltwirtschaftliche Entwicklung und Stabilität haben sich die UNO und ihre Unterorganisationen mit der Rolle der Transnationals intensiv befaßt und in New York ein „Center on Transnational Corporations" gegründet, das 1982 auch eine Studie über die „Transnational corporations in international tourism" vorgelegt hat. Auch wenn in der internationalen Diskussion keine einheitliche Begriffsbestimmung über diese global tätigen Unternehmen entwikkelt wurde, ist es ein weithin anerkanntes Merkmal der „Transnationals", daß diese Unternehmen von einem Stammland aus in zahlreichen Ländern Direktinvestitionen vornehmen, die zur Gründung, zum Erwerb oder Erhalt von Tochtergesellschaften oder Zweigniederlassungen sowie zum Zwecke des Erwerbs von Beteiligungen an Neugründungen oder schon bestehenden Unternehmen vorgenommen werden. Merkmale der „Transnationals" sind daneben eine gewisse Größe, Konzentrationstendenzen, große Kapital- und Machtakkumulation, oligopolitische Strukturmerkmale (d. h. wenige Anbieter); zentralistische Kontrolle der Töchter über das Stammunternehmen, eine starke wirtschaftliche und politische Macht, weltweite Unternehmensstrategien, hohe Auslandsanteile an Gewinnen und/oder am Personaleinsatz.

Hinsichtlich der Auswirkungen der von den „Multis" getätigten Direktinvestitionen steht insbesondere die Frage nach den Zahlungsbilanz- und Beschäftigungseffekten im Vordergrund. Hierbei wird aus dependenztheoretischer Sicht argumentiert, daß gerade über das Engagement der „Transnationals" die Ausbeutung der EL und deren Abhängigkeit von den Metropolen verfestigt werde, während die neoklassische Position demgegenüber – etwas verkürzt gesagt – davon ausgeht, daß bei einer gewissen Kontrolle auch Direktinvestitionen der „Multis" Vorteile bringen.

Bei der Betrachtung der global operierenden Hotelketten und Reisekonzerne wird deutlich, daß diese Unternehmen einige, aber keineswegs alle Merkmale der „Transnationals" mit obigen Charakteristika aufweisen. Aussagen über das Ausmaß der Direktinvestitionen sind zwar für die einzelnen Länder nicht möglich, jedoch muß aufgrund der sehr differierenden Rechtsstellung der einzelnen Hotels zu den Ketten angenommen werden, daß die Direktinvestitionen weithin gering sind oder aber, wie es besonders typisch ist für die Managementgesellschaften, gänzlich oder fast gänzlich entfallen. Auch der Anteil des Auslandes an den Gewinnen ist bei den Ketten sehr unterschiedlich; viele der in den USA gegründeten Ketten haben bis heute dort ihren wirtschaftlichen Schwerpunkt und erzielen hier die größten Gewinne.

Ein rechtlich selbständiges Hotel kann zudem einer großen Zahl von in- und ausländischen Eigentümern gehören kann; es ist evtl. über ein Franchise-

Vertrag an eine transnationale Hotelmarke gebunden; dieser Betrieb wird aber evtl. von einer Hotelmanagement-Kette geführt und kann zudem u.U. noch einem weiteren losen Marketingverbund angehören.

Infolge dieser komplexen Beteiligungs- und Vertragsverhältnisse, die von Hotel zu Hotel unterschiedlich sind, ist es nicht möglich, verläßliche Aussagen über die wirtschaftliche und funktionale Abhängigkeit der Hotellerie etwa eines ELs von den „Transnationals" der Industrieländer oder über den Kapitalzufluß und -abfluß und damit auch über die direkten und negativen Zahlungsbilanzeffekte dieses Engagement der Ketten zu machen. Es kann jedoch gefolgert werden, daß z.B. die von einem Hotelier an die Kette zu zahlende Franchise geringer ist als der Betrag, der durch die Anbindung des Betriebes an eine transnationale Kette zusätzlich erzielt wird. Außenwirtschaftlich kann zudem durch den Anschluß von Hotels an globale Hotelunternehmen sogar erst eine effizientere Vermarktung des Betriebes auf internationaler Ebene möglich sein, und nur so können evtl. zusätzliche Devisen erwirtschaftet werden.

Da die Ketten sich bisher vornehmlich im oberen Marktsegment engagiert haben, kann die These formuliert werden, daß in Ländern, in denen Luxus-Hotels einen hohen Anteil an der Gesamtkapazität ausmachen, die Bedeutung transnationaler Ketten zunimmt. In Ländern, in denen der „Rucksack"-, Billig- oder Alternativtourismus einen hohen Marktanteil hat, der Luxustourismus aber unbedeutend ist, ist daher das Engagement der „Multis" vergleichsweise bescheiden. Auch in Regionen mit einem bedeutenden Binnentourismus, wie etwa in Indien z.B. auch auf der Grundlage der Pilgerreisen, steigt in der Regel die Bedeutung der heimischen Hotellerie.

Auch die größten Reisekonzerne weisen nur eingeschränkt die o.g. Merkmale von „Transnationals" auf. So haben selbst die größten „Reisegiganten" nicht einmal in ihren Heimatländer ein Oligopol. In den wichtigen Reiseländern haben sie nur selten eine so dominante Position, daß sie hier allein die Fremdenverkehrswirtschaft wesentlich beeinflussen oder gar nach ihren Interessen lenken können.

5. DAS FREMDENVERKEHRSGEWERBE IN ENTWICKLUNGSLÄNDERN

5.1 Das Hotelgewerbe – Strukturen, Erscheinungsformen, Eigentumsverhältnisse

Das Beherbergungsgewerbe ist die zentrale Komponente des sekundären touristischen Angebots und die wichtigste Branche der Fremdenverkehrswirtschaft. Etwa 25–40% aller Deviseneinnahmen aus dem Tourismus werden auch in ELn über Leistungen des Hotelgewerbes erzielt. Insbesondere in Kleinstaaten mit einem bedeutenden Tourismus erwirtschaftet die Branche einen hohen Beitrag zum BIP (Beispiel Karibikstaaten, Tab. 11). Das Beherbergungsgewerbe ist zudem wichtigster Arbeitgeber der Fremdenverkehrswirtschaft, und es erbringt vor allem in Mikrostaaten, z. B. der Karibik, mit einer kaum diversifizierten Wirtschaft zudem einen oft beachtlichen Teil des gesamten staatlichen Steueraufkommens (z. B. in Anguilla 1993: 18,8%; Antigua u. Barbuda 1992: 9,4%).

Struktur, Standortmuster, Erscheinungsformen und Eigentumsverhältnisse des Beherbergungsgewerbes differieren extrem von Land zu Land, werden sie doch bestimmt durch für einzelne Regionen oft sehr unterschiedliche Faktoren. Jedoch lassen sich einige weithin typische Merkmale herausstellen:

1. In vielen Ländern wird das Gewerbe durch einen relativ hohen Anteil großer Betriebe (Abb. 9) und – besonders markant in großen, planmäßig angelegten Seebädern wie Nusa Dua/Bali oder Cancun/Mexiko – von Hotels oberer Kategorien geprägt (Abb. 10).
2. Diese Häuser der oberen Kategorie sind – ebenso wie diese Hotels in den Industrieländern – im hohen Maße transnationalen oder – mit steigender Tendenz – nationalen Ketten angeschlossen.
3. Der Staat ist in den plan-, aber auch in vielen marktwirtschaftlichen Ländern stark in der Hotellerie engagiert.
4. In mehr und mehr Reiseländern beschleunigt sich die Entfaltung einer klein- bis mittelbetrieblichen Hotellerie einheimischer Unternehmer.

Zu 1.: Die oft starke Dominanz Hotels oberer Kategorien in vielen Urlaubszentren wurde durch vielfältige Faktoren begünstigt. In vielen Reiseländern wurde die touristische Nachfrage zunächst wesentlich durch ausländische, relativ einkommensstarke Besucher getragen; eine heimische Mittelschicht mit einer Nachfrage nach Mittelklasse-Hotels fehlt auch noch heute in vielen Ländern weitgehend. Die in den Reiseländern in der Regel einkommensstärkeren

Tab. 11: Der Beitrag des Hotel- und Gaststättengewerbes zur Erstellung des Brutto-
inlandsproduktes in ausgewählten Karibikstaaten (in %)

	1984	1991	1994
Anguilla	22,3	33,7	37,9
Antigua & Barbuda	14,6	12,7	14,9
Barbados	10,0	10,9	14,0
St. Kitts & Nevis	4,6	9,1	10,1[1]
St. Lucia	6,5	9,1	10,5
St. Vincent & Grenadinen	2,0	2,4	2,6
Trinidad & Tobago	0,9	1,2	1,4[1]
Cayman Inseln	8,1	7,8	k.A.
Venezuela	3,3	3,9	3,7[2]

[1]1992; [2]1993; k.A. = keine Angaben; Quelle: Caribbean Tourism Organization,
Barbados

Oberschichten bzw. traditionellen oder jungen Eliten – z.B. in Lateinamerika, Indien oder Afrika – orientieren sich häufig an den Urlaubsansprü-
chen und Konsummustern der ehemaligen Kolonialherren (z.B. in Indien,
Philippinen) und der heutigen Touristen aus den „Ländern der Reichen". Die
Buchung eines Urlaubs (z.B. eine Hochzeitsreise) oder eines Wochenendauf-
enthaltes in einem Luxushotel vermittelt dieser einheimischen Klientel hohes
soziales Prestige. Die großen Hotels internationalen Standards nehmen zwar
hinsichtlich der Zahl der Betriebe in der Regel keine dominante Position ein,
sie verfügen jedoch über einen hohen Anteil der Beherbergungskapazität, sie
haben eine überproportionale Bedeutung für den besonders stark wachsenden
Pauschalreisemarkt; pro Gästebett beschäftigen sie das meiste Personal und
erwirtschaften die höchsten Deviseneinnahmen; sie haben aber auch in der
Regel bei der Errichtung und bei den laufenden Inputs den größten Devisen-
bedarf; sie sind stärker vom ausländischen Kapital und Know-how abhängig
als kleinere Betriebe. Dieses für viele Fremdenverkehrsregionen typische Muster hat Rodenburg (1980) am Beispiel Bali belegt.

Zu 2.: In allen für den Tourismus wichtigen ELn sind zumindest die Luxushäuser mit dem in der Regel höchsten Image einer transnationalen Kette angeschlossen (Kap. 4), auch wenn die „Transnationals" im allgemeinen keineswegs das Beherbergungsgewerbe dieser Länder quantitativ dominieren. In
vielen Ländern haben sich daneben nationale Ketten entfaltet. Ein Beispiel für
viele Reiseländer ist die Hotellerie Kenyas.

Fast alle für den internationalen Tourismus wichtigen Hotels, Lodges und Luxuszelt-
lager sind einer nationalen (viel seltener einer transnationalen) Kette angeschlossen. Die
bereits 1927 von einer „Weißen Siedler"-Familie gegründete Block-Hotels-Gruppe hat

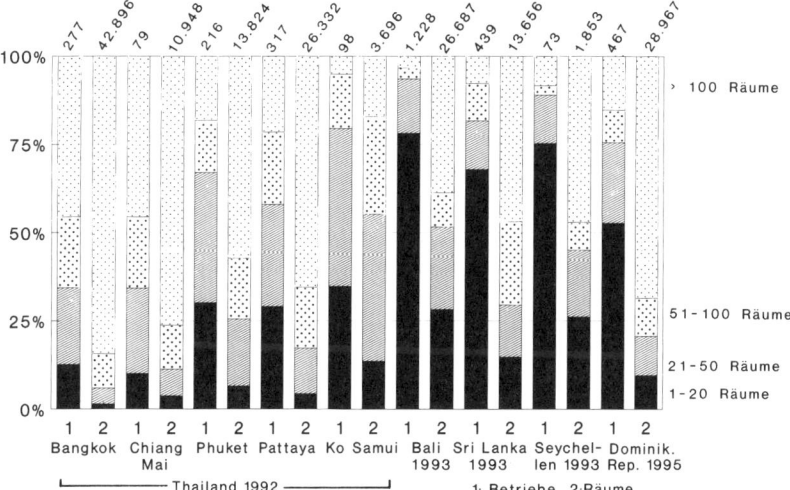

Abb. 9: Die Betriebsgrößenstruktur des Beherbergungsgewerbes ausgewählter Länder bzw. Standorte (Quelle: Nationale bzw. regionale Tourismusbehörden; Entwurf: K. Vorlaufer; Computer-Kartographie: Cl. Dehling).

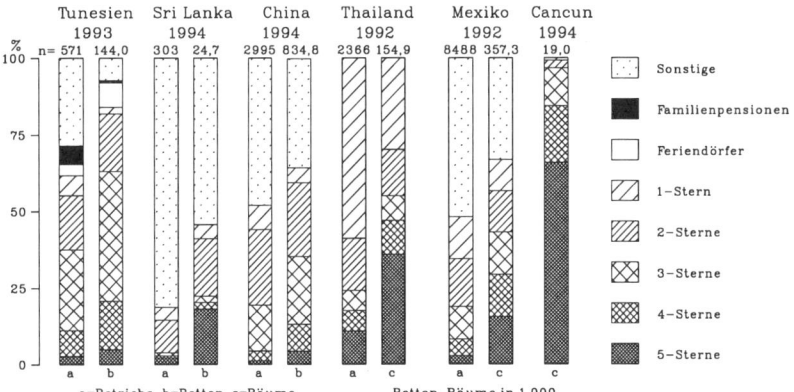

Abb. 10: Die Struktur des Beherbergungsgewerbes ausgewählter Länder bzw. des mexikanischen Seebades Cancun nach Kategorien (Quelle: Nationale Tourismusbehörden; Entwurf: K. Vorlaufer; Computer-Kartographie: Cl. Dehling).

wesentlich den guten Ruf der kenyanischen Hotellerie geprägt. 1992 hat diese Kette und Management-Gesellschaft elf, ausschließlich zur oberen Kategorie zählende Häuser betrieben, an denen sie z. T. auch als Eigentümer beteiligt ist. Die auch mit heimischen Kapital der ismaelitischen (indischen) Gemeinde (Aga Khan) arbeitende „Alliance Hotels" betreibt vier, die auch von einer Beteiligung der Lufthansa und der British Airways getragene „Serena Lodges & Hotels" fünf und die auch über ausländische Investitionen mit aufgebaute Kette „Sarova Hotels" sechs Hotels ausschließlich der oberen Kategorie; der „Kilimanjaro Safari Club" betreibt drei Luxuslodges, ein luxuriöses Safari Camp sowie ein Mittelklassehotel.

Die erst seit 1988 arbeitende Prestige Group ist zudem ein Beispiel für die auch in Kenya und vielen anderen ELn zunehmende vertikale Verflechtung der nationalen Reisebranche. Neben einer Lodge mit 200 und zwei Luxuszeltlagern mit je ca. 50 Betten unterhält die Gruppe einen auf den Verkauf und die Durchführung von Safaris und Großkonferenzen spezialisierten Veranstalter sowie ein Charter- und Linienflugunternehmen, das mit kleinen Flugzeugen die drei Fremdenverkehrszentren Nairobi, Mombasa und Malindi u. a. mit den wichtigsten Nationalparks verbindet. Ein anderes Muster nationaler Ketten stellt die 1984 gegründete Msafiri-Inns-Gruppe dar, die insgesamt sieben, bereits vor dem Gründungsjahr errichtete Lodges und Hotels betreibt, an denen auch die staatliche Kenya Tourist Development Corporation (KTDC) beteiligt ist. Durch den Zusammenschluß vormals abseits der Touristenrouten gelegener Häuser sollen die Vermarktungschancen dieser Betriebe verbessert werden.

An diesen nationalen Ketten bzw. an einzelnen der von ihnen geführten Häuser ist z. T. auch ausländisches Kapital, etwa der Fluggesellschaften, beteiligt, denn es ist typisch für Kenya, aber auch für viele andere Reiseländer, daß zwischen ausländischen Investoren und der nationalen Bourgeoisie eine enge Verquickung besteht. Die erst nach der Unabhängigkeit 1963 entstandene politische Elite Kenyas hat ihren Einfluß dazu benutzt, wirtschaftliche Macht auch im Reisegewerbe zu erlangen. In den letzten Jahrzehnten sind zahlreiche, von Kenyanern dominierte Versicherungs-, Investment-Gesellschaften, Finanzinstitute und Holdings entstanden, die auch Beteiligungen im Hotelgewerbe haben. So liegt z. B. die Kapitalmehrheit bei der Sarova- und der Alliance-Gruppe in den Händen der schmalen, aber einflußreichen kenyanischen Bourgeoisie.

Diese enge Kooperation der einheimischen Bourgeoisie mit transnationalen Ketten sowie generell mit ausländischen Investoren ist nicht nur typisch für Kenya, sondern auch für viele andere Reiseländer. Durch die Einbindung der nationalen Eliten in ihre Aktivitäten erhalten ausländische Investoren Zugang zu Privilegien und heimischen Ressourcen, die ihnen ansonsten evtl. verschlossen bleiben (Baugrundstücke, -genehmigung, politische Einflußnahme usw.).

Aber selbst in dem seit langem westlich orientierten und für ausländische Direktinvestitionen offenen Kenya lag z. B. 1976 der Kapitalanteil ausländischer Eigentümer im großbetrieblichen Reisegewerbe, d. h. vor allem in der

Hotellerie, nur bei 26,2%; 1966, zu Beginn des „Tourismuszeitalters" allerdings nur bei 1,7%, während der ausländische Anteil in der Industrie 43,6% erreichte (Kaplinsky 1982). Bei Berücksichtigung der, wenngleich nur relativ geringen, aber wachsenden Zahl touristischer Mittel- und Kleinbetriebe erhöht sich auch in Kenya – wie in fast allen Reiseländern – der Anteil heimischen Kapitals drastisch. Auch in anderen Ländern sind neben den großen nationalen Ketten häufig weitere, nur in ihrer Heimat mit mehreren Häusern vertretene Hotel-Gesellschaften entstanden, wie vier Beispiele aus unterschiedlichen Ländern belegen:

- In Thailand (1992) betreibt die „Royal Garden Resort"-Gruppe vier große Hotels in Hua Hin, Pattaya und Bangkok.
- Auf Mauritius (1992) unterhält die rein mauritische Hotelgruppe „Beachcomber" fünf Betriebe mit je 150–200 Zimmern, sie stellt damit etwa ein Fünftel der Beherbergungskapazität dieser intensiv in den Fernreiseverkehr einbezogenen Insel.
- In Sri Lanka (1993) besitzt die „Serendib"-Hotel-Gruppe fünf Häuser mit insgesamt 288 Räumen, die allerdings nur ca. 2,5% der gesamten Kapazitäten der Insel stellen.
- In Indonesien (1994) hat die führende Luxushotel-Kette, die „Aerovisata"-Hotels, acht große Häuser, darunter vier Luxushotels allein auf Bali. An dieser nur im Inland aktiven Kette verdeutlichen sich auch beispielhaft die Verflechtungen der nationalen mit der transnationalen Fremdenverkehrswirtschaft: Die Gruppe gehört zum nationalen Luftfahrtunternehmen Garuda; sie ist dem globalen Marketing und Managementkonzern Utell Int. angeschlossen und ist Mitglied des transnationalen, relativ losen, aber für die globale Vermarktung wichtigen Hotelverbundes Golden Tulip Hotels, die wiederum Tochter der niederländischen KLM ist.

Eine gegenwärtig typische Entwicklung ist es, daß auch diese bisher relativ unabhängigen nationalen Ketten infolge des Konkurrenzdrucks, wenn nicht von großen transnationalen Ketten (i. e. S.) übernommen werden oder mit diesen fusionieren, oft enge Partnerschaften mit Unternehmen aus der internationalen Hotellerie bilden, in der Regel mit dem Ziel, ihre internationalen Marktchancen zu verbessern oder mit neuen Hotelmarken und einem erweiterten Leistungsangebot gänzlich neue Marktsegmente vor allem auch in ihren Heimatländern zu erschließen. Ein Beispiel: Die indische Oberoi Kette will in Ergänzung zu ihren Luxushotels in Indien auf der Basis eines 1992 geschlossenen Kooperations-Vertrages mit der französischen Accor-Gruppe zunächst in allen größeren Städten Indiens für das untere Marktsegment 20 Novotel-Hotels errichten und betreiben. Auch die in den Reiseländern beheimateten Ketten verbessern so ihre Position über das international übliche Franchising und Branding, indem sie sich bemühen, mehr oder weniger unabhängige Häuser als Franchise-Nehmer zu gewinnen und Hotelmarken auch für bisher noch nicht erschlossene Marktsegmente, z. B. für den in vielen Ländern wachsenden Binnen- und Geschäftstourismus anzubieten.

Zu 3.: Vor allem in plan-, z. T. aber auch in marktwirtschaftlichen ELn wird das Hotelangebot ausschließlich oder wesentlich von staatlichen Hotelketten abgedeckt, von denen einige sogar zu den weltgrößten Ketten zählen. Selbst in einem so pointiert kapitalistischen Land wie den Bahamas spielt der Staat mit seinen Hotels (1992: 8 Betriebe, 1591 Räume) eine große Rolle. Auch im kapitalistischen Kenya hat sich der Staat über die 1955 gegründete Tourist Development Corporation (KTDC) im Hotelwesen stark engagiert. So hält die KTDC die Kapitalmehrheit (63,4%) an der Kette „Kenya Safari Lodges & Hotels" mit drei Luxushäuser (1990); sie hat Anteile an der „African Tours & Hotels Ltd." mit 16 Hotels und Lodges in allen wichtigen Fremdenverkehrsregionen und ist auch eigentumsmäßig an einzelnen Hotels beteiligt wie z. B. am Robinson Club an der kenyanischen Südküste, der mehrheitlich der TUI gehört und von diesem Reisekonzern auch vermarktet und betrieben wird.

Ein anderes Beispiel für die große Bedeutung staatlicher Hotelketten sind die Seychellen. Die zehn staatlichen Hotels mit 840 Zimmern stellten 1990 ca. 50% der gesamten Hotelkapazitäten des Archipels (Vorlaufer 1991). Auch nach der Modifizierung der noch in den 80er Jahren an einem sozialistischen Gesellschaftsmodell orientierten Politik und der verstärkten Öffnung des Landes für ausländische Investoren hat der Staat sein Engagement im Hotelgewerbe nicht zurückgenommen. Im Gegenteil: Insbesondere im Rahmen der touristischen Erschließung der oft Hunderte von Kilometern von der Hauptinsel Mahé entfernten, oft unbewohnten Außeninseln betätigen sich (halb)-staatliche Gesellschaften auch am Bau und Betrieb neuer Hotels.

Im Zuge der weltweiten Liberalisierung infolge der Scheiterns planwirtschaftlicher Modelle werden in vielen Ländern staatliche Kette und Einzelhotels wenn nicht privatisiert, so doch gezwungen, stärker nach marktwirtschaftlichen Prinzipien zu arbeiten. Dies wird oft über Kooperationen mit transnationalen Hotel- und Management-Ketten angestrebt wie das Beispiel Tanzania belegt. Hier untersteht fast die gesamte für den internationalen Tourismus geeignete Hotellerie, u. a. auch fast alle Lodges in den Nationalparks, der staatlichen Tanzania Tourist Corporation (1992: 15 Betriebe, 1605 Räume). Infolge der eher tourismusfeindlichen, am Modell eines „afrikanischen Sozialismus" ausgerichteten Politik setzte im Jahrzehnt 1977–86 ein drastischer Rückgang der Besucherzahlen ein, der begleitet wurde von einem Niedergang der touristischen Infrastruktur. Voraussetzung der angestrebten und inzwischen z. T. erfolgten Wiederbelebung des Fremdenverkehrs ist die Revitalisierung des staatlichen Hotelgewerbes: Management und Vermarktung staatlicher Hotels und Lodges wurden daher transnationalen Ketten übertragen.

Ein anderes Beispiel: Die (noch) größte staatliche Hotelkette der Welt, die Cubatur, betreibt seit Beginn der 80er Jahre gemeinsam mit der transnationalen Sol-Gruppe aus Spanien mehrere neue Luxushotels auf Kuba. Unter dem Zwang, nach dem Ausfall der Finanzhilfe des „großen Bruders" Sowjetunion Devisen erwirtschaften zu müssen, wurden ideologische Bedenken gegen eine Zusammenarbeit mit einem „Transnational" zurückgestellt und so eine Voraussetzung für die gegenwärtig starke Expansion des Kuba-Tourismus geschaffen.

Zu 4.: Auch wenn in den meisten Reiseländern die Hotellerie durch Großbetriebe oberer Kategorie geprägt wird, haben in einzelnen Regionen einiger Länder Mittel- und Kleinbetriebe eine oft große Bedeutung:

– In dem vornehmlich auf jüngere Individual- und Low-Budget-Reisende ausgerichteten Badeort Kuta auf Bali stellten 1992 die insgesamt 390 Betriebe 11 630 Gästezimmer (46% der Kapazitäten Balis); hiervon entfielen auf die 349 Klein- und Mittelbetriebe (89% aller Betriebe Kutas; Abb. 10) 49%; die durchschnittliche Betriebsgröße betrug 16,4 Gästezimmer. In Bali insgesamt stellten zudem 435 Privatpensionen mit durchschnittlich 4,1 Zimmern 37% aller Beherbergungsbetriebe, wenngleich nur 7% der Gästezimmer.

– Auf der Insel Boracay, die sich im letzten Jahrzehnt zu einer der wichtigsten philippinischen Destinationen des Fremdenverkehrs entfaltet hat, wird das Beherbergungsangebot von 195 überwiegend kleinen Betrieben mit insgesamt nur 1441 Räumen getragen (1993).

– In Nepal haben sich an den Trekking-Routen Hunderte von kleinen Unterkünften der bäuerlichen Bevölkerung entwickelt (Kap. 3.7).

– In Kaschmir, bis zu den Unruhen in den späten 80er Jahren ein wichtiges Ziel für Aus- und Inländer, wird das Beherbergungsgewerbe geprägt durch die 1988 z. B. (offiziell registrierten) 867 (tatsächlich ca. 1200) Hausboote auf dem Dal-See bei Srinagar mit insgesamt 4150 Gästebetten. In Srinagar bieten zudem 122 Guest Houses ca. 4000 und insgesamt 140, überwiegend kleinere Hotels nochmals 10 724 Gästebetten (Becker 1988): Klein- bis Mittelbetriebe sind hinsichtlich der Kapazitäten vorherrschend.

– Auf der thailändischen Insel Phuket, aber auch am Binnenstandort Chiang Mai im N des Königreiches, ist die Kleinhotellerie ebenfalls stark vertreten; auf der Insel Ko Samui ist sie von überragender Bedeutung (Abb. 11). In Bangkok wird vor allem der für den Low-Budget-Tourismus wichtige Standort Khao San Road durch eine große Zahl von Kleinbetrieben geprägt.

Vor allem auch an bisher touristisch weniger erschlossenen Standorten sind Kleinstbetriebe häufig die ersten und einzigen Unterkünfte. Pensionen und Gästehäuser, oft nur Hütten, mit nur wenigen Betten sind in touristischen Peripherieräumen weit verbreitet.

In vielen Regionen vermieten Bauern, Fischer oder Angehörige anderer Berufe unregelmäßig, oft erst auf Nachfrage, Privatzimmer oder einfache

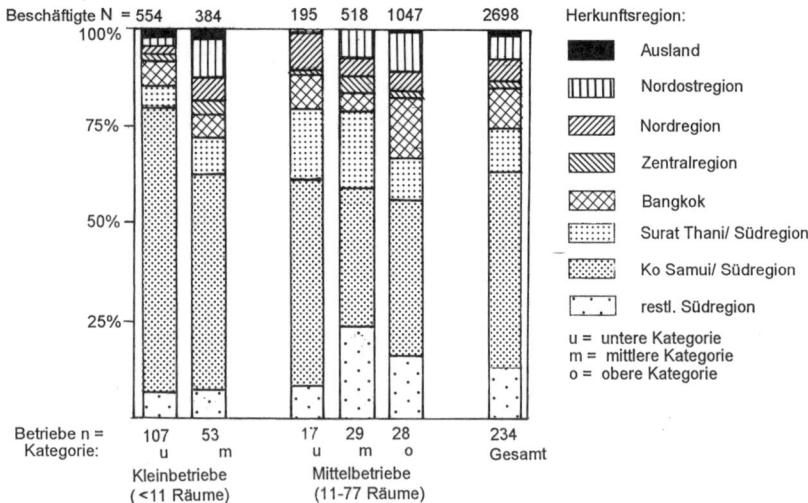

Abb. 11: Herkunftsregionen der Beschäftigten der Beherbergungsbetriebe unterschiedlicher Größe und unterschiedlichen Standards auf Ko Samui, Thailand (1988) (Quelle: H. Seybert 1990).

Hütten am Strand. Ein neuer Hotel-Typ, das „All-inclusive-Hotel", erfährt seit einigen Jahren vor allem in der Karibik eine rasante Verbreitung. Diese Betriebe bieten über einen Pauschalpreis den Gästen alle Leistungen – Speisen, Getränke, Sportgeräte, Erholungs- und Gesundheitseinrichtungen usw. – ohne direktes Entgelt. Die sozio-ökonomischen und räumlichen Auswirkungen dieser Entwicklung sind beträchtlich. An den Standorten dieser in der Regel sehr großen All-inclusive-Hotels können sich kleinere Betriebe anderer Branchen des Tourismusgewerbes nicht entfalten; der Prozeß der vertikalen und horizontalen Konzentration der Fremdenverkehrswirtschaft auch in den Zielräumen sowie die Herausbildung selbstgenügsamer riesiger Touristenghettos unter dem Dach eines Betriebes werden beschleunigt.

5.1.1 Small is beautiful – auch im Beherbergungsgewerbe?

Kleinbetriebe haben gegenüber Großhotels einige Vor-, aber in der Regel auch Nachteile:
Vorteile:
– Eine klein- bis mittelbetriebliche Struktur ermöglicht die Existenz einer größeren Zahl selbständiger Unternehmen und damit auf breiter Basis eine Partizipation der Bevölkerung an den touristischen Einnahmen.

- Kleinbetriebe haben oft eine wichtige Erschließungsfunktion in von Touristen noch weniger besuchten Räumen. Auch bei noch geringer Nachfrage haben sie noch eine Existenzmöglichkeit. Viele der heute für die internationale Hotellerie wichtigen Standorte hatten zunächst nur ein sehr einfaches und kleines Unterkunftsangebot.
- Kleinbetriebe werden in der Regel zunächst von Personen eröffnet, die aus traditionellen Berufen der Lokalbevölkerung kommen. Fischer und Bauern, in einer zweiten Entfaltungsstufe auch Händler und Angehörige typisch städtischer Berufe (z. B. Lehrer, Beamte) führen häufig zunächst im Neben- und Zuerwerb diese Betriebe. Diese „Feierabend"-Hoteliers können so häufig unternehmerische Qualifikationen erwerben, die es ihnen im Zuge steigender Nachfrage erlauben, Quantität und Qualität des Angebots allmählich zu erhöhen.
- Kleinbetriebe basieren stärker auf einer Nutzung heimischer Ressourcen; der Investitionsbedarf an Devisen ist in der Regel geringer, da diese zunächst häufig einfachen Unterkünfte aus heimischen Materialien errichtet werden und Installationen westlichen Standards nicht angeboten werden; die Investitionsbeträge pro Bett und Arbeitsplatz liegen daher niedriger als in der Großhotellerie. Somit eignen sich Kleinbetriebe zum Aufbau einer Hotellerie in den durch Kapital- und Devisenmangel charakterisierten ELn. Über die aus der Lokalbevölkerung und in der Regel aus anderen Berufen kommenden Kleinhoteliers werden zudem häufig lokale finanzielle Ressourcen und Ersparnisse mobilisiert, die vormals – infolge fehlender Anlagemöglichkeiten außerhalb der traditionellen Wirtschaft und im heimatlichen Nahbereich – nicht selten gehortet (z. B. in Schmuck) oder auch in unproduktive Bereiche flossen (z. B. Landspekulation).
- Kleinbetriebe können in einer weiteren Entwicklungsstufe spezifische, häufig nur sehr kleine Marktsegmente gezielt mit Nischenangeboten ansprechen (Familienanschluß, Überschaubarkeit, Ursprünglichkeit usw.). Auf individuelle Ansprüche der Gäste können sie oft flexibler und schneller reagieren.
- Kleinbetriebe beschäftigen in der Regel einen höheren Anteil aus dem Nahbereich kommender Personen (Beispiel: Ko Samui, Abb. 11). Die mit der Entfaltung von Großbetrieben häufig verbundenen Migrationen großer Bevölkerungsgruppen aus weitentfernten Räumen und die damit oft verknüpften Negativeffekte werden so minimiert: soziale Entwurzelung, Wohnungsnot, Slumbildung in den Fremdenverkehrszentren.
- Kleinbetriebe zumal einfachen Standards werden in der Regel aus ökologisch und wirtschaftlich „angepaßten" Materialien errichtet; durch die „Kleinheit" der Betriebe und der Besuchergruppen sind die negativen Auswirkungen auf Naturhaushalt und Landschaftsbild, aber auch auf die Sozialstruktur in der Regel weniger massiv – wenn auch gerade internationale

Hotels in Kenntnis wachsenden Umweltbewußtseins ihrer Klientel bemüht sind, ökologisch orientiert zu bauen und ihre oft weitläufigen Anlagen ästhetisch optimal in die Landschaft einzubetten.

– Über Klein- und Mittelbetriebe kann eine evtl. ökologisch notwendige Dispersion der touristischen Nachfrage leichter erreicht, eine exzessive räumliche Konzentration der Besucher mit den daraus resultierenden Negativeffekten unterbunden werden.

– Kleinbetriebe können oft noch im Neben- und Zuerwerb betrieben werden. Dies ist besonders wichtig in der ersten Entfaltungsstufe des Fremdenverkehrs und in peripheren Räumen, wenn die Nachfrage noch zu gering und schwankend ist oder langfristig nicht gesichert erscheint. Die für große Bevölkerungsteile der EL typische Strategie vieler Haushalte, Einkommen aus verschiedenen Erwerbsquellen zu bündeln, kann von Inhabern kleiner Beherbergungsbetriebe oft optimal realisiert werden.

In Kuta (Bali) haben z.B. 21 von insgesamt 34 Haushaltsvorständen eines Untersuchungsraumes mit Beherbergungsbetrieb mindestens ein weiteres selbständiges Einkommen, und sieben üben eine unselbständige Tätigkeit (u.a. als Beamte) aus; bei ebenfalls sieben „Kleinhoteliers"-Familien erarbeiten weitere Familienmitglieder zusätzliches Einkommen in anderen Tätigkeitsfeldern (Radetzki-Stenner 1989). Diese Bündelung von Einkommen erfolgt überwiegend nicht, weil die Gewinne aus dem Beherbergungsgewerbe nicht existenzsichernd sind – im Gegenteil, die oft über das örtliche Einkommensniveau liegenden Erträge erlauben den Inhabern Investitionen auch in anderen Branchen in und außerhalb der Tourismuswirtschaft.

Während in vielen Fremdenverkehrsregionen Europas, etwa der Alpen, Inhaber kleinerer und mittlerer Betriebe aus dem kleinbäuerlichen Bereich stammen und die Landwirtschaft noch länger nach Eröffnung des Hotels weiterführen, ist diese Kombination in ELn selten. In Kuta z.B. wurden zwar 13 der insgesamt erfaßten 56 Kleinbetriebe mit Erträgen aus der Landwirtschaft errichtet, jedoch wurde dann die agrarische Tätigkeit fast stets aufgegeben – nicht zuletzt deshalb, weil der Bau dieser Betriebe über Landverkauf finanziert wurde.

Kuta ist auch ein Beispiel für eine in vielen Fremdenverkehrsstandorten feststellbare, wenngleich bescheidene, vertikale Integration auch im kleinbetrieblichen Fremdenverkehrsgewerbe: Traditionelle Gold- und Silberschmiede, die sich schon früh auf die touristische Nachfrage orientiert haben, investieren ihre Gewinne in Pensionen. Typisch ist es zudem, daß Inhaber kleiner Beherbergungsbetriebe noch für Touristen etwa ein Taxiunternehmen unterhalten, Autos und Fahrräder vermieten, Bootsfahrten und Trekking-Touren durchführen bzw. organisieren, Kurzreisen veranstalten oder ein Souvenirgeschäft betreiben. Durch den relativ engen, oft familiären Kontakt des Kleinhoteliers zu den Gästen ergeben sich für ihn günstige Möglichkeiten, vor allem den Low-Budget-Travellern attraktive Angebote verschiedener touristischer Branchen zu unterbreiten. Die Abhängigkeit von nur einer touristischen Sparte wird so gemildert; den oft zahlreichen Angehörigen der (Groß-)Familie werden Arbeitsplätze geboten, das Einkommen wird erhöht.

Nachteile:

- Inhaber von Kleinbetrieben überschauen nicht die weitentfernten, anonymen Märkte in den Quellgebieten der Besucher, auf deren Wünsche sie daher oft nur verspätet (dann allerdings häufig flexibler), d.h. nach der Ankunft, reagieren können.

- Kleinbetriebe können in der Regel ihr Angebot nicht direkt in den touristischen Herkunftsgebieten vermarkten; sie sind überwiegend nicht im Angebot der großen Reiseveranstalter. Für Veranstalter von Gruppenreisen bieten sie oft keine ausreichende Kapazität. Selbst Gruppen von 5–10 Personen können häufig von Kleinbetrieben nicht adäquat untergebracht und versorgt werden. Sie müssen oft mehr oder weniger auf zufällig anreisende Individualtouristen warten.

 Die in der Regel geringe Kapitalausstattung und die im Vergleich zum Führungspersonal der Großhotels geringere fachliche Qualifikation der Kleinhoteliers erschweren eine qualitative Verbesserung des Angebots, das den oft steigenden Ansprüchen der Besucher angepaßt ist.

„Klein" kann aber nicht durchgängig mit „einfach" gleichgesetzt werden. An vielen Fremdenverkehrsstandorten bieten oft auch kleine Betriebe mit weniger als z.B. 20 Betten ein hochwertiges Produkt zu einem in der Regel günstigen Preis-Leistungs-Verhältnis. Zudem wird die „Einfachheit", das Fehlen „westlichen" Komforts, oft gezielt für Touristen angeboten, die einen „naturnahen" Urlaub in engem sozialen und kulturellen Kontakt mit dem Gastvolk verleben möchten.

Insbesondere der in mehr und mehr ELn und vor allem in Peripherie-Räumen sich entfaltende Dorf-, Alternativ- oder Abenteuertourismus setzt darauf, daß die Übernachtung in traditionellen Unterkünften der heimischen Bevölkerung erfolgt, so z.B. in den überkommenen Langhäusern auf Sulawesi/Indonesien oder selbst in Zelten etwa von Nomaden der Trockenräume Afrikas und Asiens. Auch auf den oft winzigen und verkehrsräumlich extrem isolierten Südseeinseln steht die Werbung mit der Einfachheit des Insellebens und der Unterkunft notwendigerweise im Vordergrund des Marketing, da hier Hotels mit westlichem Komfort nicht angeboten werden können.

Ein Beispiel aus Fidschi: Auf der Insel Ono der Kadavu-Gruppe, ca. 60 km südöstlich der größten Fidschi-Insel Viti Levu, wird Besuchern in einfachsten, vornehmlich nur aus Palmblättern errichteten Hütten eine Unterkunft ohne Tisch, Stühle, Elektrizität und Warmwasser, aber die Möglichkeit geboten, mit dem Dorfchef und seiner Familie Mahlzeiten gemeinsam einnehmen zu können. Dorfgemeinschaften können sich so, auch evtl. mit Bungalow-Anlagen, die bereits einen gewissen Ausstattungsstandard aufweisen, ein Einkommen aus dem Fremdenverkehr erschließen. Kleinanlagen können so gerade in Peripherieräumen mit einer ohnehin nur begrenzten touristischen Tragfähigkeit von einer einkommensschwachen Bevölkerung kostengünstig erstellt und unter dem Slogen „Zurück zur Natur" Touristen angeboten werden.

Die Regierung der Salomonen hat 1989 – beispielhaft auch für andere Süd-pazifik-Staaten – ihre Absicht formuliert, neben Hotelanlagen internationalen Standards auch „small-scale indigenous tourism businesses" u. a. über Beratung und finanzielle Hilfe zu fördern (Sofield 1993).

Die von Touristen besuchten, häufig winzigen Inseln der Südsee, aber z. B. auch der Seychellen, eignen sich schon aufgrund der geringen Landfläche als Standort oft nur für einen kleinen Betrieb. Auf den Seychellen z. B. werden auf den von der Hauptinsel Mahé weit entfernten Außen- und Koralleninseln häufig Herrenhäuser der Kokosnuß-Pflanzer als – allerdings in der Regel ex-klusive – Unterkünfte für max. 10–20 Gäste genutzt (Vorlaufer 1991). Demge-genüber sind die ähnlich kleinen Inseln der Malediven fast ausschließlich Standorte internationaler Hotels mit oft mehr als 100 Betten (Karte 5).

Die Einbindung von Bauernhöfen, Pflanzungen und Plantagen in die klein-betriebliche (Para-)Hotellerie ist vielen ELn bereits realisiert und wird ver-stärkt angestrebt. In Sri Lanka ist die Unterkunft auf einer Tea Estate, aber auch in Bungalows der Forstverwaltung, in Kenya auf Kaffeeplantagen mög-lich; in der Karibik, so z. B. auf Martinique, kann ein Aufenthalt in einem Her-renhaus ehemaliger Zuckerplantagen gebucht werden; in Nambia werden zunehmend Rundreisen auch durch die viehwirtschaftlich geprägten Trocken-räume mit Unterkunft und Verpflegung auf den Ranches (z. T. mit Jagdmög-lichkeiten) angeboten, denen so ein oft dringend benötigtes Zusatzein-kommen zufließt. Häufig auch angeregt durch das deutsche Beispiel bemühen sich Fremdenverkehrsplaner in einigen Ländern, so z. B. in Malaysia, sogar um den Aufbau eines qualitativ hochwertigen Angebotes, das mit „Ferien auf dem Bauernhof" vergleichbar sein soll. In der Regel sind allerdings die weithin vorherrschenden Kleinbauern aufgrund fehlender Initiative, mangelhafter Qualifikation und zu geringer Finanzkraft nicht in der Lage und auch nur selten bereit, ein derartiges Produkt anzubieten. In einigen Regionen be-treiben daher Dorfgemeinschaften kleine Gasthäuser und Bungalow-An-lagen, so z. B. – neben dem erwähnten Beispiel in der Südsee – auch in einigen Dörfern des Senegal.

Hier wird in der südsenegalesischen Casamance Besuchern in 10 (1993) dorfgenos-senschaftlichen Unterkünften (Campements) einfacher Ausstattung mit insgesamt ca. 350 Betten die Möglichkeit eines „Alternativurlaubs" mit authentischem afrikanischen Dorfleben geboten: Das zunächst unter dem Motto „integrierter Dorftourismus" ver-marktete Angebot wurde – nach anfänglichen Erfolgen 1977 – jedoch schon vor Aus-bruch politischer Unruhen in dieser Region (1993) auch wohl deshalb eingeschränkter angenommen (1984 fast 20 000; 1990 etwa 17 000 „Dorftouristen"), weil für einen Ur-laub unter spartanischen Bedingungen nur ein schmales Marktsegment vorhanden ist.

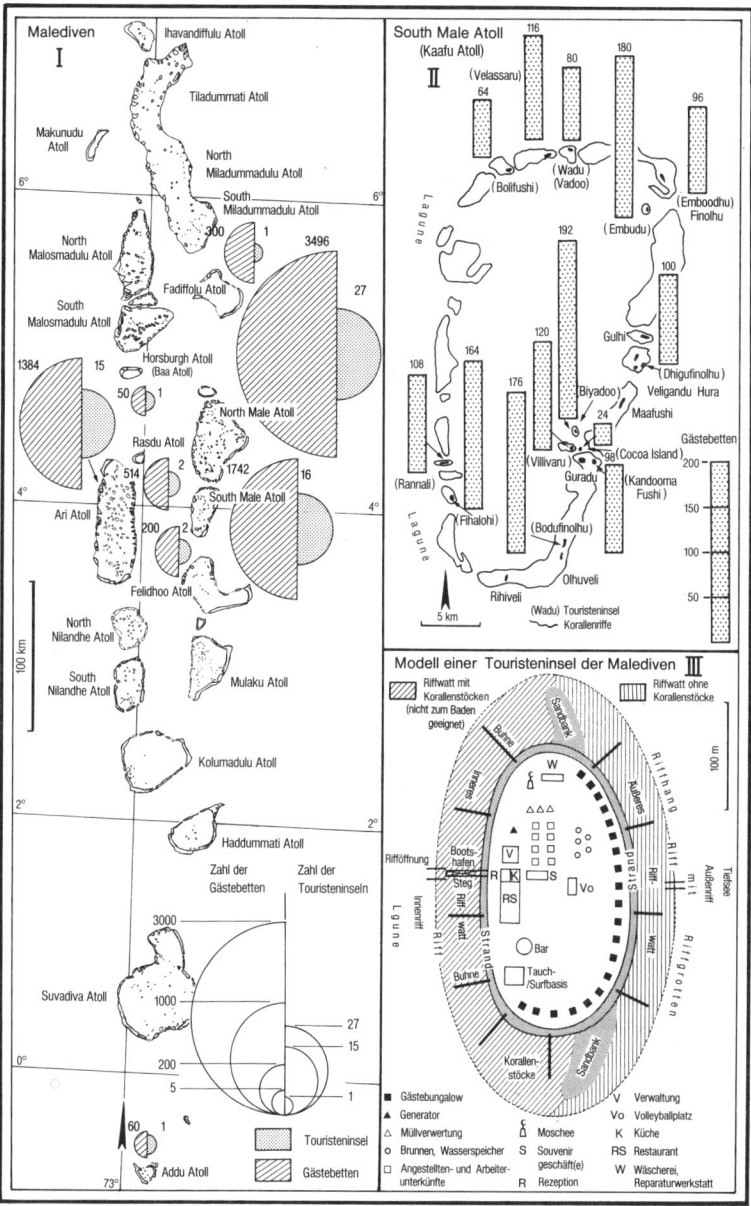

Karte 5: Die Standorte des Tourismus auf den Malediven – dargestellt für den gesamten Archipel (I), einen Atoll (II) sowie für eine Koralleninsel (III) (Entwurf: K. Vorlaufer; Quelle: Gunderjahn 1992; Kartographie: K. Massoud).

Gleichwohl: Mit den Einnahmen konnten zahlreiche dörfliche Gemeinschaftseinrichtungen (Schulen, Moscheen, Gesundheitseinrichtungen) finanziert werden. Um die Abhängigkeit vom Fremdenverkehr zu mildern, wurden Gewinne auch in die Landwirtschaft investiert (Saglio 1979; Roost Vischer 1988, 1990).

Um die Chancen der von Dorfgemeinschaften betriebenen Kleinbetriebe mit „angepaßter" Ausstattung und Leistung zu verbessern, hat z. B. der Südseestaat Vanuatu eine Tour Ltd. gegründet, die ein Monopol für den innerstaatlichen Ethnotourismus, den Besuch von „ursprünglichen" Südseedörfern besitzt und so die Dorfhotels gezielt vermarkten kann (Sofield 1993). Für Papua-Neuguinea wurde ein Modell entwickelt, das Gasthöfe mit den nationalen Hotelketten verknüpft, die an die globalen Reservierungssysteme angeschlossen sind und deren Häuser als Ausgangsbasen für mehrtägige Ausflüge zu peripher gelegenen Dörfern dienen.

Aufbau und Führung von touristischen Unterkünften durch Dorfgemeinschaften versprechen in den südpazifischen Inselstaaten auch deshalb erfolgreich zu sein, weil hier die traditionellen Gesellschaften dezentralisiert, auf dörflicher Ebene organisiert waren und z. T. noch sind.

Ein Angebot kleiner, landestypischer Unterkünfte einheimischer privater oder genossenschaftlicher Betreiber wird häufig als ein Merkmal auch des „alternativen" Tourismus gewertet (Pearce 1989), da durch den engen, oft familiären Kontakt der Besucher zu den Gastgebern das Verständnis für deren Kultur erhöht, der Fremdenverkehr somit sozialverträglicher wird. Dieser enge Kontakt kann aber auch zu Konflikten und zu einer massiveren Überformung traditioneller Kulturelemente durch exogene Werte führen.

Den Nachteil einer fehlenden Präsenz auf dem Weltmarkt versuchen Kleinbetriebe zunehmend dadurch zu mildern, daß sie sich – so z. B. auf den Seychellen (Vorlaufer 1991) – zu einem Verbund zusammenschließen, der die Interessen der Mitglieder im Ausland, aber auch im Inland vertritt.

In Anbetracht der genannten Vorteile einer Kleinhotellerie bemühen sich zunehmend auch amtliche Fremdenverkehrsämter in den touristischen Quellgebieten über spezielle Programme und Marketingstrategien die Wettbewerbssituation der Klein- und Mittelbetriebe zu verbessern.

Mit der Installierung globaler Computer-Reservierungssysteme (CRS) hat sich zudem die Marktpräsenz zumindest für eine Minderheit der Klein- und Mittelbetriebe mittleren bis oberen Standards in einigen Fremdenverkehrsregionen deutlich verbessert, da diese Betriebe nun Anschluß an die CRS erhalten und so auch z. B. kleine Reiseveranstalter mit einem ebenfalls oft engen, aber hochspezialisierten Angebot schnell und flexibel auch für Kleingruppen Buchungen vornehmen können. Zur Grundausstattung von Klein- und Mittelbetrieben insbesondere in den Fremdenverkehrszentren SE-Asiens, wie z. B. auf Phuket in Thailand, zählen zunehmend Telefon und Telefax-Geräte, so daß jetzt mit steigender Tendenz auch Individualreisende in ihrer Heimat

Direktbuchungen vornehmen können. Da auf vielen Fremdenverkehrs-
märkten die Nachfrage nach individuell gestalteten – oder individuell erschei-
nenden – Reisen voraussichtlich weiter zu-, die Buchung eines „Urlaubs von
der Stange" in einer „Betten- und Betonburg" demgegenüber abnehmen wird,
eröffnen sich für Klein- und Mittelbetriebe günstige Marktperspektiven.
Kleinen, die Kultur der gastgebenden Gesellschaft widerspiegelnden Betrieben anstatt Luxushotels mit weltweit standardisierter Ausstattung und
Dienstleistung werden gute Chancen insbesondere auch dann eingeräumt
(Poon 1990; Vorlaufer 1991), wenn die Kleinbetriebe flexibel und innovativ auf
die sich stetig wandelnden Ansprüche der Touristen reagieren. Die Kleinheit
eines Betriebes erleichtert eine größere Flexibilität, allerdings nur dann, wenn
die Betriebe die Möglichkeit der Marktbeobachtung haben. Die Kleinheit
kann dann kompensiert werden, wenn sich – evtl. durch staatliche Unterstützung – die Betriebe vernetzen und kooperieren, wie z. B. auf den Seychellen.
Das hohe Marktpotential für Kleinbetriebe verdeutlichen repräsentative
Umfragen in der BRD: 1988 z. B. äußerten 60% (1978: 57%) aller aktuellen
„Dritte-Welt-Reisenden" den Wunsch, „lieber in einem kleineren Hotel mit
landestypischer Atmosphäre" als „in einem großen internationalen Hotel mit
allem Komfort" zu wohnen (BMZ 1993): 1989/91 bevorzugten in der BRD
fast 5 Mio. potentielle Dritte-Welt-Reisenden eine Unterkunft in derartigen
Betrieben.

5.1.2 Beherbergungsgewerbe und Eigentumsverhältnisse

In den Kap. 5 und 5.1 wurde bereits deutlich, daß der Anteil ausländischen
Kapitals an der Hotellerie der einzelnen Länder unterschiedlich, infolge kom-
plexer Kapitalverschachtelungen nicht exakt zu erfassen, aber in vielen Ländern ein beachtlicher Faktor ist. Die Investitionen transnationaler Hotelketten sind zwar gering, da diese Unternehmen nur selten Voll- oder auch nur
Teileigentümer der Hotels sind, jedoch fließt auch branchenfremdes Kapital
in oft beträchtlichem Maße in die Hotellerie der EL. Da sich vor allem seit
Mitte der 80er Jahre fast alle EL, einschließlich der sich noch sozialistisch nennenden Staaten, verstärkt bemühen, auch für Ausländer ein günstiges Investi-
tionsklima zu schaffen, hat sich im Hotelgewerbe das Engagement ausländischer Investoren verstärkt. Das immer noch kommunistisch orientierte Kuba
ist hierfür ein prägnantes Beispiel. Nachdem schon seit dem Zusammenbruch
des „großen Bruders" Sowjetunion ausländische Investoren über eine bis zu
49%ige Beteiligung an Joint-ventures mit staatlichen Hotelketten den Aufbau
der Tourismuswirtschaft mitgetragen haben, wurde 1995 ein Investitionsge-
setz erlassen, das Ausländern gestattet, Hotels zu 100% in eigener Regie zu
besitzen und zu führen.

In einigen Ländern setzte eine stärkere Durchdringung mit Auslandskapital jedoch schon früher ein:

– Auf *Barbados* waren bereits 1979 ca. 45% der Gästebetten Eigentum von Ausländern, bei den Hotels oberer Kategorie sogar 74% (Potter 1983).

– Selbst auf den in den 70er Jahren noch sozialistisch ausgerichteten *Seychellen* wurde der Aufbau der Hotellerie wesentlich auch unter ausländischer (und staatlicher) Beteiligung vollzogen.

– Auch im westlich orientierten *Kenya* waren z. B. schon 1974 an den Küstenhotels Ausländer stark beteiligt, während für die Lodges in den Nationalparks stets eine Mehrheitsbeteiligung inländischer Investoren (auch der jeweiligen Gebietskörperschaften) vorgeschrieben wurde (Vorlaufer 1984).

– In *Gambia*, eine (deshalb) vornehmlich auf den skandinavischen und britischen Markt ausgerichtete Destination, wurden die ersten und größten Ferienhotels zunächst von schwedischen und dann von britischen Reisekonzernen (u. a. die Kette Copthorne Hotels) überwiegend als Joint-ventures mit dem Staat errichtet (Esh/ Rosenblum 1985; Dieke 1993).

Vor Realisierung der von der Weltbank geforderten Strukturanpassungsmaßnahmen Mitte der 80er Jahre entfielen von den Bettenkapazitäten Gambias 52% auf ausländische und 48% auf staatliche Investitionen (Dieke 1993). Auch in Gambia hat sich der Staat in den letzten Jahren zunehmend als Betreiber touristischer Einrichtungen zurückgezogen und ein Privatisierungsprogramm gestartet, auch um den Anteil heimischer Privatpersonen am Hotelgewerbe zu erhöhen. Gambia ist ein Beispiel dafür, daß die von Reisekonzernen aus den Quellgebieten getätigten Investitionen im Tourismusgewerbe der Zielgebiete eine enge Verknüpfung von Angebot und Nachfrage ermöglichen, aber auch die Abhängigkeit eines Landes von nur einem regional eng begrenzten Markt verfestigen können. Die skandinavischen Länder stellten im Tourismusjahr 1982/83 immerhin 33,3% und die Briten sogar 37,8% der insgesamt 26 745 Charterflugtouristen (BRD 4,1%). Auch 1990/91 betrugen die entsprechenden Werte, bei insgesamt 58 026 Charterflug-Besuchern, für die nordischen Länder noch 18,7%, für Großbritannien sogar 54,1% (BRD 9,6%), obwohl die Regierung massive Marketingbemühungen unternommen hat, die Abhängigkeit von nur wenigen Quellgebieten zu mildern.

Ein markantes Beispiel für eine intensive Durchdringung der Hotellerie mit ausländischem Kapital sind – neben der bereits erwähnten Dominikanischen Republik – die *Bahamas*. Hier räumte schon ein 1974 erlassenes Investitionsförderungsgesetz auch ausländischen Eigentümern Vergünstigungen bei Neubauten von Hotels ab einer Größe von 20 Zimmern (auf den Family Islands: 10) ein: Aufhebung von Importzöllen für Baumaterialien und Hotelausstattungen, Befreiung von der Einkommensteuer für 20, von der Grundstückssteuer für 10 Jahre; Repatriierungsmöglichkeit von Gewinnen. Die Folge ist, daß auf den wichtigsten Ferieninseln (Tab. 12) ausländisches, insbesondere US-amerikanisches Kapital dominiert.

Tab. 12: Die Eigentümerstruktur des Beherbergungsgewerbes auf den drei wichtigsten Fremdenverkehrsinseln der Bahamas (New Providence, Paradise Island, Grand Bahamas; um 1985)

	Zahl der Zimmer	
	abs.	%
Ausländer	6719	61,3
Inländer	2253	20,6
Staat	1191[2]	18,1

[1]gänzlich oder teilweise Eigentum von Bahamern; [2]563 Zimmer über ein Joint Venture (50 %) mit einem malaysischen Unternehmen; Quelle: Ungefehr 1988

Die Bahamas sind auch ein Beispiel dafür, daß der Staat trotz einer insgesamt liberalistischen Politik die kleinbetriebliche Hotellerie (< 25 Zimmer) als Investitionsbereich Bahamern vorbehält, da hier der Kapitalbedarf nicht so hoch ist, leichter über heimische Ressourcen mobilisiert werden kann. Auf den peripheren Family Islands mit stärkerer kleinbetrieblicher Struktur steigt daher die Bedeutung einheimischen Kapitals deutlich an.

Ähnliche Vergünstigungen für Auslandskapital bieten z. B. auch Thailand, vor allem aber *Mexiko*, das im Rahmen seiner Politik der touristischen Inwertsetzung bisher unerschlossener Standorte massiv um (private in- und) ausländische Investoren wirbt (Kap. 7.3) – gleichwohl, nach Auskunft der staatlichen Tourismusbehörde FONATUR waren 1995 deutlich weniger als 20% der Hotelkapazitäten Mexikos ausländisches Eigentum, obwohl z. B. die FONATUR im Rahmen der generellen Privatisierungspolitik einige ihrer Hotels an Ausländer, so z. B. 1994 drei Betriebe an den Club Med, veräußert hat. Die größeren Hotels (überwiegend mexikanischer Eigentümer) sind allerdings – und dies trifft fast ausnahmslos vor allem auf die großen Seebäder wie insbesondere Cancun zu – in der Regel über das Management und globale Reservierungssysteme transnationaler Ketten angeschlossen.

Auch Tunesien vollzieht den Aufbau des Tourismus- und vor allem des Beherbergungsgewerbes mit Hilfe ausländischer Investoren, jedoch ist der Anteil heimischen Kapitals mit z. B. 88% in den Jahren 1988–91 überragend (Tab. 13). Der Kapitalzufluß aus arabischen „Bruderländern" ist zudem dominant.

Das Beispiel für einen hohen Anteil ausländischer Investitionen in einem kommunistischen Staat ist *China* (Tab. 14). Zwar ist die Zahl staatlicher bzw. genossenschaftlicher Betriebe hier (noch) dominant, doch Ausländer tragen im wesentlichen die rasante Expansion der Hotellerie Chinas (1991: 679500; 1994: 834800 Betten!). Die umsatz- und gewinnstärksten Betriebe werden von Ausländern, häufig von Auslandschinesen, kontrolliert. Die Investi-

Tab. 13: Die Bedeutung ausländischer Investitionen in das Tourismusgewerbe Tunesiens am Beispiel der Jahre 1988–1991 (in 1000 t.D. und %)

Gesamtinvestitionen	803442	100,0
davon		
ausländische Investitionen	96413	12,0
davon		
Saudi-Arabien	43260	5,4
Kuwait	25560	3,2
Frankreich	11560	1,4
Deutschland	4879	0,6
Schweiz	2748	0,3
Arabische Emirate	2119	0,3

Quelle: L'Officiel du Tourisme du Thermalisme et de l'Artisanat en Tunisie, Tunis

tionen aus Hongkong, Macau und auch Taiwan sind beträchtlich. Vor allem bei der Erschließung neuer Fremdenverkehrsstandorte ist ausländisches Kapital und Know-how erwünscht. So entsteht das erste große Touristenzentrum auf einem kleinen Eiland vor der Insel Hainan. Bei diesem bisher größten Joint-venture bauen Investoren aus Singapur mit einer lokalen Gesellschaft mehrere Luxushotels und große Freizeitanlagen. Auf Hainan wird zudem in Kooperation mit dem Club Méditerranée eine Ferienanlage erbaut und betrieben.

Auch *Burma*, das lange eine restriktive Tourismuspolitik betrieben hat, fördert jetzt trotz ideologischer Vorbehalte verstärkt den Fremdenverkehr. Die politischen Unruhen 1988 haben zwar die Entfaltung des Tourismus kurzfristig unterbrochen (1987: ca. 120000, 1988: 32000 Einreisen), jedoch wirbt die Regierung mit großzügigen Konditionen um ausländische Investitionen. Seit 1990 können Ausländer ohne lokale Beteiligung, mindestens jedoch mit einer Einlage von 35%, Hotels, Reisebüros und andere touristische Einrichtungen erwerben. Schon 1991 wurden fünf Ferienprojekte realisiert. Ein französischer Investor errichtete Ferienchalets bei Rangun und ein Hotel in Pagan. Zwei Hotels gehobener Kategorie wurden in der Hauptstadt im Rahmen eines Joint-ventures von einer japanischen Gruppe erbaut. Auf einer Insel des Grenzflusses Mekong, im Goldenen Dreieck, dem Schnittpunkt von Burma, Laos und Thailand, hat ein thailändisches Unternehmen Freizeitanlagen und insbesondere für die wettspielfreudigen Auslandschinesen SE-Asiens ein Kasino erbaut, das in dem in dieser Hinsicht puritanischen Thailand nicht betrieben, aber hier günstig von einem am thailändischen Mekong-Ufer gelegenen Hotel aus besucht werden kann (und aus burmesischer Sicht aufgrund seiner isolierten Lage für Burmesen keine ideologische und kulturelle Gefährdung darstellt).

Eine weitere Variante unterschiedlicher Formen der Investitionstätigkeit ausländischer Unternehmen im Hotel- und generell im Fremdenverkehrsge-

Tab. 14: Die Eigentumsverhältnisse im Hotelgewerbe[1] der VR China 1994

	Betriebe		Betten (in 1000)		Anteil (in %) am		
	abs.	%	abs.	%	Umsatz	Gewinn	Anlage-vermögen
I. Hotels inländischer Eigentümer							
1. Staatsbetriebe	2069	69,1	563,3	67,5	37,0	+40,2	44,5
2. Kollektiv-/Genossenschafts-betriebe	316	7,9	53,6	6,4	3,6	-0,7[3]	3,5
3. Privatbetriebe	15	0,5	1,1	0,1	0,09	-0,02[3]	0,05
4. Allianzbetriebe[2]	30	1,0	7,3	0,9	0,7	+1,1	0,8
5. Aktiengesellschaften	36	1,2	12,9	1,5	1,6	+3,3	2,7
II. Hotels ausländischer Investoren							
Betriebe von Investoren aus							
1. Hongkong, Macau, Taiwan	202	6,7	86,7	10,4	22,3	+33,5	17,2
2. sonstiges Ausland	327	10,9	109,9	13,2	27,3	+23,6	31,2
G e s a m t	2995	100,0	834,8	100,0	100,0	+100,0	100,0

[1]nur für ausländische Touristen geeignete und zugelassene Hotels; [2]von verschiedenen Institutionen errichtete Hotels; [3]Verlust in Relation zum Gesamtgewinn; Quelle: National Tourism Administration of the People's Republic of China

werbe der touristischen Zielräume ist gegenwärtig typisch für Investoren aus Japan. Die japanischen Investitionen in die Tourismuswirtschaft südostasiatischer und pazifischer Staaten haben sich seit den 80er Jahren drastisch erhöht, und sie gruppieren sich häufig um flächenextensive Golfplätze, die in Japan aufgrund hoher Grundstückspreise und ökologischer Bedenken nicht mehr in ausreichender Zahl erstellt werden können. Japaner hatten schon um 1991 im Ausland, insbesondere in SE-Asien, ca. 150 Golfplätze errichtet bzw. geplant, deren Nutzung für japanische Touristen hier trotz zusätzlicher Flug- und Unterkunftskosten preiswerter ist als das Golfen in Japan.

Auf der philippinischen Insel Cebu z. B. hat ein japanischer Investor auf einem ca. 100 ha großen Areal eine riesige Ferienanlage mit Golfplatz, Marina, zahlreichen Hotels und Ferienwohnungen vornehmlich für japanische Besucher angelegt: 1991 wurde das mit Direktflügen aus Japan verbundene Cebu schon von ca. 50000 Japanern besucht (Mackie 1992). Ähnliche Projekte wurden u. a. auch in Malaysia und Thailand realisiert: Die mit Auslandskapital errichteten Hotels sind integrale Teile großer Ferien- und Vergnügungszentren.

Ähnlich wie die Bahamas erschweren oder verschließen sogar viele Staaten Ausländern Anlagemöglichkeiten in der Kleinhotellerie, da dieser Bereich eher mit heimischem Kapital und Know-how betrieben werden kann. Gleichwohl: An einigen Fremdenverkehrsstandorten haben sich – häufig auch als Initiatoren der touristischen Entwicklung – Ausländer in diesem Sektor engagiert. Durchaus typisch ist es, daß z. B. ideenreiche Traveller aus Europa einen touristisch (oft scheinbar) attraktiven Standort „entdecken" und hier als „Aussteiger" aus der Industriegesellschaft eine kleine Herberge oder ein Restaurant eröffnen, so z. B. besonders häufig in der Südsee (Hölper 1986), auf der thailändischen Insel (Ko)Samui (Schauber 1993; Williamson 1993), schon während der Kolonialzeit an einigen heute wichtigen Fremdenverkehrsstandorten Balis (Dress 1979 b) oder auf der Insel Boracay/Philippinen. Hier hat sich, initiiert durch Ausländer dieses Typs, seit den 80er Jahren eine der heute wichtigsten Destinationen des Philippinen-Tourismus entfaltet. Da Ausländer hier, ebenso wie in vielen anderen Ländern, Grund und Boden nicht erwerben können, haben diese „Hoteliers" in der Regel einen einheimischen Partner, oft als „Strohmann", in ihrem Betrieb aufgenommen oder aber, was häufig ist, eine Philippina geheiratet, die offiziell Eigentümerin des Betriebes ist.

Die Eigentümerstruktur des Beherbergungsgewerbes ist zudem oft dadurch charakterisiert, daß
– Kleinbetriebe häufiger Personen gehören, die im Nahbereich des Standortes wohnen und hier oft auch geboren sind; mit wachsender Größe des Betriebes aber zunehmend regionsfremde Inländer – häufig aus der Hauptstadt – Eigentümer sind (Beispiele sind nach unseren Studien: Phuket, Chiang Mai/Thailand, Baguio/Philippinen oder nach Holl [1994] Langkawi/Malaysia);

– Klein- und Mittelbetriebe Eigentum von Personen sind, die zwar jetzt überwiegend als „Hoteliers" arbeiten, aber häufig aus anderen Berufen kommen;
– Händler Kapital in einen Beherbergungsbetrieb investieren, der dann nebengewerblich von einem Familienmitglied oder einem angestellten „Manager" geführt wird.

Charakteristisch ist zudem, daß in vielen Ländern Inländer bestimmter ethnischer Gruppen überproportional als Eigentümer in diesem Sektor auftreten. Latente, aber auch offene Konflikte ergeben sich dann oft, wenn eine ethnische Minderheit eine derartige wirtschaftliche Dominanz besitzt. Klassen- und ethnische Konflikte können sich dann zu einer politisch brisanten Form verquicken. Ein Beispiel hierfür ist Malaysia. Hier liegt die politische Macht in den Händen der Bevölkerungsmehrheit, der einheimischen Malayen (ca. 60%), während die in der Kolonialzeit zugewanderten Inder (8%), vor allem aber die Chinesen (ca. 31%) im hohen Maße die moderne städtische Wirtschaft und auch den Fremdenverkehrssektor beherrschen. Da aus diesem Gegensatz von politischer und wirtschaftlicher Macht z. B. 1969 blutige Unruhen resultierten, hat die Regierung sich nachfolgend intensiv bemüht, die wirtschaftliche Macht der Chinesen zu beschränken und den Einfluß der Malayen zu stärken. Noch 1978 waren jedoch nur 4,7% aller Beherbergungsbetriebe Malaysias Eigentum von Bumiputras (= Malayen plus einheimische Volksgruppen); der Besitzanteil der malayischen Staatsbürger chinesischer Abstammung an den Hotelkapazitäten dürfte zudem noch deutlicher über 95% gelegen haben, da die Chinesen insbesondere größere Hotels, Bumiputras in der Regel nur Kleinstbetriebe besitzen (Marr 1982).

Die Dominanz der Chinesen in der Fremdenverkehrswirtschaft hat sich zwar in einigen Branchen abgeschwächt, ist aber immer noch überragend. Auf der Insel Penang z. B., dem wichtigsten Ziel des internationalen Tourismus, war noch Mitte der 80er Jahre von den 152 Hotels nicht ein einziger Betrieb malayisches Eigentum (Din 1989). Selbst auf dem für den Tourismus im wesentlichen erst nach 1987 erschlossenen Langkawi-Archipel waren 1992 zwar 60% aller Beherbergungsbetriebe Eigentum der Bumiputras, die aber über weniger als 20% der Kapazitäten verfügen (Holl 1994). Die malayische Partizipation konnte nur bei den staatlichen Einrichtungen erhöht werden, wo die einheimische politische Elite direkt Einfluß nehmen kann, so z. B. bei den (relativ wenigen, vorher von Chinesen geführten) Hotels der Staatsbahnen und in Branchen, wo der Staat über Lizenzen die Besitzverhältnisse steuern kann. Zudem sind Malayen im informellen touristischen Kleingewerbe oft stärker tätig, da hier die Anforderungen an die fachliche und unternehmerische Qualifikation und die Kapitalkraft geringer sind.

Die geringe malayische Teilhabe an der Fremdenverkehrswirtschaft spiegelt zwar die typischen Merkmale der Wirtschaft Malaysias wider, ist aber überraschend, weil gerade der Tourismussektor ein Engagement auch der Malayen (scheinbar) begünstigt: Im Unterschied zur chinesisch dominierten Industrie kann sich der Fremdenverkehr häufig auf dem flachen Land abseits der Städte, d. h. in den Siedlungsräumen der Einheimischen entfalten; die Abhängigkeit von Zuliefererbetrieben, die von Unternehmern einer anderen Ethnie geführt werden, ist weniger stark und vor allem sind auch die Kunden, d. h. die Touristen, nicht ethnozentriert: Diese Faktoren erschweren in der von Chinesen vollständig kontrollierten Industrie das Eindringen der Malayen.

Malaysia ist aber ein Beispiel auch dafür, daß religiös-kulturelle Bedingungen einen Einfluß auf die Eigentumsverhältnisse haben können. Die islamischen Malayen sehen gerade in einer touristischen Tätigkeit eine Gefahr für ihre Kultur und Religion. Mit dem Hotelgewerbe werden bei vielen Malayen Assoziationen wie Prostitution, Glücksspiel und Alkoholkonsum verbunden. So ergibt sich die konfliktträchtige Situation, daß in einem Land, wo der Islam Staatsreligion ist, ein wichtiger Wirtschaftsbereich von einer ethnischen Minderheit dominiert wird, die andere kulturelle Werte hat und auch in den von den islamischen Malayen negativ sanktionierten Werten, Verhaltensweisen und Ansprüchen hedonistisch orientierter Touristen besonders große wirtschaftliche Profitchancen sieht. Bezeichnenderweise stellen Chinesen auch als Beschäftigte im Hotelgewerbe überproportional hohe Anteile in gehobenen und mittleren Positionen, während Malayen fast ausschließlich in der Betriebshierarchie untere Stellungen einnehmen.

Ein anderes Beispiel für eine starke Position ethnischer Minderheiten im Hotelgewerbe ist Kenya. Wenn auch das Beherbergungsgewerbe *Kenyas* insgesamt überwiegend Inländern gehört, ist jedoch an einzelnen Standorten der Einfluß ausländischen Kapitals und auch die Bedeutung von Kenyanern indischen oder arabischen Ursprungs hoch. Ein prägnantes Beispiel hierfür ist Malindi. Diese zunächst von europäischen Siedlern aus dem „weißen Hochland" noch in der Kolonialzeit als Badeort „entdeckte" Stadt hatte auch aufgrund dieser Entwicklung stets einen hohen Anteil europäischer Eigentümer von Strandparzellen zunächst für Ferien- und Zweitwohnsitze, aber auch für die ersten Küstenhotels Kenyas (Vorlaufer 1977a, 1977b). In den 80er Jahren entwickelte sich Malindi zu einem „Modebad" für den italienischen Markt. Italiener als Besucher und Eigentümer von Fremdenverkehrsbetrieben wurden nun zum charakteristischen Element (Vorlaufer 1995b). Zwar sind von den 37 Beherbergungsbetrieben Malindis noch 15 Eigentum von Personen kenyanischer Staatsangehörigkeit (aber nur 17% der Betten!), die jedoch im hohen Maße allochthonen Minderheiten angehören (Inder: 6, Araber:1). Typisch ist für Kenya daneben, daß an vielen der mit ausländichem Kapital errichteten und betriebenen Hotels die nationale Bourgeoisie beteiligt ist.

Diese enge Verquickung von Interessen heimischer Eliten mit ausländischem Kapital und Know-how ist kennzeichnend für viele Länder. In Thai-

land z. B. ist das Königshaus u. a. im Hotelwesen engagiert. Schon bis 1960 hat
das für den Königsbesitz zuständige Bureau of the Crown Property (BCP)
acht Großhotels errichtet; bis 1982 wurden Anteile an sechs weiteren Hotels
erworben, die z. T. transnationalen Ketten (z. B. Inter-Continental, Hilton)
angeschlossen sind. Über vom Königshaus kontrollierte Banken werden indirekt weitere Anteile an Hotels auch nationaler Ketten gehalten. Zusammen
mit Angehörigen der Staatsbürokratie (u. a. Armee, Marine) und mit wenigen,
die Wirtschaft Thailands dominierenden Familien (oft chinesischen Ursprungs) werden zudem große Bereiche der Luxushotellerie indirekt kontrolliert (Meyer 1988), die wiederum im hohen Maße von Transnationals gema-
nagt wird. Aus dieser Verquickung heimischer Interessengruppen mit „Transnationals" muß nicht stets der oft von Kritikern des Dritte-Welt-Tourismus
erwähnte exzessive Transfer von Gewinnen verknüpft sein. In Thailand war
z. B. von 1971–77 der Kapitalzufluß in die Hotelwirtschaft größer als der Ge-
winn-Transfer; weit weniger als 5% der Gewinne flossen ins Ausland. In
Thailand erstreckte sich der direkte und indirekte Einfluß ausländischer Investoren auf nur 12% der Beherbergungskapazitäten; bei den großen Luxushotels Bangkoks allerdings auf ca. 62% (Meyer 1988). Auch in Phuket und
Chiang Mai ist das Engagement ausländischen Kapitals gering – auch wenn
an einigen der thailändischen Gesellschaften Ausländer beteiligt sein können
(Abb. 12).

Diese Dominanz heimischen Kapitals ist auch typisch für viele andere Länder:
– Auf den Malediven waren 1986 von den 55 auf einzelnen Inseln lokalisierten Hotel-
  anlagen (Karte 5) 38 Eigentum heimischer Privatpersonen, 10 gehörten der Re-
  gierung und nur drei Anlagen waren vollständig, vier weitere Resorts teilweise
  Eigentum ausländischer Investoren.
– In der peruanischen Inka- und Touristenstadt Cuzco (1982) waren selbst 18 von 19
  Hotels gehobenen Standards Eigentum von Peruanern, vornehmlich zudem aus
  Cuzco selbst; nur ein Hotel gehörte einem in der Stadt lebenden Franzosen
  (Jurczek 1985).
– In dem Karibik-Staat Dominica (mit 1988 jedoch nur 21 Betrieben mit 379 Zim-
  mern) waren 70% der Kapazitäten vollständig Eigentum Einheimischer, jeweils
  15% gehörten Ausländern gänzlich oder mehrheitlich (60–75%-Anteile; Weaver
  1991).

Die Eigentumsverhältnisse im Hotelgewerbe vieler Länder werden zudem
dadurch geprägt, daß nicht nur eine junge nationale Bourgeoisie, wie im Falle
Kenyas, diesen Sektor dominiert, sondern auch traditionelle Eliten an diesem
modernen Sektor als Eigner partizipieren. So sind z. B. die nicht von auswär-
tigen Indonesiern oder Ausländern beherrschten Tourismusbetriebe des
Fremdenverkehrszentrums Sanur auf Bali vornehmlich unter Kontrolle von
Angehörigen der Brahmanen und Ksatryia-Kaste, die in der balinesischen Gesellschaft die soziale und wirtschaftliche Elite bilden (Hussey 1982).

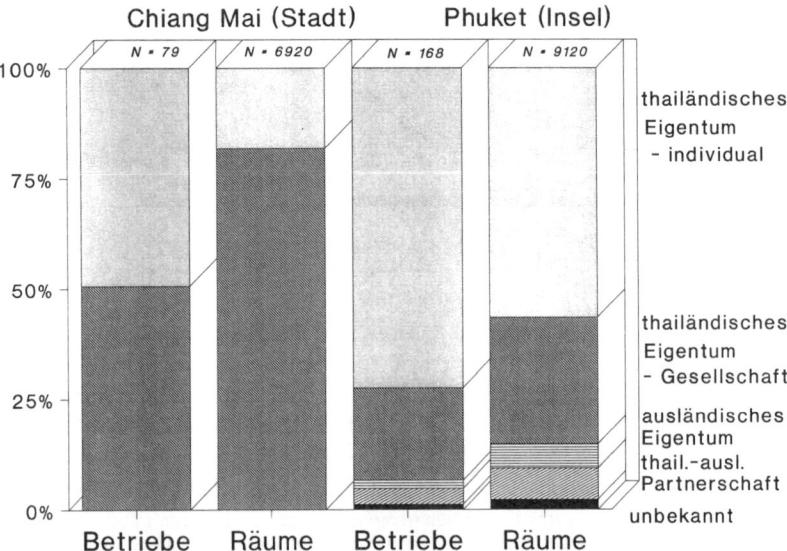

Abb. 12: Die Eigentumsverhältnisse nach In- und Ausländern im Beherbergungsgewerbe der thailändischen Fremdenverkehrsstandorte Phuket und Chiang Mai (1992)
(Quelle: Eigene Erhebungen [VW-Projekt]).

5.2 Reiseveranstalter und Reiseagenturen

Nach dem Beherbergungsgewerbe weist diese Branche von allen Sektoren
der Tourismuswirtschaft die stärkste Verknüpfung mit ausländischem Kapital
und transnationalen Reisekonzernen auf; sie nimmt in vielen Fremdenverkehrsstandorten hinsichtlich Betriebs- und Beschäftigtenzahlen eine promi-
nente Position ein (Beispiel Sri Lanka, Tab. 15). Der Beitrag der Branche zum
BIP ist insbesondere in den stark vom Fremdenverkehr geprägten Volkswirtschaften kleiner Staaten in der Regel hoch.

Für diese Branche können zwei Unternehmens-Typen unterschieden
werden:

1. In der Regel landesweit tätige Agenturen, die im Incoming-Tourismus,
als Zielgebietsagenturen, arbeiten: Flughafentransfers, Rundreisen oder
Autovermietungen werden von diesen Unternehmen oft in enger Kooperation mit Reiseveranstaltern aus den Quellgebieten des Tourismus angeboten.
Diese Unternehmen sind häufig gänzlich oder teilweise im ausländischen
Besitz. Die Reisekonzerne unterhalten zudem oft eigene Zielgebietsagenturen als „Töchter" in der Regel über Joint-ventures mit inländischem Kapital zur Betreuung ihrer Gäste, so z. B. der TUI-Konzern in Kenya, in der

Tab. 15: Betriebe und Beschäftigte des „formellen" Fremdenverkehrsgewerbes und die Zahl der Beschäftigten je 1000 touristischer Aufenthaltstage (B/A) in Sri Lanka 1994

	Betriebe		Beschäftigte		B/A
	abs.	%	abs.	%	1994
Beherbergungsgewerbe/ Restaurants	467	46,4	22246	69,4	5,2
Reiseveranstalter/ -vermittler	239	23,8	3754	11,7	0,9
Luftfahrtunternehmen	20	2,0	3924	12,2	0,9
Freizeiteinrichtungen[1]	14	1,4	240	0,8	0,06
Touristenläden	266	26,4	1890	5,9	0,4
Gesamt	1006	100,0	32054	100,0	7,5

[1] z.B. Minigolfanlagen, Bootsverleih; Quelle: Ceylon Tourist Board, Colombo

Türkei und in Marokko oder die NUR-Touristik in Thailand (Vorlaufer 1993 a). Ausländer haben in einigen Ländern als binnenorientierte, aber für den internationalen Tourismus arbeitende Großveranstalter oft deshalb gegenüber Einheimischen zumindest in der Anfangsphase der touristischen Entfaltung einen Wettbewerbsvorteil vor allem auf dem Pauschalreisemarkt, weil sie mit den Bedürfnissen ihrer Klientel besser vertraut und oft auch deren Sprache sprechen. Ein Beispiel: Die schon 1957 in Thailand gegründete (heute auch mit Thai-Kapital arbeitende) Diethelm Travel ist Tochter eines weltweit im Handelssektor tätigen Schweizer „Transnationals" und betreut – als Marktführer für Pauschalreisen innerhalb Thailands – die Kunden u. a. der europäischen Veranstalter TUI, KUONI, Hotelplan, Globetrotter und Ikarus (Meyer 1988). Die meisten dieser Tour Operators unterhalten einen großen Fahrzeug-, vor allem Buspark. Schon um die in vielen Ländern restriktiven Beschränkungen beim Import von Autos leichter umgehen zu können, arbeiten die oft zunächst von Ausländern getragenen Unternehmen mit Inländern zusammen, denen wiederum Knowhow und Marktkenntnisse der Partner zugute kommen. Joint-ventures für spezifische Regionalmärkte sind so z. B. typisch für Thailand – die großen japanischen, australischen und europäischen Veranstalter sind an diesen in den Zielgebieten tätigen Tour Operators beteiligt.

In einigen, insbesondere für den internationalen Luftverkehr günstig gelegenen Ländern weiten diese Veranstalter und Agenturen ihr Engagement verstärkt auch auf Nachbarländer aus: In Bangkok vermitteln zahlreiche Betriebe Touristenreisen u. a. in die bis in die 90er Jahre noch schwer zugänglichen Nachbarländer Burma, Laos, Vietnam oder Kambodscha; Hongkonger Agenturen bieten Reisen durch China an.

2. Kleinbetriebe mit oft nur bis zu 10 oder 20 festen Mitarbeitern: Sie bieten

Tab. 16: Die Struktur des Fremdenverkehrsgewerbes (Zahl der Betriebe) in den „Seebädern" Patong/Phuket (Thailand) und Kuta/Bali (Indonesien) 1994

	Patong	Kuta		Patong	Kuta
Beherbergungs-betriebe	100	403	Supermärkte	17	-
Gästebetten	6006	12251	Geldwechsel	19	28
Restaurants	85	24	Foto/Optiker	15	17
Bars/Diskotheken	228	21	Autoverleih	1	2
Textilien/Schneider	143	683	Wäschereien	10	-
Lederwaren/Schuhe	28	156	Musikgeschäfte	5	
Souvenirs	29	101	Zeitungen/Bücher	1	5
Juwelier-/Silberwaren	20	39	Kaufhaus	1[1]	
Antiquitäten	4	-	Lebensmittel	-	1
Schönheits-/Massagesalons/Friseure	22	-	Sportartikel	-	3
Tätowierbetriebe	1	6			
Tauchschulen	13	-	Fremdenverkehrs-		
Reiseagenturen	22	27	betriebe gesamt	764	1511

[1]Das Kaufhaus umfaßt 6 Textil-, 8 Leder-, 2 Uhreneinheiten und 4 Schneidereien. Anmerkung: Die Einordnung der Betriebe erfolgte nach dem vorherrschenden Gut, Mischangebote sind häufig (z.B. Textilien/Ledergürtel; Schuhe/Sportartikel). Die Vermietung von Pkw und Motorrädern wird auch von zahlreichen Reiseagenturen und Hotels vorgenommen; Quelle für Hoteldaten: offizielle Hotelverzeichnisse; sonstige Betriebe: eigene Erhebungen 1994

häufig nur in einzelnen Regionen eine breite Palette von in der Regel spezialisierten Reisen an: Ausritte und auch mehrtägige Reisen auf Kamelen oder Elefanten, Wildwasserfahrten, Bootsausflüge, Safari-/Rundreisen, Trekking-Touren, Jagdausflüge, Besuch von Tempeln, Tauchfahrten zu Korallenriffen, Rundflüge mit Kleinflugzeugen, Fesselballons (z.B. in kenyanischen Nationalparks) oder mit Helikoptern (z.B. über die Viktoria-Fälle in Zimbabwe).

In fast allen wichtigen Fremdenverkehrszentren treten derartige Kleinbetriebe in großer Zahl auf wie z.B. Tab. 16 für einen thailändischen und einen balinesischen Küstenstandort belegt. Einheimische sind überwiegend Inhaber dieser Betriebe, da sie aufgrund oft guter Lokal- und Regionalkenntnisse oder spezifischer Fähigkeiten (z.B. als Bootsführer, Bergsteiger, Jäger) gegenüber Zugewanderten oft einen Wettbewerbsvorteil haben, häufig schon traditionell für dieses Gewerbe spezifische Ausrüstungen besitzen (z.B. Boote, Reittiere). Der Kapitalbedarf ist zudem häufig gering. Gleichwohl sind auch in dieser Branche in einigen Ländern Ausländer oft Inhaber von Kleinunternehmen insbesondere dann, wenn sie aufgrund ihrer besseren Kenntnisse der Nach-

frage Angebote unterbreiten, die den Bedürfnissen und Mentalitäten der Touristen entgegenkommen oder auch aufgrund großer Kapitalkraft und unternehmerischer Initiative ein Veranstalter-Geschäft betreiben, dessen Angebot
auf einen Einsatz kapitalintensiver Ausrüstungen, technischer Geräte und spezifischer Qualifikation basiert, so z. B. Veranstalter von Törns durch die Insel-
welt der Karibik mit luxuriösen Segelschiffen und Yachten oder – besonders
häufig – wassersporterfahrene Europäer, die in einem Badeort eine Tauch-
schule betreiben und Tauchausflüge veranstalten.

5.3 Touristengeschäfte

Das auch für flüchtige Besucher augenfälligste Merkmal der Branchen-
struktur des Fremdenverkehrsgewerbes ist die in vielen Tourismuszentren
große Vielfalt und Breite von Geschäften, Verkaufsständen und mobilen
Händlern, die Souvenirs, Schmuck, Kunst- und Kultgestände, Antiquitäten,
Kleidung, Teppiche, ja selbst Möbel (z. B. Truhen auf Sansibar oder in Lamu/
Kenya), aber auch Artikel des täglichen Bedarfs wie Getränke, Nahrungs- und
Genußmittel, Zeitungen, Schreib- oder Fotomaterialien anbieten. In fast allen
Fremdenverkehrszentren umfaßt dieser Sektor die größte Zahl an Betrieben
und damit an selbständigen Existenzen wie Tab. 16 für unterschiedliche Reiseländer und Tourismuszentren belegt. Diese Branche weist die geringste Verflechtung mit ausländischem Kapital und Know-how auf. Ein nur geringer
Kapitalaufwand bei der Betriebseröffnung erleichtert den Einstieg Einheimischer in dieses Gewerbe. Ein Schutz vor auswärtiger Konkurrenz besteht
zudem dadurch, daß dieser Handelssektor eng mit dem traditionellen Handwerk, oft mit ausgeprägter lokaler oder regionaler Spezialisierung, verknüpft
ist (Kap. 6.6) und so heimische Händler zugleich Handwerker sind, aus dem
Handwerksstand kommen oder zumindest häufig langjährige Kontakte zu
diesem Gewerbe haben, die ihnen gute Produktkenntnisse und somit Wettbewerbsvorteile sichern. Allerdings gibt es auch Beispiele dafür, daß es von
außerhalb der Tourismuszentren stammenden Händlern gelingen kann, die
touristische Vermarktung der Erzeugnisse lokaler Handwerker zu dominieren
(so z. B. in Mexiko, Vorlaufer 1984).
    Infolge der leichten Zugänglichkeit zu vielen touristischen Handelssparten
ist die Konkurrenz unter den Anbietern oft stark, die Gewinne sind dementsprechend häufig gering. Auch deshalb ist dieser Sektor für kapitalstarke in-
und vor allem ausländische Investoren nicht attraktiv.

5.4 Das touristische Transportgewerbe

Insbesondere, aber nicht nur, in großen Flächenstaaten und in Ländern mit räumlich weitgestreuten, den Rundreisetourismus fördernden Attraktionen ist ein leistungsfähiges Verkehrssystem eine wesentliche Komponente der touristischen Infrastruktur. Die aus innerstaatlichen Verkehrsleistungen resultierenden Einnahmen sind dann in der Regel von großer Bedeutung. Alle wichtigen Verkehrsmittel dienen in unterschiedlichem Maße und räumlich differenziert dem Transport von Besuchern: Flugzeuge, Helikopter, Automobile – vom Luxus-Pkw über geländegängige Fahrzeuge bis zu Bussen-, Bahn-, Fähr-, Kreuzfahrt- und Hochseeschiffe, Yachten, Segelschiffe, Boote, Motor- und Fahrräder, Rikschas und Reittiere unterschiedlicher Art (Esel, Pferde, Jaks, Kamele, Elefanten). Entsprechend dieser Vielfalt ist auch das Transportgewerbe hinsichtlich Betriebsgrößen, Eigentumsverhältnisse und Kapitalausstattung extrem differenziert. Generell läßt sich diese Branche in zwei große Bereiche gliedern:

1. Die in der Regel staatlichen oder halbstaatlichen, in einigen Ländern aber auch z. T. privaten Verkehrsbetriebe des *öffentlichen Verkehrssystems*, die Leistungen primär für die einheimische Bevölkerung bieten, sich aber auch, z. T. sogar mit speziellen Angeboten oder Tarifen, in den Tourismusmarkt einbinden. In volkreichen und zudem evtl. weiter entwickelten Ländern, wie z. B. Indien, China oder Mexiko, machen die Einnahmen z. B. der Bahn, der Busunternehmen oder auch der innerstaatlichen Fluglinien aus dem internationalen Fremdenverkehr nur einen vergleichsweisen geringen Anteil der Gesamteinnahmen aus.

   In kleinen Staaten können jedoch die touristischen Einnahmen von entscheidender Bedeutung für die Existenz dieser Unternehmen und damit für die Aufrechterhaltung eines Verkehrsangebotes auch für die heimische Bevölkerung sein. Dies trifft etwa auf die Seychellen zu (Vorlaufer 1991). Ohne die touristische Nachfrage könnte das auch für die Seychellen wichtige Angebot im Fähr- und Luftverkehr zwischen der Haupt- und den zahlreichen, oft weitentfernten und dünnbesiedelten Außeninseln infolge geringen Verkehrsaufkommens nicht in dieser Breite wirtschaftlich getragen werden. Da häufig Touristen zudem höhere Fahrpreise und nicht selten sogar nur in Devisen zu zahlen haben, erfolgt eine indirekte Subventionierung des Verkehrssystems durch den Tourismus, der so auch einen Beitrag zur innerstaatlichen Integration und zur Anhebung der Standortqualität peripherer Räume auch für andere Wirtschaftsbranchen leisten kann.

2. Die oft zahlreicheren, in der Regel kleineren bis mittleren und vornehmlich lokal oder regional arbeitenden Verkehrsbetriebe, die (fast) ausschließlich für die touristische Nachfrage arbeiten. Die Erscheinungsformen dieser Betriebe sind extrem vielfältig: Fast alle o. g. Verkehrsmittel werden welt-

weit gesehen Touristen angeboten; in den Bergsteiger- und Trekkingregionen wird zudem auch der Mensch als Lastträger eingesetzt. Wesentliche Transportleistungen werden zudem in fast allen Fremdenverkehrsregionen von modernen und traditionellen Verkehrsträgern des sog. informellen Sektors angeboten, die evtl. nur saisonal oder sporadisch Verkehrsleistungen für Touristen erbringen:

– Fischer, die mit ihren Booten in der touristischen Hochsaison den Fischfang mehr oder weniger zugunsten des einträglicheren, interessanter bewerteten und weniger gefahrvollen Bootsverkehrs für Besucher einstellen (so z.B. an den Badeküsten Kenyas, Sri Lankas oder Thailands),

– Hirten und Bauern, die ihre Reit- und Lasttiere zeitweise Touristen anbieten (wie z.B. Beduinen in Nordafrika),

– oder – um ein ganz anderes Beispiel zu nennen – Händler und Kleinhändler, die mit ihrem Firmenwagen oder auch Beamte, die mit ihrem Privat-Pkw regelmäßig oder evtl. nur hin und wieder Taxi- und Rundfahrten für Touristen anbieten.

Auch international vertretene Mietwagen-Gesellschaften (z.B. Hertz) sind heute in fast allen wichtigen Fernreiseländern landesweit an allen bedeutenden Tourismusstandorten vertreten. In einigen Ländern mit einer noch unbedeutenden Binnennachfrage nach Mietwagen können diese oft einen großen Fahrzeugpark bietenden Unternehmen, wie z.B. in Kenya, nur auf der Basis der touristischen Nachfrage existieren. Dies trifft auch auf die internationalen Leistungen der nationalen Luftverkehrsgesellschaften vieler EL zu. Luftverkehrsgesellschaften der EL haben sich aufgrund eines günstigen Preis-Leistungs-Verhältnisses oft beträchtliche Marktanteile im internationalen Flugverkehr sichern können. Beispiel sind etwa die Singapore Airlines, Thai Airways oder die in Hongkong beheimatete Cathay Pacific Airways. Den nationalen Carriers fast aller wichtigen Reiseländer ist es zudem gelungen, sei es über entsprechende Luftverkehrsabkommen oder/und über eine oft enge Kooperation mit Fluglinien aus den Industrieländern, einen beträchtlichen Teil des internationalen Reiseverkehrs in ihr Heimatland an sich zu binden. Stellvertretend für viele Länder kann hier die Air Lanka genannt werden, die schon fast in der Position eines Marktführers für Flugreisen nach Sri Lanka ist. Dieser Inselstaat oder auch Thailand sind zudem Beispiele dafür, daß auch Fluggesellschaften aus anderen ELn oft einen beträchtlichen Anteil am Luftverkehrsaufkommen in ein Reiseland der Dritten Welt besitzen (Abb. 13).

Viele Luftverkehrsgesellschaften insbesondere kleiner Staaten mit einer nur geringen Binnennachfrage nach internationalen Flügen können nur dank der touristischen Nachfrage ihre internationale Präsenz aufrechterhalten. Die Deviseneinnahmen aus den internationalen Leistungen erlauben den Gesellschaften zudem oft erst die Beschaffung von Geräten und Treibstoff, häufig

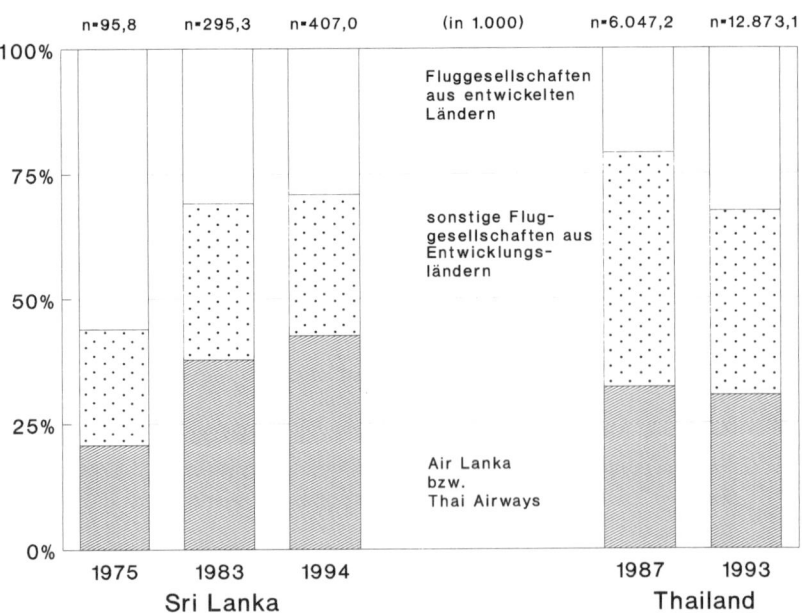

Abb. 13: Der Anteil der heimischen Fluggesellschaften Air Lanka bzw. Thai Airways sowie sonstiger Fluggesellschaften aus Entwicklungsländern am internationalen Passagierflugverkehr nach Sri Lanka (nach ankommenden Flugpassagieren) bzw. Thailand (nach Flugpassagierkapazität) (Quelle: Nationale Tourismusbehörden; Entwurf: K. Vorlaufer; Computer-Kartographie: Cl. Dehling).

eine Voraussetzung zur Aufrechterhaltung eines innerstaatlichen Flugnetzes und damit der verkehrs- und wirtschaftsräumlichen Integration auch von Staaten, die durch extreme räumliche Disparitäten gekennzeichnet sind.

5.5 Der „informelle" Sektor

Obwohl in der entwicklungstheoretischen (Schamp 1989) und fremdenverkehrsgeographischen Literatur (Wahnschafft 1984) unbestritten ist, daß die Betrachtung der EL-Ökonomien unter der Dichotomie „formell–informell" nur eingeschränkt zu vertreten ist, ist es offensichtlich, daß weite Bereiche des Fremdenverkehrsgewerbes Merkmale des „Informellen" aufweisen: In der Regel kleine, oft nur „Ein-Mann-Betriebe"; gänzlich fehlende oder geringe Kapitalausstattung; fehlende oder nur einfache Betriebsgebäude; fehlende Lizenz zur Führung des Betriebes; keine Steuerzahlungen; nicht selten sogar halblegale oder illegale Tätigkeiten (z. B. Prostitution, Verkauf von Drogen);

keine Marktzulassungsbeschränkungen, d. h., für die Betriebseröffnung wird kein Befähigungsnachweis verlangt; geringe „formelle" Fachqualifikation der Betriebsinhaber und Beschäftigten.

Infolge der großen Arbeitslosigkeit drängen viele Personen in diesen weithin übersetzten Bereich des Tourismusgewerbes. Das augenfälligste Merkmal des „Informellen" weisen die in allen Fremdenverkehrsregionen in der Regel zahlreichen „fliegenden Händler" auf, die z. B. Touristen an Stränden, an Rastplätzen der Überlandrouten, vor Hotels, an Trekkingrouten, an allen touristischen Sehenswürdigkeiten eine große Palette von Gütern und Dienstleistungen anbieten. Hierzu zählen auch zahlreiche Personen, die nur gelegentlich oder für eine begrenzte Zeit an einzelnen Tagen nebenberuflich im Fremdenverkehrsgewerbe tätig sind: Bäuerinnen, die Früchte an Stränden feilbieten; Schneider, die auch für Touristen evtl. auf Nachfrage Kleidung fertigen; Beamte, Fischer, Bauern oder Bankangestellte, die ein oder zwei Zimmer ihrer Privatwohnung oder den von ihnen vornehmlich privat genutzten Pkw Touristen vermieten. Dieser informelle Sektor umfaßt – je nach Definition – nach meinen Schätzungen in einzelnen Ländern bis zu 50% aller im Fremdenverkehrsgewerbe Beschäftigten. Ein Beispiel: In Sri Lanka wurden über eine landesweite Erhebung des staatlichen Ceylon Tourist Board 1983 alle nicht bei dieser Behörde registrierten „Betriebe" als informell definiert. In allen wichtigen Sparten des Fremdenverkehrs waren diese informellen Betriebe stark und häufig zahlreicher vertreten als im entsprechenden formellen Bereich. Im Durchschnitt wurden pro Betrieb nur ca. drei Personen, überwiegend Familienangehörige beschäftigt, die je nach Arbeitsanfall durch in der Regel ein bis zwei Kurzzeitbeschäftigte unterstützt wurden. Insgesamt stellte dieser Sektor ca. 45% aller durch den Fremdenverkehr direkt geschaffenen Arbeitsplätze.

Ähnliche Relationen sind typisch auch für Fremdenverkehrszentren anderer Länder. In Kuta (Bali) oder am Patong Beach (Phuket/Thailand) weist die große Zahl von Touristenläden oder Verkaufsständen zumindest einige Merkmale des Informellen auf: Sie sind überwiegend nicht registriert.

In den Tourismusorten SE-Asiens ist zudem die Zahl der „informellen" Restaurants, Garküchen und Essensstände, die sich vornehmlich oder im hohen Maße auf Touristen ausrichten, groß: Während in vielen Reiseländern Touristen vornehmlich in Hotels verpflegt werden, ist für Reisende nach SE- und E-Asien der Besuch etwa eines Restaurants oder einer Garküche außerhalb des Hotels eine exotische und kulinarisch attraktive Alternative.

Kermath und Thomas (1992) haben in einem Modell die Entfaltung des informellen und formellen touristischen Sektors im Zusammenhang mit dem von Butler (1980) vorgelegten Modell des Lebenszyklus von Ferienorten verknüpft. Ausgehend vom empirischen Beispiel des „Resort" Sosua (Dominik. Rep.), das nach meinen Forschungen auf die meisten der zumindest spontan entstandenen Tourismuszentren in ELn übertragen werden kann, setzt in der Initialphase (Abb. 14, 15) die Entfaltung eines Ferienortes mit der Ankunft zunächst einzelner „Entdeckungs"-Reisender (Drifters, Explorers) ein, denen die Lokalbevölkerung, etwa Fischer oder Bauern, einfache Unterkünfte, auch erste touristische Dienstleistungen anbieten, wie etwa Bootsfahrten oder Führungen zu Attraktionen. Auf Wunsch der Besucher werden auch erstmals Gegenstände der materiellen Kultur als Souvenirs verkauft. Mit steigendem Fremdenverkehr nimmt die Zahl dieser zunächst überwiegend im Nebenerwerb geführten Kleinbetriebe zu, die die Merkmale des informellen touristischen Sektors (TIS) aufweisen, wie u. a. eine geringe Kapitalausstattung, leichte Marktzugänglichkeit, Arbeit ohne Lizenz und Steuerabgaben, geringe Zahl von Beschäftigten, oft ohne festen Betriebsstandort, fehlende fachliche (formelle) Qualifikation der Beschäftigten usw. Im Zuge der weiteren Zunahme der Besucherzahlen wechseln einige dieser Betriebe in den formellen Sektor (TFS) über. Durch die günstige Nachfrageentwicklung werden nun zudem verstärkt – insbesondere durch auswärtige oder gar ausländische Investoren – spezialisierte Fremdenverkehrsbetriebe des TFS etabliert, die im Verlaufe der weiteren Entwicklung aufgrund ihrer größeren Leistungsfähigkeit, Kapitalkraft, besseren Zugänge zu knappen Ressourcen und engeren Kontakten zu den politischen Eliten die Betriebe des TIS wirtschaftlich und auch räumlich marginalisieren, aus den attraktivsten Standortbereichen verdrängen. Dieser Prozeß wird in der Konsolidierungs- und Stagnationsphase verstärkt, da nun die formellen Betriebe aufgrund der sich verschärfenden Konkurrenz versuchen, den informellen Sektor auszuschalten. In dieser Phase ist der TIS zunehmend staatlichen Restriktionen ausgesetzt ist, oft wird er sogar verboten. Den Händlern wird so z. B. häufig der Zugang zu Badestränden mit dem Argument verwehrt, daß diese Personen die Besucher belästigen und so für die Stagnation des Resorts mitverantwortlich seien. Sanitäre Argumente werden vom etablierten Restaurantsgewerbe eingesetzt, um die Eliminierung der Konkurrenz einfacher Essensstände zu erreichen; mit Sicherheitsargumenten versucht etwa das formelle touristische Transportgewerbe z. B. nebenberufliche Boots- oder Taxifahrten von Fischern oder Händlern zu verbieten. Beispiele für derartige Prozesse sind etwa die Seebäder Pattaya und Patong Beach/Phuket in Thailand oder Acapulco in Mexiko. Das philippinische Resort Boracay Island befindet sich demgegenüber noch in der frühen Wachstumsphase mit der noch charakteristischen Dominanz kleiner, nebenerwerblicher Familienbetriebe. In Mexiko waren Ende der 70er Jahre die Pazifikbäder Manzanillo und Puerto Vallarta in etwa in der mittleren Wachstumsphase, in der sich die Investitionen Auswärtiger in mittlere und große Betriebe gegenüber den vornehmlich von Einheimischen geführten Kleinstbetrieben durchzusetzen begannen (Müller 1985). Dieses Modell eines Entfaltungszyklus der beiden Sektoren trifft jedoch nicht auf jene Ferien-

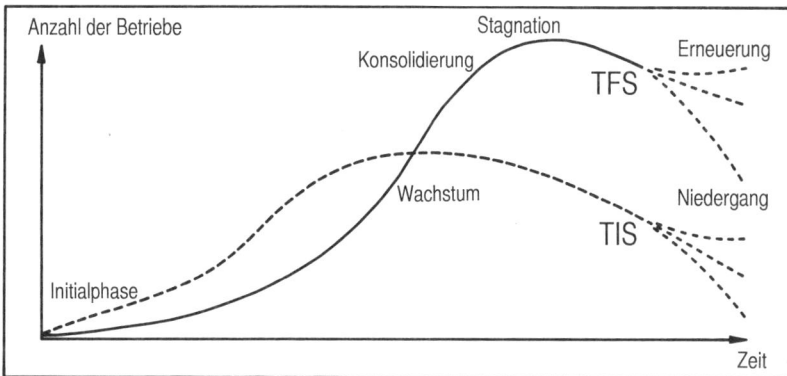

Abb. 14: Das Modell des Entfaltungszyklus des informellen touristischen Sektors (TIS) und des formellen touristischen Sektors (TFS) in einem Ferienort (n. Kermath u. Thomas 1992) (Entwurf: K. Vorlaufer; Zeichnung: U. Beha).

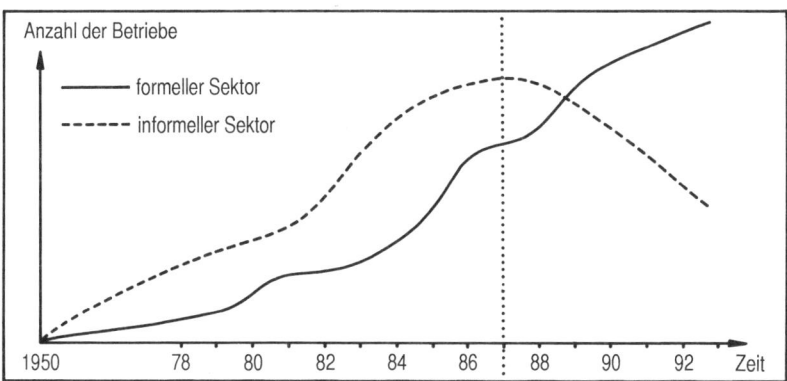

Abb. 15: Die reale Entfaltung des informellen und des formellen touristischen Sektors in dem Seebad Sosua (Dominik. Republik) von 1950–1987 sowie die modellhafte prognostische Entwicklung ab 1987 (Entwurf: K. Vorlaufer; Zeichnung: U. Beha).

zentren zu, die als Plansiedlungen an bisher touristisch gänzlich unerschlossenen Standorten durch staatliche und/oder private Großinvestitionen entstanden sind. Hier dominiert mit Beginn des Fremdenverkehrs der TFS, dessen Position dadurch abgesichert wird, daß über Bebauungspläne dem TIS Standorte verschlossen werden, diese potentielle Konkurrenz auch räumlich ausgeschlossen wird. Beispiele hierfür sind die touristische Retortenstadt Cancún in Mexiko oder das Seebad Nusa Dua/Bali.

Nach der Stagnationsphase kann – z.B. wegen nachlassender touristischer

Nachfrage infolge extremer Umweltbelastungen und eines generell schlechten Images des Resorts – ein Niedergang des Ferienortes und damit auch des TFS erfolgen. Für den TIS können sich jetzt infolge der abnehmenden Konkurrenz des TFS die Chancen evtl. verbessern. Sie verschlechtern sich aber in der Regel dann, wenn es dem TFS gelingt, von der Stagnation in eine Erneuerungsphase einzutreten, da diese Revitalisierung des Resorts häufig mit z. B. einer Verbesserung des Umweltschutzes, des Ortsbildes, der Infrastruktur oder auch des allgemeinen touristischen Angebotes verbunden ist: Die Verdrängung zumindest wesentlicher Bereiche des TIS, z. B. der Straßenhändler, ist oft eine Komponente dieser Erneuerungskonzepte.

6. DIE WIRTSCHAFTLICHEN AUSWIRKUNGEN DES TOURISMUS – BEDINGUNGEN, MUSTER, DYNAMIK

Mit der Förderung des Tourismus werden von allen ELn primär wirtschaftliche Ziele verfolgt, wie die Verbesserung der Zahlungsbilanz, die Schaffung von Arbeitsplätzen, Einkommenssteigerungen und der Abbau räumlicher und sozialer Disparitäten. In der bisherigen Darstellung wurden bereits einige der im Modell (Abb. 16) veranschaulichten Elemente und Dimensionen der wirtschaftlichen Grundlagen und Effekte des Tourismus sichtbar. Umfang, Struktur und Interdependenzen der Nachfrage und des Angebots, ihre Verknüpfungen mit den Bereichen Marketing/Werbung, z. B. über die transnationalen Reisekonzerne, oder mit dem internationalen Flugverkehr, wurden deutlich. Aus diesen für die einzelnen Reiseländer oft unterschiedlichen Grundlagen resultieren in Verbindung mit ebenfalls differenzierten volkswirtschaftlichen und kulturellen Rahmenbedingungen in der Regel räumlich und zeitlich variierende Auswirkungen des Tourismus. Die in einem Land zu einem bestimmten Zeitpunkt gegebenen positiven wirtschaftlichen Effekte können im Zeitverlauf u. U. in Negativwirkungen umschlagen und in einem anderen Land infolge unterschiedlicher Ressourcenausstattung und alternativer Entwicklungsoptionen evtl. grundsätzlich sowie stets negativ bewertet werden oder umgekehrt.

Ziel aller Volkswirtschaften ist es oder sollte es sein, die knappen Produktionsfaktoren, insbesondere das den ELn nur eingeschränkt zur Verfügung stehende Kapital, so einzusetzen, daß ein optimales wirtschaftliches Wachstum und eine auch in ökonomischer Hinsicht „nachhaltige Entwicklung" erreicht, eine Fehlallokation von Produktionsfaktoren verhindert wird. Insbesondere in kleinen Ländern mit geringer Bevölkerungszahl und weithin fehlendem Potential für andere Produktionen ist der Fremdenverkehr häufig von größter wirtschaftlicher Bedeutung. In zahlreichen Mikrostaaten des Pazifik, des Indischen Ozeans und der Karibik hat sich häufig eine primär auf den Tourismus ausgerichtete, nicht selten sogar eine monostrukturelle Wirtschaft entfaltet. Der Beitrag des Fremdenverkehrs zum BIP ist beträchtlich und erreicht bei Berücksichtigung der vom Tourismus ausgehenden multiplikativen Effekte häufig über 50%. In den kleineren Karibikstaaten machen die touristischen Einnahmen einen hohen und steigenden Anteil des BIP aus (Tab. 17). Auch der Staatshaushalt vieler EL wird wesentlich durch Einnahmen von Steuern und Gebühren aus dem Fremdenverkehr getragen und erlaubt deshalb auch Investitionen zur Befriedigung der Grundbedürfnisse der heimischen Bevölkerung (z. B. schulische, medizinische Versorgung).

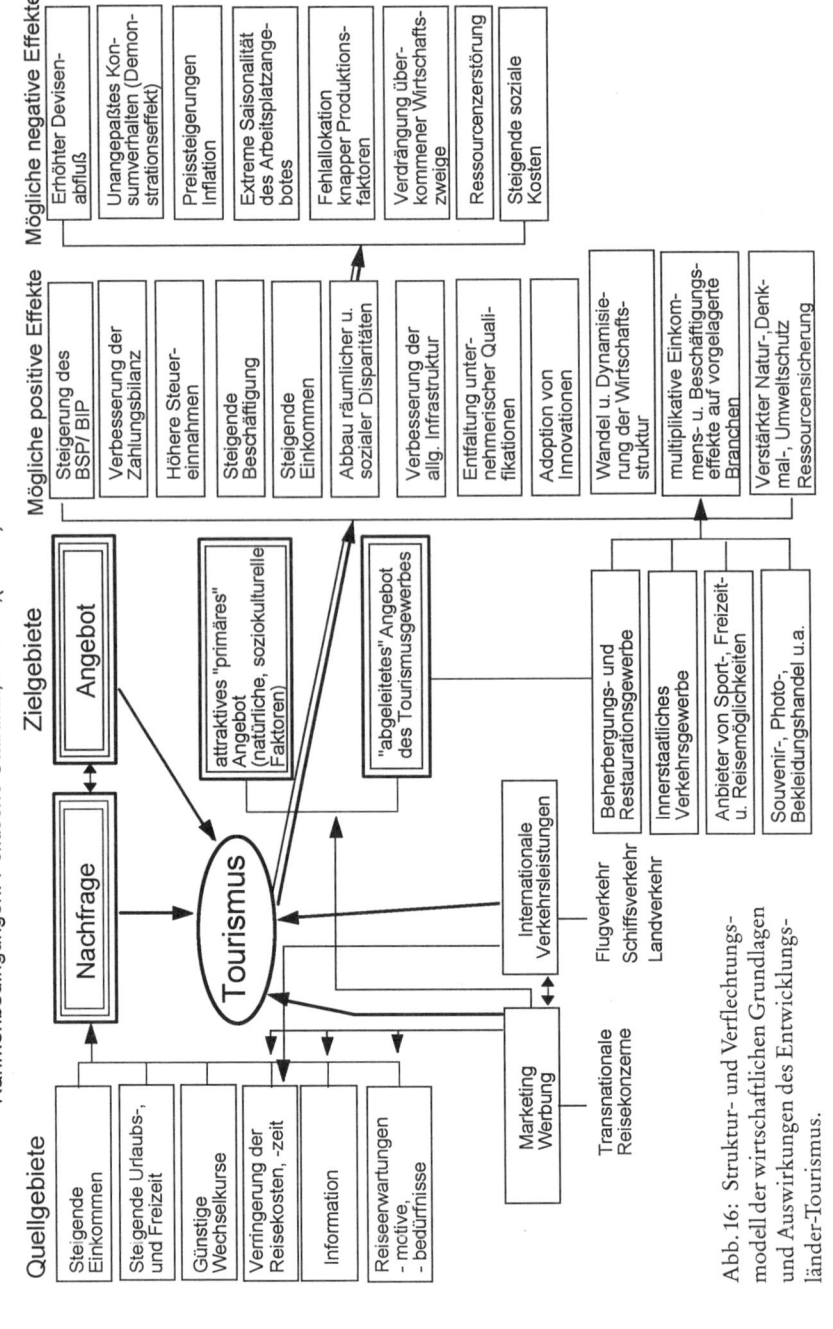

Abb. 16: Struktur- und Verflechtungs-
modell der wirtschaftlichen Grundlagen
und Auswirkungen des Entwicklungsländer-Tourismus.

Tab. 17: Die touristischen Deviseneinnahmen in Relation (in %)
zum Bruttoinlandsprodukt ausgewählter Karibik-Staaten

	1983	1994
Antigua u. Barbuda	38,29	93,27
Barbados	26,50	40,88
Dominica	6,74	19,02[2]
Grenada	19,41	24,96[1]
Montserrat	20,85	29,21[2]
St. Kitts u. Nevis	36,03	43,98[1]
St. Lucia	25,70	58,32
St. Vincent u. Grenadinen	21,20	22,97

[1]1992; [2]1993; Quelle: Carribean Tourism Organization, Barbados

Die mit jeder Monostruktur verbundene Gefahr einer zu großen Abhängigkeit eines Landes von nur einem Wirtschaftszweig zeichnet sich zwar oft bereits deutlich ab, jedoch haben gerade Mikrostaaten kaum Möglichkeiten einer Diversifizierung ihrer Wirtschaft, wie das Beispiel Seychellen belegt (Vorlaufer 1991): Ein äußerst limitiertes agrarwirtschaftliches Potential (schlechte Böden, Koralleninseln; Landmangel), eine geringe und einkommensschwache Bevölkerung, d.h. ein extrem begrenzter Binnenmarkt, erlauben nicht den Aufbau einer nennenswerten agrarischen und industriellen Produktion. Erst durch den Tourismus wurde in vielen Kleinstaaten mit einer vormals häufig monostrukturellen Wirtschaft ein dynamischer ökonomischer Strukturwandel eingeleitet, der zumindest Möglichkeiten einer nachhaltigen Entwicklung eröffnet. Dies trifft insbesondere auf die vormals z. B. auf einer extraktiven und exportorientierten Bergbau- oder Forstwirtschaft basierenden Ökonomien zu.

Ein prägnantes Beispiel für den Tourismus als Motor des Strukturwandels einer Inselökonomie ist die Karibikinsel Aruba, an der sich auch der schnelle Übergang einer Industrie- zu einer Dienstleistungsgesellschaft im Zuge der touristischen Entfaltung verdeutlicht. Im Unterschied auch zu vielen anderen Karibikinseln besitzt Aruba ein äußerst geringes agrarisches Potential. Die für die Karibik weithin typische koloniale Zuckerplantagenwirtschaft hatte auf Aruba keine Grundlage (zu geringe Niederschläge). Basis des vergleichsweise hohen Wohlstandes der heute etwa 65000 Einwohner war seit ca. 1820 zunächst der bis 1913 wichtige Goldbergbau und – nach Erschöpfung der Minen – das Erdöl Venezuelas, das hier in einer riesigen, schon in den 20er Jahren errichteten Raffinerie verarbeitet und vornehmlich in die USA exportiert wurde (Oestreich 1984). Aufgrund großer Bezugs- und Absatzprobleme ging die Bedeutung der Raffinerie, des damals wichtigsten Arbeitgebers, schon in den 70er Jahren zurück; Mitte der 80er Jahre wurde die Produktion eingestellt. Der als Alternative schon seit den 70er Jahren geförderte Tourismus expandierte dramatisch und ist heute

Grundlage eines relativ hohen (allerdings auch durch die Niederlande mit finanzierten) Lebensstandards der Bevölkerung. Aruba konnte diesen Strukturwandel deshalb schnell vollziehen, weil für den Fremdenverkehr wichtige Infrastrukturen, wie der Flughafen oder Hafeneinrichtungen (Kreuzfahrten), bereits für die Raffinerie angelegt worden waren.

Die Karibik-Insel Antigua ist ein Beispiel für jene zahlreicheren Mikrostaaten, in denen die aus der Kolonialzeit überkommenen Plantagenökonomien durch den Tourismus weitestgehend beseitigt wurden. Weaver (1988) hat diesen Prozeß für diese Insel in seinen räumlichen Auswirkungen analysiert und modellhaft drei Phasen des Wandels herausgearbeitet:

1. In der vortouristischen Phase (1632–1949) dominierte die Zuckerplantagenwirtschaft (ca. 80% des BIP); der Fremdenverkehr ist erst in den letzten Jahren von allerdings noch geringer Bedeutung. Die wenigen Besucher fügen sich in die durch den Agrarsektor vorgegebene Raum- und Infrastruktur ein.
2. In der Übergangsphase (1950–69) entfaltet sich der Tourismus neben den Zuckerplantagen zur weiteren wirtschaftlichen Basis (bis zu ca. 50% des BIP). Die ersten ausschließlich touristischen Infrastrukturen entstehen.
3. In der Tourismusphase (ab 1970) übernimmt der Fremdenverkehr die Rolle eines dominanten Sektors der Ökonomie (ca. 80% des BIP). Die Infrastruktur richtet sich voll auf den Tourismus aus, der auch – und dies ist charakteristisch für viele Karibik-Staaten – die vormals von der Zuckerplantagenwirtschaft genutzten Flächen und Einrichtungen übernimmt (aus Herrenhäusern werden z. B. Hotels).

Meistens ist eine Expansion des Tourismus erst nach umfangreichen Infrastruktur-Investitionen möglich, deren Kosten oft den wirtschaftlichen Nutzen aus dem Fremdenverkehr zunächst übersteigen. Dies trifft insbesondere dann zu, wenn diese Infrastrukturen nur oder fast nur von Touristen genutzt werden (können). Viele Länder versuchen daher, Standorte, Funktionalität und Größe der „materiellen" Infrastrukturen so zu wählen, daß auch der heimischen Bevölkerung und anderen Wirtschaftszweigen eine Mitbenutzung möglich ist. So hat z. B. Kenya einige der zur Aufschließung der Nationalparks notwendigen Straßen unter Hinnahme einer größeren Streckenlänge bewußt so gelegt, das auch kleinbäuerliche Siedlungsräume berührt und so enger in den Binnen- und Weltmarkt eingebunden werden (Vorlaufer 1984). Durch eine Nutzung der Infrastrukturen auch durch den Tourismus werden die hohen Investitionen oft erst wirtschaftlich vertretbar. Über direkte touristische Einnahmen, z. B. Flughafengebühren, wird die Finanzierung vieler Investitionen mitgetragen, die oft eine Voraussetzung nationalen und regionalen Wachstums oder auch der engeren Einbindung des Landes in die Weltwirtschaft sind. Nicht selten sind diese Infrastrukturen auch Grundlage einer stärkeren innerstaatlichen Integration: Ein Beispiel ist der wesentlich erst durch den Tourismus rentable Flug- und Fährverkehr zwischen den Inseln der Seychellen (Vorlaufer 1991).

In einigen Ländern wurden jedoch in überhöhter Erwartung eines touristischen Booms Infrastrukturen unter hohem Aufwand angelegt, denen keine adäquate Nachfrage entspricht. Der z. B. in den frühen 70er Jahren in Nordtanzania primär für den Tourismus und als Konkurrenz zu Nairobi angelegte Kilimanjaro Airport erreicht bis heute noch keine rentable Auslastung. Ein wichtiges Merkmal vieler Infrastrukturanlagen ist ihre Langlebigkeit, d. h., längerfristig können auch von zunächst scheinbar unrentablen Investitionen Wachstumsimpulse ausgehen. In Anbetracht ihrer bedrückenden Wirtschaftslage sind die EL jedoch gezwungen, ihre knappen finanziellen Ressourcen in Infrastrukturen zu investieren, die kurzfristig zum Wirtschaftswachstum beitragen.

Mit dem in vielen Ländern durch den Tourismus induzierten wirtschaftlichen Strukturwandel ist in der Regel die Entfaltung unternehmerischer Qualifikationen und die Adoption von Innovationen (etwa im Kommunikationswesen, bei Produkten, Produktionen, Betriebsorganisationen, Marketing) verbunden, wodurch eine Dynamisierung der Wirtschaft, eine sich schließlich selbsttragende wirtschaftliche Entwicklung möglich werden kann. Der Wechsel von Personen aus überkommenen Wirtschaftszweigen, z. B. der Land- und Fischereiwirtschaft oder dem Kleinhandel, in das Tourismusgewerbe als Unternehmer ist in der Regel einfacher als eine Unternehmensgründung in vielen anderen modernen Wirtschaftsbereichen, z. B. in der Industrie (s. Kap. 5), auch deshalb, weil die zur Betriebsführung notwendige Übernahme von Innovationen durch den für die Fremdenverkehrswirtschaft typischen unmittelbaren Kontakt zwischen Anbietern und Nachfragern (Touristen, transnationale Reisekonzerne) erleichtert, ja oft eingefordert wird. Das für die wirtschaftliche Entwicklung wichtige unternehmerische Potential eines Landes wird so erweitert und kann auch auf andere Wirtschaftszweige übergreifen. Unternehmer im Sinne Schumpeters, die Marktchancen entdecken und nutzen können und zudem bereit sind, Risiko zu tragen, (Real-) Kapital zu bilden und so das Wachstumspotential der Volkswirtschaft zu erhöhen, sind z. B. nach Hirschman (1967) der Engpaß-Faktor im Entwicklungsprozeß. Vorhandene oder potentiell vorhandene Ersparnisse werden infolge des Fehlens unternehmerischer Fähigkeiten demnach nicht den vorhandenen produktiven Investitionsmöglichkeiten zugeführt – wie die Analyse des Beherbergungsgewerbes bereits gezeigt hat (Kap. 5). Demgegenüber wird jedoch auch und gerade von branchenfremden, zunächst in traditionellen Berufsfeldern tätigen Personen das Tourismusgewerbe als attraktives Investitionsfeld außerhalb der überkommenen Ökonomie gewertet.

6.1 Die Leistungsbilanzeffekte des Tourismus

Bei der Frage nach der „Tourismusrentabilität" steht in vielen Studien die
Analyse der Leistungsbilanzeffekte im Mittelpunkt, wie z.b. die diesbezüglich zahlreichen Titel in den Bibliographien von Theuns (1991), Thießen (1993)
oder Eisenstein (1993) belegen. Neben dem generellen Kapitalmangel wird die
Devisenknappheit als limitierender Faktor einer wirtschaftlichen Entwicklung gesehen, da dann die für eine Produktionssteigerung in der Regel uner-
läßlichen Einfuhren, vor allem von Investitionsgütern, die Importkapazität
sprengen, d.h. ohne zunehmende Verschuldung oder Entwicklungshilfe nicht
möglich sind (Hesse/Sautter 1977). Die außenwirtschaftliche Lage der meisten EL ist durch eine z.T. rasante Verschlechterung der Leistungsbilanz gekennzeichnet. Ein schnell steigender Importbedarf und eine demgegenüber
geringe Zunahme der Exporterlöse bedingen eine rasante Zunahme der Auslandsverschuldung vieler Staaten. Ein oft hoher Anteil des BIP und der Erlöse
aus dem Warenexport wird für den Schuldendienst benötigt.

Auch wenn die von Prebisch schon in den 50er Jahren (s. z.B. Menzel 1991)
formulierte „These der säkulären Verschlechterung" der Terms of Trade
(TOT) nicht gültig für alle EL ist, ist eine Verschlechterung des Verhältnisses
zwischen Export- und Importpreisen für viele Länder nachzuweisen: Sie
müssen immer mehr (vor allem Rohstoffe) exportieren und können dafür
immer weniger Industriegüter importieren. Hinzu kommt, daß viele „klassische" Exportgüter der EL, vor allem Rohstoffe der Agrar- und Bergbauwirtschaft, durch synthetische Produkte ersetzt, durch Recycling wiederver-
wendet werden und zudem überwiegend eine geringe Einkommenselastizität
aufweisen, d.h., in den Industrieländern liegt die Zunahme der Nachfrage
nach diesen Waren unter der Einkommensentwicklung. Der Anteil am Einkommen, der vor allem für Rohstoffe, die wichtigsten Exportgüter der EL,
ausgeben wird, sinkt tendenziell. Extrem schwankende Exportpreise verschärfen die außenwirtschaftliche Situation vieler EL weiter. Mehr und mehr
Länder versuchen daher, auch mit sog. „nichttraditionellen" Exportgütern,
etwa der Konsumgüterindustrie, Positionen auf dem Weltmarkt zu erobern,
der aber in diesem Segment durch eine starke Konkurrenz auch der EL untereinander charakterisiert ist.

Die Leistungsbilanzprobleme verdeutlicht das Beispiel Kenya, wo trotz aller Bemühungen um eine Diversifizierung und Steigerung des Exports und einer massiven Ab-
wertung der heimischen Währung die Handelsbilanzdefizite weiter zugenommen
haben. Die TOT verschlechterten sich z.B. vom Wert 100 (1982) bis 1993 auf 86; der
Preisindex (ohne Erdöl) stieg vom Wert 100 (1982) für den Export auf 483, bei den Im-
porten aber auf 611. Obwohl der Volumen-Index (1982 = 100) für den Export allein von
1988–93 von 121 auf 148 gesteigert und für den Import im gleichen Zeitraum von 128 auf
113 gesenkt werden konnte, erhöhte sich das Handelsbilanzdefizit von 1988–93 um

70% von 813 auf 1378 Mio. K£. Die Auslandsverschuldung stieg von 1988–92 sogar von 2,7 auf 6,1 Mrd. K£. In dieser für fast alle EL mehr oder weniger typischen Situation kommt dem Tourismus oft eine Schlüsselstellung zur Milderung dieser Probleme zu.

In Anlehnung an das auf den „Klassiker" der Nationalökonomie, auf D. Ricardo (1817) zurückgehende Theorem der komparativen Kostenvorteile und an das Faktor-Proportionen-Theorem von E. Heckscher und B. Ohlin wird davon ausgegangen, daß sich jedes Land auf die Produktion jener Güter und Dienstleistungen spezialisieren soll, für die es im Vergleich mit anderen Ländern eine günstige Faktorausstattung aufweist, d. h. kostengünstig und konkurrenzfähig produzieren kann. Nach Heckscher und Ohlin ist die Produktion dann relativ kostengünstig, wenn Faktoren eingesetzt werden können, die reichlich vorhanden und daher relativ billig sind. Viele EL verfügen einmal mit ihren natürlichen und sozio-kulturellen touristischen Attraktionen über oft absolut günstige Voraussetzungen für einen konkurrenzfähigen (unsichtbaren) Export von Gütern und Dienstleistungen für den Tourismus, da diese Attraktionen im hohen Maße standortgebunden sind, nur an wenigen Standorten angeboten werden, ja nicht selten sogar einzigartig sind. Zudem können die EL den reichlich vorhandenen Produktionsfaktor Arbeit infolge niedriger Löhne kostengünstig in der Tourismuswirtschaft und damit für den Export einsetzen. Das sog. Neo-Faktor-Proportionen-Theorem (Wagner et al. 1983) argumentiert insofern differenzierter, als nicht nur die Größe, sondern auch die Qualität des Faktors Arbeit berücksichtigt wird. Die EL verfügen in der Regel über eine große Zahl un- oder geringqualifizierter Arbeitskräfte, jedoch wird angenommen, daß diese Personen im Fremdenverkehrsgewerbe günstiger beschäftigt werden können als in den meisten anderen „modernen" Wirtschaftszweigen. Nicht zuletzt auch aufgrund der Billiglöhne ist ein Urlaub in vielen ELn heute trotz des Fluges preisgünstiger als z. B. in den Fremdenverkehrsregionen Europas: Für die Skizentren der Alpen z. B. werden auch deshalb einige Fernreiseziele im Winter bereits zu beachtlichen Konkurrenten auf dem Reisemarkt.

Der (unsichtbare) Export von touristischen Gütern und Dienstleistungen wird im Vergleich zur Ausfuhr z. B. von Industriegütern dadurch erleichtert, daß die Konsumenten, die Touristen selbst an den Ort der Leistungserstellung fahren und hier diese in der Regel nicht transportierbaren Leistungen „konsumieren" müssen. Für die Anbieter hat dies den etwa im Vergleich zum Export industrieller Güter wichtigen Vorteil, daß die Risiken und Kosten des Transports zwischen Produktions- und Konsumtionsstandort entfallen bzw. von den Touristen getragen werden. Durch den unmittelbaren Kontakt zu den Touristen kann das Fremdenverkehrsgewerbe schneller und flexibler auf die Wünsche und Bedürfnisse der „Konsumenten" reagieren als die industriellen Produktionen für einen weiter entfernten, anonymen Markt.

Infolge auch dieser Bedingungen leistet der Tourismus in vielen Ländern

Tab. 18: Die Bedeutung des Tourismus als (Brutto-) Devisenbringer im Vergleich zu wichtigen Gütern des Warenexports, zur Handelsbilanz sowie zum gesamten Waren- und Dienstleistungsexport in ausgewählten wichtigen Reiseländern

TUNESIEN	1977	1993 (in Mio. Dinar)	KENYA	1976	1994 (in Mio. K£)
Tourismus	139,4	1113,7	Tourismus	42,9	1404,8
Erdölproduktion	165,7	434,2	Kaffee	93,3	652,9
Olivenöl	25,9	177,3	Tee	31,8	844,1
Phosphate	22,0	32,4	Obst, Gemüse, Blumen	15,7	414,9
Textilien	65,1	1631,0	Pyrethrum	6,9	78,3
Datteln/Agrumen	4,2	57,3	Sisal	4,2	33,1
			Soda	3,0	48,6
			Erdölprodukte	69,0	253,4
Warenexport, ges.	398,2	3818,1	Warenexport, ges.	318,7	4150,9
Handelsbilanz	-384,2	2418,0	Handelsbilanz	-88,3	-1471,9
Waren- u. Dienstleistungsexporte, ges.[1]	648,5	5926,6	Waren- u. Dienstleistungsexporte, ges.[1]	495,6	7469,8
davon Tourismus (in %)	21,5	18,8	davon Tourismus (in %)	8,7	18,8

THAILAND	1977	1991 (in Mio. Baht)	DOMINIKANISCHE REPUBLIK	1993 (in Mio. US-$)
Tourismus	4596	100004	Tourismus	1233,8
Fisch/Krustentiere	5293	43550	Zucker[2]	158,1
Perlen/Edelstein/			Kaffee[2]	26,4
Schmuckwaren	1066	38354	Kakao[2]	33,3
Getreide	17378	34970	Tabak[2]	
Maschinen/-teile/			Mineralien	137,8
Fahrzeuge	1809	71978	Sonstige	155,4
Kautschukprodukte	6207	32148		
Textilien/Bekleidg.	9211	89609		
Elektronik	1192	93207		
Warenexport, ges.	71370,8	720544,6	Warenexport, ges.	530,4
Handelsbilanz	-23735	-247540	Handelsbilanz	(-)[3]
Waren- u. Dienstleistungsexporte, ges.[1]	82198	767886,5	Waren- u. Dienstleistungsexporte, ges.[1]	(-)[3]
davon Tourismus (in %)	5,6	13,0	davon Tourismus (in %)	(-)[3]

[1]ohne Kapitaltransfer der Übertragungsbilanz; [2]z.T. weiterverarbeitet; [3]nicht vorliegend; Quellen: Amtliche Statistiken

einen großen Beitrag zur Verbesserung der Leistungsbilanz. In Reiseländern mit unterschiedlicher Ressourcenausstattung, Größe und Wirtschaftskraft stellt der Tourismus seit langem eines der wichtigsten Exportgüter wie z. B. in den hinsichtlich ihres Industrialisierungsstandes sehr unterschiedlichen Ländern Thailand, Tunesien oder Kenya (Tab. 18). Vor allem in den zahlreichen Mikrostaaten, wie z. B. den Seychellen (Abb. 17) oder den Karibik-Inseln

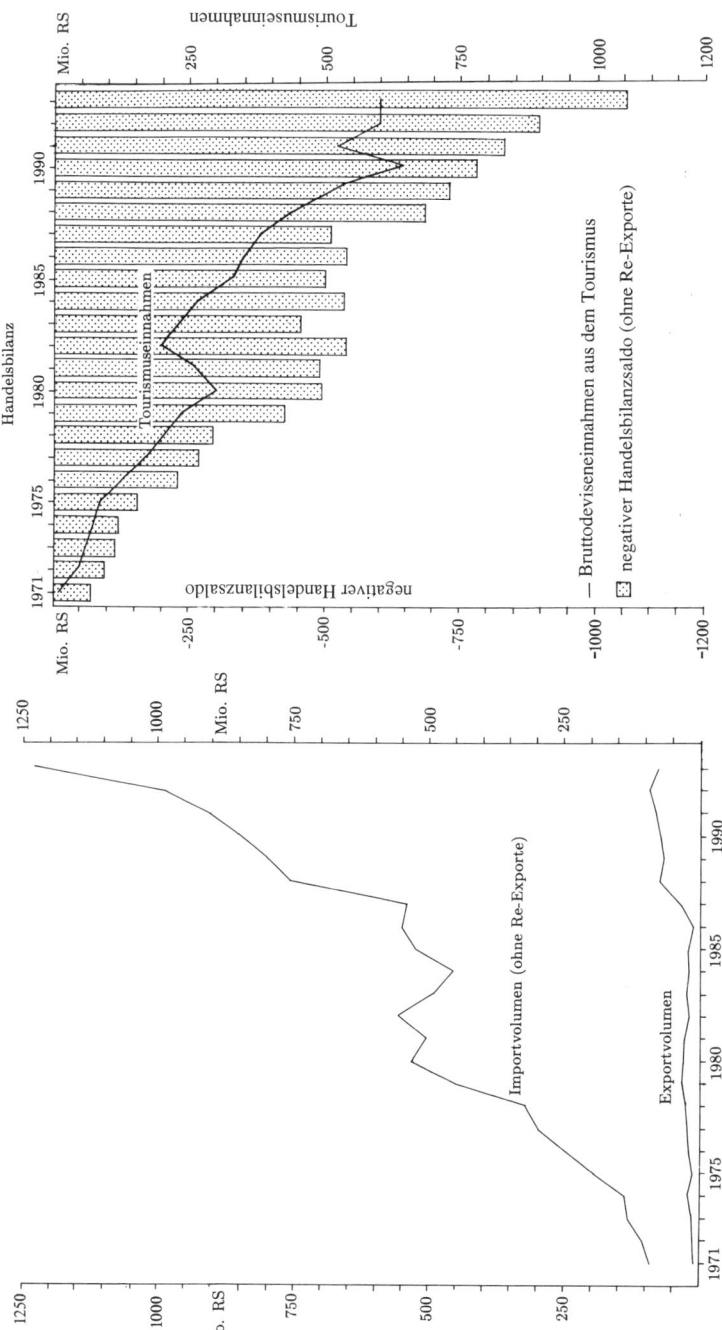

Abb. 17: Die Handelsbilanz und die Bruttodeviseneinnahmen aus dem Tourismus in einem insularen Mikrostaat. Beispiel Seychellen (1970–93).

Tab. 19: Die touristischen Bruttodeviseneinnahmen (TD; in Mio. US-$) sowie in ihrem Verhältnis (Quotient) zu den gesamten Warenexport-Erlösen (WE) ausgewählter Kleinstaaten der Karibik

	TD 1983	TD 1994	Quotient TD/WE 1983	Quotient TD/WE 1994	Einw. 1994 (in 1000)
Anguilla	3,2	51,0	4,43	34,46	9,5
Barbados	251,6	597,6	0,70	3,29	264,1
Bermuda	335,5	523,8	14,59	20,54	59,5
Cayman Inseln	61,6	328,3	50,49	51,02[1]	30,0
Grenada	14,7	59,3	0,77	2,76	96,5
St. Kitts u. Nevis	18,6	76,2	1,02	2,89[2]	42,0
St. Lucia	39,7	224,1	0,84	2,57	142,7
St. Vincent u. Grenadinen	16,7	50,5	2,97	0,90[2]	110,5

[1] 1992; [2] 1993; Quelle: Caribbean Tourism Organization, Barbados

(Tab. 19), sind die touristischen Deviseneinnahmen von überragender Bedeutung für die Leistungsbilanz und den Schuldendienst. Für die meisten Karibikstaaten ist der Tourismus ein größerer Devisenbringer als der gesamte Warenhandel; zudem hat sich die Abhängigkeit vieler Kleinstaaten nur von diesem Sektor z. B. selbst in den wenigen Jahren seit 1983 oft dramatisch vergrößert.

Die meisten Fernreiseländer weisen – im Unterschied zur Handelsbilanz – einen positiven Saldo bei ihrer Reisedevisenbilanz auf. Insbesondere in Mikrostaaten mit hoher Fremdenverkehrsintensität sind die Nettoeinnahmen pro Kopf hoch (Tab. 20). Die außenwirtschaftliche Bedeutung des Fremdenverkehrs wird allerdings nicht von der Höhe der Brutto-, sondern der Nettodeviseneinnahmen bestimmt. Ein Hauptargument der Kritiker des EL-Tourismus besagt, so z. B. noch jüngst Nuscheler (1991), daß zur Erstellung des touristischen Angebotes hohe Importe getätigt werden müssen, die sog. Sickerrate die Bruttodeviseneinnahmen oft so stark reduziert, daß der positive Leistungsbilanzeffekt entfällt. Zahlreiche Studien (Vorlaufer 1984) haben jedoch ergeben, daß der Fremdenverkehr im Vergleich zu alternativen Exportproduktionen häufig relativ günstige Netto-Deviseneffekte aufweist. Je weniger Waren, Dienstleistungen, Sach- und Humankapital ein Land zur Erstellung des touristischen Angebotes importieren muß, desto geringer ist die Sickerrate. Dieser Importbedarf wird einmal durch die in einem Land vorherrschenden Tourismusarten, zum anderen auch durch die Größe, Struktur und den Entwicklungsstand der Volkswirtschaft bestimmt. Ein an die heimischen Ressourcen angepaßter Tourismus, der vorrangig die mit heimischen Inputs erstellten Güter nachfragt, wird einen geringeren Importbedarf aufweisen als z. B. ein auch auf den Konsum und Einsatz von Waren aus den Industrieländern basierender Fremdenverkehr. Ein anderes Beispiel: Beim stationären Ba-

Tab. 20: Die touristischen Brutto- und Nettodeviseneinnahmen insgesamt sowie pro Kopf der Bevölkerung in ausgewählten Kleinstaaten mit hoher Fremdenverkehrsintensität 1994

	Brutto-einnahmen (Mio. US-$)	Salden[1] (Mio US-$)	Netto-einnahmen pro Kopf US-$	BSP/Kopf[2] US-$
Bermuda	505	+365	+5887	_[a]
Bahamas	1304	+1109	+4138	11420
Aruba	464	+407	+5899	_[b]
Barbados	502	+461	+1773	6230
Guam	950	_[3]	-3	_[b]
Zypern	1396	+1263	+1740	10380
Malediven	146	+117	+492	820
Jamaika	942	+878	+366	1440
Fidschi	236	+197	+259	2130
Samoa (West)	21	+19	+114	950
Mauritius	301	+173	+157	3030
zum Vergleich				
Schweiz	7011	+1096	+154	35760
Kenya	413	+365	+14	270

[1]Einnahmen minus Ausgaben; [2]Weltentwicklungsbericht 1995; [3]Ausgaben für 1994 nicht erfaßt; [a]nach Schätzung der Weltbank liegt das BSP im Bereich hoher Einkommen (pro Kopf >8625 US-$); [b]nach Schätzung der Weltbank liegt das BSP im oberen Bereich der mittleren Einkommen (pro Kopf 2786-8625 US-$); Quelle: WTO 1995; Bevölkerungsdaten aus Weltentwicklungsbericht 1995 der Weltbank, Washington

detourismus entfällt weitgehend der in der Regel für den Rundreise- oder Safari-Tourismus notwendige Import von Fahrzeugen und Treibstoffen.

Sowohl um Devisen zu sparen als auch um das für Touristen attraktive, exotische Lokalkolorit in der Hotelarchitektur zu bewahren, werden in vielen Ländern selbst Luxushotels zum großen Teil mit traditionellen Baumaterialien erstellt (z. B. Palmblätterbedachungen). Durch die Nachfrage des Tourismusgewerbes nach Vorleistungen z. B. des Bau- und Ausbaugewerbes oder der Nahrungsmittelindustrie wird nicht selten die von fast allen ELn verfolgte Strategie einer Importsubstitution unterstützt. Oft erfolgt erst durch die zusätzliche touristische Nachfrage eine so beträchtliche Ausweitung des Binnenmarktes, daß der Aufbau einer heimischen Produktion rentabel, die Importabhängigkeit des Landes bei zunehmend mehr Produkten abgeschwächt wird. Dies trifft partiell auch auf insulare Mikrostaaten zu, wie das Beispiel Seychellen belegt (Vorlaufer 1991). Dieser Prozeß wird häufig durch staatliche Importrestriktionen einerseits und technische und finanzielle Hilfe beim Aufbau importsubstituierender Produktionen andererseits unterstützt.

In volkreichen und flächenmäßig großen Reiseländern mit einer schon

weiter entwickelten und diversifizierten Volkswirtschaft können fast alle von
der Tourismuswirtschaft benötigten Inputs im Lande erstellt werden. China,
Thailand, Indien, Mexiko, ja selbst Kenya (Sinclair 1991) sind hierfür promi-
nente Beispiele: Fast alle Baumaterialien und Ausstattungen, der Bedarf an
Sach- und Humankapital sowie die gesamten laufenden Inputs (u. a. Getränke, Nahrungsmittel, Energie) können z. B. für das Hotelgewerbe über heimische Produktionen bezogen werden.

Entsprechend der von Land zu Land unterschiedlichen Bedingungen diffe-
riert die Höhe der Sickerrate beträchtlich. Sie variiert nach der auf Literaturrecherchen basierenden Zusammenstellung bei Eisenstein (1993: 28ff.) z. B.
zwischen nur 5 % in Mexiko (um 1984) oder der Türkei (1988) und in der Regel
deutlich über 50 % bei den Mikrostaaten z. B. der Karibik. Aufgrund des winzigen Binnenmarktes ist hier der Aufbau einer auch für das Tourismusgewerbe
relevanten industriellen Produktion nicht möglich, wie z. B. die Studien über
die Pazifik-Staaten von Milne (1990 a, b; 1991; 1992) oder von Vorlaufer (1991)
über die Seychellen belegen.

Infolge oft auch begrenzter naturräumlicher Ressourcen und ungünstiger
agrarsozialer Verhältnisse (z. B. die „Erblast" der kolonialen Plantagenwirtschaft auf den Seychellen, in der Karibik) ist die binnenmarktorientierte Landwirtschaft in vielen Kleinstaaten unterentwickelt; die gesellschaftlich negativ
bewertete agrarische Tätigkeit dient weitgehend nur der Eigenbedarfsdek-
kung. Die meisten Mikrostaaten sind traditionell auf Nahrungsmittelimporte
angewiesen, die ihnen nun dank der Einnahmen aus dem Tourismus erleichtert werden. Hiermit ist jedoch die Gefahr verbunden, daß die einheimische
Bevölkerung, angeregt durch das „Vorbild" der Touristen, deren Konsumge-
wohnheiten übernimmt (negative Demonstrationseffekte, Abb. 16), so der
Devisenabfluß durch die dann notwendigen zusätzlichen Importe erhöht
wird: In der Karibik vermittelt z. B. häufig der Konsum importierter Kon-
serven-Ananas ein höheres Prestige als der Verzehr frischer heimischer
Früchte. Dieses „unangepaßte" Konsumverhalten wird aber auch und häufig
vorrangig durch nichttouristische Einflüsse (z. B. TV) bewirkt.

Ein Nachteil des Fremdenverkehrs als Devisenquelle kann es sein, daß bei
politischen Krisen in einem Land die Besucherzahlen und damit die Deviseneinnahmen zurückgehen, während alternative Produktionen unter den objektiv gleichen Bedingungen noch weiterarbeiten und ihre Erzeugnisse, evtl.
zeitlich verzögert, noch ausführen können. Ein Beispiel hierfür ist Sri Lanka:
Infolge politischer Instabilität ging die Zahl der Touristen in den 80er Jahren
drastisch zurück, während der Wert der industriellen Produktion weiter gesteigert werden konnte (Abb. 18).

Dem internationalen Reiseverkehr droht aber im Unterschied zum Welthandel (bisher) kein Protektionismus, d. h., die Reiseländer können ihre touristischen Leistungen ohne Restriktionen von seiten der Fremdenverkehrs-

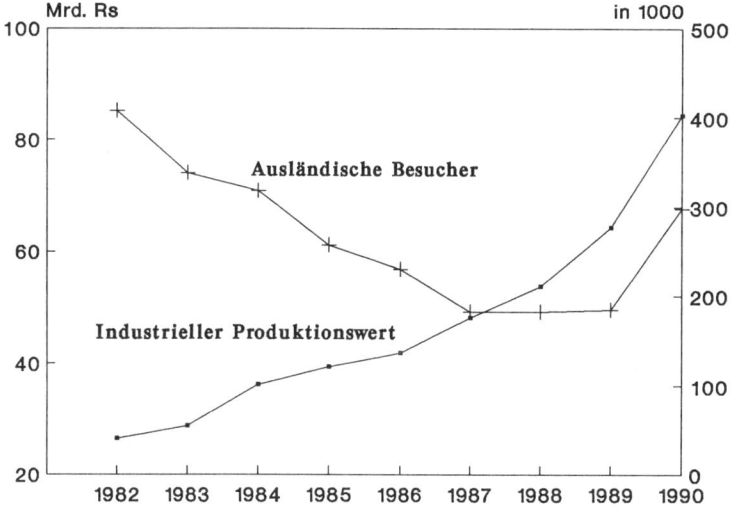

Abb. 18: Die Entwicklung der Zahl ausländischer Besucher (in 1000) und des industriellen Produktionswertes (in Mrd. Rs.) in Sri Lanka 1982–1990 (Quelle: Ceylon Tourist Board; Werte für die Industrie nach O'Hare u. Barrett, 1994; Entwurf: K. Vorlaufer; Computer-Kartographie: Cl. Dehling).

märkte vermarkten. Die entwickelten Länder schotten sich demgegenüber gegen den Import von Industrie- und Agrargütern aus der Dritten Welt stärker ab.

6.2 Tourismus, Beschäftigung und Einkommen

In Anbetracht eines rasanten Bevölkerungswachstums, dramatisch steigender Arbeitslosigkeit und zunehmenden Massenelends einerseits und des großen Kapitalmangels andererseits stehen fast alle EL unter dem Zwang, mit möglichst geringem Kapitalaufwand möglichst viele Arbeitsplätze zu schaffen, so das Pro-Kopf-Einkommen zu erhöhen und gleichzeitig eine gerechtere Einkommensverteilung zu erreichen – nach Hemmer (1978) z. B. nicht nur eine Voraussetzung zur Vermeidung staats- und friedensgefährdender Verteilungskämpfe, sondern auch zur Erreichung einer optimalen Produktionsstruktur. Empirische Studien in mehreren Ländern haben ergeben (Vorlaufer 1984, 1988), daß das Tourismusgewerbe eine relativ geringe Kapitalintensität aufweist, im Vergleich zu anderen Wirtschaftszweigen demnach pro investierter Kapitaleinheit relativ viele Arbeitsplätze geschaffen werden. Auch wenn diese Aussage in der Wissenschaft kontrovers diskutiert wird und auch

die Höhe der Kapitalintensität umstritten, von Land zu Land und auch innerhalb eines Landes zeitlich unterschiedlich ist – wie die Literaturrecherchen
z. B. von Eisenstein (1993) zeigen –, kann angenommen werden, daß die Tourismuswirtschaft im Vergleich zumindest zu vielen alternativen Produktionen
ein relativ arbeits- und weniger kapitalintensiver Wirtschaftszweig ist – zumal
wenn berücksichtigt wird, daß viele EL, insbesondere die Mikrostaaten, infolge fehlender Ressourcen kaum alternative Investitionen in der Landwirtschaft oder Industrie rentabel tätigen können. Für Barbados wurde allerdings
z. B. errechnet, daß die (1980) ca. 6500 Gästezimmer des Beherbergungsgewerbes nur 6347 Arbeitsplätze bieten, aber mit einem so hohen finanziellen
Aufwand erstellt wurden, daß bei gleicher Investition in der Landwirtschaft
fünfmal, im produzierenden Gewerbe zweimal soviel Arbeitsplätze hätten geschaffen werden können (Archer/Davies 1984) – jedoch wird nicht belegt, für
welchen Bereich der Agrar- und Industriewirtschaft und unter welchen Bedingungen diese Investitionsalternativen zutreffen.

Investitionen in das Tourismusgewerbe kommen der Faktorausstattung
vieler EL entgegen, die charakterisiert ist durch Kapitalmangel einerseits und
eine große Zahl von (allerdings überwiegend unqualifizierten) Arbeitskräften
andererseits. In vielen Branchen des Tourismusgewerbes kann Kapital oft vergleichsweise günstig auch durch (zunächst) wenig qualifizierte Arbeit substituiert werden.

Das Beispiel des Beherbergungsgewerbes, der für den Arbeitsmarkt wichtigsten Branche des Tourismusgewerbes, zeigt jedoch, daß die Kapitalintensität selbst innerhalb einer Branche sehr unterschiedlich ist. Die Intensität der
Beschäftigungseffekte wird wesentlich determiniert von der Art bzw. dem
Standort der Unterkünfte, die wiederum eine Funktion der touristischen
Nachfrage sind. In Luxusherbergen mit einem breiten und qualitativ hochwertigen Angebot für eine einkommensstarke, anspruchsvolle Klientel ist die
Zahl der Beschäftigten pro Bett, der Beschäftigungskoeffizient, höher als z. B.
in „Einfach"-Hotels oder in Ferienwohnungen. So hat z. B. Höfels (1990) Koeffizienten zwischen 0,43 und 0,13 für Hotels oberer Kategorie und nichtlizenzierte einfache Betriebe in Alanya (Türkei) ermittelt. Diese Relation,
nicht aber die Werte, ist nach meinen Erhebungen auch für Bali, Kenya, Sri
Lanka oder Thailand repräsentativ. Auf Bali z. B. entfielen 1994 auf ein Bett
eines klassifizierten Hotels 0,8, eines nichtklassifizierten Betriebes nur 0,3 Beschäftigte.

Eine Analyse der Struktur des Beherbergungsgewerbes vermittelt daher wesentliche Einblicke in die Beschäftigungseffekte. Länder, Regionen oder einzelne Standorte z. B. mit Betrieben vornehmlich für Besucher, die einfache
Unterkünfte aufsuchen, haben vergleichsweise wenig Arbeitsplätze in der Hotellerie. Barbados ist ein Beispiel dafür, daß mit wachsender Besucherzahl
keine entsprechende Zunahme der Arbeitsplätze im Beherbergungsgewerbe

verbunden sein muß, da die Bettenzahl vornehmlich in Unterkünften für Selbstversorger zunahm.

Auch in Sri Lanka ist z. b. zwischen 1973–93 im Beherbergungsgewerbe, aber auch in anderen Branchen des Fremdenverkehrswirtschaft, die Beschäftigungsintensität zurückgegangen. Dies ist Folge zunehmenden Rationalisierungsdruckes: Die gestiegenen Löhne wurden durch einen relativen Arbeitsplatzabbau kompensiert.

Luxushotels beschäftigen zwar pro Bett in der Regel 2- bis 3mal mehr Beschäftigte als Einfach-Hotels, jedoch ist die Kapitalintensität im allgemeinen höher. Neben der Qualität der Bauausführung und -ausstattung bestimmen zudem der Standort, d. h. vor allem die Bodenpreise, evtl. standortspezifische Bauvorschriften und selbst Gebührensätze (und Bestechungsgelder) für Baugenehmigungen die Höhe der Investitionskosten.

So wurde z. B. für Sri Lanka errechnet (Gamage 1981), daß sich die Baukosten pro Gästezimmer im Landesdurchschnitt auf 145000 RS, bei den klassifizierten Stadthotels auf 280000 RS, bei den („approved") Strandhotels auf 138000 RS, bei der sog. supplementary accommodation, den einfacheren Betrieben, jedoch nur auf 72000 RS beliefen. Im Unterschied zu den City Hotels sind die Beach Hotels auch höherer Kategorie häufiger von der Architektur her in offener Bauweise (Luftzirkulation), höchstens zweigeschossig und damit weniger aufwendig auf zudem preisgünstigerem Boden erbaut. Mit diesen Relationen korrespondieren zwar im großen und ganzen auch die Beschäftigungseffekte pro investierter Kapitaleinheit, jedoch ist die Kapitalintensität in den Strandhotels in der Regel etwas geringer, da hier nach meinen Erhebungen der Beschäftigungskoeffizient (Bett/Beschäftigte) zumindest gleich hoch ist, u.a. deshalb, weil diese Hotels im Unterschied zu den aufwendiger erbauten City Hotels häufig zusätzlich Arbeitsplätze etwa für Wassersport- und Freizeiteinrichtungen oder auch für die in der Regel größeren Gartenanlagen bieten. Kapitalintensität und Beschäftigungskoeffizient sind somit von der Hotelkategorie und den Baukosten, aber auch vom Standort und den Fremdenverkehrsarten, den Aktivitäten der Besucher, abhängig.

Diese selbst innerhalb eines Landes extrem differierenden Bedingungen sind ein Grund für die oft widersprüchlichen Aussagen über die Beschäftigungseffekte.

Die Höhe der Beschäftigungseffekte wird auch bestimmt durch die Verfügbarkeit von Arbeitskräften und damit vom Lohnniveau. In Billiglohnländern mit einem großen Arbeitskräfteangebot und mit evtl. zudem eingeschränkteren Sozialgesetzen (z.B. Mindestlöhne) und gewerkschaftlichen Organisationen beschäftigen Hotels in der Regel mehr Arbeitskräfte.

Beschäftigung durch den Fremdenverkehr ist in vielen Ländern und insbesondere auf regionaler Basis oft ein wichtiger Faktor zur Milderung der Arbeitslosigkeit. Wie das Beispiel Seychellen verdeutlicht, nehmen insbesondere in Mikrostaaten die im Tourismusgewerbe Tätigen eine überragende Stellung auf dem Arbeitsmarkt ein (Abb. 19). Hinzu kommen noch zahlreiche Beschäf-

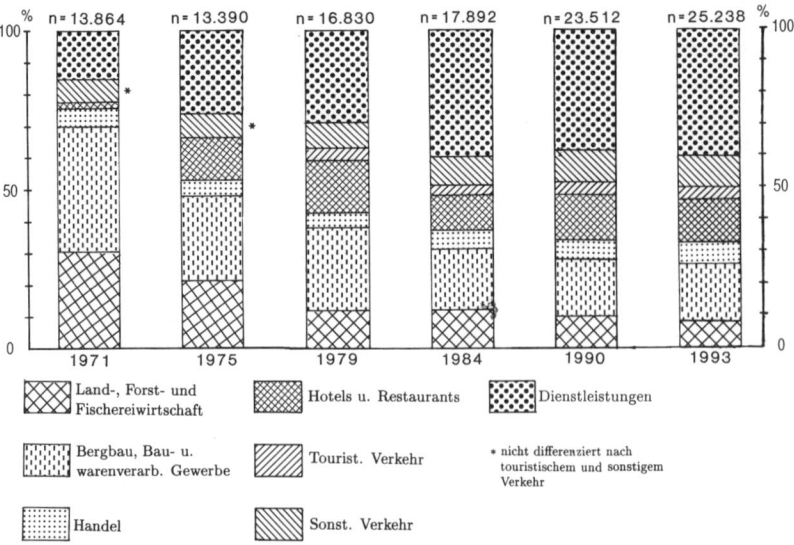

Abb. 19: Die Beschäftigten der Seychellen im Jahresdurchschnitt nach Wirtschaftsab-
teilungen (in %) in ausgewählten Jahren (Quelle: Amtliche Statistiken der Seychellen;
[für 1971 und 1975 Daten übernommen aus Wilson 1979]).

tigte, die nur teilweise für den Tourismus arbeiten (z. B. bei Banken, beim Zoll,
als Ärzte, Polizisten usw.). Von größter Wichtigkeit sind zudem die indirekten, die sekundären Beschäftigungs- und Einkommenseffekte in Branchen, von denen das Tourismusgewerbe Güter und Dienstleistungen bezieht.
Die Höhe dieses Beschäftigungs- und Einkommensmultiplikators wird vor
allem bestimmt durch die

– Importquote, d. h., mit einem hohen Anteil im Lande erzeugter Inputs
  korrespondiert ein hoher Multiplikator;
– Sparquote, d. h., je höher der Anteil aus dem Lohneinkommen der Tourismusbeschäftigten ist, der z. B. für Güter (aus dem Inland) ausgegeben
  wird, desto höher ist die multiplikative Wirkung auf Einkommen und
  Beschäftigung;
– Tourismusarten bzw. Nachfragepräferenzen der Besucher.

Je größer und diversifizierter die Produktionsstruktur eines Landes ist,
desto mehr Güter können hier erzeugt werden, desto stärker ist die Verflechtung der Tourismuswirtschaft mit zahlreichen vorgelagerten Zweigen
(Krusnik 1978), desto höher ist der Multiplikatoreffekt. In ressourcenarmen
kleinen Volkswirtschaften mit einem hohen Importbedarf ist er dementsprechend niedriger. Die durch den Tourismus induzierte zusätzliche Nachfrage
muß allerdings auf Produktionsreserven stoßen, oder es muß der Aufbau tou-

rismusspezifischer Produktionen möglich sein. Kann z. B. die Landwirtschaft die zusätzliche Nachfrage etwa infolge Landmangels oder fehlender Inputs nicht durch Produktionssteigerungen befriedigen, erfolgt, wie z. B. zumindest auf regionaler Ebene in Sri Lanka (Vorlaufer 1979), eine Umorientierung des Absatzes von der lokalen Bevölkerung zu den Hotels. Zusätzliche Arbeitsplätze werden nicht geschaffen. Es kann sogar das Gegenteil eintreten. Da die Nachfrage auf ein gleichbleibendes Angebot stößt, treten Preissteigerungen ein. Die Kaufkraft der heimischen Bevölkerung kann sinken, wodurch negative Einkommens- und Beschäftigungseffekte ausgelöst werden können. Im Tourismusgewerbe der EL werden vergleichsweise viele Arbeitsplätze z. B. pro Hotelbett beschäftigt, da die Löhne relativ niedrig sind. Hieraus ergibt sich, daß, auch bei einer evtl. gleichen Lohnquote wie in einem westlichen Reiseland, die Sparquote ebenfalls niedrig ist, ja entfällt. Die Beschäftigten müssen oft ihr gesamtes Einkommen für lebensnotwendige Güter ausgeben, wodurch eine beschäftigungs- und einkommenswirksame Nachfragesteigerung ausgelöst wird. Dies ist ein arbeitsmarktpolitisch wichtiger Vorteil, bedeutet aber auch, daß der Kapazitätseffekt gering ist, da die geringe oder fehlende Sparquote nicht die Ausweitung der Produktionskapazitäten erlaubt.

Obwohl die Berechnung der Multiplikatoreffekte, z. B. über Input-Output-Analysen, keine genauen Werte vermitteln kann (Eisenstein 1993; Krusnik 1978), ist die Aussage möglich, daß er in größeren Volkswirtschaften stets einen Wert von über 1 erreicht, während er in Mikrostaaten in der Regel unter 1 liegt, d. h., auf einen direkt Beschäftigten entfällt weniger als ein Arbeitsplatz in den mit dem Tourismusgewerbe verflochtenen vorgelagerten Zweigen.

Der Ceylon Tourist Board schätzt z. B., daß in Sri Lanka 1994 den 35 064 direkten Arbeitsplätzen etwa 49 000 indirekte Arbeitsplätze gegenüberstehen. Auf den Seychellen (Vorlaufer 1991) oder auf den pazifischen Inselstaaten (Milne 1991) liegt demgegenüber der Multiplikator in der Regel deutlich unter 1. Milne (1992) hat zudem für fünf Inselökonomien des Pazifik nachgewiesen, daß die Multiplikatorwirkung des Tourismus hinsichtlich der Beschäftigung höher als beim Einkommen ist, d. h., im formellen und informellen Arbeitsmarkt werden in vorgelagerten Branchen bei noch geringen zusätzlichen Nachfragesteigerungen weitere Arbeitsmöglichkeiten eröffnet, mit denen aber keine entsprechende Einkommenserhöhung einhergeht. So betrugen z. B. der Einkommens- bzw. der Beschäftigungsmultiplikator in Tonga 0,42/ 0,96, auf Vanuatu 0,56/0,89 oder auf den Cook-Inseln 0,43/0,80.

In vielen Tourismusregionen werden je Hotelbett etwa 0,8 bis max. 2,0 Arbeitsplätze im Tourismusgewerbe selbst (Hotels, Reisebüros, Souvenirläden usw.) und 0,5–1,5 Arbeitsplätze in vorgelagerten Sektoren geschaffen.

Ein Beispiel für ein Land mit relativ starken intranationalen Verflechtungen des Tourismusgewerbes: In Kenya z. B. mit seinen knapp 32 000 Gästebetten (1993) dürften demnach etwa 42 000 bis 55 000 direkte und nochmals mindestens ca. 45 000 bis 65 000 indirekte Arbeitsplätze vom Tourismus abhängig sein. In Anbetracht dessen, daß in Kenya gegenwärtig jährlich etwa 0,5–0,7 Mio. Menschen zusätzlich in das durch Massenarbeitslosigkeit gekennzeichnete Erwerbsleben eintreten, ist dies zwar nur ein „Tropfen auf den heißen Stein" zur Milderung des Problems. Vom Lohneinkommen dieser Beschäftigten sind aber viele (Groß-)Familienmitglieder abhängig. Etwa 0,6–0,8 Mio. Menschen dürften ihr alleiniges oder wesentliches Geldeinkommen direkt oder indirekt aus dem Fremdenverkehr beziehen. Dies sind jedoch nur ca. 2–3 % der Gesamtbevölkerung, deren jährliches Wachstum gegenwärtig bei ca. 3–4 % liegt. Der Fremdenverkehr kann so selbst in diesem wichtigen Reiseland nur begrenzt zur Milderung der wirtschaftlichen und sozialen Probleme beitragen.

In Bali ist der Tourismus demgegenüber schon von größerer Bedeutung für den Arbeitsmarkt. Neben 44 000 direkt Beschäftigten (Tab. 21) sind nach meinen Recherchen nochmals 14 000-20 000 Personen unmittelbar in weiteren Zweigen des Fremdenverkehrgewerbes tätig: in den zahlreichen Souvenirläden, als fliegende Händler, vor allem aber in den für Bali typischen, eng mit dem Tourismus verknüpften Kunstbereichen (Kap. 8.2) wie dem Schauspiel, dem Tanz, der Musik, der Malerei und Bildhauerei oder dem Kunsthandwerk (Silberschmiede).

Demnach sind unter Beachtung der intraregionalen Produktionsstruktur und Lieferverflechtungen und der durchschnittlichen Haushaltsgröße (ca. 4,5) nach meinen Schätzungen etwa 100 000–130 000 Arbeitskräfte direkt oder indirekt und damit ca. 0,5–0,6 Mio. Haushaltsangehörige vom Tourismus als Einkommensquelle abhängig. Dies entspricht etwa 20% der ca. 2,8 Mio. Einwohner Balis. Von überragender Bedeutung sind aber die durch den Fremdenverkehr induzierten Beschäftigungs- und Einkommenseffekte in Mikrostaaten wie z.B. den Seychellen, obwohl sie infolge ihrer schwachen Produktionsstruktur viele Vorleistungen importieren müssen. Auf den Seychellen sind etwa 30–40 % der 70 000 Einwohner direkt oder indirekt vom Tourismus abhängig.

Die Größe der von den Lohneinkommen der Tourismusbeschäftigten abhängigen Bevölkerung variiert allerdings von Land zu Land und wird bestimmt durch oft spezifische ökonomische und kulturelle Rahmenbedingungen. Generell nimmt mit steigendem Anteil verheirateter Beschäftigter die Zahl der abhängigen Personen zu. Daneben sind kulturspezifische Faktoren von Bedeutung wie die Familienstrukturen, Haushalts- und Familiengrößen, Heiratsalter, Formen und Grad überkommener familiärer Solidaritätsleistungen und die Rolle der Frauen. In den meisten Ländern überwiegt der Anteil lediger Beschäftigter und insbesondere bei den Frauen deutlich. Der geringere Anteil verheirateter Frauen resultiert wesentlich daraus, daß ledige Beschäftigte mit der Familiengründung oft aus dem Erwerbsleben ausscheiden (Rollenzuweisung als Mutter). Aus den für die meisten Gesell-

Tab. 21: Zahl und Qualifikation männlicher und weiblicher Arbeitskräfte in den Zweigen des formellen Fremdenverkehrsgewerbes auf Bali 1993

	Männer abs.	%	Frauen abs.	%	Gesamt abs.	%-Anteil mit Fachausbildung Männer	Frauen	Gesamt
klassifizierte Hotels	16732	79,9	4208	20,1	20940	38,4	45,6	39,8
nichtklassifizierte Hotels	6705	70,3	2835	29,7	9540	12,6	13,2	12,8
lizenzierte Fremdenführer	2208	92,1	190	7,9	2398	-	-	-
Reisebüros	2702	79,4	701	20,6	3403	13,3	26,2	16,0
Restaurants	3826	53,4	3343	46,6	7169	11,4	7,9	9,8
Autovermieter	296	82,0	65	18,0	361	2,0	6,2	2,8
Gesamt	32469	74,1	11342	25,9	43811	24,9	24,2	24,7

Quelle: Bali Government Tourism Office, Denpasar

schaften der EL typischen, auch im Prozeß des rasanten sozialen Wandels noch weithin praktizierten familiären Solidaritätsleistungen ergibt sich aber, daß nicht nur die verheirateten, sondern auch die ledigen Beschäftigten mehr oder weniger regelmäßig Familienmitglieder außerhalb des eigenen Haushaltes (z.B. Eltern) finanziell unterstützen, so z.B. im kenianischen Seebad Malindi 83% der männlichen und 80% der weiblichen Beschäftigten (VW-Projekt 1991/92; die entsprechenden Werte für Chiang Mai, Phuket und Baguio lagen aber nur zwischen 31–36 %!). Trotz niedriger Löhne, die oft kaum die physische Existenz sichern, und der – oft auch als Last empfundenen – familiären Verpflichtungen insbesondere in afrikanischen Reiseländern bewertete eine große Mehrheit aller Tourismusbeschäftigten in den von uns untersuchten Standorten ihre finanzielle Lage besser als vor fünf Jahren (Tab. 22). Selbst in Kenya, wo z.B. der Reallohn-Index insgesamt von 100 (1982) auf 78 (1993) zurückging, war – insbesondere bei den Männern – dieser Anteil hoch. Dies trifft auch auf die Zentren im wirtschaftlich boomenden Thailand zu, während sich auf den Philippinen infolge der wirtschaftlichen Rezession und des Rückgangs des Tourismus im allgemeinen und in Baguio zudem auch infolge des Erdbebens 1991 im besonderen für einen größeren Teil der Beschäftigten die Lage auch subjektiv verschlechtert hat. In Kenya hat sich die objektive und subjektive wirtschaftliche Lage einer größeren Zahl von Frauen verschlechtert: Insbesondere die zahlreichen ledigen Mütter oft vieler Kinder haben die Hauptlast des sozialen Wandels in Kenya zu tragen. Gleichwohl: Die Daten der Tab. 22 deuten – unter Berücksichtigung der gesamtwirtschaftlichen Entwicklung der Staaten – eine relative Privilegierung der Tourismusbeschäftigten in vielen Ländern an und bestätigen die herausgehobene Bedeutung des Tourismus als Faktor positiver Beschäftigungs- und Einkommenseffekte.

Infolge der geringen (wenngleich häufig über dem Landesniveau liegenden) Lohneinkommen sind viele Beschäftigte jedoch gezwungen, weitere Erwerbs-

Tab. 22: Die Einschätzung (in %) ihrer heutigen (1991/92) finanziellen Lage im Vergleich zu 1986/87 durch die männlichen (M) und weiblichen (F) Tourismusbeschäftigten in ausgewählten Fremdenverkehrszentren der Philippinen (P), Thailands (T) und Kenyas (K)

	Baguio (P)		Chiang Mai (T)		Phuket (T)		Malindi (K)	
	M	F	M	F	M	F	M	F
besser	37,1	39,2	70,6	70,1	89,1	83,4	63,5	45,7
gleich	29,6	35,8	10,0	14,9	7,0	5,7	11,2	3,4
schlechter	25,1	18,3	14,4	7,5	1,3	1,6	15,2	45,7
ungewiß	6,9	6,7	3,8	6,0	0,4	6,1	9,2	3,4
ohne Angabe	1,3	-	1,2	1,5	2,2	3,2	1,3	1,7

Quelle: VW-Projekt des Lehrstuhls für Kulturgeographie und Entwicklungsforschung des Geogr. Instituts der H.-H.-Univ. Düsseldorf

tätigkeiten zu übernehmen. Nach unseren Befragungen 1991/92 (VW-Projekt) gingen z. B. in den thailändischen Tourismuszentren Chiang Mai 20,1 % und Phuket 4,6 %, im kenyanischen „Seebad" Malindi 3,5 % oder im philippinischen Höhenerholungsort Baguio 8,5 % aller hauptberuflich im Tourismusgewerbe Beschäftigten zumindest einer weiteren Nebentätigkeit nach, und zwar auch Hotelbeschäftigte mittlerer Qualifikation (etwa Rezeptionisten, Buchhalter). Mit wachsender Konkurrenz auf dem Arbeitsmarkt wird jedoch die Erschließung zusätzlicher Erwerbsquellen schwieriger. In einigen Ländern kommt daher der Weiterführung der traditionellen familieneigenen Landwirtschaft eine überragende und in fast allen Ländern eine zumindest noch relativ große Bedeutung, wenngleich häufig nur für den Eigenbedarf, zu, wie Tab. 23 beispielhaft für Tourismuszentren in Ländern unterschiedlicher Struktur belegt. Mit steigendem Landmangel einerseits und wachsender sozialer und emotionaler Einbindung der Beschäftigten in das Sozialsystem der Tourismuszentren andererseits geht allerdings der Anteil der Personen mit Agrarproduktion zurück.

Das Tourismusgewerbe bietet zwar relativ viele Arbeitsplätze und kann so das große Arbeitskräfteangebot der EL nutzen. Mit steigender Qualität des touristischen Angebotes wird jedoch die Beschäftigung eines höheren Anteils qualifizierter Arbeitskräfte notwendig, über die die meisten Länder nur eingeschränkt verfügen. Insbesondere in der Entfaltungsphase des Tourismus ist daher häufig, etwa im hochrangigen Hotelgewerbe, der Einsatz ausländischer Fachkräfte vor allem im Management notwendig. Um die damit verbundenen wirtschaftlichen und sozialen Nachteile (z. B. Devisenabfluß durch Gehaltstransfer) zu vermeiden, bemühen sich fast alle Länder auch Führungspositionen mit Einheimischen zu besetzen. In vielen Ländern wurden Hotelfachschulen und an Universitäten Touristik-Studiengänge eröffnet. Zunehmend

Tab. 23: Der Anteil (in %) der verheirateten zugewanderten und einheimischen Beschäftigten des Tourismusgewerbes ausgewählter Fremdenverkehrszentren der Philippinen (P), Thailands (T) und Kenyas (K) mit der Landwirtschaft als weitere Einkommensquelle (1991/92)

	Malindi (K)	Baguio (P)	Chiang Mai (T)	Phuket (T)
Zuwanderer	27,7	11,1	24,0	4,3
Einheimische	-	27,6	10,0	3,3
Gesamt	22,2	15,1	20,0	4,0

Quelle: VW-Projekt des Lehrstuhls für Kulturgeographie und Entwicklungsforschung des Geogr. Instituts der H.-H.-Univ. Düsseldorf

kann auf den Einsatz ausländischer Fachleute verzichtet werden; auch mittlere Positionen etwa im Hotelgewerbe sind heute überwiegend mit Fachkräften besetzt, die ihre Qualifikation auf Schulen, überwiegend aber durch „learning on the job" erworben haben. Tab. 20 zeigt für Bali eine für viele Reiseländer typische Qualifikationsstruktur. Vor allem in den qualifizierten Hotels stellt das Fachpersonal einen beachtlichen Anteil, wenngleich auch in diesem gehobenen Angebotssegment (noch) die „ungelernten" Arbeitskräfte überwiegen.

Mehr und mehr Länder gewähren Ausländern nur in Ausnahmefällen eine Arbeits- und Aufenthaltsgenehmigung für eine Tätigkeit etwa in der Hotellerie. In Thailand z.B. erhält in der Regel ein Ausländer diese Genehmigung nur als General Manager eines Hotels oder als spezialisierter Koch etwa für die japanische oder französische Küche.

Insbesondere in vielen Staaten Afrikas ist der Mangel an qualifiziertem heimischen Personal jedoch nicht nur im Hotelgewerbe (z.B. in Gambia; Farver 1984), sondern auch und vor allem etwa im Management der großen Wildschutzgebiete oder im Consulting- und Planungsbereich für die Tourismuswirtschaft oft eklatant (Ankomah 1991). Der Einsatz ausländischer Experten ist hier noch weithin typisch. Dies betrifft insbesondere Luxushotels und vor allem vormals staatlich betriebene Häuser, z.B. in Tanzania, die heute als Maßnahme zur Überwindung dieser personellen Probleme zunehmend Management-Verträge mit transnationalen Hotelketten abschließen.

6.2.1 Beschäftigung durch Fremdenverkehr – eine Chance für Frauen?

In den meisten ELn sind Frauen aufgrund traditioneller Rollenzuweisungen in sozialer und wirtschaftlicher Hinsicht benachteiligt, können sie aufgrund rigider sozialer Kontrollen kaum von überkommenen Lebensformen abweichen und erhalten eine geringere oder sogar keine Schulbildung, so daß sie gegenüber Männern aufgrund geringerer formaler Qualifikation auf dem

„formellen" Arbeitsmarkt diskriminiert werden. Gleichzeitig werden im Zuge der Verstädterung und Urbanisierung sowie infolge steigenden Massenelends Frauen zunehmend gezwungen, abweichend von ihrer traditionellen Rolle außerhäusliche Tätigkeiten zu übernehmen, um das Überleben ihrer Familien zu sichern. Dies trifft vor allem auf die in vielen Ländern, insbesondere Afrikas (Vorlaufer 1985), z. T. rasant steigende Zahl von Frauen zu, die als ledige Mütter oft für eine große Zahl von Kindern sorgen müssen und nicht mehr durch das soziale Netz überkommener (groß)familiärer Strukturen abgesichert werden. Tendenziell nimmt daher in den meisten Ländern die Erwerbstätigkeit der Frauen zu, zumal Frauen infolge verbesserter Schulbildung auch zunehmend „moderne" Tätigkeitsfelder besetzen.

In der Tourismuswirtschaft können auch Frauen mit geringen schulischen Qualifikationen Beschäftigung finden. Als Zimmermädchen, Reinigungspersonal, als Verkaufskräfte in Andenkenläden, aber auch und vor allem im tourismusorientierten Vergnügungsgewerbe sind Frauen in vielen Ländern oft in großer Zahl beschäftigt. Überkommene Rollenzuweisungen und Moralvorstellungen verhindern aber oft eine stärkere Beschäftigung von Frauen gerade im Fremdenverkehrsgewerbe, da befürchtet wird, daß insbesondere (und nur) Frauen durch den täglichen und engen Kontakt mit Touristen sittlich gefährdet werden.

Aufgrund unterschiedlicher Wert- und Moralvorstellungen sowie differierender geschlechterspezifischer Rollenzuweisungen in den einzelnen Ländern variiert der Anteil der weiblichen Arbeitskräfte in den einzelnen Sparten der Fremdenverkehrswirtschaft extrem. Wie wenig klischeehafte, vorurteilsgeprägte Erwartungen hinsichtlich des Frauenanteils an den in der Tourismuswirtschaft Beschäftigten zutreffen, zeigt ein Vergleich der Beschäftigung von Frauen in den 70er Jahren in Tunesien einerseits und Sri Lanka andererseits.

Im islamischen Tunesien nahmen um 1975 Frauen in der gesamten Tourismuswirtschaft 16%, im Hotelgewerbe des Fremdenverkehrszentrum Sousse sogar 30% aller Arbeitsplätze ein (Groupe Huit 1979). Diese für ein islamisches Land überraschend hohen Daten verdecken jedoch das Ausmaß der strikten sozialen Kontrolle auch der im Hotelgewerbe tätigen Frauen durch die traditionellen Autoritäten. Wie in vielen anderen Ländern fließen die Lohneinkommen der (überwiegend jungen, unverheirateten) Frauen fast vollständig den Vätern zu, die es den Hotelleitungen nicht erlauben, Gehaltskonten auf den Namen ihrer weiblichen Beschäftigten einzurichten; nach Einbruch der Dunkelheit dürfen Frauen im allgemeinen nicht mehr außerhalb des Wohnhauses arbeiten. Zimmermädchen nehmen die Reinigung der Gästezimmer nur während der Abwesenheit der Touristen und zudem unter Aufsicht einer meistens älteren Vorarbeiterin wahr, die auf eine Vermeidung von Kontakten zwischen Touristen und weiblichem Hotelpersonal strikt achtet.

In Sri Lanka waren demgegenüber (1977/78) nur 12,2% aller Hotelbeschäf-

tigten weiblichen Geschlechts (Vorlaufer 1984), obwohl Frauen aus der hinduistischen (Tamilen) und christlichen Bevölkerung, die im hohen Maße diese
Beschäftigten stellen, einmal weithin eine dem Männer gleichwertige Schulausbildung erhalten und zum anderen nicht einer so strengen Kontrolle wie in
islamischen Ländern unterliegen. Die generell hohe Arbeitslosigkeit auch
z. B. in Sri Lanka bedingt jedoch, daß auch Tätigkeitsfelder, die z. B. in Europa
weiblichen Arbeitskräften vorbehalten sind, vornehmlich mit Männern besetzt werden. So stellten Frauen zwar mit 22,8% des Zimmerreinigungsperso-
nals einen im Vergleich zu ihrem Gesamtanteil (12,2%) überproportionalen
Wert, jedoch werden auch diese Positionen relativ geringen Qualifikations-
niveaus noch dominant von Männern okkupiert, deren Anteil in den gehobenen Tätigkeitsfeldern zudem überproportional und schnell steigt.

Auch in Kenya betrug 1974 – ebenfalls vor allem aufgrund der starken Konkurrenz
der Männer auch bei der Besetzung von Arbeitsplätzen unterer Positionen – der Anteil
der Frauen an den Hotelbeschäftigten der Küstenzone sogar nur 4,2% (Vorlaufer
1979c); 1980/81 stellten Frauen lediglich 4,7% aller Hotelbeschäftigten des Seebades
Malindi (Bachmann 1988): Bis 1991 hat sich dieser Anteil allerdings auf ca. 10% erhöht.

In Bali liegt der Anteil der Frauen im formellen Tourismusgewerbe (Tab. 21)
zwar höher, jedoch sind sie auch hier noch eine Minderheit vor allem in so
wichtigen Branchen wie in der gehobenen Hotellerie. Bemerkenswert ist jedoch, daß hier der Anteil fachlich qualifizierter Frauen höher als bei den Männern ist. Nur mit wachsender Qualifikation gelingt der verstärkte Einstieg in
Branchen mit höherwertigem Angebot. Im informellen Gewerbe, wie insbesondere in den z. B. in Kuta zahlreichen touristischen Textilläden, stellen
Frauen die große Mehrheit.

Von diesem für (fast) alle Reiseländer typischen Muster der Beschäftigung
relativ weniger Frauen weichen die Seychellen ab. Schon in den 70er Jahren
haben z. B. die Hotels bevorzugt weibliche Arbeitskräfte eingestellt (Wilson
1979). Diese Situation hat sich weiter verfestigt.

Dieser hohe Frauenanteil ist nicht monokausal zu erklären. Ein Grund
dürfte jedoch sein, daß vor Einsetzen des Touristenbooms, vor 1972, viele
männliche Seycheller infolge nur begrenzter Arbeitsmöglichkeiten im Lande
eine Arbeit z. B. auf dem afrikanischen Festland annehmen mußten. Die auf
dem Archipel verbliebenen Frauen mußten daher schon stets eine außerhäusliche Erwerbstätigkeit übernehmen. Auf der Grundlage einer vergleichsweise
guten schulischen Ausbildung hat sich diese Tradition im Zuge der Entfaltung
des Fremdenverkehrs fortgesetzt. Die außerhäusliche Beschäftigung ist daher
in den Seychellen nicht stigmatisiert, sondern sie vermittelt hohes soziales Prestige.

Auch Thailand ist ein Beispiel für den hohen Anteil von Frauen auch in wichtigen
Branchen des Hotelgewerbes: Auf Phuket z. B. stellten Frauen genau 50% der 10450

Beschäftigten des Beherbergungsgewerbes und bei Berücksichtigung aller 13 804 in der Tourismuswirtschaft Beschäftigten sogar mit 54% die knappe Mehrheit (eigene Erhebung 1992). Auch in der Hotellerie oberer Kategorie nehmen Frauen nicht nur nachgeordnete Positionen ein. In der Buchhaltung und Rezeption z. B. dominieren sie häufig, und selbst im Management großer Hotels sind sie mit oft 25–50 % des Personalbestandes beteiligt. Trotz einer auch in Thailand weitverbreiteten Benachteiligung der Frauen haben sie im Tourismusgewerbe eine relativ starke Position: Dies mag damit zusammenhängen, daß die Werbewirksamkeit des Einsatzes von Thai-Frauen auch und gerade in Hotelabteilungen, wo ein täglicher Umgang mit Besuchern erfolgt, erkannt wurde. Die Frauen Thailands sind offensichtlich nicht nur ein Attraktivitätsfaktor für das umfangreiche touristische Vergnügungsgewerbe. Die große Beschäftigung von Frauen z. B. in Bars wird am Beispiel des Badeortes Patong auf Phuket sichtbar. 1994 bestanden hier (eigene Erhebungen) neben insgesamt 536 anderen touristischen Betrieben 228 Bars/Diskotheken, deren etwa 1000–1200 (unregelmäßig und oft kurzfristig) beschäftigte Frauen etwa 10% aller touristischen direkten Arbeitsplätze in Patong stellten.

Diese Barmädchen arbeiten in der Regel in der von Cohen (1993) so bezeichneten Open-ended-Prostitution, die im Unterschied zur umfangreicheren, vornehmlich für eine einheimische Klientel arbeitende Prostitution u. a. dadurch charakterisiert ist, daß die Mädchen selbständig, ohne Zuhälter, Beschützer und Verpflichtungen arbeiten und mit einem Touristen mehrere Tage oder gar Wochen zusammenleben. Trotz der rasanten Verbreitung von Aids in Thailand wie auch in anderen für Sextourismus bekannten Ländern (z. B. Dominik. Rep., Brasilien, Kenya, Philippinen) floriert diese Sparte (s. Kleiber/Wilke 1995) – wobei allerdings zu berücksichtigen ist, daß in den meisten ELn infolge der rasanten Verelendung mehr und mehr Frauen auch unabhängig vom Tourismus Einkommensmöglichkeiten nur in der Prostutition sehen (Renschler et al. 1991, Hall 1994).

Die Einbindung weiblicher Arbeitskräfte in die Fremdenverkehrswirtschaft ist Indikator des sozialen Wandels und zugleich Motor einer weiteren Beschleunigung z. T. tiefgreifender gesellschaftlicher Veränderungen, wie beispielhaft die veränderte Rolle der Frau in dem gegenwärtig am schnellsten wachsenden Seebad der mexikanischen Pazifikküste, in Puerto Vallarta, vor allem im Vergleich mit nichttouristischen Städten ähnlicher Größe veranschaulicht (Chant 1992). In dieser Stadt (1986: 160000 Einw.) stellten Frauen mit 32,3% aller Erwerbstätigen schon einen für Mexiko insgesamt hohen Anteil; im formellen Fremdenverkehrsgewerbe der Stadt wurde sogar ein Wert von 37,4% erreicht. Dieser Frauenanteil resultiert u. a. aus folgenden Gegebenheiten:

1. Die arbeitsintensive und exzessiv wachsende Tourismuswirtschaft der mexikanischen Seebäder hat, zumindest in der Hochsaison (Dez.–April), unter einem Arbeitskräftemangel zu leiden, so daß Frauen oft auch in Positionen Arbeit finden, die sonst Männern vorbehalten sind.

2. Viele Arbeitsplätze etwa im Hotelgewerbe verlangen oft Qualifikationen, die Frauen schon im Rahmen der traditionellen Arbeitsteilung innerhalb

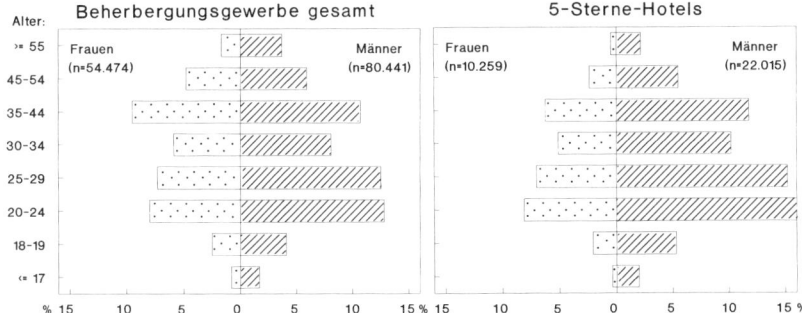

Abb. 20: Die Alters- und Geschlechtergliederung der Beschäftigten des Beherbergungsgewerbes insgesamt sowie der 5-Sterne-Hotels Mexikos (1991) (Quelle: Instituto Nacional de Estadistica Geografia e Informática, Mexiko; Entwurf: K. Vorlaufer; Computer-Kartographie: Cl. Dehling).

der Haushalte haben erwerben können (z. B. Hausreinigung, Küchenarbeit).

3. Viele der im Fremdenverkehrssektor tätigen Frauen können ihre überkommenen Hausfrauenarbeiten nur noch eingeschränkt selbst ausüben, sie stellen daher auf der Basis relativ günstiger Einkommen, z. B. aus der Hoteltätigkeit, Personal für die Mitarbeit im Haushalt ein und schaffen so weitere Arbeitsplätze für Frauen.

Die Alters- und Geschlechtergliederung der Hotelbeschäftigten Mexikos (Abb. 20) veranschaulicht zwar, daß der Anteil der Frauen insgesamt mit ca. 40% sehr hoch ist, in den 5-Sterne-Hotels mit 31,6% jedoch etwas niedriger liegt: Tendenziell sinkt mit steigendem Qualifikationsanspruch und der „Notwendigkeit" einer nicht durch Ehe und Kindern unterbrochenen beruflichen Tätigkeit auch in Mexiko der Frauenanteil.

Folge vergleichsweise günstiger Arbeitsmöglichkeiten für Frauen in den touristischen Zentren Mexikos ist es, daß hier der Anteil matrifokaler Haushalte im Vergleich zu anderen Städten höher liegt (in Puerto Vallarta z. B. 19,6% aller Haushalte in Vierteln geringeren Einkommensniveaus; in den Vergleichsstädten Querétaro und León nur 13,5 bzw. 10,4%). Gerade die insgesamt „liberaleren" Fremdenverkehrszentren sind attraktive Zuwanderungszentren mit zudem noch günstigen Arbeitschancen für alleinstehende Frauen, Witwen und ledige Mütter, die in der „Macho"-Gesellschaft Mexikos ansonsten als soziale Randgruppen diskriminiert werden. Frauen unterliegen in diesen Zentren auch weniger stark oder gar nicht mehr der sonst oft strikten sozialen Kontrolle etwa von Verwandten: Dies ist ein von Frauen besonders positiv bewerteter Aspekt (Chant 1992).

Diese Ansätze zur Emanzipation werden, auf der Basis wirtschaftlicher Unabhängigkeit, dadurch verstärkt, daß gerade die weiblichen Hotelbeschäftigten von den zahlreichen, oft alleinreisenden Touristinnen aus Industrieländern unmittelbar erfahren können, welche „Freiheiten" Frauen aus anderen Gesellschaften bereits besitzen. Zudem haben Studien sowohl in Puerto Vallarta als auch im Seebad Ixtapa-Zihuataneja belegen können, daß sich infolge der (partiellen) Emanzipation der Frauen auch das Rollenverhalten der Männer zu verändern beginnt, die für Mexiko noch weitgehend gültige Macho-Kultur in den Touristenzentren Risse zeigt. Gleichwohl: Auch im Hotelgewerbe Puerto Vallartas nehmen Frauen im Vergleich zu Männern vornehmlich untere Positionen ein, so daß die sozio-ökonomischen Disparitäten zwischen den Geschlechtern noch weithin bestehen.

Günstiger als im Beherbergungsgewerbe sind die Beschäftigungschancen für Frauen häufig in anderen Tourismus-Branchen. Insbesondere als Verkaufskräfte in Andenkenläden sind Frauen in nichtislamischen Ländern in großer Zahl tätig.

Vor allem arbeiten Frauen häufig permanent oder saisonal im informellen touristischen Kleinstgewerbe: Fliegende Händlerinnen an Badestränden und in Touristenzentren verkaufen selbstgefertigte oder zugekaufte Kleider, Andenken oder Schmuck; sie bieten den Touristen Früchte, Fruchtsäfte oder Speiseeis an; Mädchen arbeiten als „Hostessen" oder offen als Prostituierte; Frauen betätigen sich, so z. B. an den Badestränden Balis oder Thailands, als Masseusinnen. In der Kunstgewerbe- und Andenken-Erzeugung haben Frauen zudem häufig eine Schlüsselfunktion inne, da oft nur sie bestimmte traditionelle, für die Erzeugung von landesüblichen Souvenirs notwendige Produktionsverfahren beherrschen. Web-, Flecht-, Häkel-, Klöppel-, Stikkerei- und Batikarbeiten sind dominant weibliche Tätigkeiten. Einige Beispiele:

So sind z. B. in der durch den Fremdenverkehr wiederbelebten Batikproduktion Sri Lankas vornehmlich junge Mädchen tätig; in Guatemala stellen Frauen ausschließlich die von Touristen auf den Indio-Märkten des Landes nachgefragten „Molas" (Bekleidungsstück) der Cuna-Indios her. In den im hohen Maße auf den Tourismusmarkt ausgerichteten Handwerkerdörfern in Nähe des nordthailändischen Fremdenverkehrszentrums Chiang Mai fertigen vornehmlich weibliche Arbeitskräfte kunstvoll bemalte Sonnenschirme; sie weben Seidenstoffe, stellen Laquerware her, betätigen sich als Designerinnen in den schon häufig fabrikähnlichen Betrieben zur Herstellung von geschnitzten Holzmöbeln und -figuren; sie übernehmen einzelne Arbeitsschritte bei der Herstellung von Silber- und Bronzewaren. In Ostafrika fertigen – insbesondere bei den Hirtenvölkern wie z. B. den Masai – fast nur Frauen für den Tourismusmarkt (und den Eigenbedarf) Perlenschmuck oder Kalebassen.

6.3 Die Mobilität von Produktionsfaktoren –
Muster, Konkurrenzen, Konflikte

Mit der oft stürmischen Entfaltung des Tourismus ist eine häufig massive
Mobilität, eine sektorale und räumliche Umschichtung der („klassischen")
Produktionsfaktoren Arbeit, Kapital und Boden verknüpft. Aus weniger ertragreichen Wirtschaftszweigen und -räumen fließen Kapital und Arbeitskräfte in die (zumindest) betriebs-, aber nicht stets volkswirtschaftlich profitablere Tourismuswirtschaft, die mit ihren Standorten zudem überkommene
Flächennutzungen verdrängt und den Produktionsfaktor Boden sowohl
klein- als auch großräumig ihren Verwertungsinteressen unterstellt. Während
der Produktionsfaktor Boden ausschließlich der nationalen Faktorausstattung entstammt, können Kapital und – eingeschränkter – auch Arbeitskräfte
aus dem Ausland zufließen. Es wurde zwar bereits deutlich (Kap. 5), daß ausländisches Kapital in vielen Ländern eine große Bedeutung hat, aber auch hei-
misches Kapital in die Fremdenverkehrswirtschaft investiert wird. Die (oft
nur scheinbar) günstigen Anlagemöglichkeiten mobilisieren einmal Kapital,
das vormals – und dies ist typisch für viele EL – entweder ins Ausland transferiert, für den Luxuskonsum verwendet oder in mehr oder weniger volkswirtschaftlich „sterile" Bereichen (etwa Bargeldhortung, Goldschmuck, Grund-
stückspekulationen) gebunden wurde, da attraktive Investitionsalternativen
nicht vorhanden waren oder nicht erkannt wurden. Zum anderen kommt es
zu einem Abfluß von Kapital aus volkswirtschaftlich und langfristig evtl.
wichtigen anderen Wirtschaftszweigen, so z.B. aus der Agrar- und Fischereiwirtschaft oder aus der Industrie, denen zudem die Beschaffung von neuem
Kapital infolge der erhöhten Nachfrage auf dem Kapitalmarkt durch das Tourismusgewerbe erschwert wird. Dies kann dazu führen, daß eine volkswirtschaftlich optimale Produktionsstruktur nicht oder nur über staatliche Interventionen (Subventionen) erreicht werden kann. Wissenschaftlich fundierte,
empirische Untersuchungen über die optimale Allokation von Kapital, auf
dem Hintergrund einer Konkurrenz des Tourismusgewerbes mit anderen
Wirtschaftszweigen um diesen Produktionsfaktor, liegen m.W. nicht vor. Zu
beobachten ist allerdings in einigen Ländern, daß – so etwa in Sri Lanka – das
vormals z.B. in die traditionelle Fischerei (Boote) investierte Kapital wohlha-
bender Händler nun in das oft gerade an ehemaligen Fischereistandorten expandierende Tourismusgewerbe investiert wird, daß die Fischerei auch oft
(aber nicht nur) aus diesem Grunde stagniert oder gar eingestellt wird. Insbesondere am Beispiel der Fischerei läßt sich zudem prägnant auch die Umschichtung der anderen Produktionsfaktoren oft beobachten. An vielen
Standorten der traditionellen Fischereiwirtschaft, an den auch für den Badetourismus geeigneten Stränden und Buchten, entstehen Beherbergungsbetriebe, nicht selten initiiert durch die Errichtung zunächst einfacher Unter-

künfte durch die Lokalbevölkerung. Die Fischerei wird zunächst von den für Hotels besonders attraktiven Strandarealen und schließlich aus dem gesamten Küstenabschnitt verdrängt. Nach einer mehr oder weniger kurzen Phase der räumlichen Koexistenz beider Wirtschaftszweige setzt sich, wie es etwa für das „Seebad" Negombo/Sri Lanka schon in den 70er Jahren zutraf (Vorlaufer 1984), schließlich die touristische Landnutzung durch. Dieser Prozeß wird von einer sektoralen Mobilität der Arbeitskräfte begleitet. Die vormaligen Fischer und vor allem deren Nachkommen übernehmen eine Arbeit im Fremdenverkehrsgewerbe, und zwar häufig auch dann, wenn die Einkommen aus dem Fischfang ähnlich hoch sind. Junge „Fischer" setzen so z. b. ihre Fischerboote bevorzugt für Touristen-Fahrten (z. b. zum Tauchen, Schnorcheln, Angeln) auch deshalb ein, weil diese Tätigkeit gefahrloser, interessanter sowie mit höherem sozialen Prestige verbunden ist als etwa ein nächtlicher Fischfang. Infolge dieser Faktormobilität kommt es an zahlreichen Fremdenverkehrsstandorten zumindest auf lokaler Ebene zunächst zu einer Verknappung und dann auch zu einer oft extremen Verteuerung des Fischangebots, das dann für die einkommensschwache Lokalbevölkerung häufig nicht mehr erschwinglich ist.

Die soziale Mobilität von Arbeitskräften, das Hinüberwechseln von einem Wirtschaftssektor zum Tourismus, kann auch positive Effekte haben. Dies trifft z. b. auf die weithin überbesetzte Agrarwirtschaft zu; hier führt der Entzug von Arbeitskräften in der Regel nicht zu Produktionsrückgängen, sondern zu einer Verbesserung der sozialen Lage der in der Landwirtschaft verbliebenen Erwerbspersonen infolge der Entlastungseffekte. Über die regionale Mobilität von Arbeitskräften werden zudem räumlich begrenzte Engpässe auch in der Landwirtschaft in der Regel schnell beseitigt. In vielen Fremdenverkehrsregionen fällt zudem die touristische Saison mit der Trockenzeit zusammen, in der – falls nicht Bewässerungsfeldbau betrieben wird – landwirtschaftliche Arbeiten eingeschränkter durchgeführt werden. Viele von der Agrarwirtschaft in den Tourismussektor übergewechselte Beschäftigte können somit ihre – häufig saisonale – Tätigkeit in diesem Wirtschaftszweig in den überkommenen landwirtschaftlichen Arbeits-Kalender einbinden: In der touristischen Nebensaison kann, wenn nicht ohnehin die Arbeit im Tourismusgewerbe gänzlich eingestellt wird (saisonale Betriebsschließung), z. b. in vielen Ländern auch der tariflich festgelegte Jahresurlaub genommen und dann der eigene landwirtschaftliche Betrieb bewirtschaftet werden. Mit der Übernahme einer Tätigkeit im Tourismusgewerbe durch vormals im Agrarsektor Beschäftigte erfolgt jedoch häufiger (so z. b. weithin in Kenya) eine innerfamiliäre Umschichtung der Arbeitsbelastung: Frauen und Kinder müssen durch einen erhöhten Einsatz den Entzug der männlichen Arbeitskraft kompensieren. Oft werden mit dem Lohneinkommen aus dem Fremdenverkehrsgewerbe in Zeiten hohen Arbeitsanfalls in der Landwirtschaft aber auch Lohnarbeiter beschäftigt.

Allerdings konkurriert die aufstrebende Tourismuswirtschaft in vielen Ländern oft mit anderen Wirtschaftszweigen oder staatlichen Institutionen um die in der Regel knappen qualifizierten Arbeitskräfte. So wechseln z. B. qualifizierte Beamte von Behörden nicht selten zur attraktiveren Fremdenverkehrswirtschaft, so daß bei staatlichen Stellen infolge dieser Mobilität qualitative Personalengpässe entstehen können (z. b. Hauptbuchhalter großer Hotels kommen nicht selten aus der Finanzbehörde). Allerdings verstärkt sich auch eine gegenläufige Entwicklung. In Ländern mit länger etabliertem Tourismusgewerbe beklagen z. b. Hotels die Abwerbung des von ihnen ausgebildeten Personals durch andere Branchen, die höhere Löhne zahlen können.

6.3.1 Agrarwirtschaft und Tourismusgewerbe – Faktormobilität am Beispiel der Landnutzungsveränderungen

In der Diskussion über die positiven und negativen Einflüsse des Fremdenverkehrs auf die Agrarwirtschaft wird angenommen, daß der Landwirtschaft die Produktionsfaktoren Arbeit, Kapital und Boden entzogen und dem neuen Wirtschaftszweig zur Verfügung gestellt werden (so z. b. Bryden für die Karibik 1973). Rückgänge in der Agrarerzeugung, Nahrungsmittelverknappung und -verteuerung, negative Zahlungsbilanzeffekte infolge des Abbaus von Agrarexporten und der Zunahme von Nahrungsmittelimporten, der Verlust von Arbeitsplätzen im ländlichen Raum – dies können einige Negativwirkungen dieser sektoralen Mobilität der Produktionsfaktoren sein. In einigen Fremdenverkehrsregionen konnte zumindest auf lokaler oder regionaler Ebene ein derartiger Entzug von Produktionsfaktoren aus der Agrarwirtschaft festgestellt werden.

Die augenfälligste Veränderung ist die Umwidmung vormals agrarisch genutzter Flächen für die Fremdenverkehrswirtschaft. Massive Landnutzungskonflikte zwischen beiden Sektoren sind jedoch relativ selten und räumlich begrenzt, da Tourismusbetriebe sich, wie etwa Hotels, vornehmlich in bisher un- oder untergenutzten Standorten oder aber, wie z. B. Andenkenläden oder Reiseagenturen, bevorzugt in schon bestehenden Dienstleistungszentren niederlassen. Allerdings differieren hier die Muster der Konkurrenz um Grund und Boden zwischen den verschieden Nutzungen infolge unterschiedlicher Rahmenbedingungen von Land zu Land und auch innerhalb einer Region.

Vor allem in durch den Badetourismus geprägten Ländern konzentriert sich der Fremdenverkehr auf schmale Küstenstreifen, die häufig nur ein geringes agrarökologisches Potential aufweisen. Dies trifft vor allem auf die nährstoffarmen Sandböden der Koralleninseln (z. B. der Malediven, z. T. der Seychellen) oder auf die flachgründigen und ebenfalls nährstoffarmen Böden auf pleistozänen Korallenkalken weiter Küstenabschnitte zu (z. B. in Kenya). Der hier oft vorherrschende, dem ökologischen Potential angepaßte Kokosnußanbau wird durch den Fremdenverkehr nur eingeschränkt verdrängt, im Gegenteil, nicht selten erfährt diese Kultur durch den Tourismus eine Wiederbelebung, da die Kokospalme für Besucher aus dem „Norden" *das* Symbol für ein ökologisch intaktes „Tropenparadies" ist und daher zumindest an vielen Standorten des seeorientierten Tourismus gesichert und weiter angepflanzt wird, wobei allerdings der Ernteertrag wirtschaftlich oft nur noch von nachgeordneter Bedeutung ist.

Ein Beispiel für den Erhalt des Kokosnußanbaus im Zuge der touristischen Entwicklung sind z. B. die Seychellen (Vorlaufer 1991). Hier wurde in vortouristischer Zeit auf den Koralleninseln überwiegend in Monokultur der Kokosnußanbau betrieben, der sich jedoch infolge sinkender Weltmarktpreise für Kobra und der extremen Peripherielage dieser Eilande im Niedergang befand: Die hiermit einhergehende Entvölkerung vor allem der sog. Außeninseln und der vollständige Verfall der Pflanzungen konnten durch die touristische Erschließung dieser Inseln abgeschwächt werden.

Auf St. Vincent und den Grenadinen, auf Tonga oder Jamaika hat der Tourismus ebenfalls nur Flächen vornehmlich im Küstenbereich okkupiert, die für die Landwirtschaft Ungunst-, für den Fremdenverkehr aber die entscheidenden Gunstfaktoren sind: wenig Niederschläge, viel Sonnenschein, Sandbuchten, Felsenküsten, Wind (Latimer 1985).

An anderen Fremdenverkehrsstandorten ist jedoch eine Verdrängung der Landwirtschaft auch von den für sie günstigen Flächen zu beobachten. Auf Bali orientierte sich der frühe Tourismus bis etwa 1965 vornehmlich auf die im Landesinnern gelegenen Räume des Reisbaus und damit hoher Bevölkerungsdichte, da hier auch die für den Tourismus zunächst wichtigen kulturellen Attraktionen liegen. Hier entstanden daher die ersten größeren Fremdenverkehrsbetriebe, wie z. B. Hotelanlagen inmitten ausgedehnter tropischer Gärten mit großem Flächenbedarf. Der seit den 70er Jahren dominante Wassersport- und Bade-Tourismus ist demgegenüber auf einen schmalen Küstensaum orientiert, wo die agrarische Nutzung aufgrund schlechter naturräumlicher Bedingungen stets von marginaler Bedeutung war (Zimmermann 1990).

Hamer (1979) zeigt am Beispiel Guatemala ähnliche Verdrängungsprozesse zu Lasten der Landwirtschaft am Atitlan-See auf. Ähnliches ist auch auf der Haupt-(Granit-)Insel der Seychellen, auf Mahé, festzustellen (Vorlaufer 1991). Hier bieten infolge des Reliefs nur die schmalen, oft von vegetationslosen Granittürmen begrenzten Küstenstreifen bescheidene agrarische Potentiale, aber auch die günstigen und landschaftlich attraktiven Standorte für Fremdenverkehrssiedlungen. Die ohnehin schwache agrarische Produktionsbasis der Seychellen wird so durch den hierdurch verstärkten Landmangel weiter beschränkt.

Auf Barbados z. B. fiel der drastische Rückgang des vorher weitgehend in Monokultur betriebenen Zuckerrohranbaus zwar zeitlich mit der Expansion des Fremdenverkehrs zusammen, jedoch ist dies nicht durch kausale Zusammenhänge erklärbar,
zumal sich auch hier die touristischen Einrichtungen vornehmlich an Küstenab-
schnitten mit relativ geringen Niederschlägen und schlechten Böden entfalteten, die nie
die primären Zuckerrohranbau-Areale stellten (Archer/Davies 1984). Der veraltete
Zuckerrohranbau der Insel war vielmehr auf dem Weltmarkt nicht mehr konkurrenzfähig und dies, obwohl die Regierung diesen traditionellen Sektor mit umfangreichen
Kapitalhilfen unterstützt hatte und ihm somit auch der Produktionsfaktor Kapital
nicht einseitig zugunsten des Tourismusgewerbes entzogen worden war. Auch auf Jamaika war aus diesen Gründen der Niedergang des Zuckerrohranbaus nicht Folge des
zeitgleichen Aufstiegs des Tourismus (Latimer 1985).

Bali steht auch beispielhaft für zahlreiche Fremdenverkehrsregionen, in
denen größere geplante Touristenzentren gezielt in siedlungsleere oder -arme
Räume errichtet wurden, auch um den Landerwerb zu erleichtern und bisher
extensiv oder nicht genutzte Flächen einer rentableren Nutzung zuzuführen.
Hier entstand im äußersten Süden der Insel, auf der Halbinsel Nusa Dua, wo
infolge geringen agrarischen Potentials (geringe Niederschläge, flachgründige
Böden auf anstehenden Kalkgestein) Landwirtschaft nur eingeschränkt betrieben werden konnte, das gleichnamige Resort auf einem ca. 300 ha großen
Areal mit 13 Luxushotels (1995: 4795 Z., 16% der Kapazitäten Balis), einem
Einkaufs- und Flanierzentrum (1994: 60 Geschäfte, Restaurants usw.) und
einem Golfplatz inmitten ausgedehnter Parkanlagen. Trotz des großen Flä-
chenbedarfs ergaben sich Konflikte nicht durch die Umwidmung, sondern dadurch, daß die Regierung 1974 das für das Projekt benötigte Land den Bewohnern zweier Dörfer enteignete und Entschädigungsbeträge zahlte, die nach
gerichtlichen Auseinandersetzungen von den vormaligen Eigentümern akzep-
tiert werden mußten (Hussey 1982). Beträchtlich sind auch vor allem in SE-
Asien die Verdrängung der Landwirtschaft durch die zahlreichen großflächigen Golfplätze (Kap. 3.10).
    Punktuell kommt es zwar in einigen Fremdenverkehrsregionen auch zu
einer Verdrängung der Landwirtschaft auch von guten Standorten durch den
Fremdenverkehr, jedoch werden die verbliebenen Agrarflächen infolge steigender Nachfrage nach Agrarprodukten in den Fremdenverkehrszentren in
der Regel dann intensiver bewirtschaftet, u. a. da die Nutzflächen in Nähe der
neuen Märkte – im Sinne der Theorie von v. Thünen – eine höhere Lagerente
abwerfen, daher wertvoller sind und so eine Intensivierung ihrer Nutzung ermöglicht und erzwungen wird.
    Während der Entzug von (günstigem) Agrarland durch Flächenansprüche
der Fremdenverkehrsbetriebe, für das abgeleitete touristische Angebot, relativ selten ist und stets nur verhältnismäßig kleine Areale umfaßt, ergeben
sich durch die Ausweisung oft riesiger Flächen als Schutzgebiete zur langfri-

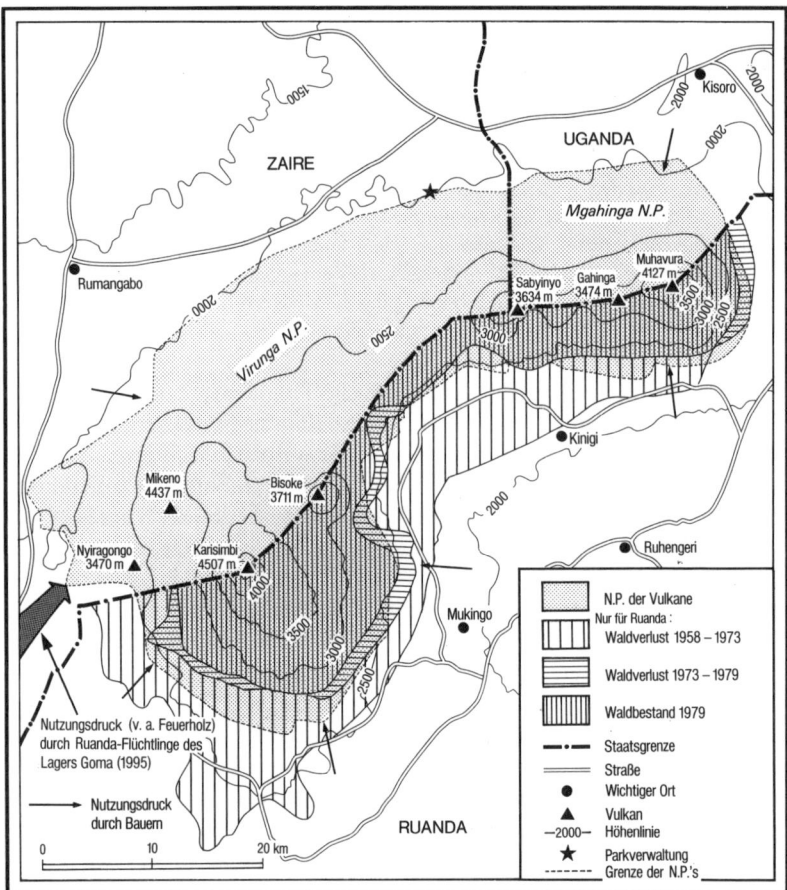

Karte 6:   Die Berggorilla-Schutzgebiete in Ruanda, Zaire und Uganda (ohne Bwimbi
N.P.) als Beispiel der Gefährdung von Schutzgebieten in tropischen Höhenlagen durch
den Nutzungsdruck von Bauern (und Ruanda-Flüchtlingen 1995) (Entwurf: K. Vorlaufer; Quelle: u. a. Werle 1987; eigene Ergänzungen; Kartographie: K. Massoud).

stigen Sicherung des ursprünglichen touristischen Angebots oft massive Nutzungskonflikte. Markante Beispiele für diese Konflikte in zwei sehr unterschiedlichen Ökosystemen sind:

1. Der „Nationalpark der Vulkane" in Ruanda (und Zaire; Karte 6) umfaßt
   den Lebensraum der Berggorillas in den oberen waldreichen Höhenstufen
   von 5 Vulkanen (3374–4507 m). Infolge extremen Bevölkerungswachstums
   und Landmangels an den Parkgrenzen ist das weithin für einen intensiven
   Ackerbau geeignete Schutzgebiet schon seit langem durch hohen Sied-

lungsdruck gefährdet (Werle 1967). 1994/95 erfolgte zudem in Zaire eine massive illegale Nutzung des Schutzgebietes durch die Bewohner der großen Lager für Flüchtlinge aus Ruanda (vor allem Holzeinschlag).

2. Der 1974 ausgewiesene Amboseli N.P. in Kenya, eines der am intensivsten besuchten Schutzgebiete Afrikas (380 qkm; 1991: 217600 Besucher), umfaßt die für das Hirtenvolk der Masai seit jeher genutzten, überlebenswichtigen Trockenzeitweiden und -tränken, deren (legale) Nutzung seit 1974 nicht mehr möglich ist. Permanente Konflikte zwischen den Interessen des Naturschutzes und Tourismus einerseits und der traditionellen Viehwirtschaft andererseits sind die Folge (Vorlaufer 1988 b, 1995).

6.3.2 Beschäftigung und Migrationen

Begleiterscheinung der oft rasanten Entfaltung von Fremdenverkehrszentren ist die häufig exzessive Zuwanderung von Arbeitskräften. Dies trifft insbesondere dann zu, wenn der Tourismus in Räume expandiert, in denen die Bevölkerungszahl gering ist und/oder die Einheimischen nicht bereit oder hinreichend qualifiziert sind, eine touristische Tätigkeit zu übernehmen. Beide Faktoren treffen insbesondere auf Peripherieräume, die oft bevorzugten Standorte des Fremdenverkehrs, zu. Aus den ländlichen, oft durch Überbevölkerung, Landmangel und Umweltzerstörung gekennzeichneten Räumen migrieren insbesondere junge Menschen in die wirtschaftlich dynamischeren, durch „moderne" Wirtschaftszweige geprägten Städte und Regionen, in der Hoffnung, hier einen Arbeitsplatz zu erhalten. In vielen Ländern gilt zudem das Tourismusgewerbe als eine Branche mit gut bezahlten und vor allem interessanten Arbeitsplätzen mit der (scheinbaren) Möglichkeit, direkt am „Glanz" und dem Wohlstand der „westlichen" Welt teilhaben zu können. Tab. 24 belegt beispielhaft auch für viele andere Fremdenverkehrszentren (etwa in Mexiko, Sri Lanka; Vorlaufer 1984), daß der Anteil der Migranten im Fremdenverkehrsgewerbe hoch ist und deutlich über den Zuwandereranteilen des Personalbestandes anderer Wirtschaftszweige liegt.

Das Fremdenverkehrsgewerbe vieler Länder ist ein junger Wirtschaftszweig. Viele Tourismusbeschäftigte vieler Fremdenverkehrszentren sind daher erst jüngst zugewandert, wie Abb. 21 beispielhaft für einige Orte belegt. Dies ist einmal Folge des, z. B. in Phuket und Chiang Mai, rasanten Wachstums der Nachfrage nach Arbeitskräften durch die expansive Fremdenverkehrswirtschaft. Zum anderen und hier ist Malindi ein Beispiel, ist die Fluktuation im Tourismusgewerbe vieler Länder oft von Saison zu Saison hoch: Einem schon länger beschäftigten Kern des Personalbestandes stehen zahlreiche Zuwanderer gegenüber, die nur für eine begrenzte Zeit im Tourismusgewerbe tätig sind – und dies trifft insbesondere auf den oft breiten informellen Sektor zu.

Tab. 24: Der Anteil (in %) der Zuwanderer (nach dem Merkmal „Geburtsort") an den (repräsentativ befragten) Tourismusbeschäftigten im Vergleich zur Bedeutung der Migration bei den Beschäftigten anderer Wirtschaftszweige in Tourismuszentren Thailands (T), der Philippinen (P) und Kenyas (K) 1991/92

	Chiang Mai (T)	Phuket (T)	Baguio (P)	Malindi (K)
Tourismuswirtschaft				
Zuwanderer, ges.	68,6	73,4	74,0	84,6
Männer	73,7	74,4	77,1	85,1
Frauen	64,7	72,4	70,0	83,6
Einheimische, ges.	31,3	26,6	26,0	15,4
Männer	26,3	25,6	22,9	14,9
Frauen	35,3	27,6	30,0	16,4
Sonstige Wirtschaft				
Zuwanderer, ges.	57,1	60,7	78,5	81,8
Männer	56,9	66,1	79,4	80,1
Frauen	57,2	53,8	77,0	85,8
Einheimische, ges.	42,9	39,3	21,5	18,2
Männer	43,1	33,9	20,6	19,9
Frauen	48,2	46,2	22,3	14,2

Quelle: VW-Projekt des Lehrstuhl für Kulturgeographie und Entwicklungsforschung des Geogr. Instituts der H.-H.-Universität Düsseldorf

Mit der Entfaltung des Fremdenverkehrs entstehen so in vielen Ländern in Struktur, Reichweite und Richtung äußerst unterschiedliche neue Migrationsströme. Durch sie ergeben sich einerseits in den Abwanderungsräumen notwendige Entlastungs-, nicht selten aber auch Entzugseffekte, während die häufig exzessive Migration in den Zuwanderungsräumen vielfältige Probleme schafft: Wohnungsmangel, Ver- und Entsorgungsprobleme, Infrastrukturdefizite, Slumbildung, illegale Landnahme oder Baumaßnahmen und damit auch für den Fremdenverkehr oft negative Umweltbelastungen und soziale Spannungen sind typisch für rasant wachsende Tourismusorte, wie Voigt (1978) oder Kreth (1979) für Acapulco schon in den 70er Jahren aufgezeigt haben.

Die Wanderungsströme verlaufen zwar vornehmlich von den ländlichen, agrarischen Räumen in die Tourismuszentren, jedoch erfolgt auch eine wachsende Migration von Großstädten und häufig insbesondere aus den Metropolen in die peripheren Fremdenverkehrsregionen. So kommen z. B. in Acapulco (Mexiko), in den Tourismuszentren Sri Lankas oder auch Thailands ca. 10–20 % aller Zuwanderer aus der Hauptstadt (Vorlaufer 1984). Hierbei handelte es sich einmal um relativ hochqualifizierte, etwa in der Hauptstadt ausgebildete Personen z. B. des Hotelgewerbes, aber auch zu einem wachsenden Teil um weniger qualifizierte, wirtschaftlich ungesicherte Personen, die in der auf-

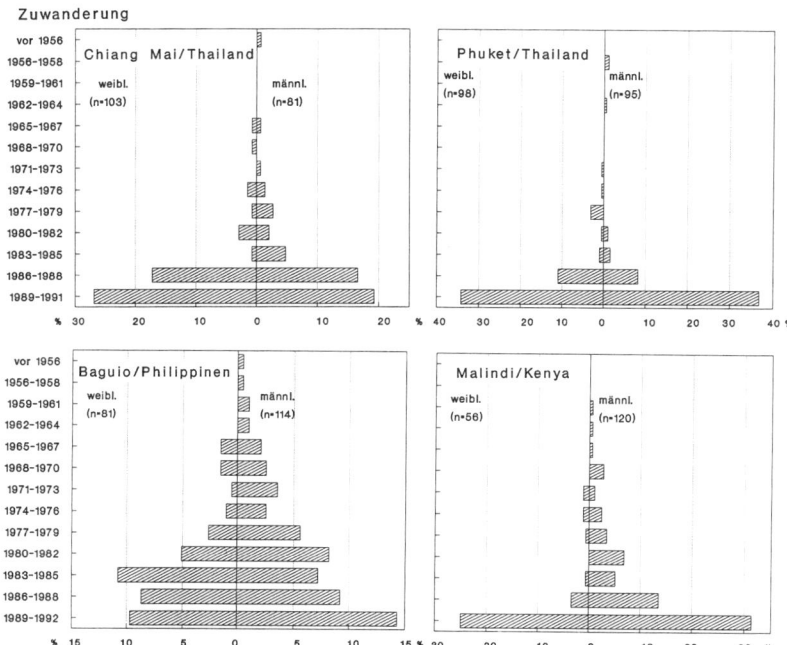

Abb. 21: Die Zuwanderungsjahre der im Tourismusgewerbe ausgewählter Fremdenverkehrszentren der Philippinen, Thailands und Kenyas beschäftigten Migranten (1991/
1992) (Entwurf: K. Vorlaufer; Computer-Kartographie: Cl. Dehling).

strebenden Tourismuswirtschaft der Peripherie eine Möglichkeit zur Verbesserung ihrer Lage sehen. Der Fremdenverkehr kann somit – wenngleich nur
im bescheidenen Maße – *direkt* zur Milderung des exzessiven Wachstums der
Großstädte beitragen.

Ein besonders prägnantes Beispiel für eine durch die touristische Entwicklung ausgelöste Migration bietet der mexikanische Bundesstaat Quintana Roo. Hier entstanden
– getragen durch staatliche Maßnahmen – seit den 70er Jahren in vormals weitgehend
un- oder dünnbesiedelten Räumen die heute weltbekannten Seebäder wie Cozumel
und insbesondere Cancun (Vorlaufer 1996 b). Von den nur 0,5 Mio. Einw. Quintana Roos
(1990, Census-Daten) waren 56% außerhalb des Staates geboren, d. h. (direkt oder indirekt infolge der touristischen Entwicklung) zugewandert. Bei der mehr als fünfjährigen
Bevölkerung 1990 hatten 23% ihren Wohnsitz noch 1985 außerhalb Quintana Roos,
d. h., jeder 4.–5. Bewohner des Staates ist innerhalb von nur fünf Jahren zugewandert.

Mit der Migration in die Tourismuszentren erfolgt für die Mehrheit der Zuwanderer kein abrupter und endgültiger Abbruch aller Bindungen an die Ab-
wanderungsregion. Charakteristisch ist einmal, daß ein großer Teil der verhei-

Tab. 25: Der Anteil (in %) an den verheirateten zugewanderten Beschäftigten der Tourismuswirtschaft ausgewählter Fremdenverkehrszentren der Philippinen (P), Thailands (T) und Kenyas (K), deren
Familien nicht am Arbeitsort leben (1991/92)

	Heirat vor der Migration	nach der Migration	Gesamt
Malindi (K)	36,2	31,0	34,5
Baguio (P)	15,4	12,0	14,2
Chiang Mai (T)	7,1	3,7	4,9
Phuket (T)	15,0	9,1	11,9

Quelle: VW-Projekt des Lehrstuhls für Kulturgeographie und
Entwicklungsforschung des Geogr. Instituts der H.-H.-Univ.
Düsseldorf

rateten Migranten ihre Familien in der Heimat zurückläßt. Die Wohnungsnot,
die niedrigen Löhne bei gleichzeitig relativ hohen Lebenshaltungskosten und
eine ungesicherte Zukunft in den Tourismuszentren einerseits sowie soziale
und psychische Bindungen an die Heimat oder auch ökonomische Interessen
im Abwanderungsraum, wie etwa die Notwendigkeit der Weiterbewirtschaf-
tung des ererbten Agrarlandes, bedingen in vielen Ländern oft ein hohes Maß
an Familientrennungen (Tab. 25). Dies trifft insbesondere auf Tropisch-Afrika
zu, wo die zirkuläre Migration, das Pendeln vieler Wanderer zwischen Stadt
und Land, ein seit langem typisches Migrationsmuster ist (Vorlaufer 1992).
Mit zunehmender Verschlechterung der Lebensbedingungen auf dem Lande
vor allem auch infolge wachsenden Landmangels und der so nur noch bedingten Möglichkeit, über die Agrarwirtschaft in der Heimat ein Zusatzein-
kommen zu erarbeiten, geht aber auch hier die zirkuläre Migration zurück.

In Malindi z.B. betrug der Anteil der mit ihren Familien nicht am Arbeitsort lebenden verheirateten Tourismusbeschäftigten 1974 noch 55,9% (Vorlaufer 1979d). Bei
den Zuwanderern mit einer Heirat nach der Migration lag der entsprechende Anteil in
Malindi aber auch 1991/92 noch hoch, u.a. deshalb, weil viele zunächst ledige Migranten einen Partner aus der Heimat heiraten, der hier auch oft (zunächst?) verbleibt.
Folge dieser Struktur ist, daß zwischen den Fremdenverkehrszentren und ländlichen,
häufig auch weitentfernten Räumen oft relativ enge Verflechtungen bestehen und ein
Teil der Lohneinkommen in die Abwanderungsräume zur Unterstützung der Familien
transferiert wird. Somit partizipieren auch Räumen häufig weit abseits touristischer Attraktionen an den Einnahmen aus dem Fremdenverkehr.

Infolge dieser Verflechtungen hat in vielen Tourismusorten nur eine Minderheit der Beschäftigten dezidiert die Absicht, nicht in die Heimat zurückzukehren (Tab. 26). Die Mehrheit oder zumindest eine beachtliche Minderheit

Tab. 26: Der Anteil (in %) der Personen an den zugewanderten Männern und Frauen in Tourismuszentren der Philippinen (P), Thailands (T) und Kenyas (K) mit der dezidierten Absicht, nicht in die Heimat zurückzuwandern (1991/92)

	Phuket (T)	Chiang Mai (T)	Baguio (P)	Malindi (K)
Männer	14,3	48,7	33,6	33,2
Frauen	19,1	49,7	34,6	50,0

Quelle: VW-Projekt des Lehrstuhl für Kulturgeographie und Entwicklungsforschung des Geogr. Instituts der H.-H.-Univ. Düsseldorf

hat den Wunsch, spätestens nach dem altersbedingten Ausscheiden aus dem Erwerbsleben oder im Falle von Krankheit oder Arbeitslosigkeit zurückzukehren. Mit der zunehmenden Einbindung in das soziale System der Städte und Tourismusregionen ist jedoch eine Lockerung der Bindungen an die überkommene Gesellschaft und schließlich die Aufgabe des Rückkehrwunsches verbunden. Vor allem für Frauen in Afrika ist die Abwanderung, wie auch das Beispiel Malindi belegt, häufiger als für Männer ein endgültiger Schritt u. a. auch deshalb, weil sie oft als ledige Mütter auf dem Lande stigmatisiert sind, durch das Stadtleben als sittlich verdorben gelten und ohnehin kaum oder nur eingeschränkt Möglichkeiten des Landerwerbs für eine agrarische Existenzsicherung in ihrer Heimat haben (Vorlaufer 1985). Demgegenüber haben in Thailand Frauen – auch nach einer evtl. Tätigkeit etwa in Bars – größere Rückgliederungschancen, ja hier dienen die in den Tourismuszentren erworbenen Ersparnisse oft einer Existenzgründung im ländlichen Raum (Meyer 1988).

6.4 „Backward linkages" der Tourismuswirtschaft – Beispiel Landwirtschaft

In der Aufbauphase weist das Tourismusgewerbe die stärkste Verflechtung mit der Bauwirtschaft auf (Beispiele Sri Lanka, Seychellen; Vorlaufer 1984; Wilson 1979). In der Konsolidierungsphase touristischer Entwicklung nehmen die Lieferverflechtungen mit jenen Wirtschaftsbereichen zu, die Güter und Dienstleistungen als laufende „Inputs" liefern. Da ein wesentlicher Teil aller Ausgaben der Touristen auf die Ernährung entfällt, sind die direkten oder indirekten Verflechtungen insbesondere mit der Agrar- und Fischereiwirtschaft sowie der Getränke-, Nahrungs- und Genußmittelindustrie eng. Obwohl Touristen häufig ein von der heimischen Bevölkerung abweichendes Ernährungsverhalten aufweisen, unterschiedliche Konsumbedürfnisse haben und auch ihnen aus der Heimat vertraute Nahrungsmittel verlangen, haben sich zumindest in größeren Ländern diese Sektoren und die als Zulieferer für

die Getränke-, Nahrungs- und Genußmittelindustrie wichtige Landwirtschaft auf diese Nachfrage eingestellt. Ein Beispiel ist Kenya, das – begünstigt
durch eine große Vielfalt agrarökologischer Potentiale und eine leistungsfähige Agrarwirtschaft – schon in den 70er Jahren alle hochwertigen, für den
Tourismus benötigten Nahrungsmittel selbst erzeugen konnte (Vorlaufer
1977). Ähnlich wie z. B. auch in Mexiko (Müller 1983) können allerdings die in
agrarökologischer Hinsicht oft weniger begünstigten Fremdenverkehrsregionen eine Selbstversorgung nicht erreichen. Die Erzeugung z. B. „europäischer" Gemüsesorten ist im feuchtheißen Küstentiefland nicht, wohl aber im
Hochland möglich. Die regionalwirtschaftlichen Effekte der touristischen
Nachfrage sind so zwar häufig gering, jedoch löst sie zumindest auf nationaler
Ebene oft eine Steigerung und häufig auch eine Diversifizierung der agrarischen Produktion aus. Der in fast allen Ländern relativ geringe, aus sozio-
ökonomischen Gründen jedoch wünschenswerte Direktbezug vieler Hotels
von lokalen Kleinbauern wird dadurch erschwert, daß bei diesen Erzeugern
die anfallenden Produktionsmengen zu klein, die Lieferungen unregelmäßig
sind und die gleichbleibende Qualität der Produkte nicht gewährleistet
werden kann. Während in Ländern wie z. B. Kenya, Mexiko, Tunesien oder
Thailand der Bedarf an Agrarprodukten fast vollständig durch eine Eigener-
zeugung gedeckt werden kann, müssen insbesondere die vielen Mikrostaaten
mit äußerst begrenzten oder fehlenden agrarischen Ressourcen in der Regel
den Großteil der Nahrungsmittel, oft abgesehen von Fisch und einigen
Früchten (z. B. Bananen, Kokosnüsse), importieren. Die Seychellen sind aber
ein Beispiel dafür, daß selbst ressourcenarme Mikrostaaten einen nicht unbedeutenden Teil der Nahrungsmittelimporte substituieren können (Vorlaufer
1991). Begünstigt auch durch die zusätzliche Nachfrage der Tourismuswirtschaft konnte hier eine auch den Binnenmarkt versorgende Erzeugung z. B.
mit Eiern, Geflügel und z. T. auch mit Fleisch aufgebaut werden.

    In etwas größeren, aber ebenfalls ungünstige agrarökologische und/oder -soziale
Bedingungen aufweisenden Inselstaaten stimulierte die touristische Nachfrage auch die
Produktion weiterer Agrargüter. So ging z. B. in Jamaika (Belisle 1984a, b) der Import-
gehalt der von den Hotels bezogenen Nahrungsmittel von 70% (1968) trotz stark gewachsenen Tourismus auf „nur" noch 54% (1982) zurück. Hauptgrund für den nicht
noch stärkeren Bezug heimischer Produkte ist insbesondere das quantitativ und qualitativ nicht ausreichende Angebot. Dies resultiert wesentlich aus der für viele EL typischen Agrargeschichte. Die koloniale Plantagenwirtschaft (Zucker) okkupierte die
günstigsten Areale; eine leistungsfähige bäuerliche Schicht konnte sich nicht entwik-
keln. Wie auch in anderen Ländern entfalteten sich die wichtigsten Fremdenverkehrszentren Jamaikas (Montego Bay, Ochos Rios) auf für den Ackerbau nicht (wohl aber für
Baumkulturen) geeigneten Böden: Die wenigen, nur subsistenzwirtschaftlich ausgerichteten Kleinstbetriebe des Landes waren von den neuen Nachfrage-Zentren räumlich mindestens 15–20 km entfernt, so daß hier, unter Berücksichtigung der schlechten
Infrastrukturbedingungen und fehlender Vermarktungssysteme, die Absatzchancen

nur langsam erkannt und selten durch Direktlieferungen realisiert werden (konnten). Hinzu kommt eine ebenfalls für viele Länder vor allem der Karibik typische ungünstige Agrarstruktur: Dreiviertel der Landeigentümer besitzen Flächen von weniger als 2 ha, auf denen nur Subsistenzwirtschaft betrieben werden kann. Die etwa 300 Großbetriebe mit ca. 50% der gesamten Landwirtschaft der gesamten Nutzfläche Jamaikas erzeugen aber überwiegend die oft hochsubventionierten und daher einträglicheren Exportkulturen. Mängel im Marketing erschweren die Hotel-Bezüge weiter (u.a. unzulängliche Kühl-, Konservierungs-, Lager- und Transportmöglichkeiten).

Ein ebenfalls für viele Reiseländer typisches Phänomen ist es, auch in Jamaika, daß kleinere Hotels mehr Lokalprodukte verarbeiten als Luxusbetriebe, deren Gäste auch am internationalen Standard ausgerichtete Ansprüche haben (in Jamaika verzichten insbesondere US-Touristen ungern auf ihre heimischen Eßgewohnheiten). Auch die Struktur des Beherbergungsgewerbes bzw. das für ein Land vorherrschende Anspruchsniveau der Touristen bestimmen so Muster und Intensität der Verflechtungen zwischen heimischer Agrarwirtschaft und Tourismusgewerbe mit.

6.5 Die raumzeitliche Entfaltung der „backward linkages" – ein Modell

Unter Berücksichtigung der empirischen Studien habe ich ein Modell entwickelt, das die raumzeitliche Entfaltung der Muster und Intensität der „backward linkages" mit wichtigen vorgelagerten Branchen in einem kleinen Inselstaat verdeutlicht (Abb. 22). In der *Initialphase* sind die Verflechtungen mit der in der Hauptstadt lokalisierten Bauwirtschaft stark; Nahrungsmittel und ein Großteil der Baumaterialien müssen importiert werden; nur wenige Agrarbetriebe beliefern mit wenigen Produkten, etwa mit Früchten, in Nähe ihres Standortes gelegene Hotels; ein in der Hauptstadt lokalisierter Kleinbetrieb etwa der Getränkeindustrie liefert Softdrinks, seltener Bier.

In der *Wachstumsphase* profitiert insbesondere die Bauwirtschaft von der zusätzlichen Nachfrage; in der Hauptstadt entstehen zahlreiche Betriebe des Bau- und Ausbaugewerbes mit evtl. einigen Niederlassungen in den nun boomenden Fremdenverkehrszentren. Ein wachsender Teil der von den Hotels benötigten Inputs wird im Lande erzeugt; größere Betriebe der Getränke-, Nahrungs- und Genußmittelindustrie entstehen neu und/oder entwickeln sich aus vormaligen Kleinbetrieben mit nur begrenztem Absatz; die Vorprodukte dieser fast ausschließlich in der Hauptstadt lokalisierten Betriebe werden noch z.T. importiert, zunehmend aber von heimischen Produzenten mit einem Standort in Nähe der Betriebe bezogen. Auch im Umland der Fremdenverkehrszentren entstehen nun Agrarbetriebe, die direkt die Hotels beliefern (z.B. Eier, Geflügel). Mit steigender Nachfrage im Zuge wachsender Besucherzahlen in der *Konsolidierungsphase* weitet sich die auf den Tourismus

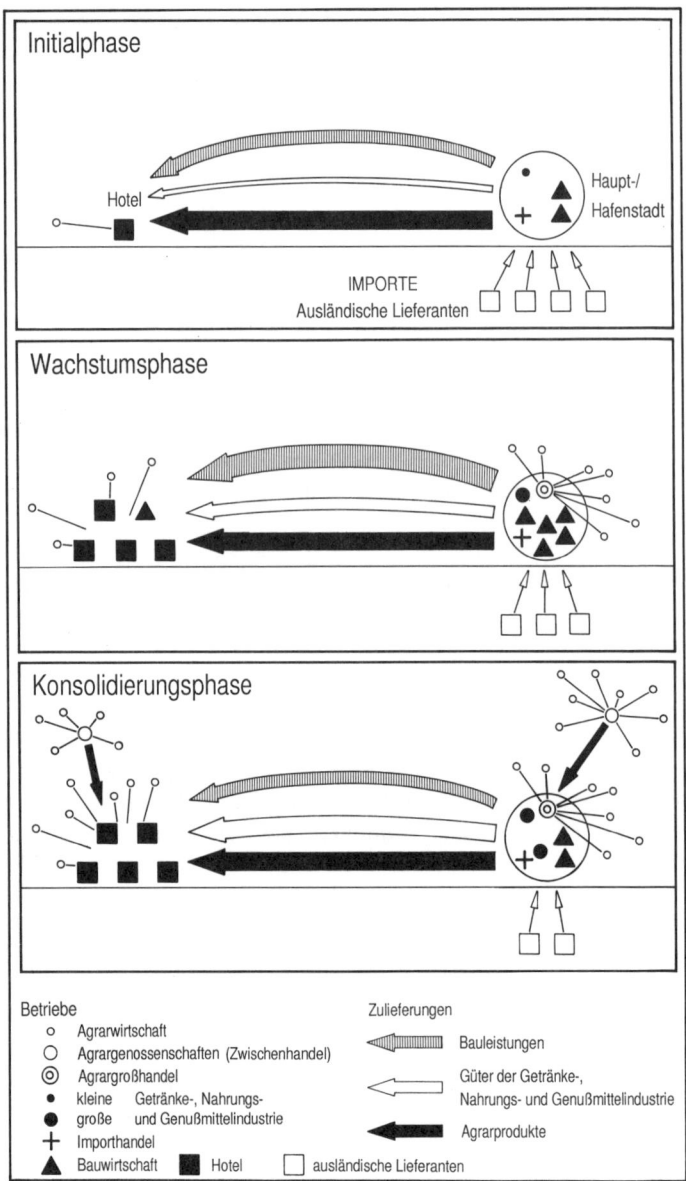

Abb. 22: Modell der raumzeitlichen Entfaltung der „backward linkages" des Beherbergungsgewerbes eines ressourcenarmen Inselstaates am Beispiel der Verflechtungen
mit der Bau- und Agrarwirtschaft sowie der Getränke-, Nahrungs- und Genußmittelindustrie (Entwurf: K. Vorlaufer; Zeichnung: U. Beha).

orientierte Agrarproduktion auch im Hinterland aus. Der Import geht, zumindest in relativer Hinsicht, deutlich zurück, spielt aber in kleineren Volkswirtschaften für die Versorgung der Hotels noch eine große Rolle.

6.6 Die handwerkliche Andenkenerzeugung

In fast allen Reiseländern entfallen etwa 10–25% aller touristischen Deviseneinnahmen auf den Verkauf landesspezifischer Souvenirs, die überwiegend
noch handwerklich, in einigen Ländern, wie etwa in China, aber bereits in
kleineren Industriebetrieben bzw. Manufakturen, erzeugt werden. In einigen
Ländern mit einem florierenden, vom Tourismus geprägten traditionellen
Handwerk, wie z.B. Marokko (Widmer-Münch 1990), fließen sogar bis zu
40% der Ausgaben eines Besuchers dem Handwerk zu: In Marokko ist das
Handwerk noch vor dem Hotelgewerbe die wichtigste Branche der Fremdenverkehrswirtschaft.

Wirtschaftlich ist diese Branche deshalb von großer Bedeutung, weil Andenken in der Regel

1. ausschließlich oder überwiegend aus heimischen Materialien hergestellt
   werden. *Vorteil*: Dank der Nutzung heimischer Ressourcen entfällt der
   Import von Vorprodukten; der Nettodeviseneffekt touristischer Einnahmen ist hoch; die multiplikativen Beschäftigungs- und Einkommenseffekte auf vorgelagerte Branchen sind intensiv. *Nachteil*: Die ökologisch
   bedenkliche, z.T. auch illegale Verarbeitung von tierischen und pflanzli-
   chen Produkten, die dem Artenschutz unterstehen (z.B. Verarbeitung von
   Korallen, Schildpatt, von Fellen geschützter Tiere, von Ebenholz für
   Schnitzarbeiten).

2. auf der Basis überkommener, „angepaßter" Kenntnisse, Qualifikationen
   und Techniken produziert werden. *Vorteil*: Der Einsatz westlicher Techno-
   logien und „Experten" ist – im Unterschied zum Aufbau vieler Industriebetriebe – seltener notwendig.

3. eher über arbeitsintensive Verfahren erzeugt werden. *Vorteil*: Die Souvenirproduktion kommt der Faktorausstattung der EL entgegen (Kapitalmangel einerseits, großes Arbeitskräfteangebot andererseits); der Beitrag zur
   Milderung der Arbeitslosigkeit ist optimal.

4. in Klein(st)-Betrieben (auch des informellen Sektors) erzeugt werden. *Vorteil*: Es entsteht eine größere Zahl selbständiger Unternehmen; unternehmerische Qualifikationen können sich allmählich auf breiter Basis entfalten; evtl. brachliegende lokale Kenntnisse und Ressourcen werden für
   das Wirtschaftswachstum genutzt.

5. an überkommenen Standorten oft auf dem flachen Land und nicht selten
   weit abseits städtischer Zentren erzeugt werden. *Vorteil*: Aufbau export-

orientierter Gewerbe im ländlichen Raum, Milderung des Einkommensge-
fälles zwischen Stadt und Land, regionaler Disparitäten und schließlich der
Landflucht. Ein Beispiel ist die stürmische, wesentlich durch den Tourismus induzierte Entwicklung des ländlichen Handwerks in Thailand
(Parnwell 1993).
6. im Unterschied zu fast allen anderen Gütern und Leistungen der Tourismuswirtschaft oft auf Vorrat, d. h. auch in der touristischen Nebensaison
   hergestellt werden können. *Vorteil*: Saisonale Arbeitsspitzen können ge-
   glättet werden; eine Anpassung an den touristischen oder landwirtschaftlichen Arbeitskalender ist möglich; die Kombination verschiedener Einkommensquellen, eine oft notwendige Strategie der Existenzsicherung,
   wird erleichtert.
Zudem werden Souvenirs oft an Standorten weit abseits der Touristenströme erzeugt. Auch diese Regionen partizipieren so trotz häufig fehlender
touristischer Attraktionen am Fremdenverkehr. Auf dem Arbeitsmarkt sonst
benachteiligte oder chancenlose Personengruppen erhalten durch die Erstellung und den Verkauf von Andenken Beschäftigung und Einkommen. Dies
trifft einmal auf Frauen zu, die in vielen Gesellschaften traditionell bestimmte,
heute für den Tourismus wichtige Gebrauchs- und Schmuckartikel herstellen
und oft ein Monopol an Qualifikationen, Produktionsverfahren und -mitteln
besitzen: Töpfer-, Web-, Häkel-, Klöppel- oder Strickarbeiten sowie auch
Schmuckwaren sind z. B. häufig nur von Frauen und zudem oft noch in Heim-
arbeit erzeugte Souvenirs. Zum anderen erhalten in vielen Ländern mit Unterstützung karitativer Organisationen, etwa der Kirchen, z. B. Waisenkinder
oder Behinderte über die Erzeugung und den Verkauf von Souvenirs Einkommen und Beschäftigung (so z. B. in Kenya). Auch Flüchtlinge bauen sich
in der Fremde häufig durch die Souvenirproduktion eine neue Existenz auf.
Ein markantes Beispiel sind die in den Fremdenverkehrsregionen Nordin-
diens und Nepals aktiven Tibeter, die hier traditionelle Kult- und Gebrauchs-
gegenstände für Touristen anfertigen und in diesen Aktivitäten auch einen Weg
zur Sicherung ihrer kulturellen Eigenständigkeit in der Fremde sehen (Bentor
1993). Andere Beispiele sind etwa aus Guatemala geflohene Maya oder die vor
allem in Nordthailand lebenden Hmong (= Meo), Flüchtlinge aus Südchina
und Laos (Swain 1993).
Die für Touristen (oft aber auch noch für Einheimische) erzeugten Artikel
umfassen eine breite Palette unterschiedlicher Produkte. Oft nur (scheinbar)
traditionelle, häufig in Material, Design und Funktion modernisierte Ge-
brauchs-, Bekleidungs- und Schmuckgegenstände profanen Charakters, noch
heute für die jeweilige Kultur wichtige Kultgegenstände, aber auch – wie z. B.
in Bali – von Künstlern hergestellte Holzschnitzer-, Steinmetz- oder Malerar-
beiten. In der Literatur werden diese Artikel einer Tourismus-, Volks- und
Ethnokunst zugeordnet oder – eher abwertend – als Airport Art oder Souve-

nirkitsch bezeichnet. An Anlehnung an Graburn (1976) bezeichnet Cohen (1993 a) als Tourist Arts die handwerklichen Erzeugnisse einer Ethnic Art, die vornehmlich für kulturfremde Käufer, die nicht mit den kulturellen und ästhetischen Kriterien der Erzeugergesellschaft vertraut sind, hergestellt werden. Aus diesem Ansatz leitet sich die zentrale Frage ab, ob und inwieweit durch den Fremdenverkehr die Authentizität der „Andenken" verändert, ja schließlich Kultur und kulturelle Identität durch die Kommerzialisierung der materiellen (und immateriellen) Kulturgüter „verwestlicht", zerstört wird. Eng mit der Religion verbundene Kultgegenstände werden häufig exzessiv vermarktet (z. B. etwa Buddha-Figuren in Thailand, Sri Lanka; Gebetsmühlen in Nepal oder die schon weithin vollständig profanisierten, vor allem für Dämonenbeschwörungen verwendeten Masken etwa in Sri Lanka (Simpson 1993), Bali oder Westafrika. Viele Erzeugnisse des überkommenen Handwerks werden in Motiven, Design, Materialien und Größe den (oft nur vermeintlichen) ästhetischen Vorstellungen, Wünschen und Transportmöglichkeiten der Touristen angepaßt, wie Cohen (1993) beispielhaft für das Töpferhandwerk in Thailand oder Popelka u. Littrell (1991) für das Weberhandwerk in Mexiko aufgezeigt haben. Nicht selten werden auch gänzlich neue, vormals unbekannte Produkte kreiert, für die nun auch ein Binnenmarkt entstehen kann. Viele vermeintlich traditionelle Handwerke sind so erst im Zuge der touristischen Nachfrage entstanden, so z. B. in Bali oder auch die in Mexiko umfangreiche Herstellung von Silberschmuck (E. Gormsen, 1990 a; J. Gormsen 1985) oder rustikaler Möbel im spanischen Kolonialstil, die zunächst nur von US-Touristen bestellt wurden, jetzt auch von Mexikanern gekauft werden. Durch die Nachfrage nach landesspezifischen, „traditionellen" Souvenirs werden heute auch bereits im Niedergang befindliche, durch die billigere Konkurrenz der Industrie (etwa bei Töpfer-, Webarbeiten) bedrohte Handwerkzweige wiederbelebt, wodurch auch eine weitere Versorgung spezifischer heimischer, nicht selten sogar wachsender Marktsegmente möglich wird. Ein eindrucksvolles Beispiel für die Bedeutung des Tourismus zur Stärkung des traditionellen Handwerks auch gegenüber der Konkurrenz der heimischen Industrie ist Marokko. Das Angebot an kunsthandwerklichen Produkten ist nicht nur in den Medinen der Städte, sondern selbst auf kleinen ländlichen Märkten breit (Escher 1986; Escher/Wirth 1992). Die marokkanischen Handwerker haben sich in Produktion und Marketing flexibel den Touristenwünschen angepaßt, z. T. auch neue Artikel produziert, die aber den landes- und kulturspezifischen Flair in der Regel beibehalten haben. Mit dieser Stärkung traditioneller Kulturelemente ist häufig eine Zunahme kultureller Identität verknüpft (s. das Beispiel Mikronesien, Nason 1984). Dieser Prozeß wird in mehr und mehr Ländern weiter durch die auch durch den Tourismus stimulierte Einrichtung von Museen gefördert.

Stimuliert durch die Nachfrage der Touristen wurden zahlreiche Produkte auch auf dem Weltmarkt bekannt; weitere Exportmärkte konnten so erschlossen werden. Viele der noch vor wenigen Jahren ausschließlich für den Touristenmarkt erzeugten Kunstgewerbeartikel sind heute im Angebot auch exklusiver Geschäfte in den Industrieländern. Der Tourismus ist so auch als mittelbarer Exportförderer von wachsender Bedeutung.

7. TOURISMUS, REGIONALE DISPARITÄTEN UND REGIONALENTWICKLUNG

7.1 Tourismus, Raumwirtschafts- und Standorttheorien

Markantes Merkmal fast aller EL sind oft extreme wirtschafts- und sozial-räumliche Disparitäten. Bedingt durch endogene Faktoren (u. a. naturräum-liche Ausstattung, Wirtschaftsgeschichte u. -politik) und/oder durch außen-bürtige Einflüsse wie die Einbindung dieser Staaten in ein von den Ländern des Nordens dominiertes Weltwirtschaftssystem haben sich weithin wirt-schaftsräumliche Ungleichgewichte entfaltet, die oft die Charakteristika einer Dichotomie aufweisen. *Einerseits:* große ressourcenarme, wirtschaftlich mar-ginalisierte, in Anbetracht der Tragfähigkeit übervölkerte, durch Abwande-rung geprägte Räume in oft extremer verkehrs- und handelsräumlicher Peri-pherielage. *Andererseits:* die durch eine relative Standortgunst und wirtschaft-liche Wachstumsdynamik ausgezeichneten, verhältnismäßig kleinen, aber zentral gelegenen Räume mit einer oft exzessiven Zuwanderung und den daraus resultierenden Agglomerationsvor- und auch -nachteilen.

Die Metropolisierung, die Entstehung einer Primatstadt mit überpropor-tionierter Wirtschafts-, Einkommens-, Bevölkerungs- und Machtkonzentra-tion, aber auch mit sozialen und ökologischen Problemen ist typisch für viele Reiseländer. Die Kernräume sind in der Regel eng in das globale Wirtschafts-system eingebunden, wodurch die Standortqualität im Vergleich zu den Peri-pherieräumen auch für ausländische Investitionen weiter ausgebaut und so die disparitäre Raumstruktur verfestigt wird. In vielen, auch für den Tourismus wichtigen Archipel-Staaten liegen die (relativen) Gunsträume häufig nur auf einer Hauptinsel in zentraler Lage, während die oft weitentfernten, flächen-mäßig winzigen und ressourcenarmen Außeninseln kaum oder gar nicht in den nationalen Wirtschaftsraum integriert sind. Ziel aller EL ist es, diese Disparitäten zu mildern, u. a., um auch bisher ungenutzte Ressourcen in den Peripherieräumen für das Wirtschaftswachstum zu nutzen, um die mit der Ballung verbundenen sozialen Kosten und Probleme (Wohnungsnot, soziale Entwurzelung, Umweltbelastungen usw.) sowie die Gefahren für die staat-liche Einheit zu reduzieren.

Regionale Wachstums- und Entwicklungstheorien insbesondere polarisa-tionstheoretischer Ausrichtung (Schätzl 1992) bewerten diese wirtschafts-räumlichen Konzentrationsprozesse als typisches Merkmal unterentwickelter Volkswirtschaften, das z. B. nach Myrdal (1959) eine große Persistenz aufweist

172 7. Regionale Disparitäten und Regionalentwicklung

oder aber – z. B. nach Hirschman (1967) – nur langfristig abgeschwächt wird.
Auch die Polarization-Riversal-Hypothese von Richardson, in der neoklassische und polarisationstheoretische Überlegungen verknüpft werden, geht
davon aus, daß nur langfristig über mehrere Stufen eine Abschwächung der
disparitären Raumstruktur erreichbar wird. Diese Theorien und Hypothesen
basieren in der Regel implizit, z. T. auch explizit auf der Annahme, daß wirtschaftliche Entwicklung und die Entfaltung räumlicher Disparitäten eng mit
dem Industrialisierungsgrad verbunden sind. Das verarbeitende Gewerbe,
aber auch viele Dienstleistungen tendieren nämlich aufgrund der Agglomerationsvorteile zur räumlichen Konzentration. Eine z. b. staatlich gelenkte Dezentralisierung industriewirtschaftlicher Investitionen ist so in der Regel mit
steigenden Opportunitätskosten verbunden, die zu einer Verlangsamung des
Wirtschaftswachstums führen.

Der Fremdenverkehr als eine Determinante zur Verschärfung oder Milderung räumlicher Disparitäten wird in den polarisationstheoretischen Arbeiten
gar nicht, bei den neoklassischen Gleichgewichtstheorien höchstens randlich
erwähnt. Christaller (1964) und Friedmann (1966) zählten zu den ersten, die
die Bedeutung des Tourismus für die unterentwickelten Regionen aus standorttheoretischer Sicht betont haben; Meinke (1968) und Geigant (1973) haben
aus wirtschaftswissenschaftlicher Perspektive den Fremdenverkehr als Faktor
der Entwicklung peripherer Räume herausgestellt. Empirische Studien haben
diese Theorien am Beispiel unterschiedlicher Länder überprüft, wie die zahlreichen bibliographischen Hinweise bei Thießen (1993) belegen.

Der Fremdenverkehr bietet sich als Instrument zur Abschwächung disparitärer Strukturen aufgrund seiner spezifischen Standortansprüche an. Im Unterschied zu alternativen Wirtschaftsbranchen weist der Fremdenverkehr eine
Tendenz zur Peripherie auf, u. a. deshalb, weil touristische Attraktionen häufig
eine große räumliche Streuung aufweisen und oft gerade wegen ihrer peripheren Lage für Reisende interessant sind: ökologisch intakte, insbesonders
von der Industrie noch nicht überformte Erholungslandschaften; „einsame"
Strände und „Südsee"-Inseln; „unberührte" Landschaften möglichst abseits
der „westlichen" Zivilisation. Dieses primäres Angebot wird für Besucher in
der Regel erst nutzbar durch ein in der Nähe lokalisiertes sekundäres Angebot, insbesondere des Beherbergungs- und Gaststättengewerbes. Das primäre und – eingeschränkter – das sekundäre Angebot sind in der Regel nicht
transportierbar, sondern standortfixiert und raumgebunden. Während andere
Wirtschaftsbranchen ihre Güter überwiegend an die Standorte der Konsumenten, d.h. in die Bevölkerungs- und Wirtschaftsagglomerationen, trans-
portieren müssen, suchen Touristen infolge der Standortbindung des touristischen Angebots die häufig peripheren Standorte der Fremdenverkehrswirtschaft auf. Aus standorttheoretischer Sicht fallen Erzeugung und Konsum der
Güter (Leistungen) der Tourismuswirtschaft räumlich zusammen. Die Verbin-

dung zwischen Konsumenten- und Produktionsorten erfolgt über die Reise der Touristen, während in anderen Wirtschaftszweigen die Güter an die Standorte des Verbrauchs, d. h. vornehmlich in die Verdichtungsräume, transportiert werden müssen. Um den damit verbundenen Zeit- und Kostenaufwand zu minimieren, tendiert insbesondere das verarbeitende Gewerbe zu einer Lokalisation in Nähe des Verbrauchs, d. h. in die Agglomerationsräume. Dies ist der wesentliche Faktor der Entstehung räumlicher Disparitäten auch in ELn. Die Zeit-Kosten-Entfernung zwischen den Wohnstandorten der Konsumenten (Touristen) und den Produktionsstandorten fremdenverkehrswirtschaftlicher Leistungen ist darüber hinaus anders zu bewerten. Die Reise der Touristen zu den Standorten des Angebots und des Konsums dieser Leistungen ist zwar auch ein Kostenfaktor, jedoch nicht nur und stets wie in anderen Wirtschaftsbereichen ein notwendiges Mittel zur Verbindung von Produktions- und Konsumtionsstandort, sondern häufig auch Selbstzweck. Im Extremfall kann sich die touristische Nachfrage primär auf den Reiseweg und nicht auf das Reiseziel orientieren. Die Raumüberwindung wird so häufig nicht ausschließlich unter dem Gesichtspunkt der Transportkostenminimierung gesehen, sondern besitzt oft eine eigene Attraktivität und wird dementsprechend häufig als Angebot gezielt vermarktet. Betriebe des Fremdenverkehrsgewerbes in peripherer Lage, in großer räumlicher Distanz etwa zu den Ankunftsflughäfen der Touristen, haben so nicht stets einen Standortnachteil, sondern oft dann sogar einen Vorteil, wenn der Rundreisetourismus dominiert, der Reiseweg für Besucher attraktiv ist. Selbst der Besuch touristischer Einrichtungen in extremer Peripherielage wird oft nicht als eine zu vermindernde Mühe, sondern als gesuchtes Abenteuer bewertet: Reisen auf Kamelen oder in geländegängigen Fahrzeugen durch Wüsten und Steppenlandschaften, anstrengende Fußmärsche und Trekking-Touren in Hochgebirgen oder gefahrvolle Boots- und Wildwasserfahrten durch ansonsten „undurchdringliche" Regenwälder. Auch Bahn-, vor allem aber Kreuzfahrten sind weitere Beispiele dafür, daß die Raumüberwindung bzw. die Nutzung eines Verkehrsmittels, einen oft hohen Eigenwert für Touristen besitzt.

Die regionalpolitische Bedeutung des Tourismus als Instrument zur Abschwächung disparitärer Strukturen wird dadurch erhöht, daß Betriebe des Tourismusgewerbes häufig gerade dort günstige Standortgrundlagen besitzen, wo andere Branchen nicht nur wegen der Peripherielage benachteiligt sind, sondern oft überhaupt keine nutzbaren Ressourcen vorfinden. So sind z. B. an vielen Küsten und vor allem auf den Koralleninseln die nährstoffarmen Sandböden der Strände für den Tourismus eine wertvolle Ressource, die aber der Landwirtschaft nur marginale oder überhaupt keine Produktionsbedingungen eröffnen. Ebenso eignen sich zahlreiche der für den Tourismus wichtigen Nationalparks in Afrika wegen der Verbreitung der Tsetsefliege oder zu geringer und unregelmäßiger Niederschläge nicht oder nur eingeschränkt für die Viehhaltung bzw. den Regenfeldbau. Der Tourismus kann so häufig sonst nicht oder nur bedingt nutzbare Ressourcen und Räume der Volkswirtschaft integrieren, spezifische regionale Entwicklungspotentiale zur Steigerung des Sozialprodukts nutzen.

Da die Tourismuswirtschaft – wiederum im Unterschied zu vielen anderen Wirtschaftszweigen – viele der zu ihrer Leistungserstellung notwendigen Inputs oft besonders günstig aus dem Nahbereich beziehen kann, sind die von einem Tourismuszentrum auf die Region ausstrahlenden Wachstumsimpulse oft beträchtlich. Eine ausgeprägte Nahorientierung weisen die Bezugsverhältnisse z. B. hinsichtlich vieler Baumaterialien und Nahrungsmittel auf; aber auch Arbeitskräfte mit oft standortspezifischen und von Touristen deshalb nachgefragten Qualifikationen etwa als Berg-, Boots- oder Reittierführer, als Träger auf Trekking-Routen oder als Handwerker für das Souvenirgewerbe, stammen häufig aus der Region selbst.

Aus innovations- und diffusionstheoretischer Sicht kann der Fremdenverkehr so in Peripherieräumen die Funktion eines sektoralen und räumlichen Wachstumspols übernehmen, von dem, bei günstigen Rahmenbedingungen, vielfältige Multiplikatorwirkungen auf vorgelagerte Wirtschaftsbereiche ausstrahlen können, so das regionale Einkommen erhöht und schließlich das Gefälle zu den wirtschaftsdynamischen Zentralräumen relativiert werden kann.

Eine derart positive Entwicklung liegt auch dem von Miossec (1976) entworfenen Modell der raumzeitlichen Entfaltung des Tourismus in einer Region zugrunde. Miossec berücksichtigt zwar u. a. nicht die regionalwirtschaftlich wichtigen backward linkages und Multiplikatorwirkungen des Fremdenverkehrsgewerbes, aber er geht davon aus, daß sich aus einer zunächst einzelnen touristischen Pioniersiedlung über mehrere Phasen schließlich ein hierarchisch strukturiertes und infrastrukturell eng verbundenes Netz von Tourismuszentren entfaltet und so eine hochentwickelte Fremdenverkehrsregion entsteht (Pearce 1989). Mit Recht weist Oppermann (1993) darauf hin, was auch durch zahlreiche empirische Arbeiten belegt wurde, daß gerade Touristensiedlungen häufig auch als Enklaven entstehen und weiter existieren, die kaum oder gar nicht in das regionale Raum-, Wirtschafts- und Gesellschaftsgefüge eingebunden sind. Die oft aus sozio-kulturellen Überlegungen gezielt als Touristenghettos angelegten Fremdenverkehrsstandorte können z. B. nur eingeschränkt die Funktion eines regionalen Entwicklungspols übernehmen. Dies wird besonders deutlich bei den auf winzigen Eilanden, z. B. der Malediven oder der Seychellen, errichteten Ferienanlagen oder bei den innerhalb der Nationalparks Afrikas isoliert gelegenen Lodges. Regionale Wachstumsimpulse entfallen auch dann, wenn die begrenzte Ressourcenausstattung einer Region keine stärkere Entfaltung von Wirtschaftszweigen ermöglicht, die Vorleistungen für das Tourismusgewerbe erbringen können. So ist z. B. in vielen Fremdenverkehrsregionen eine von der zusätzlichen Nachfrage her mögliche Steigerung der Agrarproduktion oft aus naturräumlichen oder agrarsozialen Gründen nicht möglich (z. B. schlechte Böden, zu geringe Niederschläge; Kleinstbesitz ohne Marktproduktion; ungünstige Eigentums- u. Pachtverhältnisse, fehlendes Kapital u. Know-how zur Produktionssteigerung).

Ein beträchtlicher Teil des Tourismusgewerbes fügt sich zudem in die vorgegebene Infra- und Siedlungsstruktur ein und nutzt insbesondere die in den Hauptstädten mit ihren Großflughäfen gegebenen Standortvorteile und die hier realisierbaren externen Kostenersparnisse. In wichtigen Reiseländern wie Thailand, Kenya, den Philippinen, Sri Lanka oder Nepal sind die Hauptstädte auch die wichtigsten Standorte von Fremdenverkehrsbetrieben vor allem der Sparten Transportwesen, Reiseveranstalter und -vermittler sowie des Handels, oft auch des Beherbergungsgewerbes.

7.2 Die touristische Erschließung peripherer Räume und die Rolle des Staates

Trotz eines häufig hohen Potentials peripherer Räume für den Fremdenverkehr erfolgt ihre Einbindung in das touristische Angebot nur selten und höchstens punktuell spontan durch die Privatwirtschaft. Eine gewisse staatliche Infrastrukturausstattung wie insbesondere eine Anbindung an die Knotenpunkte des Luft-, Land- oder Schiffsverkehrs, ist in der Regel Bedingung für private Investitionen in Peripherieräumen. In fast allen Ländern kommt dem Staat daher eine Schlüsselfunktion für die touristische Erschließung dieser Räume zu. Der Grad staatlicher Interventionen variiert von Land zu Land und ist abhängig u. a. von den ordnungs- und regionalpolitischen Vorstellungen und Ziele, den finanziellen Möglichkeiten und von der Gestaltungskraft und politischen Effizienz der jeweiligen Regierungen. Die Palette staatlicher Instrumente zur Erschließung peripherer Räume ist breit: Sie reicht von der Erstellung und Realisierung umfassender nationaler und regionaler Entwicklungpläne für den Fremdenverkehr, die Einordnung des Tourismus in die übergreifende nationale Raumordnungskonzeption, Infrastrukturinvestitionen zur Er- und Aufschließung der Peripherieräume (Verkehrsanlagen; Bodenordnungsmaßnahmen; Wasser-, Elektrizitäts-, Abfallver- bzw. -entsorgung); Subventionen; steuerliche Anreize bis zur Planung und Realisierung integrierter Tourismuszentren, die eingebettet sind (oder sein sollten) in eine diversifizierte regionale Wirtschaftsstruktur und so optimale multiplikative Einkommens- und Beschäftigungseffekte auf die Region ausstrahlen.

Mexiko, das wichtigste Zielgebiet des Dritte-Welt-Tourismus, ist das prägnanteste Beispiel für das massive und z. T. erfolgreiche Bemühen des Staates, über eine touristische Erschließung peripherer Räume die für dieses Land typischen extremen räumlichen Disparitäten zu mildern (Müller/Susewind 1979; Gormsen 1979, 1992; Müller 1983; Spehs 1990; Vorlaufer 1996 b).

Eingeleitet wurde die touristische Inwertsetzung peripherer Küstenräume nicht durch direkte staatliche Maßnahmen, sondern im Rahmen privatwirtschaftlicher Initiativen. Die Nachfrage aus den benachbarten USA wurde zum Motor einer schon in den 20er Jahren zunächst im N, in Baja California, einsetzenden Erschließung der Pazifikküste für den Fremdenverkehr.

Eine neue Dimension der touristischen Erschließung von Peripherieräumen wurde mit der Gründung der „Nationalen Gesellschaft zur Entwicklung des Tourismus" (FONATUR) 1974 eingeleitet. Wesentliche Aufgaben der FONATUR sind die Erschließung und der Ausbau von einheitlich geplanten Tourismuszentren, die in ein integriertes regionales Entwicklungskonzept eingebunden werden, um einmal die der touristischen Nachfrage vorgelagerten Produktionen (z. B. Land-, Fischereiwirtschaft) synchron zu entwickeln und so die vom Fremdenverkehr ausgehenden multiplikativen Einkommenseffekte zu optimieren. Zum anderen sollen über diese integrierte Planung die Negativeffekte eines unkontrollierten Wachstums (z. B. Hüttensiedlungen neben Luxushotels) verhindert werden, die typisch waren und sind z. B. für die weitgehend ungeplante Expansion Acapulcos (Voigt 1978; Kreth 1979).

Entsprechend einer wesentlichen Zielsetzung der FONATUR, auch das Potential der Peripherie zu nutzen, konzentrierten sich die Aktivitäten auf die Küstenregionen. Hier entstanden in den 70er und 80er Jahren fünf große, integrierte Fremdenverkehrszentren mit einer Gesamtkapazität von 29 526 Hotelzimmern (1995); dies entspricht ca. 10% des nationalen und 30% des an Küsten gelegenen Beherbergungsangebots (Karte 7, Tab. 27).

Die spektakulärste Entwicklung weist das auf Yucatan gelegene, als Retortenstadt an einer fast unbewohnten Lagunenküste geplante Cancun auf (Gormsen 1979). Seit Eröffnung des ersten Hotels 1974 hat sich Cancun zu einem mondänen Seebad mit 1995 bereits 18 859 Hotelzimmern (1978: 2500 Z.) und 3127 Ferienwohnungen entfaltet.

Über einen internationalen Flughafen bestehen direkte Flugverbindungen vor allem zum wichtigsten Markt, mit den USA sowie mit Europa. Entsprechend spektakulär war die Zunahme der Zahl in- und ausländischer Besucher, der Arbeitsplätze und der Einwohner Cancuns. Heute ist es nach Mexiko City, aber noch vor Acapulco, bereits das zweitwichtigste Ziel des Tourismus. Bei Berücksichtigung der Hotelankünfte nur ausländischer Besucher ist Cancun schon seit 1989 der wichtigste Standort des internationalen Fremdenverkehrs noch vor der Hauptstadt (1994: Cancun 1,45 Mio., Mexico City: 0,80 Mio. Meldungen). Die 1995 bereits 240000 Einw. zählende Stadt mit ihren großen Einkommens- und Beschäftigungsmöglichkeiten entwickelte sich in einer noch vor 20 Jahren dünnbesiedelten, marginalisierten Region. Die regio-

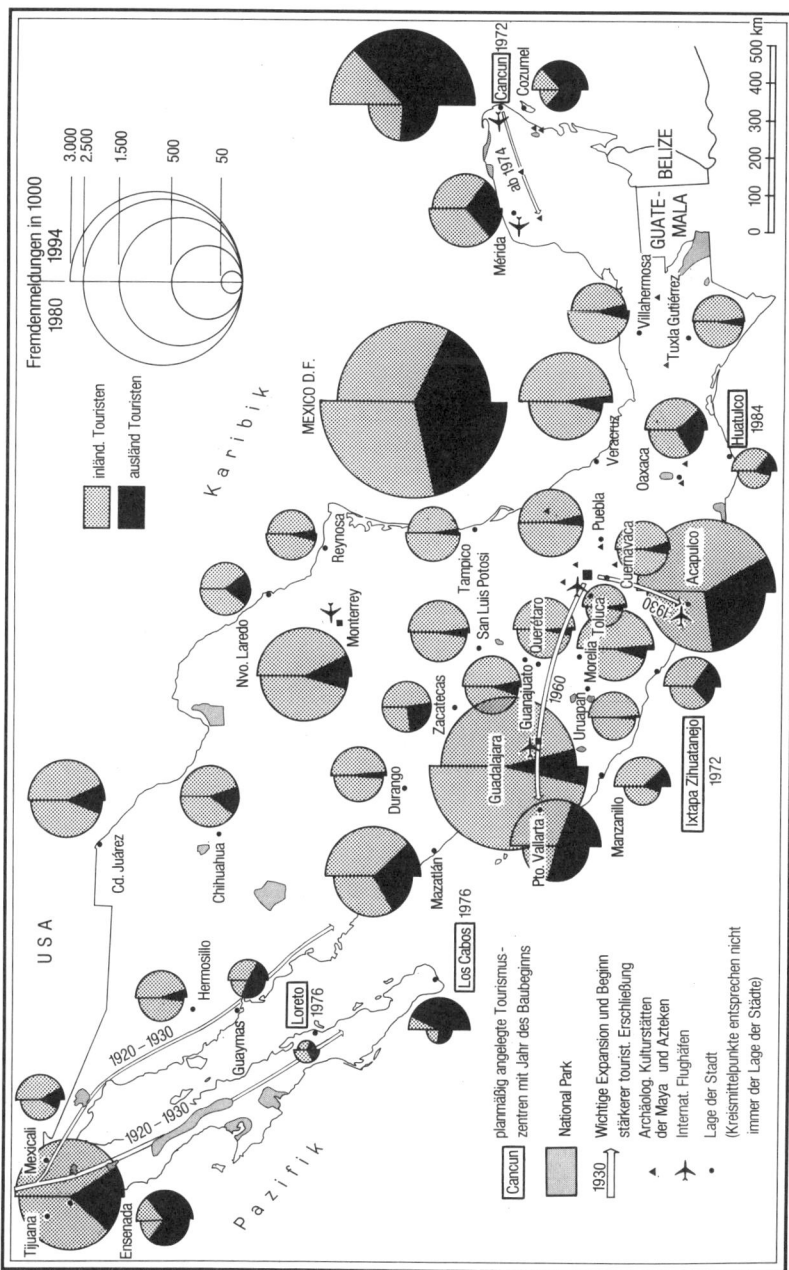

Karte 7: Die Fremdenmeldungen im Beherbergungsgewerbe wichtiger Tourismuszentren Mexikos 1980 und 1994 (Entwurf: K. Vorlaufer; Quelle: Secretaria de turismo, Mexico D.F. 1994; Kartographie: K. Massoud).

Tab. 27: Die planmäßig angelegten integrierten Tourismuszentren der FONATUR in
        Mexiko

Baubeginn	Cancún 1972	Ixtapa/ Zihuatanejo 1972	Los Cabos 1976	Loreto 1976	Huatulco 1984
Hotels 1994 (Dez.)	113	31	36	7	15
Hotelzimmer 1994 (Dez.)	18859	4136	3363	232	1766
Zimmerbelegungsrate 1994 (in %)	69,0	45,4	55,01	39,1	53,9
tourismusbedingte direkte und indirekte Arbeitsplätze (1994)	111800	12500	13700	1170	6300
Fremdenmeldungen (der Hotels) 1994 (in 1000)	1958,1	307,8	361,9	33,8	169,9
davon Ausländer	1445,2	92,2	311,5	21,8	45,0
Mexikaner	512,9	215,6	50,4	12,0	124,9
Einwohner 1994 (in 1000)	239,6	66,7	52,7	11,7	16,4

Quelle: Unterlagen der FONATUR; Secretaria de Turismo, Mexico City

nalwirtschaftlichen Effekte sind daher beträchtlich, obwohl Vorleistungen
selbst der Land- und Fischereiwirtschaft infolge mangelhafter regionaler
Potentiale im hohen Maße aus entfernten Regionen bezogen werden, so z. B.
das von den zahlreichen US-amerikanischen Touristen in großen Mengen
nachgefragte Grill-Fleisch aus den nördlichen, Gemüse und Fisch aus den benachbarten Bundesstaaten Yucatan, Campeche und Veracruz. Ein Großteil
der industriell aufbereiteten Nahrungs- und Genußmittel wird zudem über
Mexico City bezogen: Die Kapitale erhält so auch durch die touristische
Nachfrage in der Peripherie Wachstumsimpulse.

Eine neue Phase touristischer Entwicklung setzte 1989 mit Initiierung des
sog. Megaprojekt-Konzeptes ein. Demnach sollen innerhalb von zehn Jahren,
auch und vor allem über die Mobilisierung in- und ausländischen Privatkapi-
tals, 15 touristische Großprojekte entstehen, die insgesamt 32709 Hotel- und
21954 Ferienappartementzimmer sowie 15626 Wohnungen bieten werden;
95000 direkte und 220000 indirekte Arbeitsplätze sollen geschaffen werden.

Die Standorte der Megaprojekte liegen – um bereits vorhandene Infrastrukturen und Kapazitäten nutzen zu können – vornehmlich in Nähe bereits eta-
blierter Fremdenverkehrszentren. Mit diesem Standortkonzept wird versucht, an dem vorhandenen positiven Image erfolgreicher Touristenorte zu
partizipieren und so das Investitionsrisiko für das Privatkapital zu minimieren.

In zahlreichen vormals peripheren und unterentwickelten Regionen konnte der Fremdenverkehr ein z. T. stürmisches Wachstum verzeichnen. Dementsprechend wurde eine beachtliche Zahl von Arbeitsplätzen geschaffen und so ein Teil der vor allem auf die Hauptstadt zentrierten Migrationsströme umgelenkt. Die Auswirkungen auf vorgelagerte Bereiche, vor allem die Landwirtschaft, sind jedoch in den meisten Regionen noch bescheiden, häufig auch deshalb, weil die Touristenzentren gezielt in Räumen mit marginalem agrarischen Potential errichtet wurden. So gilt das als integriertes Zentrum errichtete Loreto als „Wüstenstadt"; anderen Seebädern schließen sich unmittelbar agrarisch wenig geeignete Bergketten an, und im weiteren Umland Cancuns war auch aufgrund der schlechten geomedizinischen Bedingungen der feuchtheißen Küstenzone die Agrarbevölkerung stets gering. Sektorübergreifende Planungen, die nicht nur eine Entwicklung des Fremdenverkehrs selbst, sondern auch die Förderung vorgelagerter Produktionen anstrebten, wurden – trotz aller Absichtserklärungen – bisher nicht hinreichend verfolgt (Long 1991).

Durch die Entwicklung der zahlreichen Seebäder wurde die Bedeutung von Mexico City als Zielgebiet des internationalen Tourismus auch in absoluter Hinsicht deutlich verringert. 1980 z. B. wurden in der Hauptstadt 1,109 Mio., 1994 jedoch nur noch 0,6 Mio. Fremdenmeldungen ausländischer Besucher gemeldet. Diese Umorientierung der Touristenströme resultiert wesentlich daraus, daß nun ausländischen Besuchern Alternativen zur Hauptstadt angeboten werden, die auch aufgrund der hier extremen Umweltbelastungen und wachsender Kriminalität an Attraktivität verloren hat. Die großen Seebäder werden zudem direkt von internationalen Fluggesellschaften angeflogen. Mexico City hat damit seine vormals dominante, für viele andere Hauptstädte, wie z. B. Bangkok, immer noch wichtige Position als Gateway für den Flugreiseverkehr verloren. Die Stadt ist deshalb eingeschränkter Ausgangs- und Endpunkt für Touristen, die auf einer Rundreise verschiedene Landesteile und insbesondere die zahlreichen, räumlich weitgestreuten kulturhistorischen Stätten besuchen. Während so die Hauptstadt aufgrund ihrer zahlreichen, zumindest für Einzelbetriebe noch realisierbaren Agglomerationsvorteile weiter ein attraktiver Standort für das verarbeitende Gewerbe und zahlreiche Dienstleistungsbranchen ist, erfolgte in der Fremdenverkehrswirtschaft eine reale Dezentralisierung des Angebots und der Nachfrage und so eine Aufwertung der Peripherie.

Auch Thailand strebt über die Entwicklung des Tourismus in Peripherieräumen eine Abschwächung disparitärer Raumentwicklung an (Vorlaufer 1995 b). Im Unterschied zu Mexiko beschränken sich die Förderinstrumente auf den Aufbau einer infrastrukturellen Grundausstattung (vor allem Flughäfen, Straßen) und die Gewährung von Beihilfen bzw. Steuererleichterungen z. B. bei Hotelinvestitionen an den als förderungswürdig ausgewiesenen

Standorten. Zwar haben sich auch in der Peripherie zahlreiche, oft bedeutende Tourismuszentren, wie vor allem Phuket und Chiang Mai, entfalten können, die überragende Stellung Bangkoks auch als Standort für das Reisegewerbe konnte jedoch nicht entscheidend abgebaut werden.

Demgegenüber ist die Dezentralisierung des Tourismus in der Dominikanischen Republik wesentlich massiver, obwohl sich hier die staatlichen Maßnahmen im wesentlichen ebenfalls nur auf infrastrukturelle Vorleistungen vor allem im Verkehrswesen sowie auf großzügige Bedingungen für ausländische Investitionen beschränken (Karte 8). In dieser durch extreme Disparitäten gekennzeichneten Inselrepublik – etwa ein Drittel der ca. 7,5 Mio. Einw. konzentriert sich auf die Hauptstadt Santo Domingo – wurden die oft riesigen Resorts vor allem in den letzten Jahren bevorzugt weit abseits städtischer Zentren an ressourcenarmen und dünnbesiedelten Standorten errichtet, wie z. B. an der Ostküste (Punta Canu) oder auf der Halbinsel Samaná. Zum anderen entstanden wichtigere Tourismuszentren in den durch landwirtschaftliche Monostruktur (v. a. Zuckerrohr) und Großbetriebe geprägten und daher krisenanfälligen Räumen an der S- und SW-Küste. Dank dieser sich weiter beschleunigenden touristischen Erschließung der Peripherie konnte in diesem Staat einer weiteren Verschärfung räumlicher Disparitäten merklich entgegengewirkt werden, zumal auch die heute wichtigen Badeorte der N-Küste den bis Mitte der 80er Jahre stagnierenden Städten wie Puerto Plata und Sosúa kräftige Wachstumsimpulse gegeben haben.

Kenya steht als Beispiel für jene zahlreichen Länder, in denen die räumliche Expansion des Fremdenverkehrs in die Peripherie nicht über umfangreiche staatliche Erschließungsmaßnahmen erfolgte. Abgesehen von infrastrukturellen Vorleistungen, darunter aber so bedeutsame Maßnahmen wie die Ausweisung großer Landflächen als Wildschutzgebiete, vollzog sich die raumzeitliche Entfaltung des Tourismus im hohen Maße ohne eine umfassende Planung und in der Regel durch privatwirtschaftliche Initiative.

Kenya weist eine – wesentlich durch die naturräumlichen Bedingungen vorgegebene – extreme disparitäre Raumstruktur auf (Vorlaufer 1990, 1995b). Der Abbau räumlicher Disparitäten, vor allem auch eine partielle Umlenkung der exzessiv auf Nairobi konzentrierten Land-Stadt-Wanderungen (Vorlaufer 1985), ist daher von vorrangiger Bedeutung.

Der Tourismus in Kenya basiert auf zwei wesentlichen Angeboten mit jeweils spezifischen räumlichen Ordnungsmustern:
1. Die Wildschutzgebiete und Nationalparks weisen eine große räumliche Streuung und häufig zudem eine Lage in wirtschaftlichen Marginalräumen auf. Sie sind die Grundlage des für Kenya typischen Safaritourismus. Deshalb ist zunächst zu erwarten, daß auch die vom Tourismus ausstrahlenden Entwicklungsimpulse eine große räumliche Streuung aufweisen, einer relativ großen Bevölkerungszahl zugute kommen und so eine Milderung dis-

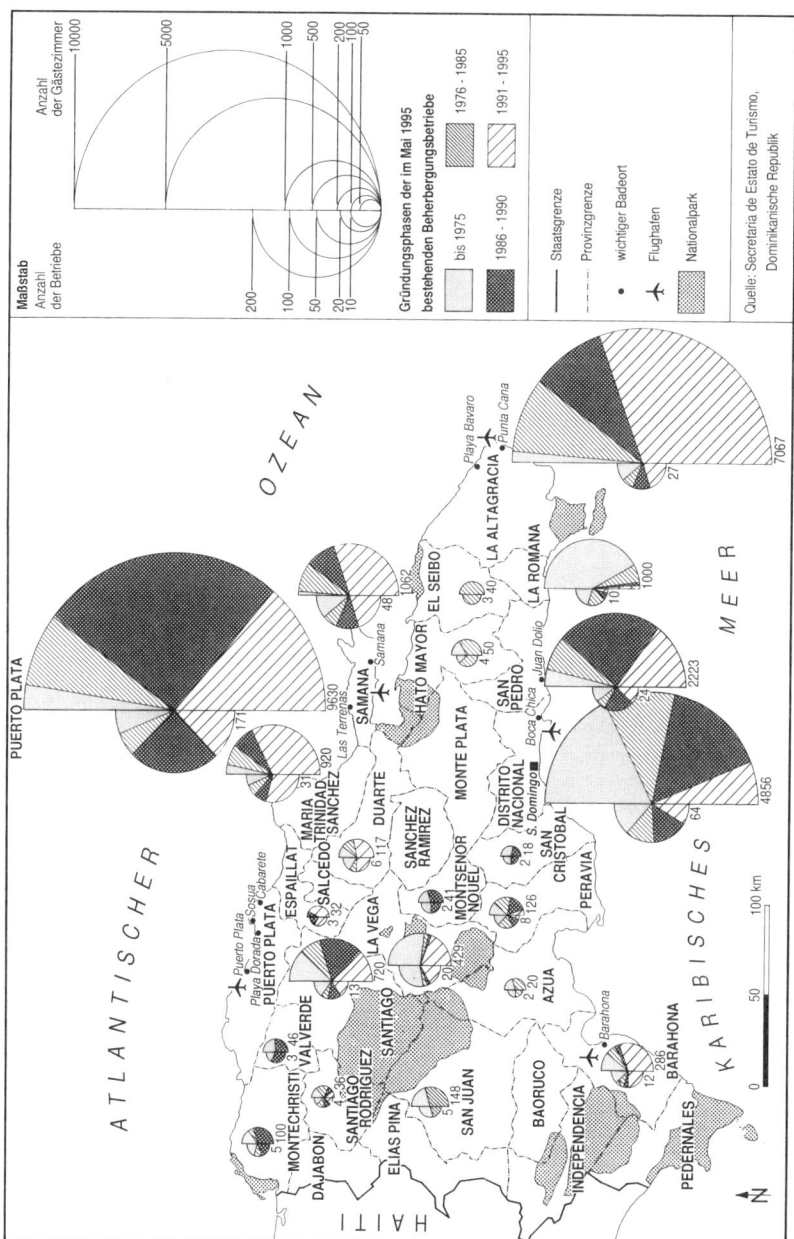

Karte 8: Die raumzeitliche Entfaltung des Beherbergungsgewerbes in der Dominikanischen Republik (Entwurf: K. Vorlaufer; Kartographie: U. Beha).

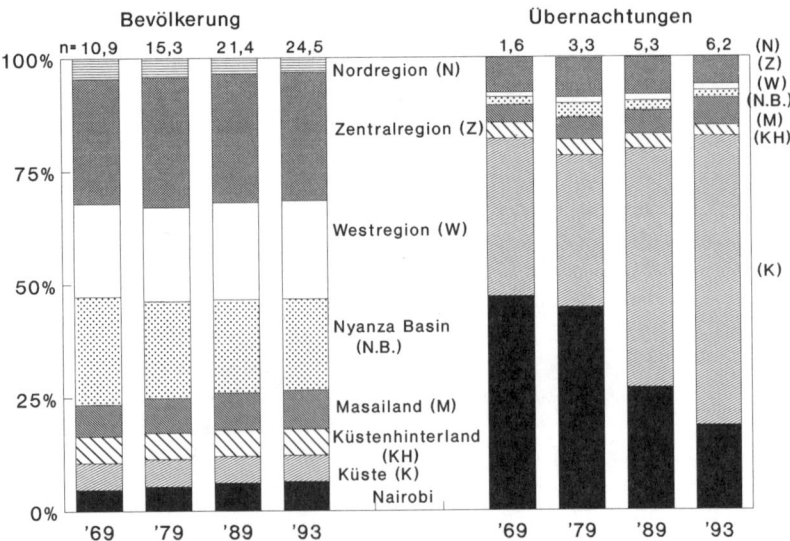

Anmerkung: Die Grenzen der Tourismusregionen sind nicht identisch mit den Grenzen der Distrikte bzw. Provinzen, für die die Census-Daten vorliegen. Die Berechnungen der Bevölkerungsdaten erfolgte unter Berücksichtigung der angenäherten Bevölkerungsverteilung innerhalb jener (relativ weniger) Distrikte, die verschiedenen Tourismusregionen zugeordnet sind.

Abb. 23: Der Anteil der Tourismusregionen an der Bevölkerung (in Mio.) und an den Übernachtungen (in Mio.) im Beherbergungsgewerbe Kenyas (Quelle: für Bevölkerungsdaten: Volkszählungsergebnisse 1969, 1979, 1989, für 1993: Hochrechnungen; für Übernachtungen: Kenya: Economic Survey, 1970 ff.).

paritärer Raumentwicklung erreicht wird. Die Schutzgebiete wurden aber vornehmlich in dünn- oder unbesiedelten Räumen insbesondere der Hirtenvölker und zudem vor allem im S Kenyas, dem Lebensraum der Masai, errichtet; die potentiell positiven Regionaleffekte touristischer Ausgaben berühren deshalb nicht direkt die kleinbäuerlichen Siedlungsräume oft extrem hoher Bevölkerungsdichte z. B. in Westkenya (Vorlaufer 1995 b), aber auch nur eingeschränkt die durch eine Verelendung betroffenen nomadischen Völker im N und NE des Landes (Abb. 23). Zudem ist seit Jahrzehnten Nairobi alleiniger Ausgangs- und Endpunkt der Safaris und auch heute in dieser Hinsicht noch von größerer Bedeutung als Mombasa, das erst mit der Eröffnung eines Großflughafens für die Urlauber der Küste in den 70er Jahren eine ähnliche Funktion übernommen hat. Da 1993 noch ca. 30% der Bettenkapazitäten Kenyas auf Nairobi entfielen, wurde die Stellung der Metropole als wichtigster Fremdenverkehrsstandort zwar relativiert, aber nicht abgebaut.

Die in den oder in Nähe der Schutzgebiete errichteten Lodges müssen zudem überwiegend ihre laufenden Inputs, vor allem Nahrungsmittel, fast vollständig aus anderen Landesteilen, und zwar in der Regel über Nairobi beziehen, weil in diesen überwiegend trockenen Räumen Regenfeldbau nicht möglich ist. Selbst die meisten Arbeitskräfte der Lodges kommen aus weiter entfernten, dichtbesiedelten Räumen, da die Lokalbevölkerung nur bedingt bereit und hinreichend qualifiziert ist, eine Arbeit im Tourismusgewerbe zu übernehmen. Lediglich durch die Nachfrage der Touristen nach regionsspezifischen Souvenirs ergeben sich beschränkte Einkommenseffekte: Allerdings, viele Touristen kaufen auch diese Erzeugnisse erst unmittelbar vor dem Abflug in Nairobi, wo sich dementsprechend überproportional Läden konzentrieren, die Andenken auch der in der Peripherie lebenden Ethnien anbieten. Der Safaritourismus fördert somit die räumliche Konzentration vieler touristischer Angebote auf den Ausgangs- und Endpunkt der Rundreisen (u. a. auch Transportbetriebe, Reiseagenturen). Die Wachstumsdynamik Nairobis wird so durch den Tourismus weiter beschleunigt; die Primatstellung der Metropole auch durch den Fremdenverkehr ausgebaut.

2. Die auf den Bade- und Wassersporttourismus ausgerichtete Küstenregion ist schon seit Jahren die wichtigste Fremdenverkehrsregion, wobei sich die touristische Entwicklung punktuell über eine Küstenlinie mit einer Distanz von fast 400 km erstreckt (Vorlaufer 1977 a, b).

Am Beispiel der Küste Kenyas lassen sich einige Merkmale des Miossec-Modells (1976) der raumzeitlichen Entfaltung des Tourismus verdeutlichen.

Die Phase I umfaßte die Zeit von 1930–1963. Vor allem die Nachfrage europäischer Siedler aus dem Hochland nach einem Badeurlaub initiierte die frühe Entfaltung zunächst noch isolierter Pionier-Resorts, wie Malindi, und dann in der spätkolonialen Phase auch das ca. 80 km nördlich Mombasa gelegene Watamu. Etwa 50 km südlich Mombasa wurden am Diani Beach, heute ein wichtiger Standort des internationalen Tourismus, ebenfalls noch in der Kolonialzeit erste Ferienbungalows von Europäern aus Kenya und Uganda, aber noch keine Hotels angelegt.

Die Phase II erstreckte sich etwa von der Unabhängigkeit Kenyas 1963 bis 1973. Sie umfaßt die Jahre des beginnenden „Massentourismus", der 1966 mit der Aufnahme des interkontinentalen Charterflüge einsetzte. Im Zuge des stürmischen Wachstums des Fremdenverkehrs entfalteten sich die nur durch wenige Ferienunterkünfte charakterisierten Pionier-Standorte zu größeren Fremdenverkehrssiedlungen mit einem vielfältigeren touristischen Angebot. Dies betraf insbesondere die Fremdenverkehrsstandorte in enger räumlicher Anlehnung an schon ältere Städte (wie vor allem Malindi) und die nördliche Festland-Küste Mombasas. Zudem entwickelten sich vormals monofunktionale Ferienhaussiedlungen auch zu Standorten gewerblicher Tourismus-Einrichtungen (z. B. Diani, Watamu). Die Verknüpfung der einzelnen Resorts über den Verkehr wurde intensiviert; die Besucher der einzelnen Standorte buchten die jetzt immer häufiger angebotenen Kurzausflüge zunächst in die jeweiligen Nahbereiche.

Die sich bis heute erstreckende Phase III setzte etwa 1974 ein und ist dadurch charakterisiert, daß die einzelnen Fremdenverkehrsstandorte zwar generell weiter wuchsen, jedoch hiermit eine zunehmende Differenzierung und Spezialisierung verknüpft war. Es entstand eine Hierarchie von Fremdenverkehrszentren. Durch den Anschluß an das internationale Flugnetz wurde die Dominanz Mombasas ausgebaut; die Stadt wurde zum Ankunfts- und Abflugzentrum für die große Mehrheit der Küstenbesucher und hat deshalb einen Standortvorteil für andere Zweige der Fremdenverkehrswirtschaft; Malindi wurde relativ eng in das nationale Flugnetz eingebunden; kleinere Flugpisten verbesserten die Standortqualität von Lamu und Diani.

Ebenfalls entsprechend dem Modell von Miossec wurden jetzt von den einzelnen Resorts aus Ausflüge zunächst nur im Küstenraum, zunehmend aber auch, zumindest für eine Minderheit der Badeurlauber, die relativ teuren Safaris zu den Schutzgebieten des Binnenlandes durchgeführt.

Abweichend von dem Modell entwickelte sich jedoch in der Küstenregion kein *Netz* von Fremdenverkehrsstandorten.

Die touristischen Siedlungen konzentrieren sich wie Perlen an einer Kette in mehr oder weniger großen Abständen voneinander auf die Küstenlinie. Dank dieser Entwicklung konnte erreicht werden, daß sich die intraregionalen Disparitäten nicht verschärft haben. Diese kleineren Fremdenverkehrsstandorte wurden Ziele relativ intensiver Migrationen sowohl aus dem Umland als auch aus den dichtbesiedelten Binnenräumen Zentral- und Westkenyas. Der Fremdenverkehr allein ist aber kein entscheidender Faktor des intraregionalen Disparitätenabbaus, weil die multiplikativen Effekte infolge ungünstiger Produktionsstruktur kaum den kleineren Tourismuszentren und deren Umland zugute kommen. Die großen Städte und weiterentwickelten Räume liefern die wichtigsten Vorleistungen.

Trotz des seit Jahren überproportionalen Wachstums der Besucherzahlen in der Küstenregion konnte der Fremdenverkehr die Verschärfung disparitärer Entwicklung auch auf nationaler Ebene nicht merklich bremsen. Die Stellung Nairobis als Primatstadt wurde auch in den letzten Jahrzehnten gegenüber Mombasa weiter ausgebaut (Vorlaufer 1989a). Die Fremdenverkehrswirtschaft der Peripherieräume und auch Mombasas ist hinsichtlich der Bezugsverhältnisse noch zuwenig nahorientiert; ein Großteil ihrer Inputs muß, auch aus agrarökologischen Gründen, aus dem weiterentwickelten Zentralraum des Hochlandes bezogen werden. Allerdings erfolgt durch die Migration von Arbeitskräften aus den übervölkerten Räumen vor allem Westkenyas in die Tourismuszentren insbesondere der Küste eine zumindest bescheidene Milderung des Bevölkerungsdrucks in den Problemregionen.

7.3 Tourismus, Regionalentwicklung und ethnische Konflikte –
Beispiel Sri Lanka

In vielen ELn wird die Innenpolitik bestimmt durch latente oder gar offene
Konflikte zwischen verschiedenen Ethnien, Völkern und/oder Religions-
gruppen. Insbesondere die in den Peripherieräumen vieler Reiseländer sie-
delnden Völker fühlen sich gegenüber den in den Kernregionen lebenden, in
der Regel die Mehrheit bildenden und politisch dominanten Ethnien oft benachteiligt; sie fordern daher von der Zentralregierung häufig eine stärkere
Berücksichtigung ihrer wirtschaftlichen, sozio-kulturellen und politischen
Interessen, regionale Autonomie oder sogar die politische Unabhängigkeit.
Die Nutzung touristischer Ressourcen auch in politisch sensiblen und labilen
Peripherieregionen soll nach offizieller Zielvorgabe vieler Zentralregionen
einer weiteren Verschärfung disparitärer Raumentwicklung entgegenwirken,
kann aber dazu führen, daß die den Gesamtstaat politisch und wirtschaftlich
dominierenden Völker der Zentralräume zumindest aus der Sicht der abhängigen Ethnien ihre Position auch über eine Ausbeutung touristischer Potentiale festigen.
   Beispiele für eine touristische Nutzung auch von Regionen mit starken politischen Autonomie- bzw. Unabhängigkeitsbewegungen sind:
– das von China okkupierte Tibet,
– die philippinische Insel Mindanao, wo islamische Separatisten seit langem
  gegen die von katholischen Philippino getragene Zentralregierung auch
  mit Waffengewalt kämpfen,
– das nach Unabhängigkeit von Indien bzw. nach einem Anschluß an das islamische Pakistan strebende, vornehmlich von Muslimen besiedelte Ka-
  schmir-Tal, das noch in den 80er Jahren, bis zum Ausbruch offener
  Kämpfe, eine der wichtigsten Fremdenverkehrsregionen Indiens war.
   Ein prägnantes Beispiel für die Komplexität und Problematik der Entwicklung peripherer Räume für den Tourismus in einem durch ethnische Konflikte
geprägten Staat ist Sri Lanka. Die Raum- und Gesellschaftsstruktur dieses als
„Paradies" apostrophierten Landes wird oder ist durch – sich allerdings z.T.
überschneidende – „Zweiteilungen" und Dualismen gekennzeichnet. Die äu-
ßerst dicht und (fast) ausschließlich von Singhalesen besiedelte Feuchtzone im
SW der Insel erhält ihre wesentlichen Niederschläge unter dem Regime des SW-
Monsuns im Nordsommer; der Badetourismus ist gefahrlos nur im windarmen
Nordwinter möglich (Vorlaufer 1980, 1983). Die saisonale Nachfragespitze nach
Fernreisen deckt sich hier so mit der Phase des optimalen touristischen Ange-
bots. Die etwa dreiviertel der Insel einnehmende und eine deutlich geringere
Bevölkerungsdichte aufweisende Trockenzone liegt während des regenreichen
NW-Monsuns im Lee des zentralen Berglandes und weist daher im Nord-
sommer die günstigsten Bedingungen für den Badetourismus auf (Karte 9).

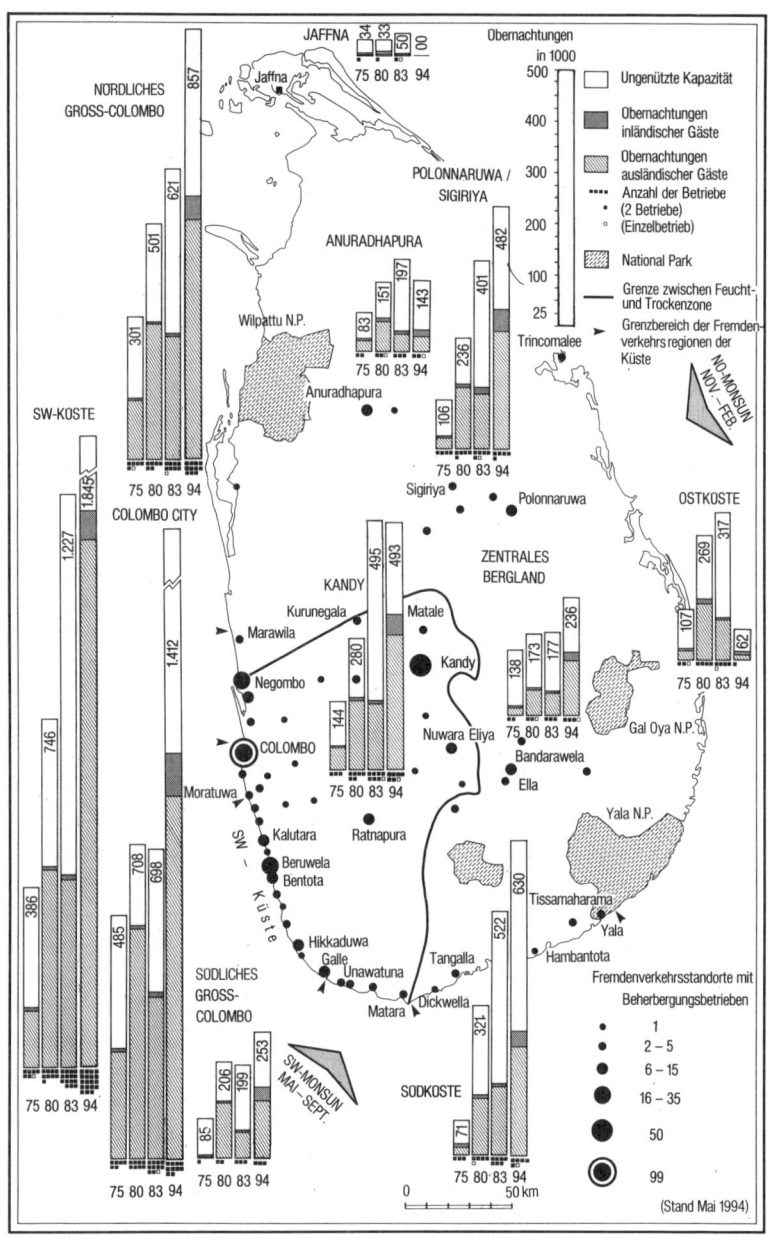

Karte 9: Standorte, Kapazitäten und Übernachtungszahlen des Beherbergungsgewerbes in Sri Lanka 1975–94 (Entwurf: K. Vorlaufer; Quelle: Sri Lanka Accommodation Guide 93/94; Ceylon Tourist Board; Kartographie: K. Massoud).

Sri Lanka besitzt so im Vergleich zu anderen Reiseländern den Vorteil, daß es auf kurzer räumlicher Distanz ganzjährig Angebote für Touristen anbieten kann, die eine Rundreise zu den Kulturstätten im Landesinneren mit einem Badeurlaub entweder an der SW- oder an der E-Küste kombinieren möchten. Der Badetourismus entfaltete sich zwar zunächst in der Feuchtzone, die zahlreiche Standortvorteile aufwies (Vorlaufer 1980): Die Nähe zum Flughafen Colombo, eine gute infrastrukturelle Erschließung, ein optimales Angebot z.Z. der Nachfragespitze in Verbindung mit palmenumsäumten Badebuchten und -stränden, die dem Klischee eines Inselparadieses entsprechen. Schon in den frühen 70er Jahren setzte jedoch die touristische Erschließung auch der Ostküste zunächst punktuell ein. Die Regierung förderte diesen Prozeß der Dezentralisierung einmal, um das touristische Potential der Ostküste der allgemeinen wirtschaftlichen Entwicklung des Landes nutzbar zu machen, die durch den SW-Monsun bedingte zeitliche Angebotslücke für Badetouristen im Nordsommer zu schließen. Zum anderen deckte sich diese Raumentwicklung mit dem regionalpolitischen Ziel, der relativ ressourcenarmen, wirtschaftlich unterentwickelten Ostküstenregion Entwicklungsimpulse zukommen zu lassen. Zumindest implizit war hiermit die Erwartung verknüpft, daß die Fremdenverkehrszentren der Ostküste auch Wanderungsziele von Singhalesen aus der übervölkerten Feuchtzone werden könnten, hier der Bevölkerungsdruck gemildert und so ein Beitrag zur passiven Sanierung dieser Zentralregionen geleistet wird. Die für den Fremdenverkehr relevanten Ostküsten-Distrikte sind jedoch traditionelle Siedlungsräume der schon vor Jahrhunderten aus Südindien eingewanderten Tamilen, die hier zu Beginn der touristischen Entfaltung, 1971, die größte ethnische Gruppe stellten. Der schon lange schwelende Konflikt zwischen Singhalesen und Tamilen eskalierte 1983 in einen Kampf nach Unabhängigkeit strebender Tamilen gegen den von Singhalesen dominierten Staat. Die in den tamilischen Siedlungsschwerpunkten gelegenen Fremdenverkehrszentren wie Nilaveli und Kalkudah wurden z.T. zerstört. Der Bürgerkrieg unterband die ersten, schon beachtlichen Ansätze einer stärkeren räumlichen Dispersion der Fremdenverkehrswirtschaft, die sich heute extremer als 1982 auf die singhalesischen Siedlungsräume konzentriert. Diese hohe Konzentration des Tourismusgewerbe auf die dicht besiedelte Feuchtzone trägt somit, auch auf dem Hintergrund und infolge der Auseinandersetzungen mit tamilischen Separatisten, zwar zur weiteren Verschärfung der disparitären Raumstruktur des Gesamtstaates bei, bietet jedoch den Vorteil, daß nun der Bevölkerungsmehrheit in ihrer Heimatregion eine wachsende Zahl von Arbeitsplätzen in der seit einigen Jahren wieder expansiven Tourismuswirtschaft angeboten wird.

7.4 Fremdenverkehr und Regionalentwicklung in tropischen Archipelstaaten

Eine Funktion auch zur staatlichen Integration kann dem Fremdenverkehr in den zahlreichen Ländern zukommen, deren Territorien sich oft aus einer großen Zahl von Inseln und Eilanden extrem unterschiedlicher Größe und mit einer räumlichen Streuung über riesige Seeflächen zusammensetzen. Diese Archipelstaaten besitzen mit ihren großen Küstenlängen, der Vielgestaltigkeit ihrer Inseln und den großen Wasserflächen oft bedeutende Potentiale für den Wassersport- und Badetourismus. Die Zersplitterung der Landfläche erschwert aber eine politische und wirtschaftsräumliche Integration dieser Staaten, da insbesondere die kleinen und bevölkerungsarmen Inseln verkehrsmäßig oft gar nicht oder nur lose mit den in der Regel bevölkerungsreicheren, politisch dominanten und weiter entwickelten Zentralinseln verknüpft sind. Kleine, ressourcenarme und periphere Inseln besitzen keine Grundlagen für eine Entwicklung etwa des verarbeitenden Gewerbes; selbst Agrar- und Fischereiprodukte können nur unter erhöhtem Aufwand und dann wirtschaftlich evtl. gar nicht mehr auf dem Binnen- oder Weltmarkt abgesetzt werden. Das geringe Frachtgut- und Passagieraufkommen dieser Inseln erlaubt nicht den Aufbau eines leistungsfähigen Verkehrssystems, wodurch wiederum die Standortgrundlagen im Vergleich zu den Hauptinseln verschlechtert werden. Die Abwanderung, ja z.T. die Entvölkerung mit ihren negativen Wirkungen auf die wirtschaftliche Leistungsfähigkeit, ist typisch für viele Außeninseln vor allem kleiner Archipelstaaten wie die Bahamas, Seychellen, Salomonen, Malediven, Fidschi, Kiribati oder Französisch-Polynesien. Aber auch in bevölkerungsreicheren Inselstaaten mit einer insgesamt relativ großen Landfläche, wie z.B. die Philippinen oder Indonesien, ergeben sich aus der Zersplitterung des Territoriums ähnliche Probleme. Die für andere wirtschaftliche Nutzungen kaum oder gar nicht geeigneten Inseln weisen aber gerade deshalb oft günstige Voraussetzungen für den Fremdenverkehr auf. Vor allem kleine abgelegene, „ursprüngliche" Eilande kommen dem Traum der Reisenden von einem „Südseeparadies" entgegen, eignen sich daher als touristische Standorte und können erst so in den nationalen Wirtschaftsraum enger eingebunden werden.

Inselländer, die im Fremdenverkehr eine Gefährdung ihrer kulturellen Identität sehen, aber aus wirtschaftlichen Gründen den Tourismus fördern, bietet sich zudem die Chance, gerade periphere Inseln, die von Touristen nur unter großem Aufwand verlassen und von Einheimischen ebenso schwierig besucht werden können, als „natürliche" Touristenghettos aufzubauen, eine Optimierung wirtschaftlicher Effekte mit einer Minimierung kultureller Negativwirkungen zu verknüpfen. Die Malediven sind hierfür das prägnanteste Beispiel (Kap. 8.3).

7.4.1 Der Fremdenverkehr als Faktor nationaler Raumintegration kleiner Archipelstaaten – die Seychellen und Bahamas

Die regionalpolitischen Probleme kleiner Archipel-Staaten lassen sich am Beispiel der Seychellen und der Bahamas gut veranschaulichen, da diese Ländern in ihren Ähnlichkeiten, aber auch Unterschieden, die Spannbreite der Rahmenbedingungen einer touristischen Erschließung peripherer Inseln verdeutlichen. Die Landfläche beider Staaten setzt sich aus einer großen Zahl überwiegend kleiner Inseln zusammen, die sich über eine große Seefläche verteilen (Vorlaufer 1991; Ungefehr 1988). Die 115 Inseln der Seychellen z. B. haben nur eine Größe von insgesamt 452 qkm, verteilen sich aber über ein Staatsterritorium („Auschließliche Wirtschaftszone") von ca. 1,3 Mio. qkm. Auch wenn bei den Bahamas diese Relation nicht ganz so ungünstig ist (14 000 qkm Land, ca. 245 000 qkm Seefläche), sind die Distanzen zwischen den einzelnen Landsplittern oft so groß, daß eine enge, leistungsfähige Integration des Wirtschaftsraumes kaum zu realisieren ist. Diese Fragmentierung wird dadurch verstärkt, daß die Inseln häufig aufgrund ihrer Kleinheit und infolge begrenzter Ressourcen auch für die Landwirtschaft nur eingeschränkt geeignet sind, daher eine geringe und einkommensschwache Bevölkerung aufweisen und so auch als Produktions- und Absatzstandorte unbedeutend sind. Hieraus resultiert wiederum ein geringes und unregelmäßiges Passagier- und Frachtgutaufkommen, das nicht den Aufbau eines leistungsfähigen interinsularen Verkehrssystems erlaubt. Aufgrund dieser Bedingungen bleiben viele Inseln unbewohnt, oder sie stagnieren auf dem Niveau der Subsistenzwirtschaft. Schlechte Böden, häufig geringe Niederschläge und eingeschränkte Grundwasserreserven sind besonders typisch für die aus rezenten oder fossilen Korallenriffen aufgebauten Inseln der Bahama-Bänke sowie für die Koralleninseln der Seychellen. Die Granit- bzw. Syenit-Inseln dieses Archipels (Vorlaufer 1991) weisen zwar im Vergleich zu den flachen Koralleninseln höhere Niederschläge auf (Steigungsregen), jedoch ist infolge des Reliefs eine intensivere agrarwirtschaftliche Nutzung (bei zudem ebenfalls relativ nährstoffarmen Böden) nur in einem schmalen Küstenstreifen möglich, weil weithin schon unmittelbar hinter der Küstenlinie vegetationslose Granittürme, wichtige Elemente der für Touristen attraktiven Landschaft, vorherrschen. Diese Bedingungen haben den Seychellen die Ausweisung relativ großer Areale als Nationalparks erleichtert, wodurch diese Räume jedoch einer auch nur bescheidenen Agrarproduktion entzogen wurden. Gleichwohl: Auf den Seychellen stellt die Hauptinsel Mahé trotz dieser ungünstigen Potentiale das Hauptsiedlungsgebiet, wo sich auf nur ca. 34% der Landfläche fast 90% der ca. 70 000 Seycheller konzentrieren, weil nur über diese Insel mit ihrem konzentrierten Potential schon in der Kolonialzeit die Einbindung des Archipels in den Weltmarkt wirtschaftlich möglich war. Der Kokosnußanbau, noch bis in die 70er Jahre die wirtschaftliche Grundlage der Seychellen, mußte im Zuge des Verfalls der Weltmarktpreise zunächst auf den äußeren und kleineren Koralleninseln eingestellt werden, mit der Folge, daß eine innerstaatliche Migration von den kleinen Eilanden zur Hauptinsel erfolgte. Auf Mahé nahm der Siedlungsdruck stark zu; Landknappheit ist infolge des Reliefs und des Bevölkerungswachstums das zentrale Problem.

Neben großen Landgewinnungsmaßnahmen, der Propagierung der Familienplanung und einer möglichst optimalen Nutzung der knappen Ressource Land sowie einer verstärkten Verlagerung wirtschaftlicher Aktivitäten auf die ausreichend zur Verfügung stehende Wasserfläche auch im Tourismusgewerbe, sieht die Regierung in der touristischen Nutzung der Außeninseln einen Weg zur Abschwächung räumlicher Konzentrationsprozesse. Die im wesentlichen erst mit der Eröffnung des internationalen Flughafens auf Mahé ab 1972 einsetzende Entfaltung des Fremdenverkehrs vollzog sich zunächst noch vorrangig auf Mahé, da hier die günstige Verkehrsanbindung ein wichtiger Standortfaktor war. Danach wurden die relativ nahegelegenen Nachbarinseln Praslin und La Digue zunächst in das Standortnetz des Fremdenverkehrs einbezogen, das dann auch, vor allem nach 1977, dem Jahr der Etablierung einer sich sozialistisch nennenden und noch heute amtierenden Regierung, auch auf die äußeren Inseln ausgeweitet wurde. Extrem periphere Inseln, wie z. B. das zur Amiranten-Gruppe zählende und von Mahé 210 km entfernte Desroches, wurden zwar auch durch ein Engagement halbstaatlicher Hotelgesellschaften touristisch erschlossen, typisch ist es jedoch, daß die Alteigentümer der auf peripheren Inseln lokalisierten Kokosnußpflanzungen nun zusätzlich zu ihrem weiter rückläufigen traditionellen Erwerb einen Beherbergungsbetrieb eröffneten und so die gänzliche Auflassung vieler Inseln gestoppt werden konnte. Die Konzentration auch des Fremdenverkehrs auf die Hauptinsel Mahé ist jedoch typisch und wird noch lange ein charakteristisches Merkmal der räumlichen Ordnung des Tourismusgewerbes sein.

Auch in Anbetracht der Kleinheit und ökologischen Fragilität der äußeren Koralleninseln können hier max. jeweils nur 50 Gästebetten angeboten werden. Die Erschließung der Außeninseln wird so zwar quantitativ bescheiden sein und die disparitäre Raumstruktur der Seychellen nicht aufheben können, sie ist aber dem Potential der Eilande angepaßt.

Demgegenüber unterscheiden sich die Bahamas von den Seychellen vor allem dadurch, daß hier die Fremdenverkehrsintensität, vor allem infolge der Nähe zu dem wichtigsten Markt, zu den USA, extrem hoch ist.

Auf die 70 000 Einwohner der Seychellen kamen 1993 116 180 Besucher mit „nur" 830 000 Übernachtungen; auf jeden Seycheller entfielen somit nur 1,6 Besucher und 12 Übernachtungen. Auf den Bahamas (260 000 Einw.) wurden demgegenüber 1993 1,5 Mio. Stop-over-Touristen mit 5,98 Mio. Hotelübernachtungen gezählt; auf einen Ba-

hamer entfielen somit fast 6 Besucher mit 23 Übernachtungen, wobei zudem die 2 Mio.
Kreuzfahrtbesucher (Seychellen 1993: 9594) nicht berücksichtigt sind.

Die wirtschaftsräumliche Struktur der Bahamas weist trotz dieser gänzlich
anderen Dimension des Fremdenverkehrs eine gewisse Ähnlichkeit mit jener
der Seychellen auf: Bevölkerung und Wirtschaft konzentrieren sich im hohen
Maße auf nur zwei Inseln, auf New Providence mit der Hauptstadt Nassau
und auf Grand Bahama (Karte 10). Auf nur 1,5% der Landfläche wohnten
schon 1980 fast 65% aller Bahamen. Mit der rasanten Entfaltung des Fremdenverkehrs nach 1950 stieg die räumliche Konzentration von Wirtschaft und Bevölkerung auf New Providence, das als erste Insel über einen internationalen
Flughafen und auch über sonstige infrastrukturelle Gunstfaktoren verfügt,
die auch die Polarisation des Tourismusgewerbes hier begünstigten.

Ein wichtiges Sekundärzentrum ist daneben nur noch die 1955 auf dem
Reißbrett entworfene Industrie- und Touristenstadt Freeport auf Grand
Bahama. Alle anderen Inseln, die sog. Family Islands, waren lange Abwande-
rungsräume und haben erst durch den Fremdenverkehr eine gewisse Aufwertung erfahren (Tab. 28). Noch immer konzentrieren sich ca. 85% aller Übernachtungen und Raumkapazitäten auf Grand Bahama und New Providence.
Die – wenngleich langsam – wachsende Bedeutung der Family Islands für den
Tourismus wird dadurch gefördert, daß die Bahamas sich auch zu einer zunehmend wichtigeren Destination für den Yacht-, Segelsport- und Sportfischerei-
Tourismus entwickeln, der aufgrund seiner Tendenz zur flächenhaften Nutzung der Gewässer zwischen den Inseln auch auf Eilanden günstige Standorte
besitzt, die gerade aufgrund ihrer relativen Abgeschiedenheit und Überschaubarkeit für die Klientel dieser Tourismusarten attraktiv sind.

Eine stärkere Dispersion der touristischen Nachfrage wird dadurch erschwert, daß die internationalen Fluglinien über Freeport und insbesondere
Nassau verlaufen, das *der* Verkehrsknotenpunkt der Bahamas ist. Direkte
Schiffsrouten verlaufen nur zwischen der Hauptstadt und den einzelnen Inseln. Eine Rundreise von Insel zu Insel ist Touristen mit dem Schiff nicht möglich.

Auf den Bimini und Berry Islands (Karte 10) sowie auf Andros wurden aber
zahlreiche Zollhäfen und kleine Flugplätze (Ports of Entry) eröffnet, über die
Besucher aus dem nur 100–200 km entfernten Florida mit Privatyachten und
-flugzeugen einreisen. Die starke Zunahme des Tourismus auf den Family
Islands basiert auf dieser Besuchergruppe. Die wachsende Teilnahme dieser
Inseln am Fremdenverkehr wird auch durch den expansiven Kreuzfahrttourismus begünstigt. Zwar ist New Providence auch noch 1993 für fast die
Hälfte aller Kreuzfahrtbesucher erster bahamischer Anlaufhafen, jedoch
wurde in diesem Segment die 1977 noch überragende Position Nassaus
(Tab. 28) stark relativiert, während Grand Bahama und die Family Islands
wichtigere Destinationen wurden. Eine intensivere touristische Erschließung

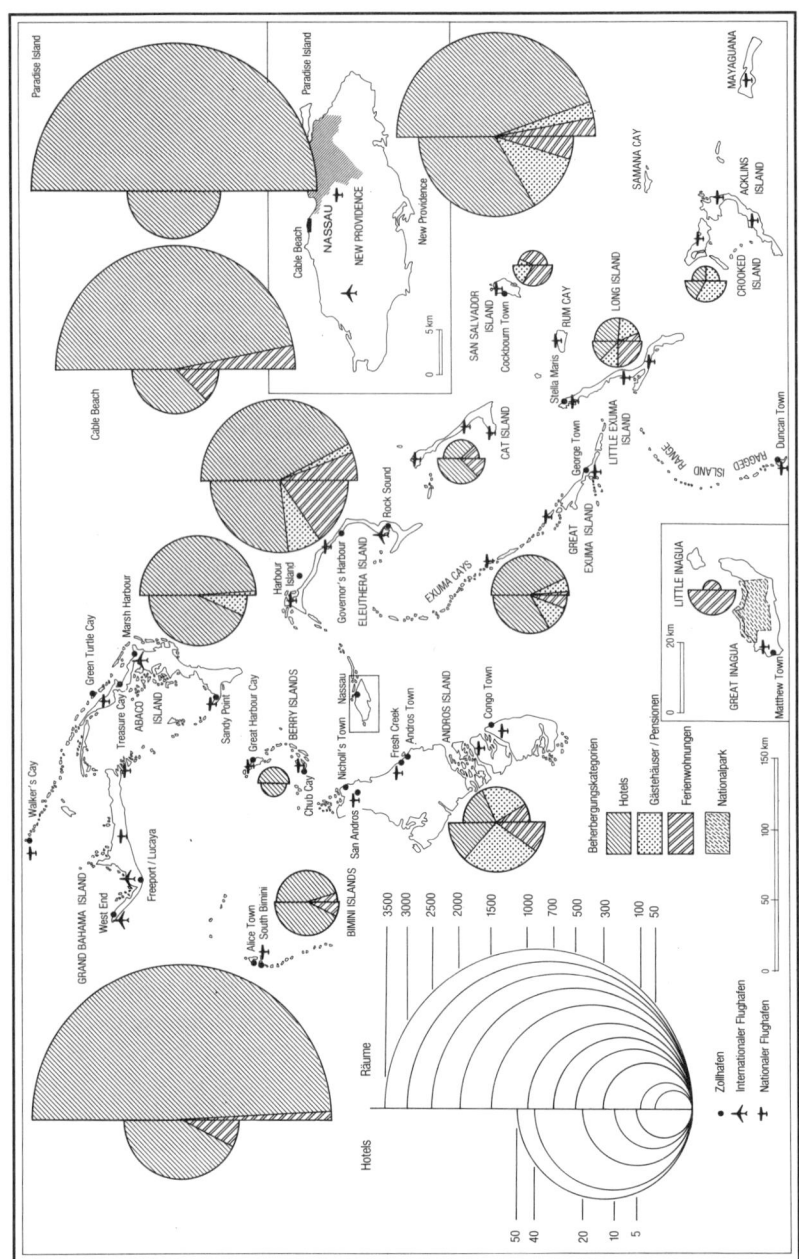

Karte 10: Standorte des Beherbergungsgewerbes auf den Bahamas 1993
(Entwurf: K. Vorlaufer; Quelle: Ministry of Tourism, Nassau, Bahamas; Kartographie: K. Massoud).

Tab. 28: Die räumliche Verteilung der Stop-over- und Kreuzfahrtbesucher sowie der Übernachtungszahlen des Beherbergungsgewerbes auf den Bahamas (in 1000) 1977 und 1994

	Stopover-Besucher[1] abs.	%	Übernachtungen abs.	%	Kreuzfahrt-besucher[1] abs.	%
New Providence						
1977	441	49,4	1995	52,4	328	93,0
1994	750	49,5	3494	55,6	1073	59,4
Grand Bahamas						
1977	286	32,1	1452	38,1	10	2,8
1994	525	34,6	1880	29,9	308	17,1
Family-Inseln						
1977	164	18,4	361	9,5	15	4,2
1994	241	15,9	914	14,5	425	23,5
Bahamas, ges.						
1977	891	100,0	3808	100,0	353	100,0
1994	1516	100,0	6288	100,0	1805	100,0

[1] erster Grenzübertritt; Quelle: Bahamas Ministry of Tourism

der Family Islands wird zudem dadurch erschwert, daß die meisten Inseln von ihrer Größe her Standort nur einer Ferienanlage mit max. 100–150 Zimmern sein können. Selbst für Anlagen dieser Größe ergeben sich auf den südlichen, arideren Inseln Wasserversorgungsprobleme, da die meistens verkarsteten Kalksteininseln nur selten größere Grundwasserfelder haben.

7.5 Koloniale Höhenkurorte, Tourismus und Regionalentwicklung

In einigen Ländern kann der Ferntourismus auch eine wirtschaftliche Revitalisierung von Regionen bewirken, die im Zuge der Entkolonialisierung einen Niedergang oder eine Stagnation hinzunehmen hatten. Dies trifft vor allem auf Regionen, die durch typische kolonialwirtschaftliche Strukturen, z.B. durch die Plantagenwirtschaft oder „weiße" Siedlungen, geprägt waren, aber auch auf einzelne Siedlungen zu, die Teil des kolonialen Systems waren. Hierzu zählen die von den Kolonialmächten in vielen Ländern angelegten Höhenkurorte, die europäischen bzw. US-amerikanischen Kolonialbeamten, Kaufleuten und Siedlern unter den Bedingungen eines gemäßigten Tropenklimas Erholung und Zerstreuung bieten sollten (Vorlaufer 1984). Die Niederländer legten so z.B. in Nähe der Plantagengebiete Sumatras die Erholungsorte Fort de Cok (= Bukkitingi) und Parabat am Toba-See oder auf Java insbesondere für die Verwaltungsbeamten der Hauptstadt Batavia (Djakarta) das 60 km entfernte Buitencorg (= Bogor) an, das heute aufgrund seines 1817 eröffneten botanischen Gartens auch von Ausländern stark besucht wird. US-Amerikaner gründeten 1900 auf den Philippinen den zunächst monofunktionalen Höhenkurort Baguio (Nordluzon). Insbesondere die Briten errichteten in vielen Kolonien sog. Hill Stations, in denen Europäer aus den feuchtheißen Tiefländern vor allem während des Monsuns Erholung suchten. Insbesondere der indische Subkontinent wurde mit einem Netz von Höhenkurorten überzogen, das sich vom Himalaya-Vorland mit so bekannten Hill Stations wie Simla oder Darjeeling über die Gebirge und Bergketten Südindiens bis zur Hill Station Nuwara Eliya in Sri Lanka erstreckte (Mitchell 1972; King 1976). Mit dem Abzug der Kolonialmächte und der mit ihnen verbundenen Bevölkerung war meistens ein Verfall der Fremdenverkehrswirtschaft dieser in der Regel monofunktionalen Siedlungen verbunden. Insbesondere die in Räumen der kolonialen Plantagenwirtschaft gelegenen Stationen verloren mit dem Abzug europäischer Experten und Siedler oft ihre wirtschaftliche Grundlage. In Sri Lanka, aber insbesondere in Indien, in zeitlicher Verzögerung auch in Malaysia übernahm jedoch häufig die einheimische Elite nicht nur die politische und wirtschaftliche Rolle der ehemaligen Kolonialherren, sondern auch deren Urlaubsverhalten: Der jährliche Besuch eines Höhenkurortes wurde zum Statussymbol – in Indien z. B. nicht nur der Oberschicht, sondern zunehmend auch der zahlenmäßig starken Mittelschicht.

Dieser Binnentourismus konzentrierte sich jedoch auf nur eine kurze Saison, auf wenige Ferienwochen während der heißesten Jahreszeit im Tiefland. Eine oft extreme Unterauslastung der Kapazitäten war und ist die Folge. In den letzten Jahrzehnten wurden jedoch viele Hill Stations in den Ferntourismus einbezogen. Typische Beispiele sind einige der bekannteren Höhenkurorte der Himalaya-Vorberge, wie z. B. die vormalige Sommerhauptstadt des kolonialen Kaiserreiches Indien Simla, oder Bukittingi und Parabat auf Sumatra, die Hill Stations im Bergland Westmalaysias, vor allem aber Nuwara Eliya und Baguio.

Das von den Briten im zentralen Bergland Sri Lankas zunächst als Sanatorium (Höhenrefugium) schon im frühen 19. Jh. gegründete Nuwara Eliya wurde etwa ab 1872 zur Hill Station ausgebaut, die den auf Ceylon und in Indien lebenden Briten Erholung und Zerstreuung bot: Ein typisch britisches „Club-Leben", Fischen, Golfen, Pferderennen sowie Bootsfahrten auf einem künstlich angelegten See. Schon vor dem Ersten Weltkrieg besuchten „Langzeit"-Touristen aus Großbritannien das Hochland für mehrmonatige Winteraufenthalte (Bührlein 1991).

Nach dem Abzug der Briten wurde für die ceylonesische Oberschicht der alljährliche Besuch Nuwara Eliyas in den Osterferien bzw. buddhistischen Neujahrsferien im April zum Ritual. Die koloniale Bedeutung als Erholungsort konnte Nuwara Eliya im unabhängigen Sri Lanka jedoch nicht behaupten. In den 50er und 60er Jahren ging die Zahl der Beherbergungsbetriebe zurück; noch existierende Hotels waren wegen mangelhafter Auslastung und Reinvestitionen vom Verfall bedroht.

Mit der Entfaltung des Ferntourismus in den 70er Jahren wurde das Hochland zunehmend von Ausländern bereist (Vorlaufer 1981). Die meisten Ferntouristen besuchen im Unterschied zu den Inländern Nuwara Eliya jedoch nur im Rahmen einer Inselrundfahrt für ein bis zwei Tage. Gleichwohl: Vor allem die Nachfrage ausländischer Gäste ist die Basis für die hier noch tätigen drei großen Hotels mit insgesamt 215 Gästezimmern (1993). Die regionalwirtschaftlichen Effekte der Wiederbelebung der Hill Station sind jedoch bescheiden.

1995 waren – bei einer Bevölkerung von fast 25 000 – ca. 300–350 Arbeitsplätze direkt vom Fremdenverkehr abhängig. Der Anteil des gesamten Hochlandes mit dem Schwerpunktort Nuwara Eliya an den insgesamt in Sri Lanka registrierten Hotelübernachtungen ist seit Jahrzehnten mit ca. 4–5 % konstant und bescheiden.

Bedeutsam ist aber, daß sich die ausländische Nachfrage gleichmäßiger über das Jahr verteilt als der Besuch ceylonesischer Touristen (Abb. 7): Über die Kombination beider Tourismusarten wird eine Abschwächung der wirtschaftlich negativen Saisonalität erreicht.

Eine ähnliche Funktion kommt heute dem Besuch ausländischer Gäste in Baguio zu, der nach Manila für Ferntouristen zweitwichtigsten Destination der Philippinen. Diese heute ca. 210 000 Einwohner zählende Stadt wurde ab 1900 planmäßig von den US-amerikanischen Kolonialherren als Erholungsort für die in Philippinen stationierten Soldaten und Beamten angelegt (Reed 1976).

Das von der US-Navy als Erholungsanlage 1901 auf einer Fläche von ca. 250 ha eröffnete Camp John Hay mit seinen ausgedehnten Freizeitanlagen (Tennis-, Golfplätze, Restaurants und – heute – 287 Gästezimmern in landestypischen Bungalows) wurde von den Amerikanern erst 1991 der Tourismusbehörde der Philippinen übergeben.

Schon in den 60er und vor allem 70er Jahren verzeichnete Baguio eine beträchtliche Zunahme in- und ausländischer Besucher. Nach einem durch die innenpolitische Entwicklung, den Sturz des Marcos-Regime, mitbedingten Rückgang des Fremdenverkehrs wurde 1989 eine Rekordzahl von 455 000 Ankünften im Hotelgewerbe erreicht, davon etwa ein Drittel Ausländer. Diese positive Entwicklung wurde durch das große Erdbeben 1990 unterbrochen. 18 Beherbergungsbetriebe wurden zerstört; die Zahl der Gästezimmer ging von 2247 (1989) auf 1734 zurück; etwa 1350 Arbeitsplätze gingen verloren. Nur allmählich erholt sich der Tourismus von diesem Einbruch, zumal 1991 der Golfkrieg und der Ausbruch des südlich Baguio gelegenen Pinatubo-Vulkans die Aufwärtsentwicklung gebremst haben.

Baguio kann sich jedoch aufgrund seines Potentials insbesondere für Besucher aus den wirtschaftlich boomenden pazifischen Anrainer-Staaten zu einer wichtigen Destination entfalten. Besucher aus Hongkong, Taiwan und Japan stellen – vor allem auch als Golf-Touristen – schon stets große Gruppen; der US-amerikanische Markt wird auch in Zukunft bedeutsam bleiben (u. a. „Nostalgie"- und Veteranentourismus).

7.6 Das raumzeitliche Entfaltungsmuster des Entwicklungsländer-Tourismus in größeren Flächen- und Küstenstaaten – ein Modell

In Anlehnung an die Theorie von Rostow (1960) über „The stages of economic growth" wurden auch von Geographen Modelle entwickelt, die die raumzeitlichen Entfaltungsmuster des Fremdenverkehrs allgemein und auch speziell in ELn zu erfassen und zu erklären versuchen (z. B. Butler 1980; Miossec 1976; Gormsen 1983; s. auch Pearce 1989; Oppermann 1993). In Modifikation und Ergänzung der Modelle o. g. Autoren und unter Berücksichtigung der Ergebnisse dargelegter empirischer Länderanalysen möchte ich ein Modell der raumzeitlichen Entfaltung des Tourismus in größeren Küsten- und Flächenstaaten vorlegen (Abb. 24), das – stark generalisierend – aus vier Phasen besteht.

Die *Phase 0* umfaßt die Zeit vor Beginn des Fernreiseverkehrs, d. h. in den meisten Ländern vor 1965, in einzelnen Ländern, wie z. B. Ägypten oder die Bahamas vor 1950. In den meisten heute wichtigen Fernreiseländern beschränkte sich der Fremdenverkehr im hohen Maße auf den Geschäfts- und Dienstreiseverkehr, in einigen Ländern ergänzt durch den traditionellen Pilgertourismus (z. B. Indien) und war im hohen Maße räumlich auf die Hauptstadt und größeren Sekundärstädte orientiert. Nur wenige Reisende aus Übersee besuchten die verkehrsmäßig zentralgelegenen touristischen Attraktionen; einzelne Forschungs- und Entdeckungsreisende erkundeten einige der später für den Fremdenverkehr wichtigen naturräumlichen und kulturellen Besonderheiten und berichteten hierüber in ihren Heimatländern.

Die *Phase I*, die Initialphase, wird eingeleitet durch eine Verbesserung der Verkehrsanbindung dieser Länder an die touristischen Märkte, insbesondere durch den Flugverkehr. Die Haupt- und Primatstädte als Standorte häufig des größten und oft einzigen Großflughafen des Landes wurden die ersten Eingangstore des Fremdenverkehrs und besitzen zudem oft auch aufgrund eigener kultureller Attraktionen ein eigenständiges primäres touristisches Angebot. Die Primatstadt übernimmt schnell die Funktion eines touristischen Diffusionszentrums; sie entwickelt sich zu einem Standort nicht nur der Hotellerie, sondern auch von Reiseagenturen und -veranstaltern sowie von touristischen Transportunternehmen, über die herausgehobene touristische Attraktionen zunächst in den verkehrsmäßig erschlossenen Landesteilen fremdenverkehrswirtschaftlich genutzt werden. Sekundärstädte in günstiger Lage zu touristischen Attraktionen, etwa in Nähe von Badestränden, Nationalparks, Kulturdenkmälern oder Siedlungsräumen exotischer Völker, werden zunehmend von Touristen besucht; die Hotellerie beginnt sich auch hier zu entfalten; Andenkenproduktion und -handel, häufig zunächst im informellen Sektor und besonders früh bei Ethnien, die aufgrund ihrer Exotik besucht werden, werden aufgenommen. Da die Primatstadt aufgrund ihres Flughafens überwiegend noch Ausgangs- und Endpunkt der Reisen innerhalb des Landes ist, konzentrieren sich hier überproportional selbst die Angebote an Souvenirs, die typisch für andere Landesteile sind; Touristen kaufen landestypische Produkte, vor allem sperrige und leichtverderbliche Güter, bevorzugt erst unmittelbar vor dem Rückflug und zudem dort, wo es eine breite Auswahl gibt. Noch unternehmen auch viele Touristen als Individualreisende oft abenteuerliche Entdeckungsreisen zu touristisch noch nicht erschlossenen Attraktionen. Außerhalb der Hauptstadt haben sich noch kaum einheimische Veranstalter etwa für Rundreisen, Trekking-Touren oder Safaris etablieren können.

In der *Phase II* erfolgt die – immer noch vorrangig von der Primatstadt mit ihrem Flughafen ausstrahlende – Expansion des Fremdenverkehrs in periphere Landesteile mit touristischen Attraktionen. Die Stellung der Primatstadt wird über den Fremdenverkehr infolge dieses Gateway-Effekts weiter ausgebaut, obwohl sich nun auch andere Städte zu multifunktionalen Fremdenverkehrszentren entwickeln und oft sogar geplant oder „spontan" gänzlich neue monofunktionale Tourismussiedlungen in Nähe attraktiver primärer Angebote entstehen.

Aber schon in dieser Phase verstärkt sich die Herausbildung eines hierarchisch strukturierten nationalen Systems von Fremdenverkehrszentren. Das primäre Tourismuszentrum wird mehr und mehr von Touristen nur noch kurzfristig als Durchgangsort besucht, u. a. weil die Hauptstadt mit anderen leistungsfähigen Zentren konkurrieren muß und oft infolge der durch den Tourismus weiter geförderten Überagglomeration, vor allem hinsichtlich des Stadtverkehrs und der Umweltbelastungen, ein Negativimage erhält (Beispiele: Bangkok, Mexico City).

In der *Phase III* erfolgt zwar noch eine weitere Verdichtung des Netzes der Fremdenverkehrszentren, jedoch setzt sich eine zunehmende Konsolidierung durch. Die Stellung der Hauptstadt als wichtigstes Fremdenverkehrszentrum bleibt noch erhalten, wird aber deutlich relativiert, da nun auch weitere Städte über Linien- und Charterflüge direkt mit touristischen Quellgebieten verknüpft werden (Beispiele: in Kenya Mombasa; in Tanzania Arusha; in Thailand Phuket, Chiang Mai; auf den Philippinen Cebu; in Indonesien Bali; in Mexiko Cancun). Der „Massen"-Tourismus erfaßt mehr und mehr Landesteile, fast alle herausgehobenen touristischen Potentiale werden erschlossen. Nur noch einzelne Attraktionen in extremer Peripherielage werden noch nicht

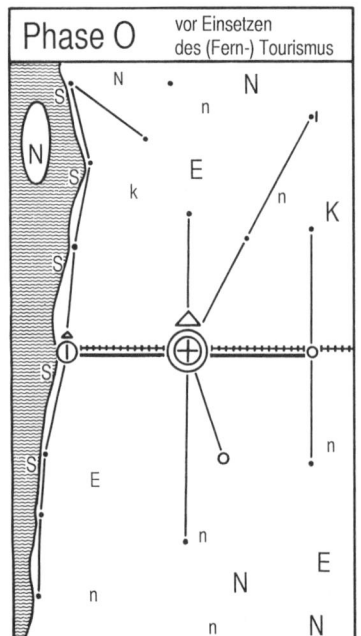

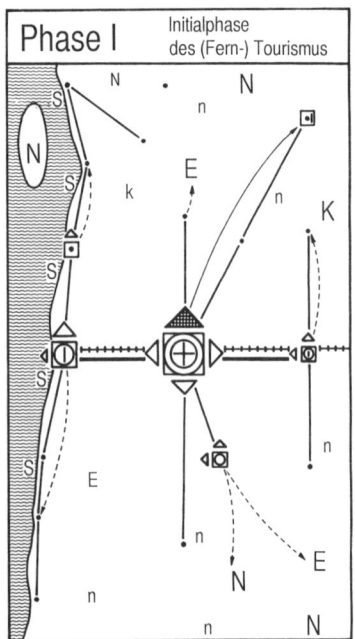

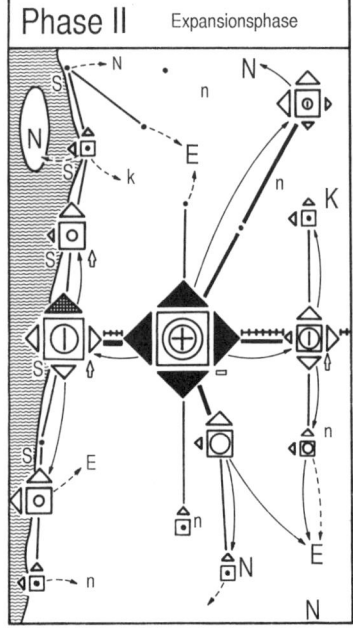

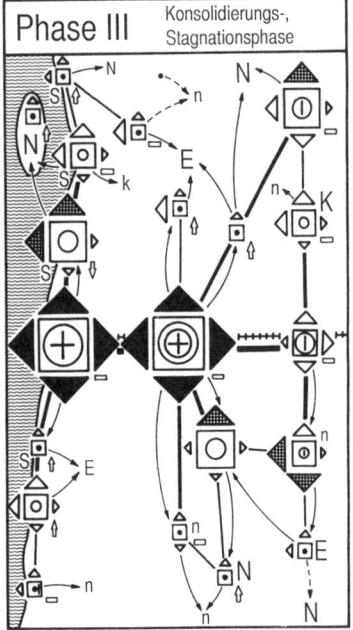

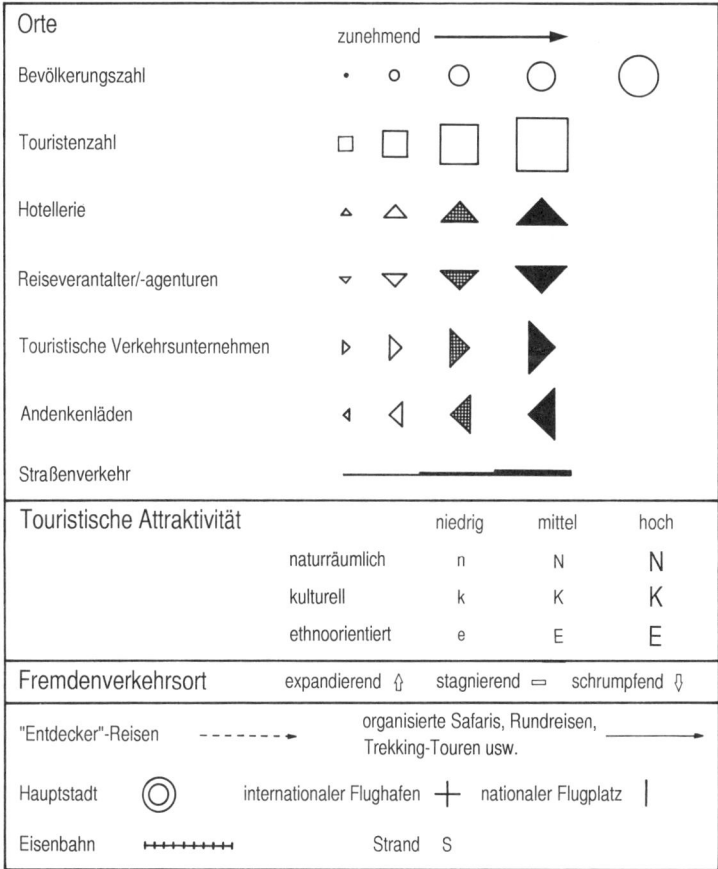

Abb. 24: Modell der raumzeitlichen Entfaltung des internationalen Tourismus in einem Entwicklungsland (Entwurf: Karl Vorlaufer; Zeichnung: U. Beha).

von in- und ausländischen Veranstaltern vermarktet, sind aber Ziele von Abenteuer-Reisenden, die häufig objektiv die Funktion von Fährtensuchern und Wegbereitern des Massentourismus übernehmen.

Einige Tourismuszentren weisen noch eine Expansion auf; mehr und mehr Standorte erreichen jedoch ihre Sättigungsgrenze und stagnieren, etwa weil – in Anlehnung an die Produktlebenszyklus-Theorie – das jeweilige Angebot ohne Innovationen auf eine nicht mehr wachsende Nachfrage stößt, der Markt gesättigt ist. Einige Fremdenverkehrsstandorte, häufig die in der Frühphase entstandenen monofunktionalen Tourismussiedlungen insbesondere in Nähe zu Großstädten, weisen bereits eine schrumpfende Nachfrage auf, oft deshalb, weil der Massentourismus seine eigenen Grundlagen, vor allem eine intakte Umwelt, zerstört: Pattaya in Thailand oder Acapulco in Mexiko sind hierfür Beispiele. Ein in vielen Ländern wachsender Binnentourismus kann die stagnierende oder rückläufige Nachfrage ausländischer Besucher allerdings häufig (noch) kompensieren.

Während schon in der Phase II in den meisten wichtigen Reiseländern die Notwendigkeit einer gezielten planmäßigen Entwicklung des Fremdenverkehrs offensichtlich wird, viele projektierte Maßnahmen jedoch nicht realisiert werden, wird in der Phase III der Zwang zum Handeln aufgrund der sich verschlechternden ökologischen Bedingungen und der Notwendigkeit, die Grundlagen für eine nachhaltige Entwicklung durch den Fremdenverkehr zu sichern, unumgänglich. Gelingt es in dieser Phase III nicht, einen umwelt- und sozialverträglichen Tourismus zu entwickeln, wird die Fremdenverkehrswirtschaft in vielen Ländern in eine weitere Phase, in eine Phase des Niedergangs eintreten.

8. TOURISMUS UND SOZIO-KULTURELLER WANDEL

8.1 Tourismus und kulturelle Identität

Die zahlreichen im letzten Jahrzehnt erschienenen Studien über die sozio-kulturellen Effekte des Tourismus (Lüem 1985; Hitchcock et al. 1993) haben meine 1984 vertretene Aussage bestätigt, daß universelle Wertungen über diese Wirkungen nicht möglich sind, u. a. deshalb, weil einmal Umfang und Art des Fremdenverkehrs in den Zielgebieten sehr unterschiedlich sind (Fremdenverkehrsintensität; Ausgabeverhalten, Alter, Herkunft, sozialer Status, Aktivitäten der Touristen). Zum anderen werden diese sozio-kulturellen Effekte determiniert durch die Verfassung der gastgebenden Gesellschaften: Kulturelle und religiöse Rahmenbedingungen, Zivilisationsstand, Ursachen und Muster des vom Fremdenverkehr unabhängigen sozialen Wandels, Grad und Persistenz der endogenen sozio-kulturellen Identität, Ausmaß der Strömungen gegen eine „Verwestlichung" und Akkulturation (z. B. der islamische Fundamentalismus). Selbst innerhalb eines Reiselandes oder eines Fremdenverkehrszentrums berühren die sozio-kulturellen Effekte z. B. die verschiedenen sozialen Schichten und Altersgruppen unterschiedlich. So differenziert ist dementsprechend die Bewertung der sozio-kulturellen Einflüsse: Durch den Tourismus bedingte Veränderungen können von Teilen des Gastvolkes negativ, von anderen positiv bewertet und von einem weiteren Teil der Bevölkerung evtl. gar nicht wahrgenommen oder für irrelevant angesehen werden. Bei wissenschaftlichen Studien über die sozio-kulturellen Auswirkungen des Fremdenverkehrs muß zudem, wie etwa Wilson (1993) betont, der Zeitfaktor verstärkt berücksichtigt werden. Die Effekte können evtl. zunächst negativ, Jahre später aber evtl. positiv oder umgekehrt bewertet werden. Die Erfassung und Bewertung der vom Fremdenverkehr ausgehenden sozio-kulturellen Effekte wird dadurch erschwert, daß die meisten EL unabhängig vom Tourismus in einen Prozeß des sozialen Wandels einbezogen werden. Neben der Industrialisierung, Verstädterung und Urbanisierung, der zunehmenden Schulausbildung westlicher Prägung auch in Peripherieräumen, den verbesserten Kommunikations- und Informationsmöglichkeiten, der zunehmenden sozialen und räumlichen Mobilität sind die Massenmedien Rundfunk, Video und das Fernsehen wirkungsvolle Agenten des sozialen Wandels: Westliche Spielfilme erreichen über Satellit oder Video oft noch vor dem Fremdenverkehr auch Peripherieräume. Oft ganztägig eingeschaltete TV-Geräte mit einem „westlichen" Programm „rund um die Uhr" überraschen viele Touristen bei ihren

Reisen auch in vermeintlich von der Zivilisation noch unberührte Regionen. Selbst in Tempelanlagen etwa Thailands oder Balis dienen diese Medien bereits oft der Unterhaltung (und Ausbildung) der Mönche und der einheimischen Besucher. Ein Beispiel: Bei der morgendlichen Vorbereitung eines Tempelfestes in einem Dorf Balis abseits der Touristenrouten lief nach meinen Beobachtungen (1994) permanent ein Fernsehgerät mit Gewalt- und Horrorfilmen zur Unterhaltung der Dorfbewohner, die mit Opfergaben den Tempel besuchten und schmückten.

Vor allem in den 70er Jahren wurden vornehmlich aus soziologischer und anthropologischer Perspektive zahlreiche Arbeiten vorgelegt, die – auch angeregt durch die Studie von Greenwood (1977) über die negativen sozio-kulturellen Effekte des Tourismus in einem baskischen Dorf – die durch den Fremdenverkehr ausgelösten Veränderungen zu erfassen und zu bewerten versuchen (s. dazu u.a. Smith 1977; Vorlaufer 1984; Nash/Smith 1991; Wood 1993; Häusler 1993). Während zunächst vornehmlich Negativwirkungen herausgearbeitet wurden, wurde schließlich zunehmend sichtbarer, daß auch aus den sozio-kulturellen Effekten Kosten und Nutzen in unterschiedlichen Relationen resultieren. Ein Hauptargument der Kritiker des Dritte-Welt-Tourismus besagte, daß durch den Fremdenverkehr die gastgebende Gesellschaft gleichsam gezwungen wird, ihre immateriellen und materiellen Kulturgüter zu kommerzialisieren, den Touristen als Ware anzubieten (Cohen 1988). Religiöse Feste, Rituale, Kultgegenstände und -anlagen werden ebenso vermarktet und schließlich dem Geschmack, den Bedürfnissen und Wünschen der Touristen angepaßt wie vom traditionellen Handwerk hergestellte Gebrauchsgüter des Alltagslebens. Mit der Veräußerung und Veränderung sakraler und profaner Kulturgüter geht – so das Argument – der Verlust der kulturellen Identität einher; überkommene und bewährte, für den einzelnen und die Gesellschaft wichtige Netze sozialer und psychischer Sicherheit und Stabilität lösen sich auf. Der Ausverkauf der Kultur wird begleitet von einer Kommerzialisierung sozialer Beziehungen. Schließlich, so die fast apokalyptische Annahme, verkaufen allein des (zudem oft nur vermeintlichen) wirtschaftlichen Nutzens wegen die Gastgeber den Touristen buchstäblich „Leib und Seele".

In der Tat kann beobachtet werden, daß z.B.
– in Nepal, Indien, Sri Lanka oder Bali Kultgegenstände des Buddhismus oder Hinduismus, sei es als Antiquität oder als industriell gefertigte Massenware, den Touristen als Souvenirs verkauft werden;
– (anscheinend oder scheinbar) traditionelle Gebrauchsgüter des Handwerks oder Kunstgewerbes fast weltweit in Größe, Design und Funktion den Bedürfnissen und Transportmöglichkeiten der Touristen angepaßt werden;
– religiöse Feste und Kultstätten, selbst Klöster, räumlich und zeitlich so gelegt bzw. geöffnet werden, daß Touristen der Besuch möglich ist;
– die (anscheinend oder scheinbar) traditionelle (ursprünglich in der Regel mit der

Religion eng verknüpfte) Kunst (Malerei, Musik, Tanz, Theater, Bildhauerei) sich ebenfalls nach dem „Geschmack" und den „Moden" der Touristen ausrichtet (u. a. „airport art");

– eine in vielen Fremdenverkehrszentren versteckte oder offensichtliche, auch (aber oft nicht nur) auf dem Tourismus ausgerichtete Prostitution von Frauen, Männern und Kindern existiert.

Die auch durch mehr und mehr Feldstudien belegten Gegenargumente besagen, daß diese zu beobachtenden Phänomene keineswegs generell und stets zu einem Verlust kultureller Identität führen müssen, ja im Gegenteil, das (wenngleich oft oberflächliche) Interesse der Touristen an der heimischen Kultur bewirkt bei den Gastgebern oft eine Rückbesinnung auf das kulturelle Erbe; selbst schon weniger beachtete Kulturgüter erfahren oft eine positive Neubewertung und Wiederlebung. Zudem belegen Studien aus verschiedenen ELn, wie es Hobsbawm u. Ranger in ihrem Sammelband ›The invention of tradition‹ (1983) aufgezeigt haben, daß Traditionen oft im Zusammenhang mit dem Tourismus geradezu „erfunden" werden. Bali ist hierfür das prominenteste Beispiel, wie Vickers (1994) in seiner Studie mit dem bezeichnenden Titel ›Bali – Ein Paradies wird erfunden‹ eindrucksvoll belegt.

Die Befürchtung eines Verlustes der kulturellen Identität hat in vielen Fremdenverkehrsregionen oft eine spontane oder gelenkte Gegenströmung ausgelöst, so z. B. bereits Ende der 80er Jahre im indischen Goa (Lea 1993). Einmal formiert sich in einigen Regionen ein „Widerstand der Bereisten", der zumindest bei einem Teil der Bevölkerung bis zur offenen Ablehnung des Fremdenverkehrs führen kann, wie z. B. die durch den islamischen Fundamentalismus initiierten Attacken gegen den Tourismus etwa in Ägypten belegen. Ein anderes Beispiel: In Marokko haben 1993 die Berber gegen den Plan der Regierung, den Sahara-Tourismus auszubauen, mit der Blockade alter Kamelrouten protestiert, da sie durch den Fremdenverkehr die Zerstörung ihrer Lebensweise und der Ursprünglichkeit der Wüste befürchten. In mehr und mehr Reiseländern betreiben private Organisationen, die den Tourismus in einer „sozialverträglichen" Form akzeptieren, eine aktive, auf den überkommen Werten basierende Kulturarbeit.

Eine wesentliche Rolle zur Sicherung oder auch der gezielten Beseitigung kultureller Elemente im (oft vermeintlichen) Interesse des Fremdenverkehrs kommt in vielen Regionen dem Staat zu. Im überwiegend islamischen Indonesien z. B. wurde die ansonsten realisierte Vereinheitlichung, die Indonesisierung, des gesamten Schulwesens auf Bali nicht vollzogen, weil die religiöskulturelle Sonderstellung der Insel auch und vor allem in ihrer Bedeutung als touristische Attraktivität anerkannt wurde. Ebenso wurde die traditionelle, vor Einsetzen des Tourismus nicht anerkannte, ja von den meisten islamischen Indonesiern verachtete Religion der (inzwischen aber weithin christianisierten) Toraja auf Sulawesi offiziell legitimiert, da die mit der (ursprünglichen) Religion verknüpften Beerdigungsriten eine große touristische Attraktion und damit eine bedeutende ökonomische Größe für den indonesischen Staat sind (Wood 1984). Ein Gegenbeispiel: Nunez berichtete schon 1963, daß der Staat in einem mexikanischen Dorf einige Traditionen polizeilich unterdrückt hat, die nach Meinung der Regierung dem Fremdenverkehr abträglich sein könnten (traditionelle Pferderennen, Männertrachten). Hierbei wurde allerdings von den Bedürfnissen des damals allein wichtigen Wochenend-Tourismus der mexikanischen Oberschicht ausgegangen. Heute würden diese Traditionen wahrscheinlich als schützenswert für den internationalen Tourismus gewertet werden.

Die oft aktive Rolle des Staates zur Sicherung des kulturellen Erbes belegen die in vielen Ländern auch und vor allem zunächst für ausländische Besucher errichteten Cultural Centers, in denen die Kultur des Landes oder einer Region dargestellt wird. Oft haben sich diese Einrichtungen zu wichtigen Bildungs- und Freizeitzentren auch für Einheimische entwickelt, denen so ihr kulturelles Erbe bewußt wird.

Generell erscheinen die auf einer Hochkultur basierenden Gesellschaften durch den Einfluß des Tourismus in ihrer kulturellen Identität weniger stark gefährdet als „primitivere", auf dem Animismus basierende und auch hinsichtlich ihrer materiellen Kultur fragileren sog. Stammesgesellschaften. Die Buschmänner der Kalahari sind aber ein Beispiel dafür, daß der Fremdenverkehr eine archaische Kultur nicht grundsätzlich zerstören, sondern sogar stärken kann (Hitchcock/Brandenburgh 1990). In der Kalahari hat sich in den letzten Jahrzehnten ein relativ bedeutender Ethno-Tourismus entfaltet. Die Haushalte der von Touristen stärker besuchten Buschmann-Siedlungen erzielen nicht nur ein wesentlich höheres Geldeinkommen als die abseits der Touristenrouten lebenden Buschmänner. Das schon durch andere Außeneinflüsse fast eliminierte traditionelle Handwerk wurde durch die Nachfrage der Touristen nach Souvenirs wiederbelebt; Initiationsriten und Tänze haben sich vor allem in den Grenzräumen zu anderen Völkern in größerer Vielfalt und Vitalität als vormals entwickelt, da sich die Buschmänner von ihren Nachbarn deutlicher abheben, eine unverwechselbare touristische Attraktion anbieten wollen. Einzelne Buschmänner haben die Regierung zudem mit Erfolg um Unterstützung für die Einrichtung von Museen und Kunstgalerien gebeten, in denen die materiellen Kulturgüter dieses Volkes gesammelt, den Besuchern gezeigt, aber auch für die Bildung des eigenen Volkes eingesetzt werden.

Die Verfestigung oder Revitalisierung des kulturellen Erbes durch den Tourismus ist nicht stets und grundsätzlich positiv. Traditionelle Privilegien auf Kosten etwa bestimmter Bevölkerungsgruppen werden evtl. abgesichert, tradierte Abhängigkeitsverhältnisse verfestigt und sanktioniert, wie etwa die Einführung neuer agrarischer Produktionstechniken, der Schulbesuch auch für Mädchen oder die Familienplanung: Auch ein evtl. für eine „nachhaltige Entwicklung" und langfristige Ressourcensicherung notwendiger sozialer Wandel kann bei einer zu starken, durch den Tourismus bedingten Fixierung auf überkommene Werte verhindert werden. Ein prägnantes Beispiel hierfür sind die am Amboseli N.P. in Kenya lebenden Masai, die trotz – oder gerade wegen – der starken touristischen Überformung ihrer Region zu den konservativsten Teilen dieses Hirtenvolkes zählen (Vorlaufer 1988 b, 1995). Das Interesse der Touristen an der „Exotik" des Masailebens stärkt bei den Hirten den ohnehin ausgeprägten Stolz auf die eigene Kultur und die überkommene Wirtschaftsweise mit der Folge u. a. einer ökologisch nicht angepaßten Überstockung der Weiden. Dieses Beispiel zeigt, daß traditionelle Strukturen, mögen sie durch den Tourismus zurückgedrängt oder konserviert werden, nicht per se Ausdruck von Entwicklung oder Unterentwicklung sind, sondern sie erst im Kontext der gesamtgesellschaftlichen Bedingungen und des sozialen Wandels zu bewerten sind.

Um die möglichen Negativeffekte des Fremdenverkehrs auf die Kultur eines Gastlandes zu minimieren, wird im Rahmen der Propagierung eines sanften oder alternativen Tourismus von den Reisenden ein sozialverträgliches Verhalten gefordert, das auf die Kultur der Bereisten Rücksicht nimmt. Dies setzt die Einsicht in die möglichen Folgen des eigenen Reisens, die Wahrnehmung eigenen und fremden sozialunverträglichen Verhaltens sowie die Bereitschaft voraus, selbst einen sozialverträglichen Reisestil zu praktizieren. Dearden u. Harron (1994) haben am Beispiel des Trekking-Tourismus in Nordthailand u. a. das wichtige Ergebnis vorgelegt, daß 51% der befragten Touristen vor dem Trek kulturelle Negativwirkungen durch den Fremdenverkehr auf die Bergvölker erwarteten, aber nur 31,3% der Trekker diese Befürchtungen nach dem Trek bestätigt sahen; die entsprechenden Werte für die „positiven Effekte" stiegen von 16,9 auf 21,9%: Beruhen die Aussagen über die kulturellen Negativwirkungen des Tourismus zumindest zum Teil auf Vorurteilen, oder tendieren Touristen nach Abschluß der Reise zu einer Verharmlosung der von ihnen mit verursachten Auswirkungen?

Einige Länder versuchen über eine spezifische räumliche Ordnung des touristischen Angebots die Reiseströme nach Möglichkeit so zu lenken, daß Kontakte der Fremden mit den Einheimischen minimiert werden. Häufig werden Hotels gezielt in peripheren, dünn- oder unbesiedelten Räumen zwar primär deshalb angelegt, weil hier ein spezifisches ursprüngliches Angebot vorhanden ist, jedoch ist hiermit oft die Möglichkeit einer räumlichen und sozialen Isolation der Touristen verbunden: Die Lodges in den Wildschutzgebieten Afrikas oder die Ferienclub-Anlagen an „unberührten" tropischen Stränden sind „touristische Isolate" (Matznetter 1979), von denen kaum soziokulturelle Einflüße auf das Gastland ausgehen (können).

Ein prägnantes Beispiel für eine gezielte, der räumlichen Ordnung des ursprünglichen Angebots aber gleichzeitig optimal angepaßte Ghettoisierung der Fremden bieten die Malediven. Dieser 13 Atolle, insgesamt 1302 Inseln, aber nur eine Landfläche von 298 qkm umfassende Staat hat sich vor allem seit dem Ausbau des Flughafens Hulule für den interkontinentalen Luftverkehr 1982 zu einem wichtigen Zielgebiet des Ferntourismus entwickelt. 1972 wurden nur 1076, 1977 18 700, 1994 aber 279 400 Besucher gezählt. Damit entfiel auf einen der ca. 230 000 Einwohner des Archipels in etwa auch ein Besucher, der zudem mit einer Aufenthaltsdauer von etwa zehn Tagen relativ lange im Lande verweilt: Die Malediven weisen eine hohe Fremdenverkehrsintensität auf. Die sozio-kulturellen Einflüsse auf die streng islamische Gesellschaft sind aber auch deshalb gering, weil die Regierung eine strikte, auf dem Segregationsprinzip basierende Tourismus- und Raumerschließungspolitik verfolgt.

Von den 1302 Inseln werden nur 202 von Einheimischen traditionell bewohnt (Domrös 1989, Plüss 1989), d. h., etwa 85 % aller Inseln waren zu Beginn des touristischen Zeitalters 1972 unbesiedelt. Im Zuge wachsender Besucherzahlen wurden bis 1995 insgesamt 75 vormals unbesiedelte Inseln für den Fremdenverkehr erschlossen (Karte 4).

Auf den 202 von Maledivern bewohnten Inseln ist die Errichtung von Ferienanlagen grundsätzlich nicht erlaubt. Lediglich in der Hauptstadt Male bieten vier Stadthotels sowie einige kleinere Pensionen Ausländern Unterkunft. Mit Ausnahme einiger Dörfer im Male- und Ari-Atoll dürfen die von Maledivern bewohnten Inseln von Touristen nur mit Sondergenehmigung betreten werden. Auch den Maledivern ist der Besuch der Touristeninseln verboten, es sei denn, sie sind dort beschäftigt.

Über die Ausweisung von touristischen Isolaten wird einmal versucht, die Akkulturationseinflüsse zu begrenzen. Zum anderen stellt dieses Standortmuster eine Anpassung an die naturräumlichen Bedingungen und die räumliche Verteilung des ursprünglichen touristischen Angebots dar. Alle Inseln sind äußerst klein; die mittlere Inselfläche beträgt nur ca. 0,2 qkm. Selbst die Hauptstadt-Insel Male weist nur einen Grundriß von ca. 1,7 × 0,9 km auf. Die von Maledivern besiedelten Eilande mit häufig nur 200 bis 300, max. mit 600 bis 1000 Bewohnern sind oft übervölkert; die Anlage flächenextensiver Ferienanlagen ist auch deshalb nicht möglich. Das auf Koralleninseln generell, auf den sehr kleinen Malediven-Inseln im besonderen knappe Süßwasser-Angebot erlaubt zudem keine zusätzliche touristische Nutzung.

8.2 Touristische Entfaltungsstufen und Alternativen der Entwicklung kultureller Authentizität und Identität – ein Modell

In Anlehnung an das Produktlebenszyklus-Konzept und das Modell des Entwicklungszyklus eines Fremdenverkehrsortes von Butler (1980) habe ich auf der Basis empirischer Beispiele und bisheriger Aussagen ein Modell entwickelt, das die Zusammenhänge zwischen der Zunahme der Besucherzahl

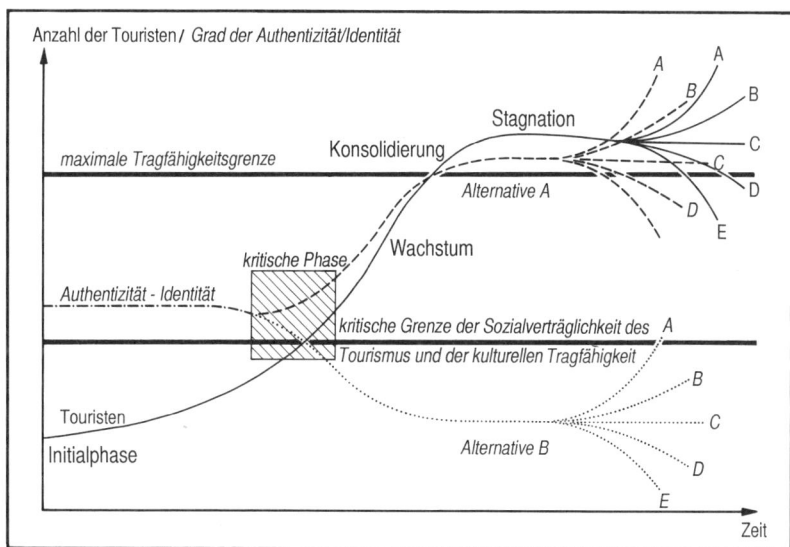

Abb. 25: Modell der Entwicklungsphasen des Fremdenverkehrs in ihren möglichen Zusammenhängen mit der Veränderung kultureller Authentizität und Identität (Entwurf: K. Vorlaufer; Zeichnung: U. Beha).

und den möglichen Entwicklungsalternativen der kulturellen Authentizität/ Identität aufzeigt (Abb. 25). Demnach wird deutlich, daß – bei Nichtberücksichtigung aller anderen „Agenten des sozialen Wandels" – in der Initial- und frühen Wachstumsphase die Authentizität der tradierten und endogenen Kultur ungebrochen ist. Mit dem weiteren Anstieg der Besucherzahlen und der nun wachsenden Konfrontation mit exogenen Werten ist zwar in der Regel ein zunächst geringer Authentizitätsverlust verknüpft, der, da die Grenzen der kulturellen Tragfähigkeit noch nicht überschritten wurden, noch nicht in eine Zerstörung der überkommenen Kultur einmünden muß. In dieser kritischen Phase bestimmen wesentlich endogene Faktoren, die sozio-kulturelle Verfassung der gastgebenden Gesellschaften, ob die Einflüsse des wachsenden Fremdenverkehrs positiv absorbiert werden können, aus dem „Crash", dem „Kulturschock" infolge des direkten Zusammenpralls zweier Welten, eine neue gestärkte Identität hervorgeht, weitere kulturelle „Traditionen" entstehen oder aber ein negativer Prozeß einsetzt, der sogar zu einem weitgehend gänzlichen Verlust kultureller Eigenständigkeit führen kann. Im Falle der (zunächst) positiven Entwicklung kann allerdings bei einem Wachstum des Fremdenverkehrs zu einem ausgesprochenen Massentourismus m.E. allein durch die „schiere" Zahl der Besucher die Überlebens- und Anpassungsfähigkeit der heimischen Kultur gefährdet werden; die durch den Fremdenverkehr ausgelösten, zunächst positiven Effekte können nicht mehr absorbiert werden. Die kulturelle Stagnation und schließlich Degradation können die touristische Attraktivität der Region einschränken, mit der Folge eines möglichen Rückgangs auch der Besucherzahlen. Hierdurch wird der Druck der kulturellen Überformung gemildert. In Verbindung mit – evtl. staatlich gelenkten – Maßnahmen kann eine Revitalisierung der Kultur und damit eine auch wieder zunehmende touristische Attraktivität erreicht werden. Für die Alternative A ist Bali das Paradebeispiel, wobei sich diese Insel m.E. noch in der mittleren Wachstumsphase befindet, die auch gekennzeichnet ist durch eine noch zunehmende kulturelle Identität. Viele Reiseziele, so z. B. Nepal oder die Bergregionen Nordthailands, befinden sich noch in der „kritischen Phase", in der Negativeffekte nicht zu übersehen sind, häufig zwar Anzeichen der Degradation, aber auch Indikatoren eines kulturellen Widerstandes und einer Wiederbelebung tradierter Werte sichtbar werden. Nicht wenige Gesellschaften insbesondere mit archaischen Kulturen dürften aber bei wachsenden Besucherzahlen diesem Ansturm kulturell nicht gewachsen sein. Erst mit der Stagnation des Fremdenverkehrs mag später eine gewisse kulturelle Stabilisierung auf niedrigem Niveau verbunden sein.

9. TOURISMUS, UMWELT
UND NACHHALTIGE ENTWICKLUNG

Eine intakte natürliche, bauliche und soziale Umwelt ist *die* Grundlage des Fremdenverkehrs (Farrell/Runyan 1991). Ein nicht gestörter Naturhaushalt, „ursprüngliche" Landschaften, eine große und artenreiche Fauna und Flora sind für viele Länder touristische Attraktionen, die aber weltweit zunehmend gefährdet werden durch

1. unabhängig vom Fremdenverkehr sich vollziehende Prozesse und die damit verknüpfte Nutzung dieser Ressourcen: Bevölkerungswachstum, Industrialisierung und Verstädterung mit der Folge steigender Belastungen und wachsenden Verbrauchs knapper Umweltgüter wie Land, Wasser, Böden usw.;
2. eine der Tragfähigkeit und Fragilität vieler Ökosysteme nicht angepaßte Fehl- oder Übernutzung der Ressourcen durch den Tourismus selbst.

Beide Faktorenbündel können eine Beeinträchtigung oder gar Zerstörung der touristischen Attraktionen bewirken. Soll der Tourismus einen Beitrag zur nachhaltigen Entwicklung eines Landes leisten, so gilt es, die für ihn wichtigen Ressourcen so zu sichern, daß sie langfristig, d. h. in ähnlicher Qualität und Quantität auch späteren Generationen noch zu Verfügung stehen, touristisch genutzt werden können. Die Umweltsicherung, dem Natur-, Landschafts- und Artenschutz kommt auch aus übergreifenden ökologischen, ethischen und kulturellen Gründen ein Eigenwert zu; die intakte Umwelt ist nicht nur eine Voraussetzung für den Tourismus und für seinen wirtschaftlichen Nutzen, sondern häufig sogar umgekehrt kann der Fremdenverkehr – wie in mehr und mehr Ländern deutlich wird – sogar das Instrument der Ressourcensicherung sein. In wirtschaftlicher Hinsicht legitimieren häufig erst die touristischen Einnahmen den Umweltschutz, die Verhinderung oder Minimierung der Nutzung touristischer Ressourcen auch durch andere Wirtschaftszweige.

Ein eindrucksvolles Beispiel für die sich durch das Zusammentreffen verschiedener Nutzungsinteressen ergebenden Konflikte und Umweltbelastungen ist der Nakuru N.P. (Vorlaufer 1996a). Dieser vor allem aufgrund seines Vogelreichtums (Flamingos) attraktive Park war 1994 mit 164 300 Besuchern das inzwischen am stärksten frequentierte Schutzgebiet Kenyas. Zusätzlich zu den zahlreichen Tagesbesuchern belasten die Ver- und Entsorgung der Lodges und Campingplätze, die in den See gespülten Rückstände der relativ intensiven Landwirtschaft bis unmittelbar an die Parkgrenzen, vor allem aber die schnellwachsende Stadt Nakuru (1979: 92 851 Einw., 1989: 163 982

Einw.) das Ökosystem des abflußlosen Sees extrem, obwohl neue leistungsfähige Klär-anlagen den Druck hinsichtlich der städtischen Abwässer gemildert haben.

Mangelhafte oder gänzlich fehlende Abwasser- und Abfallentsorgung ist ty-pisch für viele Tourismuszentren, die sich zudem häufig ungeplant, unkon-trolliert, ohne Beachtung von Bauvorschriften entfaltet haben. Typische Bei-spiele sind etwa die thailändischen Fremdenverkehrszentren und Seebäder Pattaya und Ko Samuoi (Parnwell 1993 b), wo sich heute infolge dieses unkon-trollierten Wachstums massive Umweltdegradationen zeigen, wie insbeson-dere die auch für Mittelmeerküsten charakteristische Zerstörung des Land-schaftsbildes.

Die Müllentsorgung stößt vor allem auf kleinen Inseln schnell an ihre Grenzen. Eine unbedachte Entsorgung ins Meer ist eine extreme Gefährdung nicht nur für die Qualität des Strandes und des Badewassers, sondern auch für das fragile Ökosystem der Korallenriffe – Sedimentation und Wasserver-schmutzung können zum Absterben der Korallen und damit zur Zerstörung einer wichtigen touristischen Ressource führen. Auf den Malediven z. B. leiden die Resort-Inseln häufig unter einem ausgesprochenen Müllnotstand.

Als Beitrag zur Entschärfung dieses Problems (und als Marketing-Idee) fliegt das Charterflugunternehmen LTU den von ihren Passagieren verursachten anorganischen Müll seit 1993 kostenlos nach Deutschland zurück. 1994 beteiligten sich rd. 80% der etwa 40 000 LTU-Passagiere an dieser „Keep the Maledives clean"-Aktion. Im Sep-tember 1994 haben sich zudem fast 200 Tauchsport-Touristen, initiiert durch den Ver-band Deutscher Sporttaucher, an einer Müllsammelaktion in den Riffen beteiligt; die LTU transportierte den Abfall nach Deutschland. Demgegenüber wird (1994) der Müll im spontan und stürmisch gewachsenen balinesischen Seebad Kuta z. B. (überwiegend nachts) direkt am Strand vergraben oder aber verbrannt (mit der Folge zeitweise extremer Belastung hier gelegener Hotels).

Wilde Müllkippen gehören, mehr oder weniger gut versteckt vor den Augen der Touristen, schon fast zum „klassischen" Bild vieler Badestrände, wie z. B. Wong (1993) für Touristeninseln Malaysias aufgezeigt hat. Strände und Küsten werden oft weiter dadurch belastet, daß einmal die in den Touristenzentren boomende Bauwirtschaft sowohl Bausand von den Badeständen als auch Kalkstein von den Korallenriffen abbaut, so oft nicht nur touristische Attrak-tionen, sondern auch die für den Küstenschutz wichtigen Wellenbrecher, die Korallenriffe, zerstört. Diese Belastungen werden oft dadurch verstärkt, daß Touristen (und einheimische Fischer) z. B. Korallen aus dem Riff herausbre-chen und als Souvenirs mitnehmen bzw. veräußern. Am Beispiel des mexikani-schen Seebades Cancun haben Borja und Sanchez (1993) oder Uthoff (1991) für den Badeort Patong auf Phuket/Thailand die durch die rasante bauliche Entwicklung dieser Zentren ausgelösten Veränderungen u. a. im Wasserab-fluß, in der Morphologie der Lagunen und des Festlandreliefs sowie die Zer-störung der Küstenvegetation, Dünen und Mangroven aufgezeigt.

Seltener wurden durch den Aufbau von Fremdenverkehrszentren Küstenräume ökologisch saniert, die vorher durch andere wirtschaftliche Aktivitäten extrem belastet
wurden. Ein Beispiel hierfür bietet Phuket (Thailand), wo an einigen Stränden auf auf-
gelassenen Zinnabbau-Arealen umfassende Rekultivierungsmaßnahmen durchgeführt
wurden und so ein für den Tourismus attraktives Landschaftsbild entstanden ist. Auch
einige Off-shore-Gruben wurden auf Druck der Tourismuswirtschaft aufgelassen.

Um vor allem kleinere Koralleninseln auch mit größerem Booten anfahren
bzw. um von den Hotelinseln das offene Meer (etwa für Tauchfahrten der Touristen) erreichen zu können, wird häufig ein künstlicher Kanal oder ein Lan-
dungssteg durch die äußere Riffbarriere gelegt. Hieraus resultiert oft eine drastische Veränderung der Wasserströmungen. Nicht selten kann – wie Wong
(1993) für Indonesien und Malaysia belegt hat – der für den Küstenschutz und
die Badestrände wichtige Sand nun ins offene Meer gespült werden. Ähnliche
Prozesse hat Domrös (1993) für die Malediven aufgezeigt.

Stauffer und Jäggi (1992) haben für das in den frühen 90er Jahren planmäßig
und mit dem Anspruch einer umweltverträglichen Konzeption angelegte tune-
sische Seebad Tabarka die durch die umfangreichen Baumaßnahmen bedingten Veränderungen im Landschaftsbild, die oft massive Zerstörung vor
allem der Dünen und des Dünenwaldes analysiert sowie den in vielen Tourismuszentren zu exzessiven Wasserbrauch vor allem in arideren Räumen aufgezeigt: Der wachsende Sahara- und Luxus-Tourismus hat – so z. B. in der Oase
Douz – den Nutzungsdruck auf die knappe Ressource Wasser erhöht.

Die Notwendigkeit des Umweltschutzes, einer langfristigen Sicherung touristischer Ressourcen als Grundlage nachhaltiger Entwicklung ist inzwischen
in allen wichtigen Reiseländern zumindest erkannt worden. In vielen Ländern
wurden zudem, oft mit internationaler Unterstützung z. B. der UNESCO
oder des World Wildlife Fund, vielfältige Strategien und Pläne formuliert und
– schon eingeschränkter – auch umgesetzt. Drei große Maßnahmenkomplexe
lassen sich ausmachen:
1. Vorgaben, Gesetze und Planungen staatlicher und internationaler Organisationen: Ausweisung von Schutzgebieten unterschiedlicher Kategorien,
   Erlaß von Bauvorschriften, Flächennutzungsplänen, nationalen, regionalen und lokalen Entwicklungsplänen, Einführung von Umweltverträg-
   lichkeitsprüfungen bei der Anlage touristischer Großprojekte (so z. B. in
   Malaysia, Din 1993), Bestimmungen und Maßnahmen für die Abwässer-,
   Müllbeseitigung, Geruchs- und Lärmbelästigung. Über eine Regulierung,
   evtl. auch Einschränkung der Besucherzahlen oder eine zeitliche und
   räumliche Lenkung der Touristenströme wird in vielen Ländern versucht,
   eine Fehl- oder Übernutzung zu verhindern. Über ein effizientes Umwelt-
   management können nicht nur häufig die vom Tourismus ausgehenden
   Belastungen minimiert, sondern auch die Tragfähigkeit der Fremdenver-
   kehrsräume erhöht werden. So ist z. B. die UNO über ihr United Nations

Environment Programme (UNEP) der Ansicht, daß so im Amboseli N.P./
Kenya die 1973 prognostizierte Tragfähigkeit von jährlich 30 000 Besuchern
ohne ökologische (und soziale) Schädigungen auf 250 000 erhöht werden
kann (Tolba/El-Kholy 1992). Auf kleinräumlicher Ebene sollen z. B. durch
die Festlegung von Art und Maß sowie durch die räumliche Trennung der
Flächennutzungen Umweltbelastungen verringert, für den Tourismus
wichtige Ressourcen geschützt werden. So unterschiedliche Länder wie
Oman, Tibet, Sansibar, Uganda oder die Mongolei haben diesbezüglich
häufig detaillierte Entwicklungspläne für den Tourismus vorgelegt, wie die
von der WTO vorgestellten Beispiele verdeutlichen (WTO 1994). Fehlendes und/oder unzulänglich motiviertes Fachpersonal, Korruption sowie
der weithin fehlende politische Wille schränken die effiziente Umsetzung
auch bereits rechtskräftiger Umweltschutzauflagen häufig ein; viele Pläne
und Gesetze bleiben – wie Parnwell (1993 b) am Beispiel Thailands aufgezeigt hat – mehr oder weniger dann Makulatur, wenn hierdurch die kurzfristigen wirtschaftlichen Erwartungen privater Investoren geschmälert erscheinen.

2. Kampagnen zur Aufklärung der Lokalbevölkerung über den Vorteil einer
   Sicherung der natürlichen Ressourcen über u. a. verstärkte Umweltbildung
   in den Schulen oder Radioprogramme: Die Erfolge dieser Maßnahmen
   sind zwar weltweit gesehen noch bescheiden, punktuell aber bereits beacht-
   lich, insbesondere dann, wenn die Bevölkerung unmittelbaren Vorteil aus
   dem Umwelt-, Natur- und Artenschutz erzielen kann. Prägnante Beispiele
   bietet hierfür die zunehmend erfolgreichere Einbindung der Bevölkerung
   z. B. in den Wildschutz; an mehr und mehr Küsten beteiligen sich neben
   den Hotels auch andere Gruppen (z. B. Schulen, Pfadfinder, Rotary Clubs)
   zunehmend an der Reinigung der Badestrände etwa von Müll, so z. B. auf
   Phuket/Thailand.

3. Propagierung umwelt- und sozialverträglicher Formen des Reisens und der
   Urlaubsaktivitäten: Unter dem Schlagwort Ökotourismus erlebt dieser
   Ansatz zur Zeit weltweit einen Boom, oft allerdings nur mit seinen Ansprüchen und Vermarktungschancen, eingeschränkter in seiner Umsetzung in
   die Realität. Bewußtseins- und Verhaltensänderungen auch bei Touristen
   sind hierfür eine Voraussetzung. Die damit verbundenen Umsetzungs-
   schwierigkeiten hat eine Studie am Beispiel Kenya verdeutlicht: Selbst relativ umweltbewußte Besucher, die die durch den Tourismus bedingten
   Belastungen des Ökosystems wahrnehmen und negativ bewerten, praktizieren und erkennen oft nicht nur selbst häufig ein umwelt*un*verträgliches
   Reisen, sondern sie sind zum großen Teil nicht bereit, Verschärfungen von
   Umweltschutzauflagen, z. B. hinsichtlich des Besuches der Nationalparks,
   zu akzeptieren (Vorlaufer 1995 a).

9.1 Schutzgebiete, Arten- und Naturschutz

Infolge weltweit wachsender Erkenntnis, daß eine intakte Natur sowohl aus ökologischen Gründen notwendig als auch für den Fremdenverkehr attraktiv ist und so auch hohen wirtschaftlichen Nutzen besitzt, wurden insbesondere seit 1970 Zahl und Flächengröße der geschützten Gebiete auf der Erde mehr als verdoppelt (IUCN 1990), wobei die Zunahme auch in vielen ELn spektakulär ist.

Die ersten Schutzgebiete und auch einige der heute für den Tourismus wichtigen Nationalparks z.B. in Ostafrika wurden zunächst ausschließlich zum Schutze von Fauna und Flora sowie lange vor Einsetzen eines nennenswerten Tourismus ausgewiesen, wie z.B. im heutigen Zaire der 7800 qkm große Virunga N.P. bereits 1925 als Albert N.P., in Zimbabwe der Hwange N.P. (14651 qkm) (1930 als Wankie N.P.) im damaligen Rhodesien; 1938 der South Luangwa N.P. (9050 qkm) in Zambia (N-Rhodesien); in Tanzania und Kenya wurden schon um 1948/50 und somit vor Einsetzen eines stärken Fremdenverkehrs zahlreiche Parks etabliert. Einige der heute strikt geschützten Parks in Afrika sind aus Wildschutzgebieten (Game Reserves) hervorgegangen, die oft auf Druck europäischer Siedler eingerichtet wurden, um ihnen langfristig ergiebige Jagdgründe zu sichern. In einigen der vor Beginn des touristischen Zeitalters, noch in der Kolonialzeit, eingerichteten Game Reserves Afrikas ist eine lizenzierte Jagd auch noch gegenwärtig möglich; und sie bilden in einigen Ländern die Grundlage eines einträglichen Jagdtourismus.

Die für den Tourismus attraktiven Schutzgebiete wurden in allen Höhenstufen, Klima- und Vegetationszonen, auf dem Lande, aber auch als Marine National Parks in Küsten- und Hochseegewässern ausgewiesen. Wüsten-, Savannen-, Fluß- und Seenlandschaften, tropische Regen- und Bergwälder, Hügellandschaften, Mittel- und Hochgebirgsregionen mit einer vielfältigen und/oder oft einzigartigen Fauna und Flora wurden ebenso zu Schutzgebieten erklärt wie Landschaften mit hohem ästhetischen Wert, mit geologischen oder geomorphologischen Besonderheiten (z.B. Viktoria-Fälle am Sambesi; Iguaçu-Fälle in Argentinien/Brasilien; Dünenlandschaften in der Namib-Wüste/Namibia).

Das touristische Potential der Schutzgebiete ist infolge ihrer Vielfalt und häufig ausgeprägten inneren Differenzierung ebenso unterschiedlich wie die aktuelle fremdenverkehrswirtschaftliche Nutzung auch infolge einer unterschiedlichen infrastrukturellen Erschließung dieser Räume für den Tourismus. Tanzania und vor allem Kenya, eines der wichtigsten Fernreiseziele auch aufgrund seiner Wildschutzgebiete, sind Beispiele dafür, daß selbst innerhalb einer Region mit ähnlichen makroklimatischen Bedingungen die Schutzgebiete eine große Vielfalt aufweisen (Vorlaufer 1984); die ökologische Spannweite reicht von den Schutzgebieten mit afroalpiner Vegetation (u.a.

am Kilimanjaro, Mt. Kenya, Mt. Elgon), immergrünem Bergregen- und -ne-
belwald über die semiariden Miombo-Trockenwälder (in SW-Tanzania), die
ariden Savannen- und Graslandschaften (z. B. Tsavo N.P.) bis zu dem im extrem ariden N Kenyas gelegenen Sibiloi N.P. Zudem entstanden Schutzgebiete
mit eigenständigem naturräumlichen Potential an mehreren Binnenseen Ostafrikas wie z. b. am Lake Manyara, Lake Bogoria, auf den Inseln des Viktoria-
(Rubondo) und Turkana-Sees sowie vor allem an dem für den Tourismus wichtigen, durch große Flamingo-Bestände attraktiven Nakuru-See. An der Küste
Kenyas schließlich entstanden drei Marine National Parks, die insbesondere
dem Schutz der Korallenriffe dienen und so auch eine für den Strandurlauber
wichtige Ressource nachhaltig sichern sollen. Ostafrika ist zudem ein Beispiel
dafür, das jene Schutzgebiete mit einem entsprechenden touristischen Potential besonders intensiv vermarktet und besucht werden, die von den „Ein-
gangstoren" des internationalen Fremdenverkehrs aus zeit- und kostengünstig
erreichbar sind. So weisen die in relativer Nähe Nairobis und des tanzanischen
Kilimanjaro Airport (Arusha) gelegenen Parks Südkenyas bzw. Nordtanzanias die höchsten Besucherzahlen auf: Ausstattung und Lage der Schutzgebiete sind wesentliche Determinanten für die touristische Nutzungsintensität.

Für den Tourismus attraktiv sind insbesondere die in offenen Savannenland-
schaften Afrikas errichteten Schutzgebiete, da hier der Wildbestand in der
Regel groß ist und leicht beobachtet werden kann. In der Trockenzeit herrscht
hier auch ein für Europäer angenehmes Klima. Die z. B. in Afrika ebenfalls in
großer Zahl eingerichteten Schutzgebiete in tropischen Regen- oder Bergre-
genwäldern (Pullan 1988) eignen sich demgegenüber weniger gut für den
Fremdenverkehr, es sei denn, sie bieten, wie die Nationalparks an den (Virunga-)
Vulkanen Ruandas, Zaires und Ugandas mit den Gorillas, eine besondere Attraktion. Die in der Regel jedoch dichte Vegetation erschwert die Beobachtung
der ohnehin relativ wenigen und zudem noch überwiegend nachtaktiven
Tiere; das feuchtheiße Klima mit häufigen Regen, Gewittern und starker Wol-
kenbedeckung sowie die zahlreichen beißenden Insekten sind für viele Touristen eher abschreckend.

9.2 Schutzgebiete – touristische Mononutzung, multiple oder alternative Nutzung?

Da fast alle EL gezwungen sind, ihre begrenzten Ressourcen optimal zu
nutzen, um eine schnelle und nachhaltige Entwicklung zu erreichen, stellt sich
die Frage, ob die oft mit großem Aufwand etablierten, für den Tourismus re-
servierten, erschlossenen und unterhaltenen Schutzgebiete nicht alternativ genutzt werden sollten. Vor allem Schutzgebiete mit einem hohen agrarwirt-
schaftlichen Potential und in Ländern mit starkem Bevölkerungswachstum

könnten evtl. für eine Besiedlung freigegeben werden und so das innenpolitisch brisante Problem des Landmangels mildern. Verläßliche und umfassende Nutzen-Kosten-Analysen, die auch die Opportunitätskosten sowie die (nicht quantifizierbaren) sozialen Kosten einer ausschließlichen touristischen Nutzung berücksichtigen, liegen für kein Schutzgebiet vor. Hinzu kommt, daß bei Beantwortung dieser Frage neben rein ökonomischen Gesichtspunkten auch ökologische sowie kulturelle Aspekte mit berücksichtigt werden müssen, betrachten doch viele Länder die durch Schutzgebiete gesicherten Landschaften, die Fauna und Flora nicht selten als ein „nationales Erbe", als Komponente der nationalen Identität. Die Möglichkeit einer alternativen oder zumindest multiplen Nutzung der Schutzgebiete ist zudem von den Potentialen dieser Räume z. B. für agrar-, fischerei-, forst- oder bergbauwirtschaftliche Nutzungen abhängig. Da die Ressourcenausstattung der in allen Klima- und Vegetationszonen gelegenen Schutzgebiete extrem unterschiedlich ist, können in dieser Hinsicht keine globalgültigen Aussagen gemacht werden. So weisen einige Schutzgebiete gänzlich oder zumindest teilweise günstige Bedingungen z. B. für den Regenfeldbau auf; hierzu zählen z. B. die an den Hängen der Vulkane und Bergketten Ostafrikas ausgewiesenen Nationalparks am Kilimanjaro, Mt. Kenya, Mt. Elgon oder an den (Virunga-)Vulkanen in Ruanda/Zaire/Uganda. In den Schutzgebieten dieses Typs sind dementsprechend Nutzungskonflikte häufig massiv. Die für den Tourismus wichtigen Parks vor allem Afrikas liegen aber häufig in semi- bis vollariden Räumen, wo kein oder nur ein marginaler Regenfeldbau möglich ist. Dies trifft z. B. auf große Teile des Tsavo N. P. in Kenya oder auch auf den wildreichen Etoscha N. P. in Nambia zu. Schutzgebiete dieser Ausstattung besitzen aber weithin ein hinreichendes Potential für eine extensive Viehhaltung. In Afrika waren daher auch viele dieser Schutzgebiete vor ihrer Ausweitung Lebensräume nomadischer oder seminomadischer Hirtenvölker. Dies trifft z. B. pointiert auf den vormals von Masai-Hirten genutzten Serengeti N. P. in Tanzania und die angrenzende Masai Mara N. R. zu. Nicht selten wurden zumindest Teilräume dieser Schutzgebiete als Tränk- und Weideareale in der Trockenzeit genutzt, sie waren integrale Komponenten der Hirtenökonomie. Ein Beispiel hierfür ist der Amboseli N. P. in Kenya, wo dementsprechend massive Nutzungskonflikte bestehen (Vorlaufer 1996 a). Andere Schutzgebiete z. B. Ostafrikas mit ausreichenden Niederschlägen für die Viehhaltung und evtl. sogar für den Regenfeldbau liegen im Verbreitungsgebiet der Tsetsefliege, der Überträgerin der Schlafkrankheit auf Mensch und Tier, und waren daher stets siedlungsfrei oder -arm. Dies trifft z. B. auf die Selous G. R., den Mikumi und Ruaha N. P. in Tanzania, aber auch auf Teile des Tsavo oder Meru N. P. in Kenya zu. Wirtschaftswissenschaftliche Studien belegen, daß in diesen großen, selbst für die Viehhaltung oft nur marginalen Schutzgebieten Wildtiernutzung den größten wirtschaftlichen Nutzen bringt (Swanson, Barbier 1992), da viele Wildtier-

arten, wie z. B. Antilopen, den naturräumlichen Bedingungen der Trocken-
räume besser angepaßt und häufig auch tsetsetoleranter als Nutztiere sind.
Die Biomasse beim Wild ist daher oft größer als bei ausschließlicher Nutztier-
haltung (Vorlaufer 1984, 1990 a).

Dem steht gegenüber, daß die Kosten des Wildschutzes nicht allein daraus
resultieren, daß große Landareale für andere Nutzungen geschlossen bleiben
und die Durchsetzung der Schutzbestimmungen in der Regel nur mit großem
finanziellen und technischen Aufwand möglich ist. Hinzu kommt, daß das
Wild – insbesondere in Dürrejahren – auf der Suche nach Tränken und
Weiden, häufig auch infolge einer Überpopulation in den Parks, die Schutzgebiete verläßt und in angrenzenden bäuerlichen Siedlungsräumen große
Wildschäden anrichten kann. Beim Wechsel größerer Wildbestände in viehwirtschaftlich geprägte Räume wird die Konkurrenz zwischen Wild- und
Nutztieren um die in Dürrejahren knappen Weiden und Tränken dramatisch
erhöht; die Übertragung von Krankheiten nimmt zu. Der Etoscha N.P. (Namibia) wurde deshalb mit einem 3 m hohen und etwa 800 km langen wild-
abwehrenden, an einigen Stellen auch elefantensicheren Zaun umgeben. So
werden zwar die umliegenden Räume geschützt, aber auch die großräumigen,
dem Naturpotential angepaßten Wanderungen des Wildes mit der Folge unterbunden, daß in vielen Schutzgebieten einige Wildpopulationen oft ein die
Tragfähigkeit überschreitendes Wachstum aufweisen und so andere Tierarten
dezimiert, häufig auch Vegetation und Böden degradiert werden.

Vielfalt und Reichtum an Wild sind große touristische Potentiale vor allem
für viele Länder Afrikas. Fotosafaris und Wildbeobachtungen in oft spektaku-
lärer Landschaft sind die Grundlage des Fremdenverkehrs z. B. in Kenya,
Tanzania, Zimbabwe, Botswana oder Namibia (Casselmann 1991). In vielen
Wildreservaten, wenngleich nicht in den Parks, wird diese Basis ergänzt durch
einen oft einträglichen Jagdtourismus. Diese Einnahmen aus dem Wildbestand werden zudem erhöht durch Einkommen aus dem Verkauf von Wildbret, Trophäen, Fellen und auch lebenden Tieren; ein systematisches Wildlife
Management ermöglicht ohne Gefährdung des Bestandes in vielen Schutzgebieten ein ausgesprochenes „Game cropping", durch das auch die Fleischver-
sorgung der Lokalbevölkerung verbessert sowie der Export von Wildbret
möglich werden kann.

In den 80er Jahren waren z. B. in Zimbabwe die Gelderträge pro Hektar aus
der Wildtiernutzung selbst ohne Berücksichtigung des Tourismus höher als
bei alternativer Rindernutzung (Z$ 4,2/ha zu Z$ 3,58/ha); noch günstiger sind
die Relationen bei einer multiplen Nutzung durch Wild und Rinder (Lux-
moore/Swanson 1992): So wird deutlich, daß beide Nutzungen sich weithin
nicht ausschließen, sich vielmehr z.T. ökologisch und wirtschaftlich gut
ergänzen.

Deshalb ersetzen auch z. B. in Zimbabwe seit 1984 mehr und mehr Rancher ihren Viehstock teilweise durch Wild, und zwar nicht nur europäische Siedler, sondern auch afrikanische Viehhalter z. B. im Matabeleland (Child 1990). Game cropping, vor allem aber Jagd- und Fotosafaris bringen höhere Einkommen als die Weidewirtschaft. Im trockenen „Lowveld" mit jährlichen Niederschlägen von 450–600 mm stieg allein von 1986–89 der Anteil der umgewidmeten Weideareale von ein Viertel auf die Hälfte des gesamten Landes, und alle Rancher bieten Safaris an.

Eine ähnliche Entwicklung vollzog sich in Namibia. Hier basierte der wildwirtschaftliche Nutzen bis in die 70er Jahre fast ausschließlich auf den touristisch genutzten Schutzgebieten. Auf privatem Farm- und Ranchland war der Wildbesatz unbedeutend. 1967 wurde jedoch ein Gesetz erlassen, daß den Farmern/Ranchern das auf ihrem Land befindliche Wild übereignete und es ihnen erlaubt, Jagdrechte zu verpachten. Allein von 1976–79 stieg die Zahl der Viehfarmen mit Wildnutzung von 52 auf 411 (von ca. 5000 Betrieben insgesamt), und diese Entwicklung wurde in den 80er Jahren nochmals beschleunigt. Das auf Privatland fast vollständig eliminierte Großwild wird nun von vielen Farmern wieder ausgesetzt und gehegt, wenngleich die Jagd (bisher noch?) überwiegend nur auf Antilopen und Springböcken basiert. Zahlreiche Ranches bekommen so den Charakter von touristischen Einrichtungen, da sie oft auch Restaurants und Unterkünfte bieten und mit eigenem Fahrzeugpark und Personal Safaris organisieren.

Der Fremdenverkehr leistet so einen wichtigen Beitrag zur Sicherung des Artenschutzes und trägt in einigen Ländern auch dazu bei, daß im Zuge der touristischen Nachfrage große, ausschließlich viehwirtschaftlich genutzte Räume wieder Lebensräume eines oft artenreichen und großen Wildbestandes werden.

Die wirtschaftliche Bedeutung der Wildnutzung ist auch im Vergleich zu anderen Wirtschaftszweigen oft beträchtlich (Beispiel Botswana, Pearce et al. 1990). Die nichttouristischen Einkommen aus dem Wildbestand rechtfertigen wirtschaftlich in der Regel allerdings nicht die Schließung weiter Räume für eine Besiedlung; erst die zusätzliche touristische Nutzung ermöglicht den Unterhalt vieler Schutzgebiete. Der Tourist kann daher als ein „Agent for Development and Wildlife Conservation" bezeichnet werden, der dazu beiträgt, daß in der Welt oft einzigartige Ökosysteme, eine biologisch-genetische Vielfalt, gefährdete Tier- und Pflanzenarten nachhaltig gesichert werden (Vorlaufer 1984).

Auch wirtschaftliche Argumente sprechen für eine Beibehaltung der Schutzgebiete. Für viele der alternativ produzierbaren Güter besteht eine nur geringe Einkommens- und Nachfrageelastizität, d. h., eine erhöhte Produktion ist häufig sowohl auf dem Binnen- als auch auf dem Weltmarkt nur bedingt zu günstigen Preisen absetzbar: Dies trifft z. B. auf die großen Viehbestände Botswanas oder Zimbabwes, aber auch auf eine denkbare Kaffee- oder

Teeproduktion in Teilen der jetzigen Nationalparks an den Bergriesen Ostafrikas, eingeschränkter allerdings auf Nahrungsmittel für die wachsende einheimische Bevölkerung, zu. Mit dem Wildbestand besitzen jedoch viele Länder Afrikas ein relativ knappes Gut mit einem zudem hohen touristischen Potential und damit auf dem Welttourismusmarkt komparative Vorteile gegenüber Ländern ohne Wild.

9.3 Tourismus und Naturschutz –
Ausschluß oder Partizipation der Lokalbevölkerung?

Viele der heute für den Tourismus wichtigen Nationalparks wurden – unter gänzlich anderen demographischen und politischen Bedingungen – vor Jahrzehnten nach dem Konzept eingerichtet, die in den nun als Parks deklarierten Räumen lebende Bevölkerung umzusiedeln; überkommene Nutzungen wie Landwirtschaft, Viehhaltung, Fischerei, Jagd oder Holzeinschlag waren nun illegal. Der Afrikaner Matowanyika (1989) hat diese Umsiedlungen in einem Aufsatz mit dem bezeichnenden Titel ›Cast out of Eden‹ analysiert. Dieses Nutzungsverbot löste zwar, wie z. B. Arhem (1984) für die Serengeti aufgezeigt hat, schon in der Kolonialzeit Proteste und Konflikte aus, die sich jedoch in den letzten 20 Jahren infolge wachsender Verelendung großer Bevölkerungsgruppen, die an den touristischen Einnahmen gar nicht oder nur gering partizipieren, verschärft haben. Während in Afrika, aber auch z. B. in Thailand (Eichenberg-Suvarnatisha 1992) mit der Etablierung der Parks fast stets Umsiedlungen oder Nutzungsverbote verbunden waren, wurde in Lateinamerika die Bevölkerung nur aus zwei Parks (Iguaçu/Brasilien; Guatopo/Venezuela) ausgesiedelt. Typisch ist es weithin und insbesondere in Räumen mit hohem Bevölkerungsdruck und bei Schutzgebieten mit großem wirtschaftlichen Potential für die Land-, Forst-, Fischerei- oder Bergbauwirtschaft, daß vor allem die im Nahbereich lebende Bevölkerung nun illegal das Schutzgebiet nutzt. In Afrika ist die Wilderei auch in den Parks eine wichtige Einkommensquelle für die lokale Bevölkerung; in allen thailändischen Schutzgebieten wird illegal und oft massiv gejagt. In Thailand z. B. ist der illegale Holzeinschlag in dem 2200 qkm großen, 1988/89 von rd. 585 000 in- und ausländischen Touristen besuchten Khao Yai N.P. eine stete Bedrohung: Von 1962, dem Jahr der Einrichtung des Schutzgebietes, bis 1985 wurden 170 qkm total entwaldet; um 1985 wurden (mit steigender Tendenz) bereits 6% der Schutzfläche illegal für den Feldbau genutzt. In vielen Schutzgebieten erfolgt zudem eine z. T. umfangreiche Landnahme durch „wilde Siedler". Da in vielen Ländern eine Vertreibung der in den Parks lebenden Bevölkerung aus innenpolitischen Gründen nicht durchsetzbar ist, eine permanente Überwachung der oft riesigen Schutzgebiete und damit eine umfassende Unterbindung aller illegalen

Nutzungen technisch und finanziell nicht möglich ist sowie drakonische Schutzmaßnahmen und -strafen die Akzeptanz des Naturschutzes bei der betroffenen Bevölkerung weiter verringern würden, wird heute zunehmend das Konzept verfolgt, den Naturschutz mit der Bevölkerung oder sogar durch sie zu realisieren (Kiss 1990; Wells et al. 1992). Dies ist jedoch nur möglich, wenn die Bevölkerung auch wirtschaftlichen Nutzen aus dem Naturschutz erzielt. Naturschutz verliert so nach Ellenberg (1993) das Stigma der „Nicht-Nutzung" und wird zur Sondernutzung. Naturschutz und sozio-ökonomische Entwicklung sollen in den inzwischen weltweit initiierten, aber bisher nur in Einzelfällen erfolgreichen „Integrated Conservation Development Projects" (ICDPS) miteinander verknüpft werden. Ziel ist es einmal, zunächst in den die Schutzgebiete umgebenden Pufferzonen die überkommenen und daher legitimen Nutzungsinteressen der lokalen Bevölkerung in kontrolliertem Maße weiter zu gestatten. Zum anderen sollen der Bevölkerung Einkommen aus der legalen Nutzung innerhalb der Parks, d.h. vor allem aus dem Fremdenverkehr, verstärkt direkt zugute kommen. Die Verknüpfung der Interessen der Lokalbevölkerung mit denen des Naturschutzes bzw. der touristischen Nutzung läßt sich beispielhaft an Schutzgebieten mit unterschiedlicher Ressourcen-Ausstattung verdeutlichen:

Beispiel 1: Selous G.R., Tanzania
Dieses mit 55 000 qkm größte Wildschutzgebiet der Erde war zwar schon stets infolge der Verbreitung der Tsetsefliege weithin un- oder dünn besiedelt, jedoch war die Jagd für die lokale Bevölkerung stets wichtig. Auch nach Einrichtung des Schutzgebietes konnte die nun zur Wilderei erklärte Jagd nicht unterbunden werden. In den 80er Jahren wurden die vormals großen Elefantenbestände durch Wilderer stark reduziert. 1988 wurde auch mit deutscher Hilfe ein Projekt zur Partizipation der einheimischen Bevölkerung am Wildschutz initiiert (Arbeitsgr. Ökotour. 1995). Außerhalb des Reservates wurden als zusätzliche Lebensräume für Wild „Pufferzonen" ausgewiesen, in denen die hier weiterhin lebende Bevölkerung mit Erfolg aufgefordert wurde, die (ohnehin nicht ertragreiche) Landwirtschaft einzuschränken. Dafür erhielten die Dörfer das Recht, hier Wild auf der Grundlage nachhaltiger Abschußquoten zu nutzen und so den hier eklatanten Fleischmangel zu beheben. Ein Teil der Quote kann an Jagdtouristen verkauft werden, so daß auch Geldeinkommen erzielt wird. Den mehr als zwei Dutzend in der Pufferzone gelegenen Dörfern fließen zudem direkt Anteile der aus dem Jagdtourismus erzielten beträchtlichen Gebühreneinnahmen des Staates zu (Gesamtgebührenvolumen pro Jagdtourist 1993 ca. 9500 US-$). Die Selous G.R. ist eines der wichtigsten Reviere Afrikas für das kontrollierte Sport Hunting; der Abschuß eines Großtieres kann allein an Gebühren mehr als 10 000 US-$ kosten; hinzu kommen für einen Jagdtouristen die Kosten für die vorgeschriebene Beglei-

tung eines lizenzierten Berufsjägers, die Jagdschein-, Jagdbeobachter- und Naturschutzgebühren, für den Export der Jagdtrophäen, die Safari-Ausrüstung, Verpflegung, Transport und Träger. Etwa 100, allerdings saisonale Arbeitsplätze bieten auch die bisher fünf Safari-Camps. Dank der (aber noch zu bescheidenen) Beteiligung der Dörfer an den Jagdgebühren konnte die infrastrukturelle Ausstattung der Siedlungen etwa mit Schulen, Brunnen, Straßen, Ambulatorien sichtbar verbessert werden; auch begünstigt durch das weltweite Handelsverbot für Elfenbein konnte so die Wilderei zurückgedrängt werden. Die Hauptgewinne aus den exklusiven Jagdsafaris – 1993 kostete z. B. eine 21tägige Elefanten- und Raubkatzenjagd einschließlich der Flugkosten etwa 45 000 US-$ pro Person – fließen allerdings den Safariveranstaltern zu, die auch die Betreiber der Camps in der Game Reserve sind: Die heimische Bevölkerung unterhält (noch?) keine Unterkünfte und erzielt somit *direkt* kein Einkommen aus diesem Tourismus, zumal die von den Camps benötigten Güter vollständig aus Dar Es Salaam eingeflogen werden.

Beispiel 2: Lupande Game Management Areas (4840 qkm) und South Luangwa N.P. (9050 qkm) in Zambia
Die erstmals 1970 eingerichteten Game Management Areas (GMA) umgeben als Pufferzonen viele Nationalparks in Zambia, in denen – im Gegensatz zu den Parks – eine kontrollierte Jagd zunächst legal nur im Rahmen von Jagdsafaris, d. h. Touristen erlaubt war. Gleichwohl war die Wilderei bzw. die subsistenzorientierte Jagd der Einheimischen bis in die 80er Jahre eine Gefährdung für den Arten- und Naturschutz und damit auch für den Fremdenverkehr. Mitte der 70er bis Ende der 80er Jahre wurden z. B. Wildbret und -trophäen (v. a. Elfenbein, Felle) im Werte von mindestens 500 Mio. US-$ illegal dem Schutzgebiet entzogen (Lungu 1990). Die Schutzbestimmungen wurden von der Bevölkerung nicht akzeptiert, weil sie an den Einnahmen nicht beteiligt waren und die Jagd, ein Element der traditionellen Subsistenzökonomie, ihnen, aber nicht den Touristen nun verboten war. Bis 1983 flossen die gesamten, beträchtlichen Gebühren aus dem Jagdtourismus der Zentralregierung zu, die diese Einnahmen nur z. T. für den Natur- und Wildschutz, überhaupt nicht für Entwicklungsmaßnahmen für die in den G.M.A. lebende Bevölkerung verwendete. Das 1986 initiierte Lupande Integrated Rural Development Project (LIRDP) umfaßt die dem South Luangwa N.P. umgebende G.M.A. und hat das Ziel, den Naturschutz über die Partizipation der Bevölkerung abzusichern. Die beträchtlichen Einnahmen aus dem Jagdtourismus fließen nun direkt oder indirekt überwiegend den ca. 35 000 Bewohnern des Projektgebietes zu. Wesentlich mit Einheimischen besetzte Komitees auf verschiedenen Hierarchie-Ebenen, bis hinunter auf Dorfebene, legen jährlich die Jagdquoten für die einzelnen Tierarten fest; jährlich können – ohne Reduzie-

rung des Wildbestandes – 30 je 14tägige Jagdsafaris durchgeführt werden.
LIRDP unterhält seit 1990 einen eigenen Jagdsafari-Veranstalter und beschäftigt Großwildjäger, die die Safari-Gruppen begleiten müssen. Aus dem Verkauf von Wildbret und Trophäen werden weitere Einkommen erzielt. 40%
aller Einnahmen werden für dörfliche Gemeinschaftsaufgaben verwendet,
deren Auswahl den lokalen Komitees zusteht. Die restlichen 60% fließen dem
LIRDP für Projektaufgaben zu, wie insbesondere für die Ausbildung und Beschäftigung von Wildhütern oder den Bau von Straßen. Dank dieser Maßnahmen ging schon in den 80er Jahren die Wilderei um mehr als 90% zurück:
Eine wichtige Ressource für den Tourismus kann so langfristig gesichert und
der allgemeinen sozio-ökonomischen Entwicklung dieses Raumes zugute
kommen.

Beispiel 3: Annapurna Conservation Area/Nepal (2600 qkm)
   In Anbetracht eines wachsenden Tourismus und der damit verbundenen
ökologischen Problematik in dieser Himalaya-Region war es zunächst Ziel
der Regierung, das um den zweithöchsten Berg des Landes, den Annapurna,
gelegene Trekking- und Bergsteiger-Revier zum Nationalpark zu erklären.
Hiergegen formierte sich jedoch Widerstand der heimischen Bevölkerung,
die eine Verdrängung nicht akzeptieren wollte. Nepals führende Nichtregie-
rungs-Organisation, der „King Mahendra Trust for Nature Conservation",
etablierte daher 1986 in dieser Region ein für multiple Nutzungen vorgese-
henes Schutzgebiet, dessen etwa 40 000 Bewohner zudem Einkommen von
den um 1992 etwa 45 000 jährlichen Trekkingtouristen erzielen. Über eine
Einbindung der Lokalbevölkerung in den Naturschutz konnten die ökologischen Negativeffekte des Fremdenverkehrs, wie der vormals exzessive Feuer-
holzverbrauch, minimiert werden (Gurung/de Coursey 1994). Ähnlich wie
im Mt.-Everest-Gebiet (Kap. 5) haben sich auch hier an den Trekking-
Routen Hunderte von kleinen Beherbergungs- und Gaststättenbetrieben
einheimischer Eigentümer entfaltet. Die seit 1989 von jedem Besucher erhobenen Eintrittsgebühren erbrachten um 1991 Einnahmen von jährlich
160 000 US-$ – dies entspricht etwa der Hälfte der gesamten von der Regie-
rung erhobenen Trekkinggebühren und mehr als 40% aller Einnahmen aller
nepalesischen Nationalparks. Diese Einnahmen fließen voll dem Projekt zu
und werden für die Entwicklung etwa des Schul- und Gesundheitswesens
sowie dazu verwendet, bei den Inhabern der Tourismusbetriebe die Nutzung
umweltverträglicher Energien (Kerosin statt Holz, Solarenergie) zu propa-
gieren. Der Entwaldungsprozeß wurde so durch den Tourismus zumindest
nicht weiter beschleunigt: Wiederaufforstungen wurden eingeleitet. In
Eigeninitiative unterhalten und säubern die heimischen Hoteliers zudem die
Trekking-Pfade.

Beispiel 4: bezieht sich auf ein gänzlich anderes Ökosystem, auf die Regenwald-Schutzgebiete Perus

Diese sind vor allem durch ihre Aras-Populationen (Munn 1994), aber auch durch ihre sonstige Fauna (u. a. Brillenbären, Ozelot, Jaguar, Puma) und Flora schützenswert und für den bisher noch bescheidenen Tourismus attraktiv. Auch hier ist es gelungen, die verschiedenen Nutzungsinteressen (vor allem Goldwäscherei, überkommene Lebensweise der Indianer, Holzeinschlag, kleinbäuerliche Agrarwirtschaft, Naturschutz, Tourismus) auch deshalb aufeinander abzustimmen, weil z. B. die Machiguenga-Indianer im Manu N.P. – mit Hilfe internationaler Organisationen – Touristen-Bungalows unterhalten und dank der erzielbaren Geldeinkommen bereit sind, aktiv z. b. am Schutz der Papageien teilzunehmen.

Diesen positiven Beispielen stehen auch zahlreiche Mißerfolge gegenüber. Die Eintrittsgebühren der jährlich etwa 100000 Besucher (1989) der Schmetterlings-Überwinterung-Reservate in Mexiko fließen zwar vollständig der einheimischen Bevölkerung zu, die aber weiter in den Schutzgebieten illegal Holz schlägt (Wells et al. 1992): Die drohende Entwaldung würde das Ende des Reservates und des auf sie orientierten Fremdenverkehrs bedeuten.

Der bereits 1962 als erster Nationalpark Thailands eingerichtete, 2168 qkm große Khao Yai N.P. wurde 1975/76 erst von ca. 140000, 1988/89 von rd. 585000 in- und ausländischen Touristen pro Jahr besucht (Eichenberg-Suvarntisha 1992), die innerhalb des Parks jährlich Ausgaben für Eintritt, Unterkunft, Verpflegung und Transport in Höhe von ca. 5 Mio. US-$ tätigen. Die etwa 53000 in ca. 150 Dörfern in Nähe des Parks lebenden Bewohner, die z. T. aus dem Schutzgebiet ausgewiesen wurden und so ihren Lebensunterhalt verloren haben, partizipieren, ebenso wie die in ca. 300 Wohnstätten und 15 Siedlungen illegal innerhalb des Schutzgebietes lebenden Squatter, nicht an diesen Einnahmen: Wilderei, illegaler Holzeinschlag und Feldbau sind daher eine beträchtliche Belastung für den Park. Bemühungen, über spezielle Projekte der Lokalbevölkerung Einkommen aus dem Fremdenverkehr zukommen zu lassen, blieben bisher weitgehend erfolglos und beschränken sich auf nur ein Dorf, das Trekking-Touren nur für einige Gruppen pro Jahr organisiert. Um die ökologische Belastung zu reduzieren, hat die Regierung 1993 verfügt, daß die bisher im Park (aber nicht von Einheimischen) errichteten sechs Lodges (sowie ein Golfplatz) schrittweise aus dem Schutzgebiet verlagert werden müssen.

Auch der vom Tourismus stark besuchte, schon 1973 eingerichtete Royal Chitwan N.P. in Nepal ist ein Beispiel dafür, daß die Lokalbevölkerung von der touristischen Entwicklung weitgehend ausgeschlossen wird: Mehr als 500 bewaffnete Rancher sorgen mit nur eingeschränktem Erfolg für den Schutz des Parks vor illegalen Nutzungen. Die hier vormals lebende Bevölkerung wurde in den 70er Jahren ausgesiedelt; nur einmal jährlich dürfen die Umland-Bewohner Gras für den Hausbau im Park schneiden.

Generell gilt: Eine nachhaltige Sicherung der Schutzgebiete auch für den Fremdenverkehr ist nur dann möglich, wenn einmal die Einnahmen aus dem Tourismus deutlich erhöht werden und zudem stärker als bisher auch der Lokalbevölkerung zugute kommen.

9.4 Gefährdung der Schutzgebiete durch touristische Über- oder „unangepaßte" Nutzung?

Länder, die große Teile ihres Territoriums für Naturschutz und Tourismus reservieren, können dem Zwang oder der Versuchung unterliegen, die Schutzgebiete möglichst intensiv für den Fremdenverkehr zu vermarkten, den ökonomischen Nutzen aus den Schutzgebieten (kurzfristig?) zu maximieren. Zu viele Besucher, eine zu starke Motorisierung, eine ökologisch ungünstige zeitliche und räumliche Verteilung der Besuche oder umweltunverträgliche Verhaltensweisen der Touristen (z. B. Abfälle, Verlassen der vorgeschriebenen Wege, Aufscheuchen des Wildes und der Vögel durch Autohupen, „Jagen" von Wild mit dem Auto) sind in nicht wenigen Nationalparks zu beobachten (Vorlaufer 1995 a). In vielen Schutzgebieten stellen zudem die oft zahlreichen Lodges und Campingplätze und den daraus resultierende Ver- und Entsorgungsproblemen eine Umweltbelastung dar. Die ökologischen Negativeffekte sind in vielen Parks punktuell bereits sichtbar, wie Vegetationsdegradation durch querfeldeinfahrende Fahrzeuge oder in Nähe von Lodges große Abfallhalden, die beliebte Standorte von Aasfressern, wie vor allem von Marabus und Geiern sind, die wiederum oft eine Gefährdung für Safari-Flugzeuge bei der Landung und dem Start auf den Landepisten in Nähe der Lodges darstellen. Die im Masai Mara N.R./Kenya besonders beliebten Fesselballonflüge zur Tierbeobachtung lösen bei einigen Tieren beträchtliche Irritationen und Fluchtverhalten aus (Sindiyo/Pertet 1984). Einzelne Tierarten reagieren auf die oft ständige Beobachtung durch Touristen mit Streß und Verhaltensstörungen. Ein Beispiel: Die nur tagaktiven Geparden werden z. B. im relativ kleinen, aber stark frequentierten Amboseli N.P. oft von bis zu 15 Safari-Bussen „umstellt"; der Jagderfolg wird hierdurch oft so eingeschränkt, daß die Geparden nicht selten zu verhungern drohen. Diese Auswirkungen sind besonders spürbar in Teilen stark besuchter kenyanischer Parks (Barnes et al. 1992). Kenya setzt nämlich auch hinsichtlich seiner Schutzgebiete auf den Massentourismus und verfolgt einen „low price approach", d. h., die Eintrittsgebühren betrugen bis 1991 für Ausländer umgerechnet nur wenige DM und wurden auch dann nicht substantiell erhöht. Zimbabwe, Botswana, Nambia, aber auch Tanzania z. B. versuchen demgegenüber über den „high price approach" die Besucherzahlen der Tragfähigkeit anzupassen. Ecuador bemüht sich sogar über eine Beschränkung und raumzeitliche Lenkung der Besucher

das ökologische Gleichgewicht auf den Galapagos-Inseln nicht zu zerstören
(Kap. 9.5). Dieser Ansatz ist der einzige Weg, um Naturschutz und Fremdenverkehr wirtschaftlich und ökologisch angepaßt zu verknüpfen und einer
nachhaltigen Entwicklung der Reiseländer zugute kommen zu lassen. Darüber hinaus müssen einmal dem Potential der Schutzgebiete angemessene,
zeitlich und räumlich differenzierte Nutzungkonzepte entwickelt und zum
anderen das Verhalten der Besucher auch dahingehend der Ausstattung der
Schutzgebiete angepaßt werden, daß sich die Tierbeobachtung zeitlich nicht
überproportional auf einige wenige Tierarten mit zudem geringer Stückzahl
und damit auch räumlich nicht zu stark konzentriert.

Im Amboseli N.P., Kenya, ist die Beobachtungsdauer der einzelnen Tierarten nicht
proportional ihrer jeweils entsprechenden Anzahl und damit ökologisch auch nicht angepaßt (Western 1979). Etwa 30% der gesamten Zeit der Tierbeobachtung aller Besucher entfielen auf Löwen und weitere 20% auf die noch in geringerer Zahl hier lebenden
Geparden. Bis zu 30% aller im Park gleichzeitig anwesenden Fahrzeuge konzentrieren
sich daher oft auf nur ein oder zwei Standorte: Ein typisches Bild sind die aus allen
Himmelsrichtungen auf den erfaßten Standort, z.B. eines Geparden, mit überhöhter
Geschwindigkeit über die Steppenlandschaft rasenden, große Staubfontänen aufwir-
belnden Safari-Busse, deren Fahrer, auch auf Druck der Passagiere und in Erwartung
eines Trinkgeldes, die Parkvorschriften mißachten. Untersuchungen in Kenya haben jedoch ergeben, daß zumindest ein beträchtlicher Teil der Touristen striktere Verhaltens-
regeln akzeptieren würde (Vorlaufer 1995 a).

Die touristische Über- und Mißnutzung stellt eine besondere Gefahr für
Meeresschutzgebiete mit ihrem extrem fragilen Ökosystem Korallenriff dar.
Ein Beispiel für eine exzessive Übernutzung eines Schutzgebietes durch un-
kontrollierte, weitgehend illegale, privatwirtschaftliche Tourismusbetriebe ist
der Khao Laemya N.P. in Thailand, dessen Zentrum die 8 qkm große und inzwischen von Reiseveranstaltern international vermarktete Insel Samet ist. Im
Jahr der Ausweisung des Nationalparks, 1981, bestanden hier nur 10 kleine
Unterkünfte, um 1990 mehr als 40 Betriebe mit je 20–40 Zimmern; 1989
wurden ca. 1 Mio. Besucher gezählt (Eichenberg-Suvarnatisha 1992). Zerstörung des Landschaftsbildes, Landspekulation, Abwasser- und Abfallbeseiti-
gungsprobleme sowie Lärm (etwa der zahlreichen Wasserscooter) sind Folgen
dieser ungezügelten Entwicklung. Infolge der Verschmutzung und Verbauung
der Strände sowie der Eutrophierung der küstennahen Gewässer kam es zum
Absterben einiger Korallenarten; die vormals weitverbreitete Eiablage der
Meeresschildkröten an den Stränden – ein Grund für die Ausweisung des
Schutzgebietes – konnte seit 1984 nicht mehr beobachtet werden.

9.5 Öko-Tourismus und Naturschutz

Seit etwa 1990 wird unter dem Schlagwort Öko-Tourismus versucht, das ökologisch Vertretbare, die Nutzung und langfristige Sicherung der natürlichen Ressourcen, mit dem ökonomisch Notwendigen, dem Wirtschaftswachstum und der Forcierung einer nachhaltigen Entwicklung durch den Tourismus, miteinander zu verknüpfen. Dieser Fremdenverkehr soll zudem zur Finanzierung von Schutzgebieten beitragen und Einkommensmöglichkeiten für die lokale Bevölkerung schaffen (Arbeitsgr. Ökotour. 1995). Der bereits 1965 geprägte Begriff ecotourism wird als Teil von „ecodevelopment", als ein ganzheitlich, ökologisch orientierter Ansatz ökonomischer Entwicklung gesehen; der Aspekt der Umwelt *und* Sozialverträglichkeit ist zudem mit diesem Begriff verbunden. Öko-Tourismus kann als Sonderform des „sustainable tourism" (nachhaltiger Tourismus) angesehen werden, und er ist auf relativ unberührte Naturräume, die häufig den Status von Schutzgebieten haben, ausgerichtet (Boo 1990). Öko-Tourismus – oder auch andere häufig synonym verwendete Begriffe wie grüner, umweltverträglicher, sanfter, angepaßter oder Natur-Tourismus (Valentine 1993) – ist zwar weithin nur ein Schlagwort zur optimalen Vermarktung natürlicher Ressourcen, jedoch haben viele Länder, wenngleich nicht unter diesem Begriff, dieses Tourismus-Konzept bereits seit längerem verfolgt. Andere Destinationen versuchen eine aktuelle Umsetzung dieses Konzeptes, so z. B. die Staaten Mikronesien (Valentine 1993) oder der Karibik (Weaver 1991, 1994).

Auch die Bemühungen z. B. afrikanischer Staaten, den Safari- und Jagd-Tourismus der Tragfähigkeit ihrer Schutzgebiete anzupassen und über eine Partizipation der Bevölkerung an den Einnahmen aus dem Fremdenverkehr die Attraktivität des Naturschutzes zu erhöhen, sind eine Variante des Öko-Tourismus. Als weithin bekannte Destination des Öko-Tourimsus gelten seit langem insbesondere Costa Rica und die Galapagos-Inseln. Costa Rica wird vor allem seit den 80er Jahren als Destination für den Öko-Tourismus erfolgreich vermarktet.

Grundlage des Fremdenverkehrs sind bisher noch die zahlreichen, der Nationalparkverwaltung oder der Wildleben-Direktion unterstehenden Schutzgebiete, die 1990 mit ca. 5507 qkm etwa 10,7% der Landfläche Costa Ricas einnehmen. Diese Schutzgebiete unterschiedlicher naturräumlicher Ausstattung weisen z. T. sprunghaft wachsende Besucherzahlen auf, so daß die Tragfähigkeit nicht selten schon überschritten wird (Kreib 1992; Brüggemann 1993).

Charakteristisch für Costa Rica ist das Engagement privater nationaler und internationaler Naturschützer, oft verquickt mit fremdenverkehrswirtschaftlichen Interessen.

Die „Tropica Verde", mit Sitz in Frankfurt a. M., bemüht sich z. B. um die Sicherung gefährdeter Regenwälder und ist bestrebt, hier der lokalen Bevölkerung z. B. als Fremdenführer oder Pensionsinhaber Erwerbsmöglichkeiten zu eröffnen. So versucht die 1983 in Costa Rica gegründete Rara Avis S.A. (= seltener Vogel) zu veranschaulichen, daß Regenwaldschutz eine profitablere Landnutzung als etwa die alternative extraktive Holzgewinnung oder Weidewirtschaft ist.

Auch die Wiederherstellung der ursprünglichen Fauna und Flora wird unter Einbindung des Tourismus als Einkommensquelle versucht. Der 75 000 ha große Guanacaste N.P. wurde eingerichtet, um einmal einen der letzten großen Trockenwälder Tropisch-Amerikas zu sichern, und zum anderen, um die großen, bereits durch Raubbau entwaldeten Räume über Aufforstungen wieder an den Zustand der präkolumbianischen Zeit heranzuführen (Allen 1988).

Der führende deutsche Costa-Rica-Veranstalter vertreibt das Konzept eines „bewußten, naturnahen Reisens" im Rahmen des „Eco-Tourism" unter dem – nach eigenem Verständnis nicht als Werbegag zu verstehenden – Motto „Touristen helfen dem Regenwald und pflanzen Bäume" (Äquator Tours 1993). Jeder Besucher der in Nähe des Arealsees gelegenen „Ecoadventure Lodge" soll unter Anleitung einen Baum setzen; die Wiederaufforstung soll nicht nach wirtschaftlichen Gesichtspunkten erfolgen, sondern durch die Pflanzung verschiedener Arten soll „funktionierender Lebensraum für Tiere" wiederhergestellt werden.

Positiv sind auch die Auswirkungen des zunächst durch nordamerikanische Quäker initiierten Nebelwald-Schutzgebietes Monteverdo. Die Quäker sind zwar Eigentümer der Beherbergungsbetriebe, sie haben aber die Lokalbevölkerung bei der Entwicklung eines ertragreichen Souvenir-Handwerks unterstützt (Chant 1992).

Gegenwärtig erschwert aber das weithin fehlende Naturschutzmanagement noch eine nachhaltige Sicherung der Ressourcen. Ein Beispiel: Für das nur 4700 ha große biologische Reservat Carara, das inmitten eines dichtbesiedelten Raumes liegt, wurde zwar schon 1983 ein Managementplan aufgestellt, nach dem u. a. eine Einteilung des Raumes in verschiedene Schutzzonen vorgesehen war, jedoch wurde dieser Plan nie umgesetzt. 1990 durchgeführte Tragfähigkeitsberechnungen ergaben, daß die Umwelt nur dann langfristig gesichert werden kann, wenn die wachsenden Besucherströme eingeschränkt oder aber stärker räumlich und zeitlich gelenkt werden. Die zukünftige Entwicklung des Öko-Tourismus mit dem Anspruch einer nachhaltigen Sicherung der touristischen Attraktionen ist somit selbst in Costa Rica noch bei weitem nicht gewährleistet.

Ein spektakuläres Beispiel für die Nutzung und Gefährdung eines in der Welt einzigartigen Lebensraumes seltener Tiere und Pflanzen durch den Tourismus stellen die Galapagos-Inseln. Dieser zu Ecuador zählende Archipel (Karte 11) verdankt seine touristische Attraktivität einer einzigartigen Fauna (See-, Wasser-, Watt- u. Landvögel, Riesenschildkröten, Meeres- u. Land-

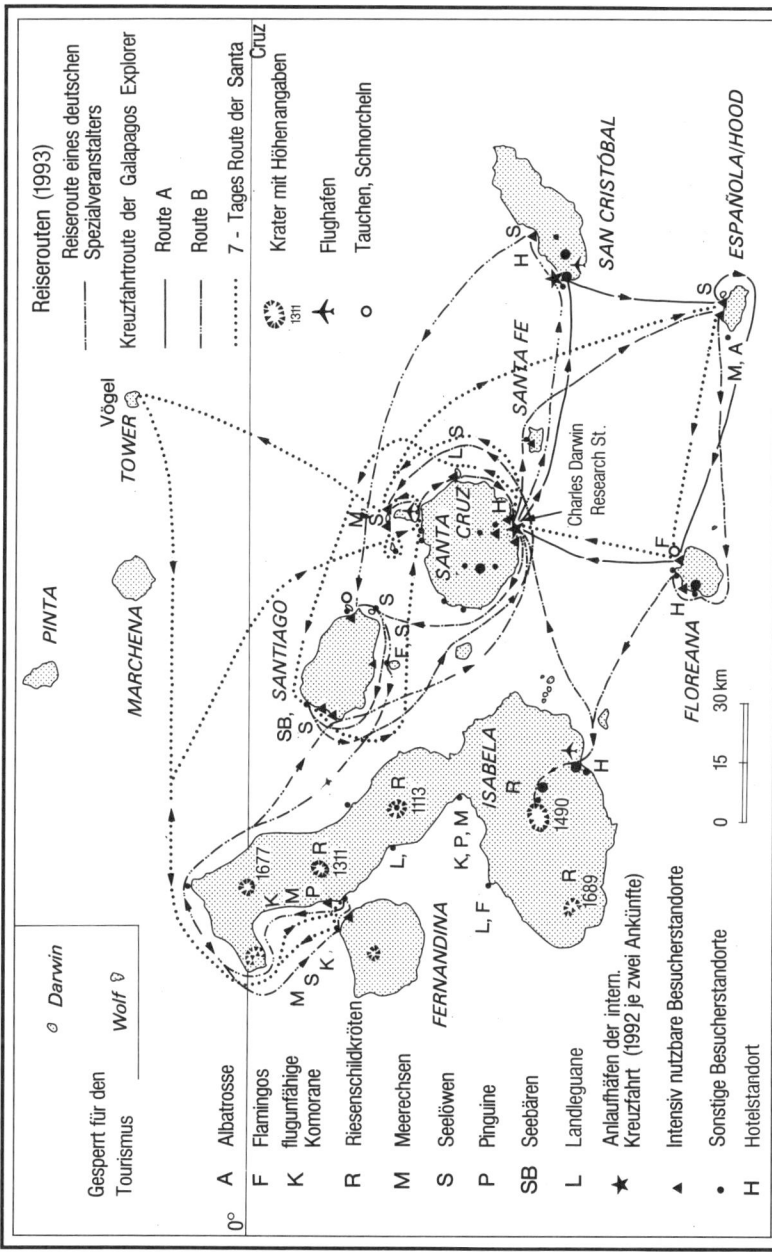

Karte 11: Naturschutz und Tourismus auf den Galapagos-Inseln (Entwurf: K. Vorlaufer; Quelle: Bittman u. Fugger 1991; Unterlagen der Tourismusbehörde Ecuadors u. von Reiseveranstaltern; Kartographie: K. Massoud).

leguane, flugunfähige Kormorane, Seelöwen u. Seebären; Bittmann/Fugger 1991).
1959 wurden 90% des Landareals des Archipels zum Nationalpark erklärt. Die wirtschaftliche Nutzung weiter Räume durch Bauern und Fischer wurde unterbunden. Als alternative Einkommensquelle entwickelte sich seit 1969, mit dem Einsatz des ersten Kreuzfahrtschiffes, der Tourismus, der in wenigen Jahren so stark zunahm, daß die Tragfähigkeit des Archipels erreicht schien. Im ersten Entwicklungsplan für das Archipel wurde daher 1975 die Zahl der Besucher auf 12 000 pro Jahr festgelegt, nachfolgend auf 25 000 erhöht. 1993 wurden zwar offiziell nur 40 000 Besuchsgenehmigungen erteilt, aber mehr als doppelt so viele Touristen besuchten nach Angaben der Behörden den Archipel. Strenge Nationalparkregeln, wie die strikte Überwachung der Besucher durch Führer, vorgeschriebene Wege, Beschränkung der Besucherzahl pro Schiff, Besuchs- und Zeitpunkt haben eine spürbare Fehlentwicklung lange verhindert (Karte 8). Die verschiedenen Nutzungsinteressen (Artenschutz, Tourismus, Fischerei) sollen durch die Ausweisung spezieller Zonen berücksichtigt, Nutzungskonflikte so minimiert werden.

Diese Restriktionen, aber auch der für die Galapagos-Inseln typische, nämlich ökologieorientierte Tourist, der den Besuch eher als „Pilgerreise" in ein Tierparadies versteht (Kenchington 1989), sich dementsprechend umweltverträglich verhält, haben eine extreme Störung des fragilen Ökosystems bisher verhindert. Im Gegenteil, die auch hier beträchtlichen Einnahmen aus den Besuchergebühren (1992: ca. 3 Mio. US-$) haben den Ausbau des Park-Managements und der Charles-Darwin-Forschungsstation ermöglicht. Gleichwohl haben sich die anthropogenen Einflüsse verstärkt. Im Zuge der Expansion des Fremdenverkehrs stieg so z.B. die Einwohnerzahl von nur wenigen 100 um 1948 über ca. 6000 um 1992 auf etwa 10 000.

Um eine der Tragfähigkeit nicht angepaßte weitere Zunahme der Besucherzahl zu verhindern, wird die Entwicklung der Inseln zu einer „Hochpreisdestination" angestrebt. Zudem soll den Gästen verstärkt die Möglichkeit eines längerfristigen Erholungs- und Badeurlaubs geboten werden, um so eine zumindest partielle Umlenkung der Besucherströme von den für den Artenschutz wichtigen Arealen auf bisher noch un- oder untergenutzte Badestrände zu erreichen und so auch ein diversifiziertes Angebot mit den daraus resultierenden positiven wirtschaftlichen Effekten bereitzustellen.

Eine starke ökologische Gefährdung geht von der stark wachsenden Zahl kleiner Boote mit je sechs bis zwölf Passagieren aus (Groot 1983). Mehr und mehr vormalige Fischer wechseln jetzt in das einträglichere und gefahrlosere Tourismusgewerbe über und bieten Touristen Passagen zu allen gewünschten Besucherstandorten an. Da diese kleinen Boote sich frei im Archipel bewegen können, keine festen Fahrtrouten haben und nicht kontrolliert werden können, fahren häufig zahlreiche Boote zeitgleich die Besucherstandorte an:

Selbst die intensiv nutzbaren Touristenzonen stoßen dann an ihre Tragfähigkeit. 1994 hat die Regierung Ecuadors in Anbetracht der „alarmierend
schnell" fortschreitenden ökologischen Zerstörung die Schutzbestimmungen
verschärft: Die Ausgabe von Lizenzen für Hotels und Touristenschiffe wurde
(vorübergehend?) eingestellt; eine neu gegründete Überwachungseinheit soll
die Einhaltung der Vorschriften sichern; die geschützten Gewässer um die Inseln wurden auf 40 Seemeilen erweitert: Auch auf diesem Archipel gefährdet
selbst der Öko-Tourismus seine eigenen Grundlagen.

9.6 Tourismus, Umweltbelastungen, wirtschaftlicher Nutzen und nachhaltige Entwicklung – ein Modell

In Abb. 26 habe ich die (hypothetischen) Zusammenhänge zwischen touristischer Nutzung und „Verbrauch" natürlicher Ressourcen sowie dem wirtschaftlichen Nutzen im Zeitverlauf und unter Berücksichtigung verschiedener
Tragfähigkeitsgrenzen modellhaft dargestellt. Demnach gehe ich davon aus,
daß eine touristische Ressource eines Raumes einmal eine optimale faktische
Tragfähigkeitsgrenze besitzt, d. h., unter den gegebenen Bedingungen kann
eine Nutzung bis zur Grenze vorgenommen werden, ohne daß eine Ressourcenzerstörung stattfindet. Die faktische Tragfähigkeit kann potentiell erhöht
werden z. B. durch ein effizientes Ressourcenmanagement, eine räumliche,
zeitliche, quantitative und qualitative Anpassung der touristischen Nutzung
an das Potential durch Infrastrukturinvestitionen (z. B. Abwasser-, Müllbeseitigung) oder auch durch den technologischen Fortschritt (z. B. umweltverträg-
liche Verkehrsträger). Die touristische Nutzungsintensität kann dann in
einem gewissen Maße bis zur optimalen potentiellen Tragfähigkeitsgrenze gesteigert werden, ohne daß eine Ressourcenzerstörung einsetzt. Die absolute
maximale Tragfähigkeitsgrenze kann demgegenüber ohne eine nachhaltige
und oft irreversible Zerstörung des touristischen Potentials nicht überschritten werden, sie ist auch durch ein effizientes Ressourcenmanagement
und wirksame Umweltschutzbestimmungen nicht auszudehnen. Konkret
heißt das z. B., daß etwa eine durch seine Naturlandschaft attraktive Fremdenverkehrsregion ihren Wert verliert, wenn eine bestimmte Besucherzahl überschritten wird.

Abb. 26 verdeutlicht, daß bei einer Nutzung der Ressourcen ohne Berücksichtigung der Tragfähigkeitsgrenzen (Szenario 1) vor allem der einzelwirtschaftliche Nutzen auch bei einer Überschreitung der optimalen faktischen
Tragfähigkeitsgrenze zunächst noch steil nach oben verläuft. Der gesamtwirt-
schaftliche Nutzen steigt zwar zunächst noch aufgrund der exzessiven Ausbeutung der natürlichen Ressourcen, zeigt aber dann nur noch ein Wachstum,
das in etwa der auch durch staatliche Maßnahmen bedingten Zunahme der

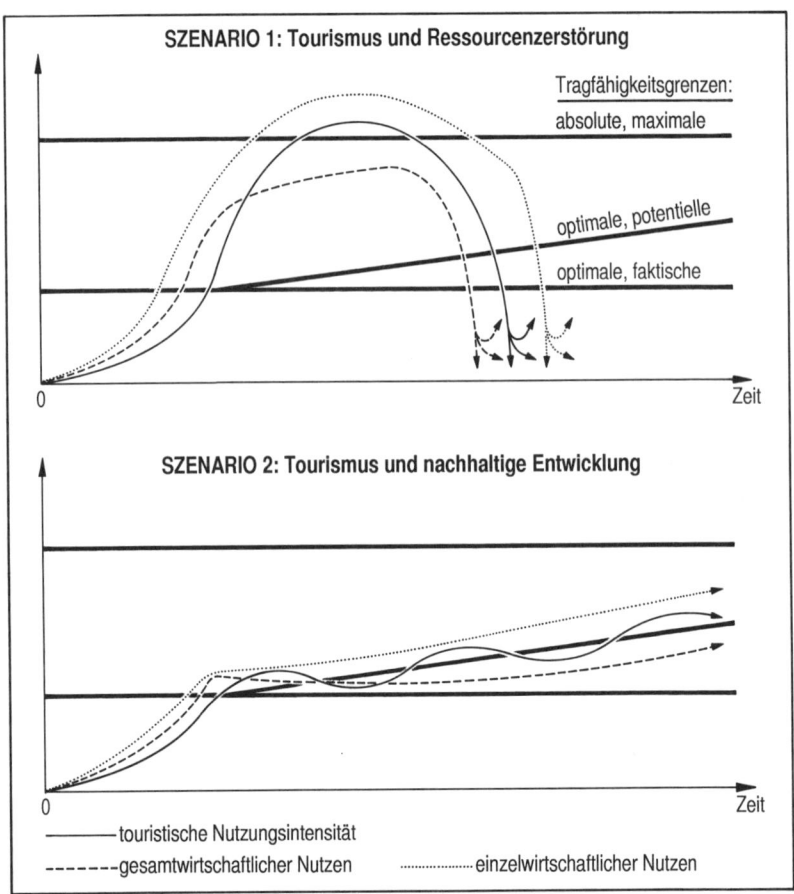

Abb. 26: Das Modell der Zusammenhänge zwischen der Intensität der Nutzung und der Tragfähigkeit einer natürlichen touristischen Ressource und der Entwicklung einzel- und gesamtwirtschaftlichen Nutzens.

potentiellen Tragfähigkeit entspricht, deren Grenzen im Szenario 1 aber ebenfalls überschritten werden. Der einzelwirtschaftliche Nutzen liegt zunächst deshalb noch so hoch, weil die Betriebe des Tourismusgewerbes zunächst viele Kosten externalisieren, als soziale Kosten der Gemeinschaft und nachfolgenden Generationen übertragen können. Mit Überschreiten der maximalen Tragfähigkeitsgrenze erfolgt zwar zunächst noch eine gewisse weitere Steigerung der wirtschaftlichen Profite, die dann aber im Zuge der Ressourcenzerstörung um so schneller abfallen. Der Nutzungsdruck und damit die Umweltbelastungen verringern sich zwar im Zuge abnehmender Erträge, Investitionen und touristischer Nachfrage, die ursprünglichen touristischen Attraktionen können aber bereits irreversibel zerstört sein. Auch durch staatliche Maßnahmen wird häufig die ursprünglich optimale faktische Tragfähigkeit nicht mehr erreicht. Im Szenario 2 wird demgegenüber der hypothetische Verlauf des wirtschaftlichen Nutzens dargestellt, wenn der Tourismus sich an der faktischen oder potentiellen Tragfähigkeitsgrenze orientiert. Die Erträge sind zwar im Vergleich zum Szenario 1 deutlich niedriger, werden aber langfristig gesichert. Dies ist m.E. nur dann möglich, wenn u.a. die durch die touristische Nutzung entstehenden externen Kosten über staatliche Eingriffe internalisiert werden. Die natürlichen touristischen Ressourcen (z.B. eine intakte Umwelt) sind nämlich öffentliche Güter in dem Sinne, daß Tourismusbetriebe von der Nutzung dieser Umweltgüter nicht ausgeschlossen werden können und von ihnen wirtschaftlich profitieren. Kapazitätserweiterungen und touristische Nutzungsintensivierung führen zu einer zunehmenden Umweltbelastung und damit zu wachsenden externen Kosten und schließlich zu gesamtwirtschaftlichen Gewinneinbußen. Da einzelwirtschaftliche Unternehmen kaum zum Selbstverzicht auf Kapazitätsausbau zu bewegen sind, versagt der Markt als Instrument zur Sicherung knapper Umweltgüter, wenn es nicht gelingt, die bisher externalisierten Kosten zu internalisieren, faktisch auf die (bisher in der Regel zu niedrigen) Preise für den Tourismus umzulegen. Die Notwendigkeit einer Internalisierung der durch Umweltbelastungen und -verbrauch entstandenen externen Kosten ist insbesondere dann notwendig, aber schwierig, wenn der exzessive Ausbau der Tourismuswirtschaft durch internationales Kapital erfolgt, das – unter dem Motto „Nach uns die Sintflut" operierend – eine eventuelle Ressourcenzerstörung zugunsten kurzfristiger Gewinne in Kauf nimmt, nach der totalen Ausbeutung des touristischen Potentials Anlegemöglichkeiten in anderen Branchen und Regionen sucht. Langfristig wird es notwendig sein, nicht nur die durch die touristische Nutzung natürlicher Ressourcen entstandenen externen Kosten einzelwirtschaftlich zu internalisieren, sondern auch z.B. durch Transferleistungen des „Nordens" zu internationalisieren. Der „Tourismus der Reichen in die Länder der Armen" kann dann und nur dann zu einem Faktor nachhaltiger Entwicklung werden.

Allerdings: Aus globaler Perspektive wird sich in Zukunft zunehmend drängender die Frage stellen, ob der mit hohem Energieverbrauch und damit auch exzessiven Schadstoff-Emissionen (neben Kohlendioxyd weitere Spurengase wie NO_x, SO_2, O_3) verbundene Flugverkehr des Ferntourismus (Bach, Gößling 1996) ökologisch – und schließlich im Zuge steigender externalisierter Kosten – auch ökonomisch im großen Umfang noch vertretbar sein wird. Der mit einem wachsenden Flugtourismus steigende Verbrauch fossiler (und daher zudem „endlicher") Energieträger, die hiermit verbundene Verschärfung des wesentlich durch den hohen Kohlendioxyd-Ausstoß mitbedingten Treibhauseffekts mit seinen Auswirkungen auf eine globale Klimaänderung sowie die ebenfalls wachsenden Belastungen der terrestrischen und marinen Ökosysteme durch die Emissionen weiterer Spurengase könnten die Annahmen einer nachhaltigen/zukunftsfähigen Entwicklung durch den Tourismus generell ad absurdum führen. Eine zunehmende Akzeptanz neuer, umweltverträglicher Lebensstile und Konsummuster, die nicht mehr an einer maßlosen Überwindung von Raum und Zeit ausgerichtet sind, sondern u. a. den Urlaub im Nahbereich oder bei Fernreisen zumindest den ökologisch eher vertretbaren Schiffsverkehr präferieren, wird zukünftig eine Voraussetzung „nachhaltiger Entwicklung" sein.

LITERATUR

Adams, K. M. (1984): Come to Tana Toraja, „Land of the heavenly kings". Travel agents as brokers in ethnicity. In: Ann. of Tourism Res., 11, S. 469–485.

Adams, V. (1992): Tourism and Sherpas, Nepal: Reconstruction of reciprocity. In: Ann. of Tourism Res., 19, S. 534–554.

Allen, W. H. (1988): Biocultural restauration of a tropical forest. Architects of Costa Rica's emerging Guanacaste national park plan to make it an intergral part of local culture. In: Bioscience, 38, S. 156–161.

Anderson, D./Grove, R. (Eds.) (1987): Conservation in Africa. People, policies and practice. Cambridge.

Ankomah, P. K. (1991): Tourism skilled labor. The case Sub-Saharan Afrika. In: Ann. of Tourism Res., 18, S. 442–443.

Arbeitsgruppe Ökotourismus (Hrsg.) (1995): Ökotourismus als Instrument des Naturschutzes? Möglichkeiten zur Erhöhung der Attraktivität von Naturschutzvorhaben. Köln (= Forschungsberichte des BMZ, 116).

Archer, E. D./Davies, Chr. (1984): Reassessing Third World tourism: The case of Barbados. In: Revue de Tourisme, (39) 2, S. 19–23.

Bach, W./Gößling, St. (1996): Klimaökologische Auswirkungen des Flugverkehrs. In: Geogr. Rundsch., 48, S. 54–59.

Bachmann, P. (1988): Tourism in Kenya. A basic need for whom? Bern, Frankfurt a. M., New York, Paris. (= Europ. Hochschulschr., R. X, 10).

Barbier, E. B. (1992): Sustainable rainforest utilization. In: Swanson/Barbier, S. 152 ff.

Barnes, J./Burgess, J./Pearce, D. (1992): Wildlife tourism. In: Swanson/Barbier, S. 136 ff.

Baumgartner, R. (1980): Trekking und Entwicklung im Himalaya – Die Rolwaling-Sherpa in Ost-Nepal im Dilemma zwischen Tourismus und Tradition. Dissenhofen.

Baumgartner, R. (1988): Tourism and social-economic change: The case of the Rolwaling-Valley in Eastern Nepal. In: Ann. of Tourism Res., 13, S. 17–26.

Becker, C. (1988): Beschäftigungseffekte des nationalen und internationalen Tourismus in Kaschmir. Beispiel der Hausboote in Srinagar. Frankfurt a. M. (Dipl.-Arbeit).

Bélisle, Fr. J. (1984 a): Food production and tourism in Jamaica: Upstickles to increasing local food supplies to hotels. In: J. of developing areas, 19, S. 1–20.

Bélisle, Fr. J. (1984 b): Tourism and food imports: The case of Jamaica. In: Economic development and cultural change, 32, S. 819–842.

Bender, R. J. (1993): Indien, ein touristisches Entwicklungsland? In: Die Erde, 124, S. 127–145.

Bentor, Y. (1993): Tibetan tourist thangkas in the Kathmandu valley. In: Ann. of Tourism Res., 20, S. 107–137.

Berriane, M. (1990): Fremdenverkehr im Magreb, Tunesien und Marokko im Vergleich. In: Geogr. Rundsch., 42, S. 94–99.

Berriane, M. (1993): Binnentourismus und Freizeitverkehr in Marokko: Eine wirt-
schafts- und sozialgeographische Untersuchung. In: Ruppert, S. 235–262.

Bierwirth, J. (1981): Tourismus als Faktor der Akkulturation in Tunesien. In: Grötzbach, S. 139–158.

Bittmann, W./Fugger, B. (1991): Reiseführer Natur. Galapagos. München.

Blume, H. (1963): Westindien als Fremdenverkehrsgebiet. In: Die Erde, 94, S. 48–94.

Borja, J. F. C./Sanchez, M. M. (1993): Geoecodynamic assessment to improve the
landscape tourist resources in Cancun, Yucatan peninsula, Mexico. In: Wong, S. 55–
68.

Britton, S. G. (1980): The spatial organization of tourism in a neo-colonial economy:
A Fidschi case study. In: Pacific Viewpoint, 21, S. 144–165.

Britton, S. G. (1981): International tourism and multinational corporations in the
Pacific. In: Taylor, M./Thrift, N. (Eds.): Geography of multinational corporations.
London, S. 252–274.

Britton, S. G. (1989): Tourism, dependency and development: A mode of analysis. In:
Singh et al., S. 93–116.

Brockelman, W. Y./Dearden, P. (1990): The role of nature trekking in conservation: The
case-study in Thailand. In: Environmental Conservation, 17, S. 141–148.

Brüggemann, J. (1993): Auf der Suche nach dem grünen Paradies. Tourismus und Naturschutz in Costa Rica. In: Häusler et al., S. 279–304.

Bryden, J. N. (1973): Tourism and development: A case study of the Commonwealth
Caribbean. Cambridge.

Bührlein, M. (1991): Nuwara Eliya. „Hill Station" und zentraler Ort im Hochland der
Insel Ceylon (Sri Lanka). Stuttgart. (= Beitr. z. Südasienforsch., 146).

Bünstorf, J. (1992): Argentinien. Stuttgart, Dresden. (= Länderprofile).

Bundesministerium für wirtschaftliche Zusammenarbeit (BMZ) (Hrsg.) (1973): Urlaub in der Dritten Welt. Bonn. (= Mat., 40).

Bundesministerium für wirtschaftliche Zusammenarbeit (BMZ) (Hrsg.) (1976): Tourismus und Entwicklungspolitik. Bonn. (= Mat., 54).

Bundesministerium für wirtschaftliche Zusammenarbeit und Entwicklung (BMZ)
(Hrsg.) (1993): Tourismus in Entwicklungsländern. Bonn. (= Entwicklungspolitik
Mat., 88).

Butler, R. W. (1980): Concept of a tourism area cycle of evolution: Implications for management of resources. In: Canad. Geogr., 24, S. 5–12.

Cahill, T. (1983): Nur ein toter Gorilla ist für die afrikanischen Bauern ein guter Gorilla.
In: Geo, 83 (5), S. 96–102.

Casselmann, M. (1991): Naturschutz in Namibia. Entwicklungen, Konflikte, Perspektiven. In: Lamping, H./Jäschke, U. (Hrsg.): Aktuelle Fragen der Namibia-
Forschung. Frankfurt a. M., S. 231–260. (= Frankf. Wirtsch.- u. Sozialgeogr. Schr.,
56).

Cater, E./Lowman, G. (Eds.) (1994): Ecotourism. A sustainable option? Chichester.

Center on Transnational Corporations (Ed.) (1982): Transnational corporations in international tourism. New York.

Chant, S. (1992): Tourism in Latin America: Perspectives from Mexico and Costa Rica.
In: Harrison, S. 85–101.

Christaller, W. (1964): Some considerations of tourism location in Europe: The peripheral regions – underdeveloped countries – recreation areas. In: Reg. Science Assoc. Pap., 12, S. 95–103.

Cohen, E. (1972): Towards a sociology of international tourism. In: Social Res., 39, S. 164–182.

Cohen, E. (1979): Impact of tourism on the hill tribes of Northern Thailand. In: Internat. Asienforum, 10, S. 5–38.

Cohen, E. (1983): Hill tribe tourism. In: McKinnon, J./Bhruksasri, W.: Highlanders of Thailand. Kuala Lumpur, S. 307–325.

Cohen, E. (1988): Authenticity and commoditisation in tourism. In: Ann. of Tourism Res., 15, S. 371–386.

Cohen, E. (1989): „Primitive and remote": Hill tribe-Trekking in Thailand. In: Ann. of Tourism Res., 16, S. 30–61.

Cohen, E. (1993 a): Investigating tourist arts. In: Ann. of Tourism Res., 20, S. 1–8.

Cohen, E. (1993 b): Open-ended prostitution as a skillful game of luck. Opportunity, risk and security among tourist-oriented prostitutes in a Bangkok soi. In: Hitchcock et al., S. 155–178.

Cohen, E. (1993 c): The heterogenization of a tourist art. In: Ann. of Tourism Res., 20, S. 138–163.

Coppock, R. (1978): Influence of Himalayan tourism on Sherpa culture and habitat. In: Zeitschr. f. Kulturaust., 28 (3), S. 61–68.

Crush, J./Wellings, P. (1983): The Southern Africa pleasure peripherie. In: J. of Mod. Afr. Stud., 21, S. 673–698.

Czapek, Fr.-M./Grötzbach, E. (1981): Untersuchungen zum Binnenerholungsverkehr an der türkischen Schwarzmeerküste. In: Grötzbach, S. 105–137.

De Kadt, E. (Ed.) (1979): Tourism: Passport to development? Perspectives on the social and cultural effects of tourism in developing countries. New York, Oxford.

Dearden, P. (1991): Tourism and sustainable development in Northern Thailand. In: Geogr. Rev., 81, S. 400–413.

Dearden, P./Harron, S. (1994): Alternative tourism and adaptive change. In: Ann. of Tourism Res., 21, S. 81–102.

Dieke, P. U. C. (1993): Tourism and development policy in The Gambia. In: Ann. of Tourism Res., 20, S. 423–449.

Din, K. H. (1989): Towards an integrated approach to tourism development: Observations from Malaysia. In: Singh et al., S. 181–204.

Din, K. H. (1993): Dialog with the hosts. An educational strategy towards sustainable tourism. In: Hitchcock et al., S. 327–336.

Domrös, M. (1989): Attraktivitätspotentiale und Organisationsphänomene des Fremdenverkehrs auf den Malediven. In: Die Erde, 120, S. 35–49.

Domrös, M. (1993): Maldivien tourist resorts and their environmental impact. In: Wong, S. 69–82.

Donner, W. (1994): Lebensraum Nepal. Eine Entwicklungsgeographie. Hamburg. (= Mitt. d. Inst. f. Asienkde., 226).

Doorn, J. W. M. van (1979): The developing countries: Are they realy affected by tourism? Some critical notes on socio-cultural impact studies. Paper presented at a seminar on leisure studies in tourism, 7.–8. Dez. 1974. Warschau (zitiert nach Pearce 1989).

Dress, G. (1979a): Der Tourismus als Entwicklungsfaktor in tropischen Überseeländern, dargestellt am Fall der Insel Bali in Indonesien. In: Der Tourismus als Entwicklungsfaktor in Tropenländern. Frankfurt a. M., S. 189–202. (= Frankf. Wirtsch.- u. Sozialgeogr. Schr., 30).

Dress, G. (1979b): Wirtschafts- und sozialgeographische Aspekte des Tourismus in Entwicklungsländern. Dargestellt am Beispiel der Insel Bali in Indonesien. München.

Ehlers, E./Krüger, Th./Rahnemaee, T. (1983): Formen nationalen Fremdenverkehrs in einem islamischen Land: Der vorrevolutionäre Iran. In: Orient, 24, S. 95–133.

Eichenberg-Suvarnatisha, D. (1992): Dezimierung und Deteriorierung natürlicher Ressourcen in Thailand unter besonderer Berücksichtigung der Entwaldung und von Gegensteuerungsmaßnahmen insbesondere mittels Schutzflächenausweisungen. Frankfurt a. M. (Diss.).

Eisenstein, B. (1993): Wirtschaftliche Effekte des Fremdenverkehrs. Trier. (= Trier. Touris. Bibl., 4).

Ellenberg, L. (1993): Naturschutz und technische Zusammenarbeit. In: Geogr. Rundsch., 45, S. 290–300.

Engelhard, K. (1983): Ferntourismus in Nepal. In: Geogr. Rundsch., 35, S. 618–624.

Eriksen, W. (1970): Kolonisation und Tourismus in Ostpatagonien. Ein Beitrag zum Problem kulturgeographischer Entwicklungsprozesse am Rande der Ökumene. Bonn. (= Bonner Geogr. Abh., 43).

Escher, A. (1986): Studien zum traditionalen Handwerk der orientalischen Stadt. Wirtschafts- und sozialgeographische Strukturen und Prozesse anhand von Fallstudien in Marokko. Erlangen. (= Erl. Geogr. Arb., 46).

Escher, A. (1988): Modernisierung und Formalisierung traditioneller Handwerksbranchen in Marokko. Zum Beispiel die Lebbata in Fes und Marrakesch. In: Zeitschr. f. Wirtschaftsgeogr., 32, S. 120–130.

Escher, A./Wirth, E. (1992): Die Medina von Fes. Geographische Beiträge zur Persistenz und Dynamik, Verfall und Erneuerung einer traditionellen islamischen Stadt in handlungstheoretischer Sicht. Erlangen. (= Erl. Geogr. Arb., 53).

Esh, T./Rosenblum, I. (1975): Tourism in developing countries – Trick or treat? A report from The Gambia. Upsala.

Euler, C. (Hrsg.) (1989): „Eingeborene" ausgebucht. Ökologische Zerstörung durch Tourismus. Gießen. (= Ökozid, 5).

Farrell, B. H./Runyan, D. (1991): Ecology and tourism. In: Ann. of Tourism Res., 18, S. 26–40.

Farver, J. A. M. (1984): Tourism and employment in The Gambia. In: Ann. of Tourism Res., 11, S. 249–265.

Fossey, D. (1986): Mein Leben für die Affen. In: Geo, 86(5), S. 124–136.

Frentrup, K. (1969): Die ökonomische Bedeutung des internationalen Tourismus für die Entwicklungsländer. Hamburg.

Friedmann, J. (1966): Regional development policy: A case study of Venezuela. Cambridge, Mass.

Gamage, M. A. (1981): Commercial profitability of tourism. Colombo (unveröff. Studie f. d. Ceylon Tourist Board).

Geigant, F. (1973): Die Standorte des Fremdenverkehrs. Eine sozialökonomische

Studie über die Bedingungen und Formen der räumlichen Entfaltung des Fremdenverkehrs. München. (= Schr. d. Dt. Wirtschaftswissenschaftl. Inst. f. Fremdenverkehr d. Univ. München, 17).

Gierloff-Emden, H. G. (1970): Mexico. Eine Landeskunde. Berlin.

Goering, P. G. (1990): The response to tourism in Ladakh. In: Cultural Survival Quarterly, 14 (2), S. 20–25.

Gôméz, V. B./Sinclair, M. T. (1991): Integration in the tourism industry: A case study
approach. In: Sinclair/Stabler, S. 67–90.

Gormsen, E. (1979): Cancun. Entwicklung, Funktion und Problem neuer Tourismus-
Zentren in Mexico. In: Der Tourismus als Entwicklungsfaktor in Tropenländern.
Frankfurt a. M., S. 299–324. (= Frankf. Wirtsch.- u. Sozialgeogr. Schr., 30).

Gormsen, E. (1983 a): Der internationale Tourismus, eine neue „Pionierfront" in Ländern der Dritten Welt. In: Geogr. Zeitschr., 71, S. 149–165.

Gormsen, E. (1983 b): Tourismus in der Dritten Welt. Historische Entwicklung, Dis-
kussionsstand, sozialgeographische Differenzierung. In: Geogr. Rundsch., 35,
S. 608–617.

Gormsen, E. (1990 a): Kunsthandwerk in der Dritten Welt unter dem Einfluß des Tourismus. In: Geogr. Rundsch., 42, S. 42–47.

Gormsen, E. (1990 b): Tourismus in China. Entwicklung, Probleme und Perspektiven.
In: Gormsen, E./Kreth, R./Mielitz, G. (Hrsg.): Teil I: Kongreß-Tourismus; Teil II:
Tourismus in der Dritten Welt. 6. Sitzung d. Arbeitskr. Freizeit- und Fremdenver-
kehrsgeogr. Berlin, S. 143–156.

Gormsen, E. (1992): Mexiko – Das bedeutenste Touristenziel der Tropen. In: Briese-
meister, D./Zimmermann, Kl. (Hrsg.): Mexiko heute. Politik, Wirtschaft, Kultur.
Frankfurt a. M., 221–250. (= Bibliotheca Ibero-Americana, 43).

Gormsen, E. (1993): Tourismus-Entwicklung in China. Ausländer, Compatriots und
Übersee-Chinesen: Die Entwicklung des internationalen Fremdenverkehrs. In:
Ruppert, S. 137–179.

Gormsen, J. (1985): Das Kunsthandwerk in Mexiko als regionaler Entwicklungsfaktor
unter dem Einfluß des Tourismus. Saarbrücken, Fort Lauderdale. (= Sozialwiss.
Stud. zu internat. Probl., 105).

Graburn, N. H. H. (Ed.) (1976): Ethnic and tourists arts: Cultural expressions from the
Fourth World. Berkeley.

Greenwood, D. J. (1977): Culture by the pound: An anthropological perspectiv on tourism as cultural commoditization. In: Smith, S. 129–138.

Greenwood, D. J. (1989): Epilogue to „Culture by the pound". In: Smith, S. 171–186.

Grötzbach, E. (1981): Zur Einführung: Binnenfreizeit und Binnenerholungsverkehr als
Probleme der vergleichenden Kulturgeographie. In: Grötzbach, S. 9–37.

Grötzbach, E. (Hrsg.) (1981): Freizeit und Erholung als Probleme der vergleichenden
Kulturgeographie. Regensburg. (= Eichst. Beitr. Geogr., 1).

Grötzbach, E. (1982): Yayla-Erholungsverkehr im östlichen Pontischen Gebirge
(Nordost-Türkei). In: Mitt. d. Geogr. Gesellschaft München, 67, S. 91–124.

Groot, R. S. (1983): Tourism and conservation in the Galapagos Islands. In: Biological
Conservation, 26, S. 291–300.

Groß, D. (1982): Nationalparks, Wildreservate und Kulturstätten in Ostafrika. Trier.
(= Mat. z. Ostafrika-Forsch., 3).

Groupe Huit (1979): Sociocultural effects of tourism in Tunisia. A case study of Sousse. In: de Kadt, S. 285–304.

Guderjahn, M. (1992): Malediven. Pforzheim. (= Goldstadt-Reiseführer).

Gurung, Ch. P./Coursey, M. de (1994): The Annapurna Conservation Area Project: a pioneering example of sustainable tourism? In: Cater/Lowman, S. 177–194.

Häusler, N. (1993): Die Schlange im „Paradies"!? Tourismus und Akkulturation in Goa (Indien). In: Häusler et al., S. 23–52.

Häusler, N. et al. (Hrsg.) (1993): Unterwegs in Sachen Reisen. Tourismusprojekte und Projekttourismus in Afrika, Asien und Lateinamerika. Saarbrücken, Fort Lauderdale. (= ASA-Stud., 26).

Hall, C. M. (1994): Gender and economic interests in tourism prostitution: the nature, development and implications of sex tourism in South-east Asia. In: Tourism. A gender analysis, hrsg. v. Kinnaird, V./Hall, D., Chichester, S. 142–163.

Hamer, Th. (1979): Tourismus und Kulturwandel. Soziokulturelle und ökonomische Auswirkungen des Tourismus auf die Indios von Panajachel in Guatemala. Starnberg. (= Schriftenr. f. Tourismusforsch.).

Harrison, D. (1992a): Tradition, modernity and tourism in Swaziland. In: Harrison, S. 148–162.

Harrison, D. (Ed.) (1992b): Tourism and the less developed countries. London.

Healy, K./Zorn, E. (1982/83): Lake Titicaca's campesino-controled tourism. In: Grassroots development, 6/7, S. 3–10.

Hemmer, H. R. (1978): Wirtschaftsprobleme der Entwicklungsländer. München.

Hesse, H./Sautter, H. (1977): Entwicklungstheorie – Politik, Band I, Entwicklungstheorie. Tübingen, Düsseldorf.

Hirschman, A. A. (1967): Die Strategie der wirtschaftlichen Entwicklung. Stuttgart.

Hitchcock, M./King, V. T./Parnwell, M. J. G. (Eds.) (1993a): Tourism in South-East Asia. London, New York.

Hitchcock, M./King, V. T./Parnwell, M. J. G. (1993b): Tourism in South-East-Asia: Introduction. In: Hitchcock et al., S. 1–31.

Hitchcock, R. K./Brandenburgh, R. L. (1990): Tourism, conservation and culture in the Kalahari desert – Botswana. In: Cultural Survival Quarterly, (14) 2, S. 20–24.

Hobsbawm, E./Ranger, T. (Eds.) (1983): The invention of tradition. Cambridge.

Höfels, Th. (1990): Fremdenverkehr und regionale Beschäftigungseffekte in der Türkei. Das Beispiel Alanya – Südtürkei. In: Geogr. Rundsch., 42, S. 21–25.

Höhfeld, V. (1989): Türkischer Tourismus. Ausverkauf der Küsten. In: Geogr. Rundsch., 41, S. 230–234.

Holl, Fr. R. (1994): Der Langkawi-Archipel. Nordwest-Malaysia. Regionalentwicklung eines Peripherieraumes unter dem Einfluß des Tourismus. Berlin (= Abh. Anthropogeogr. 53).

Hölper, H. (1986): Tourismus in Tonga. Eine geographische Untersuchung zur Entwicklungsrelevanz eines jungen Wirtschaftszweiges in einem traditionellen Inselstaat im Süd-Pazifik. Aachen. (= Aach. Geogr. Arb., 18).

Homewood, K./Rodgers, W. A. (1987): Pastoralism, conservation and the overgrasing controversy. In: Anderson/Grove, S. 111–128.

Hussey, A. (1982): Tourist destination areas in Bali. In: Contemporary South-East Asia, 3, S. 374–385.

IUCN (World Conservation Union) (Ed.) (1990): United Nations list of national parks and protected areas. Gland, Cambridge.

Jurczek, P. (1985): Groß- und kleinräumige Auswirkungen des Ferntourismus auf Peru. In: Die Erde, 116, S. 27–47.

Kamp, Chr. (1993): Tirthayatra, Traveltitis – Von der Pflicht und Lust zu Reisen. Inlandstourismus in der Indischen Union. In: Häusler et al., S. 155–182.

Kaplinsky, R. (1982): Capitalist accumulation in the periphery: Kenya. In: Fransman, M. (Ed.): Industry and accumulation in Africa. London, S. 193–221.

Kenchington, R. (1989): Tourism in the Galapagos Islands: The dilemma of conservation. In: Environmental Conservation, 16, S. 227–236.

Kermath, B. M./Thomas, U. R. N. (1992): Special dynamics of resorts. Sosua, Dominican Republic. In: Ann. of Tourism Res., 19, S. 173–190.

King, A. D. (1976): Colonial urban development: Culture, social power and environment. London.

Kiss, A. (Ed.) (1990): Living with wildlife. Wildlife resource management with local participation in Africa. Washington, D.C.

Kleiber, D./Wilke, M. (1995): Aids, Sex und Tourismus. Ergebnisse einer Befragung deutscher Urlauber und Sextouristen. Baden-Baden (= Schriftenr. d. Bundesminist. f. Gesundheit, 33).

Knall, B. (1962): Wirtschaftserschließung und Entwicklungsstufen. Hamburg. (= Weltwirtschaftl. Archiv, 88, S. 184–258).

Kreib, Y. (1992): Naturschutz als Verhängnis? In: ÖkozidJournal, 3, S. 9–25.

Kreth, R. (1979): Probleme der Bevölkerungs- und Beschäftigtenstruktur in Acapulco als Folge des Tourismus. In: Der Tourismus als Entwicklungsfaktor in Tropenländern. Frankfurt a. M., S. 273–298. (= Frankf. Wirtsch.- u. Sozialgeogr. Schr., 30).

Krusnik, K. (1978): Fremdenverkehrsbedingte Wachstums- und Struktureffekte in unterentwickelten Volkswirtschaften. Köln (Diss.).

Kuhnen, K.-H./Braun, R. (1989): Cash apes – Das Geschäft mit dem Gorilla-Tourismus. In: Euler, S. 159–169.

Latimer, H. (1985): Developing island economies – Tourism vs. agriculture. In: Tourism Management, 7, S. 32–42.

Lea, J. (1988): Tourism and development in the Third World. London, New York.

Lea, J. (1993): Tourism development ethics in the Third World. In: Ann. of Tourism Res., 20, S. 701–715.

Lindsay, W. K. (1987): Integrating parks and pastoralists: Some lessons from Amboseli. In: Anderson/Grove, S. 149–167.

Long, V. H. (1991): Government – industry – community. Interaction in tourism development in Mexico. In: Sinclair/Stabler, S. 205–222.

Ludwig, K./Haas, M./Neuer, M. (Hrsg.) (1990): Der neue Tourismus. Rücksicht auf Land und Leute. München.

Ludwig, K. L. (1990): Von Schusters Rappen zum Düsenjet. Zur Geschichte des Reisens. In: Ludwig et al., S. 28–39.

Lüem, Th. (1985): Sozio-kulturelle Auswirkungen des Tourismus in Entwicklungsländern: Ein Beitrag zur Problematik des Vergleiches von touristischen Implikationen auf verschiedenartige Kulturräume der Dritten Welt. Zürich (Diss.).

Lungu, F. B. (1990): Zambia. Administrative design for game management areas

(ADMADE) and Luangwa integrated rural development project (LIRDP). In: Kiss, S. 115–122.

Luxmoore, R./Swanson, T. M. (1992): Wildlife and wildland utilization and conservation. In: Swanson/Barbier, S. 170–194.

Mackie, V. (1992): Japan and Southeast Asia: The international division of labour and leisure. In: Harrison, S. 75–84.

Marr, R. (1982): Tourismus in Malaysia und Singapore. Eine humangeographische Studie raumrelevanter Strukturen und Prozesse. Basel. (= Bas. Beitr. z. Geogr., 27).

Matowanyika, J. Z. Z. (1989): Cast out of Eden. Peasants vs. wildlife policy in Savanna Africa. In: Alternatives, 16, S. 30–39.

Matznetter, J. (1979): Symposium: „Der Tourismus als Entwicklungsfaktor in Tropenländern" – Zusammenfassung. In: Der Tourismus als Entwicklungsfaktor in Tropenländern. Frankfurt a. M., S. 325–332. (= Frankf. Wirtsch.- u. Sozialgeogr. Schr., 30).

May, S. (1985): Tourismus in der Dritten Welt. Von der Kritik zur Strategie. Das Beispiel Kap Verde. Frankfurt a. M., New York. (= Campusforschung, 463).

McKean, P. F. (1976): Tourism. Culture change and culture conservation in Bali. In: Banks, D. J. (Ed.): Changing identities in modern South-East-Asia. The Hague, Paris, S. 237–248.

McKean, P. F. (1977): Towards a theoretical analysis of tourism: Economic dualism and cultural involution in Bali. In: Smith, S. 93–107.

McKean, P. F. (1982): Tourists and Balineses. In: Cultural Survival Quarterly, 6, S. 32–33.

Meinke, H. (1968): Tourismus und wirtschaftliche Entwicklung. Göttingen. (= Weltwirtschaftl. Stud., 13).

Menzel, U. (1991): Geschichte der Entwicklungstheorie, Einführung und systematische Bibliographie. Hamburg. (= Schriftenr. d. Dtsch. Überseeinst., 12).

Menzel, U. (1992): Das Ende der Dritten Welt und das Scheitern der großen Theorie. Frankfurt a. M.

Meyer, W. (1988): Beyond the mask. Toward a transdisciplinary approach of selected social problems related to the evolution and context of international tourism in Thailand. Saarbrücken, Fort Lauderdale. (= Sozialwiss. Stud. zu internat. Probl., 34).

Michaud, J. (1991): The social anthropology of tourism in Ladakh, India. In: Ann. of Tourism Res., 18, S. 605–621.

Milne, S. (1990a): The economic impact of tourism in Tonga. In: Pacific Viewpoint, 31, S. 24–41.

Milne, S. (1990b): The impact of tourism development in small pacific island states. An overview. In: New Zealand J. of Geogr., 89, S. 16–21.

Milne, S. (1990c): Tourism and economic development in Vanuatu. In: Sing. J. of Trop. Geogr., 11, S. 13–26.

Milne, S. (1991): The economic impact of tourism in Kiribati. In: Pac. Stud., 14, S. 53–70.

Milne, S. (1992): Tourism and development in South Pacific Micro States. In: Ann. of Tourism Res., 19, S. 191–212.

Miossec, J. M. (1976): Elements pour une theorie de l'espace touristique. Aix-en-Provence.

Mitchell, N. (1972): The Indian hill station: Kodhikanal. Chicago. (= Res. Pap., 141).

Müller, B. (1983): Fremdenverkehr und Entwicklungspolitik zwischen Wachstum und

Ausgleich: Folgen für die Stadt- und Regionalentwicklung in peripheren Räumen. Beispiele von der mexikanischen Pazifikküste. Mainz. (= Mainz. Geogr. Stud., 25).

Müller, B. (1985): Tourism reaching the way for an integrated development and peripheral regions? A case study of the Pacific Coast in Mexico. In: Gormsen, E. (Hrsg.): The impact of tourism on regional development and cultural change. Mainz, S. 37–46. (= Mainz. Geogr. Stud., 26).

Müller, B. (1994): Ökotourismus in Entwicklungsländern: Umweltpolitische Leerformel oder wirksame Regionalentwicklungsstrategie? In: Festschr. f. E. Gormsen z. 65. Geb., Mainz, S. 361–374. (= Mainzer Geogr. Stud. 40).

Müller, B./Susewind, B. (1979): Zur Entwicklung und räumlichen Differenzierung des Fremdenverkehrs in Mexiko. In: Der Tourismus als Entwicklungsfaktor in Tropenländern. Frankfurt a. M., S. 251–272. (= Frankf. Wirtsch.- u. Sozialgeogr. Schr., 30).

Müller-Hohenstein, K. L./Popp, H. (1990): Marokko. Ein islamisches Entwicklungsland mit kolonialer Vergangenheit. Stuttgart (= Länderprofile).

Munn, Ch. (1994): Aras. Die Pop-Stars Amazoniens. In: Geo, 94(7), S. 116–136.

Myrdal, G. (1959): Ökonomische Theorie und unterentwickelte Regionen. Stuttgart.

Nash, D./Smith, V. L. (1991): Anthropology and tourism. In: Ann. of Tourism Res., 18, S. 12–25.

Nason, J. D. (1984): Tourism, handicrafts and ethnic identity in Micronesia. In: Ann. of Tourism Res., 11, S. 421–449.

Neuer, M. (1990): Tourismus in Tibet. Nach der Invasion der Chinesen folgen die Touristen. In: Ludwig et al., S. 140–145.

Nohlen, B./Nuscheler, F. (1992): Was heißt Entwicklung? In: Nohlen, B./Nuscheler, F. (Hrsg.): Handbuch der Dritten Welt, Bd. 1. Hamburg, S. 55–75.

Noronha, R. (1979): Social and cultural dimensions of tourism. Washington (= World Banks Staff Working Pap., 326).

Nunez, Th. A. (1963): Tourism, tradition and acculturation: Weekendism in a Mexican village. In: Ethnology, 3, S. 347–352.

Nuscheler, F. (1991): Lern- und Arbeitsbuch Entwicklungspolitik. Bonn.

Oestreich, H. (1984): Die Niederländischen Antillen unter dem Winde. Zur Wirtschaftsentwicklung im Spannungsfeld von Erdölindustrie und Tourismus. In: Zeitschr. f. Wirtschaftsgeogr., 28, S. 112–125.

Oppermann, M. (1993): Tourism space in developing countries. In: Ann. of Tourism Res., 20, S. 535–556.

O'Hare, Gr./Barrett, H. (1994): Effects of market fluctuations on the Sri Lankan tourist industry: Resilience and change 1981–1991. In: J. f. econ. a. soc. Geogr., 85, S. 39–52.

Parnwell, M. J. G. (1993a): Tourism and rural handicrafts in Thailand. In: Hitchcock et al., S. 234–257.

Parnwell, M. J. G. (1993b): Environmental issues and tourism in Thailand. In: Hitchcock et al., S. 286–302.

Pawson, E. G./Stanford, D. D./Adams, V. A. (1984a): Effects of modernisation on the Khumbu region of Nepal: Changes in population structure 1970–1982. In: Mountain Res. a. Develop., (4) 3, S. 73–81.

Pawson, E. G./Stanford, D. D./Adams, V. A. (1984b): Growth of tourism in Nepal's Everest region: Impact on the physical environment and structure of human settlements. In: Mountain Res. a. Develop., 4, S. 237–246.

Pearce, D. (1989): Tourist development. London.

Pearce, D./Barbier, E./Markandya, A. (1990): Sustainable development. Economics and environment in the Third World. London.

Picard, M. (1990): „Cultural tourism" in Bali: Cultural performances as tourist attraction. In: Indonesia, 49, S. 37–74.

Picard, M. (1993): „Cultural tourism" in Bali. National integration and regional differentiation. In: Hitchcock et al., S. 71–98.

Place, S. E. (1991): Nature tourism and rural development in Tortuguero. In: Ann. of Tourism Res., 18, S. 186–201.

Pleumarom, A. (1992): Course and effect. Golf tourism in Thailand. In: Ecologist, 22, S. 104–110.

Pleumarom, A. (1993): Fortschritt zu welchem Preis? Tourismus, Entwicklung und Umwelt in Nord-Thailand. In: Häusler et al., S. 305–332.

Plüss, C. (1989): Nach uns die Sintflut. Tourismus und Umwelt am Beispiel der Malediven. In: Euler, S. 133–148.

Poon, A. (1990): Flexible specialization and small size: The case of Caribbean tourism. In: World Development, 18, S. 109–123.

Popelka, Ch. A./Littrell, M. A. (1991): Influence of tourism on handicraft evolution. In: Ann. of Tourism Res., 18, S. 392–413.

Potter, R. B. (1983): Tourism and development: The case of Barbados, West Indies. In: Geography, 68, S. 46–50.

Pullan, R. A. (1988): Conservation and the development of national parks in the humid tropics of Africa. In: J. of Biogeogr., 15, S. 171–183.

Radetzki-Stenner, M. (1989): Internationaler Tourismus und Entwicklungsländer. Die Auswirkungen des Einfach-Tourismus auf eine ländliche Region der indonesischen Insel Bali. Münster.

Reed, R. R. (1976): City of Pines: The origin of Baguio as a colonial hill station and regional capital. Berkeley.

Renschler, R. et al. (Hrsg.) (1991): Ware Liebe. Sextourismus, Prostitution, Frauenhandel. 3. Aufl. Wuppertal.

Rinschede, G. (1990): Religionstourismus. In: Geogr. Rundsch., 42, S. 14–20.

Ritter, W. (1979): Die Anfänge eines Tourismus auf der Arabischen Halbinsel. In: Der Tourismus als Entwicklungsfaktor in Tropenländern. Frankfurt a. M., S. 87–104. (= Frankf. Wirtsch.- u. Sozialgeogr. Schr., 30).

Robinson, G. W. S. (1972): The recreation geography of South Asia. In: Geogr. Rev., 62, S. 561–572.

Rodenburg, E. E. (1980): The effects of scale in economic development: The case of Bali. In: Ann. of Tourism Res., 7, S. 177–196.

Roekaerts, M./Savat, K. (1989): The mass-tourism in South- and South-East Asia – A challange to Christians and the churches. In: Singh et al., S. 35–70.

Roost-Vischer, L. (1988): Palmwein in Affiniam. Ländlich integrierter Tourismus in der senegalesischen Casamance. Zürich.

Roost-Vischer, L. (1990): Dorftourismus im Senegal. In: Ludwig et al., S. 127–133.

Rostow, W. W. (1960): The stages of economic growth. A non-communist manifesto. Cambridge/Mass.

Ruppert, R. (1993): Festschrift f. W. Ritter z. 60. Geburtstag. Nürnberg. (= Nürnb. Wirtsch.- u. Sozialgeogr. Abhdl., 46).

Rutten, M. M. E. M. (1992): Selling wealth to buy poverty. The process of the individualization of landownership among the maasai pastoralists of Kajiado district Kenya, 1890–1990. Saarbrücken, Fort Lauderdale. (= Nijmegen Stud. Development and Cultural Change, 10).

Saglio, C. (1979): Tourism for discovery: A project in lower Casamance, Senegal. In: de Kadt, S. 321–338.

Sambrooke, K. R. A./Kermath, Br. M./Thomas, R. N. (1993): Seaside resort development in the Dominican Republik. In: J. of Cultural Geogr., 12, S. 65.

Sanger, A. (1988): Blessing or blight? The effect on tourism dance-drama on village life in Singapau, Bali. In: The impact of tourism on traditional music. Kingston, Jamaika.

Schätzl, L. (1992): Wirtschaftsgeographie I, Theorie. Paderborn. (= UTB f. Wissensch., 782).

Schamp, E. W. (Hrsg.) (1989): Der informelle Sektor: Geographische Perspektiven eines umstrittenen Konzepts. Aachen.

Schauber, A. (1993): „Schau zur Sonne, dann fällt der Schatten hinter dich". Unternehmerische Gehversuche von Einwanderertouristen auf der thailändischen Insel Koh Samui. In: Häusler et al., S. 121–154.

Schlenke, U./Stewig, R. (1983): Endogener Tourismus als Gradmesser des Industrialisierungsprozesses in Industrie- und Entwicklungsländern. In: Erdkunde, 37, S. 137–254.

Schulz, A. (1991): Endogener Tourismus in der Türkei. In: Stewig, R. (Hrsg.): Endogener Tourismus. Kiel, S. 147–188 (= Kieler Geogr. Schr., 81).

Schwartz, R. T. (1991): Travellers under fire. Tourists in the Tibetan Uprising. In: Ann. of Tourism Res., 18, S. 588–604.

Seybert, H. (1990): Internationaler Tourismus und regionale Entwicklung. Am Beispiel der Beschäftigten im Beherbergungssektor auf Koh Samui (Süd Thailand). Frankfurt a. M. (unv. Dipl.-Arbeit).

Shivji, L. G. (Ed.) (1973): Tourism and socialist development. Dar es Salaam (= Tanz. Stud., 3).

Sikor, T. H. (1993): Tourismus in der Revolution – Revolution des Tourismus? Wandlungen in der Tourismuspolitik Nicaraguas. In: Häusler et al., S. 312–246.

Simpson, B. (1993): Tourism and tradition: From healing to heritage. In: Ann. of Tourism Res., 20, S. 164–181.

Sinclair, M. T. (1991): The tourism industry and foreign exchange leakages in a developing country: The distribution of earnings from safari and beach tourism in Kenya. In: Sinclair/Stabler, S. 185–204.

Sinclair, M. T./Alizadeh, P./Onunga, E. A. A. (1992): The structure of international tourism and tourism development in Kenya. In: Harrison, S. 47–63.

Sinclair, M. T./Stabler, M. J. (Eds.) (1991): The tourism industry: An international analysis. Wallingford.

Sindiyo, D. M./Pertet, F. N. (1984): Tourism and its impact on wildlife conservation in Kenya. In: Industry and Environment, 7, S. 14–19.

Singh, T. V./Theuns, H. L./Go, F. M. (Eds.) (1989): Towards appropriate tourism: The case of developing countries. Frankfurt a.M., Bern (= Europ. Hochschulschr., R. X, 11).

Smith, V. L. (Ed.) (1977): Hosts and guests. The anthropology of tourism. Oxford.

Sofield, T. H. B. (1993): Indigenous tourism development. In: Ann. of Tourism Res., 20, S.729–750.

Spehs, P. (1990): Neue staatlich geplante Badeorte in Mexiko. In: Geogr. Rundsch., 42, S.34–41.

Spode, H. (1988): Der moderne Tourismus – Grundlinien seiner Entstehung und Entwicklung vom 18. bis zum 20. Jahrhundert. In: Storbeck, S.39–76.

Stauffer, B./Jäggi, M.-I. (1992): Umweltschäden durch touristische Großprojekte in Tunesien. In: Bruhns, B.-I./Kappel, R. (Hrsg.): Ökologische Zerstörung in Afrika und alternative Strategien. Münster, Hamburg, S.196–213 (= Bremer Afrikastud., 1).

Steinecke, A. (1988): Urlaubserwartungen und Urlaubertypen – Möglichkeiten und Probleme der soziologischen und psychologischen Zielgruppenbestimmung und Marktsegmentierung. In: Storbeck, S.325–343.

Stevens, S. F. (1993a): Tourism, change and continuity in the Mount Everest Region, Nepal. In: Geogr. Rev., 83, S.410–427.

Stevens, S. F. (1993b): Claiming the high ground. Sherpas, subsistence and environmental change in the highest Himalaya. Berkeley, Los Angeles, Oxford.

Storbeck, D. (Hrsg.) (1988): Moderner Tourismus – Tendenzen und Aussichten. Trier (= Mat. z. Fremdenverkehrsgeogr., 17).

Studienkreis für Tourismus (SfT) (Hrsg.) (1974): Ferntourismus? Ein Mittel der Entwicklungshilfe und Völkerverständigung. Starnberg.

Studienkreis für Tourismus (SfT) (Hrsg.) (1979): Tourismus in Entwicklungsländern. Starnberg.

Swain, M. P. (1993): Women producers and ethnic art. In: Ann. of Tourism Res., 20, S.32–51.

Swainson, N. (1980): The development of corporate capitalism in Kenya 1918–1977. London.

Swanson, T. M./Barbier, E. B. (Eds.) (1992): Economics for the wilds, wildlands, diversity and development. London.

Taylor-Ide, D./Byers-Ill, A. C./Campbell, J. G. (1992): Mountains, nations, parks and conservation – a case study of the Mt. Everest area. In: GeoJournal, 27, S.103–112.

Theuns, H. L. (1991): Third World tourism research 1950–1984. A guide to literature. Frankfurt a.M.

Thießen, B. (1993): Tourismus in der Dritten Welt. Trier (= Trier. Tour. Bibl., 3).

Tolba, M. K./El-Kholy, O. A. (Eds.) (1992): The World environment 1972–1992. Two decades of challenge. London.

Toops, St. (1993): Xinjiang's handicraft industry. In: Ann. of Tourism Res., 20, S.88–106.

Tüting, L. (1989): Trekkingtourismus in Nepal. Das „Annapurna Conversation Area Project" als hoffnungsvoller Ansatz. In: Euler, S.112–132.

Turner, L./Ash, J. (1975): The golden hordes: International tourism and the pleasure periphery. London.

Ungefehr, F. (1988): Tourismus und off-shore banking auf den Bahamas: Internationale

Dienstleistungen als dominanter Wirtschaftfaktor in einem kleinen Entwicklungsland. Frankfurt a. M. (= Europ. Hochschulschr., R. V, 876).

Uthoff, D. (1991): Tourismus und Küstenveränderung auf Phuket/Süd-Thailand. In: Brückner, H./Radtke, U. (Hrsg.): Von der Nordsee bis zum Indischen Ozean. Düsseldorf, S. 237–249 (= Erdkundl. Wissen, 105).

Valentine, P. S. (1993): Ecotourism and nature conservation. A definition with some recent developments in Micronesia. In: Tourism Management, 14, S. 107–115.

Vickers, A. (1994): Bali. Ein Paradies wird erfunden. Köln.

Voigt, P. (1978): Bevölkerungsprobleme in Acapulco. In: Studienkreis f. Tourismus (Hrsg.): Tourismus – Entwicklung und Gefährdung? Wirtschaftliche und soziale Wirkungen des Tourismus. Starnberg, S. 191–205.

Vorlaufer, K. (1976a): Die Fremdenverkehrswirtschaft Kenyas. Entwicklung, Bedeutung, regionale Differenzierung. In: Africa Spectrum, 76 (1), S. 28–50.

Vorlaufer, K. (1976b): Tourism, employment and labour migration in developing countries. A case study of Kenya. In: Geogr. of tourism and recreation. Moskau, S. 166–170.

Vorlaufer, K. (1977a): Fremdenverkehr und regionalwirtschaftliche Entwicklung in der „Dritten Welt". Eine Fallstudie über die Küstenzone Kenyas. In: Geogr. u. ihre Didaktik zw. Umbruch und Konsolidierung. Festschr. f. K. E. Fick zum 60. Geburtstag. Frankfurt a. M., S. 33–50 (= Frankf. Beitr. z. Didaktik d. Geogr., 1).

Vorlaufer, K. (1977b): Die Fremdenverkehrswirtschaft der Küstenzone Kenyas. Räumliche Ordnung, siedlungsstrukturelle Auswirkungen, Raumordnungsprobleme. In: Studien z. allg. und regionalen Geogr. J. Matznetter z. 60. Geburtstag. Frankfurt a. M., S. 505–539 (= Frankf. Wirtsch.- und Sozialgeogr. Schr., 28).

Vorlaufer, K. (1979a): Der Fremdenverkehr in Sri Lanka als Faktor der nationalen und regionalen Entwicklung. In: Der Tourismus als Entwicklungsfaktor in Tropenländern. Frankfurt a. M., S. 105–162 (= Frankf. Wirtsch.- u. Sozialgeogr. Schr., 30).

Vorlaufer, K. (1979b): Fremdenverkehrs- und agrarwirtschaftliche Tätigkeit der Hotelbeschäftigten der Küstenzone Kenyas. Ein Beitrag zum Problem „Tourismus und sozialer Wandel in der Dritten Welt". In: Afrika Spectrum, 14, S. 219–232.

Vorlaufer, K. (1979c): Fremdenverkehrswirtschaftliche Entwicklung und Beschäftigung in der Dritten Welt. Eine Studie zur regionalen und sozialen Mobilität der Hotelbeschäftigten der Küstenzone Kenyas. In: Zeitschr. f. Wirtschaftsgeogr., 23, S. 161–171.

Vorlaufer, K. (1979d): Fremdenverkehrswirtschaftliche Entwicklung und Arbeiterwanderungen in Kenya. Das Beispiel der Küstenzone. In: Erdkunde, 33, S. 129–144.

Vorlaufer, K. (1979e): Fremdenverkehrswirtschaftliche Entwicklung und sozialer Wandel in Ostafrika. Die Hotelbeschäftigten der Küstenzone Kenyas im Spannungsfeld zwischen traditionellen Bindungen und der Integration in ein neues Beziehungsgefüge. In: Studienkreis f. Tourismus, S. 167–199.

Vorlaufer, K. (1980): Die räumliche Ordnung der Fremdenverkehrswirtschaft in Sri Lanka. Eine standorttheoretische und -empirische Studie zur Entfaltung des Tourismus in der Dritten Welt. In: Zeitschr. f. Wirtschaftsgeogr., 24, S. 165–175, 204–213.

Vorlaufer, K. (1981): Möglichkeiten und Grenzen der wirtschaftlichen Entwicklung im zentralen Bergland Sri Lankas. Wirtschaft, Bevölkerung, Beschäftigungsprobleme, Landnutzung, Tourismus. In: Wirtschaftliche Aspekte d. Raumentwicklung in außereurop. Hochgebirgen. Frankfurt a.M., S.111–172 (= Frankf. Wirtsch.- u. Sozialgeogr. Schr., 36).

Vorlaufer, K. (1983a): Der Tourismus in Kenya. Wirtschaftliche Bedeutung, räumliche Ordnung, Landnutzungsprobleme. In: Zeitschr. f. Wirtschaftsgeogr., 27, S.33–58.

Vorlaufer, K. (1983b): Die Fremdenverkehrswirtschaft Sri Lankas: Entwicklung, Bedeutung, Probleme. In: Geogr. Rundsch., 35, S.627–636.

Vorlaufer, K. (1984a): Ferntourismus und Dritte Welt. Frankfurt a.M. (= Studienbücher Geogr.).

Vorlaufer, K. (1984b): Die Fremdenverkehrsstandorte Sri Lankas als Zentrum regionaler und sozialer Mobilitätsprozesse. Ein Beitrag zum Problem räumlich und sozial differenzierter Beschäftigungseffekte des Ferntourismus in der Dritten Welt. In: Tagungsb. u. wiss. Abhdl., 44. Dt. Geographentag in Münster. Stuttgart, S.204–214.

Vorlaufer, K. (1984c): Arbeitsmärkte und Tourismus in Sri Lanka. Regionalpolitische sozio-ökonomische und sozio-ethnische Aspekte. In: Studienkreis f. Tourismus (Hrsg.): Tourismus in Entwicklungsländern II. Starnberg, S.237–265.

Vorlaufer, K. (1984d): Wanderungen zwischen ländlichen Peripherie- und großstädtischen Zentralräumen in Afrika. Eine migrationstheoretische und empirische Studie am Beispiel Nairobi. In: Zeitschr. f. Wirtschaftsgeogr., 28, S.229–261.

Vorlaufer, K. (1985): Frauen-Migration und sozialer Wandel in Afrika. Das Beispiel Kenya. In: Erdkunde, 39, S.128–143.

Vorlaufer, K. (1988a): Tourismus und Entwicklung in der Dritten Welt. In: Storbeck, S.603–636.

Vorlaufer, K. (1988b): Traditionelle Hirtenökonomien und sozialer Wandel in Ostafrika: Das kenyanische Masailand. In: Mäckel, F. R./Sick, W.-D. (Hrsg.): Natürliche Ressourcen und ländliche Entwicklungsprobleme der Tropen. Festschr. f. W. Manshard. Stuttgart, S.144–172 (= Erdkundl. Wissen, 90).

Vorlaufer, K. (1989a): Die Primatstadt Nairobi und regionale Wachstumszentren – Wirtschaftsräumliche Dominanz- und Konkurrenzverhältnisse in Kenya. In: Regio Bas., 30, S.215–234.

Vorlaufer, K. (1989b): Tanzania und Kenya: „Sozialistische" und „kapitalistische" Entwicklungsmodelle für Afrika? In: Geogr. Rundsch., 41, S.602–612.

Vorlaufer, K. (1990a): Kenya. Stuttgart.

Vorlaufer, K. (1990b): Dritte-Welt-Tourismus – Vehikel der Entwicklung oder Weg in die Unterentwicklung? In: Geogr. Rundsch., 42, S.4–13.

Vorlaufer, K. (1991): Die Seychellen: Tourismus als Entwicklungsoption für einen insularen Kleinstaat. In: Afrika Spectrum, 91/2, S.221–255.

Vorlaufer, K. (1992): Urbanisierung und Stadt-Land-Beziehungen von Migranten in Primat- u. Sekundärstädten Afrikas: Dakar/Senegal und Mombasa/Kenya. In: Zeitschr. f. Wirtschaftsgeogr., 36, S.77–107.

Vorlaufer, K. (1993a): Tansnationale Reisekonzerne und die Globalisierung der Fremdenverkehrswirtschaft: Konzentration, Struktur und Raummuster. In: Erdkunde, 47, S.267–281.

Vorlaufer, K. (1993b): Transnationale Hotelketten: Entwicklung, Struktur und räumliche Ausbreitungsmuster. In: Petermanns Geogr. Mitt., 137, S.289–308.

Vorlaufer, K. (1994): Transnationale Ferienclubketten – raumzeitliche Entfaltung,

Struktur, Probleme. In: Festschrift f. E. Gormsen, Mainz, S.375–392 (= Mainz. Geogr. Stud. 40).

Vorlaufer, K. (1995a): Touristen, Umweltbelastungen und „nachhaltige Entwicklung" in Kenya: Wahrnehmung, Bewertung, Verhalten. In: Leisch, H. (Hrsg.): Perspektiven d. Entwicklungsländerforsch., Festschr. f. H. Hecklau, Trier, S.233–245 (= Trier. Geogr. Stud.).

Vorlaufer, K. (1995b): Regionale Disparitäten, Tourismus und Regionalentwicklung in Thailand. In: Petermanns Geogr. Mitt., 139, S.353–381.

Vorlaufer, K. (1996a): Tourismus in Kenya – Klischees und Realitäten. In: Tourismus in der Dritten Welt – Klischees und Realitäten, hrsg. v. E. Gormsen u. A. Thimm, Mainz (im Druck) (= Interdiszipl. Arbeitskreis Dritte Welt, Bd. 10).

Vorlaufer, K. (1996b): Mexiko: Räumliche Disparitäten, Staat und Tourismus. In Zeitschr. f. Wirtschaftsgeogr., 40 (im Druck).

Voss, J. (1984): Die Bedeutung des Tourismus für die wirtschaftliche Entwicklung. Ein Beitrag zur Integration von Tourismusforschung und Entwicklungspolitik. Pfaffenweiler.

Wagner, N./Kaiser, M./Beimdik, F. (1983): Ökonomie der Entwicklungsländer. Eine Einführung. Stuttgart (= UTB f. Wissensch., 1230).

Wahnschafft, R. (1984): Zum Entwicklungspotential des „informellen" Klein(st)gewerbes: Untersuchungsergebnisse aus Pattaya, Thailand. In: Vhdlg. d. Dt. Geographent., 44. Wiesbaden, S.214–219.

Weaver, D. B. (1988): The evolution of a „plantation" tourism landscape on the caribbean island of Antigua. In: Tijdschrift voor econ. and soc. Geogr., 79, S.319–331.

Weaver, D. B. (1991): Alternative to mass tourism in Dominica. In: Ann. of Tourism Res., 18, S.414–432.

Weaver, D. B. (1994): Ecotourismus in the Caribbean Basin. In: Cater, E./Lowman, G., S.159–176.

Wells, M./Brandon, K./Hannah, L. (1992): People and parks. Linking protected area management with local communities. Washington.

Weltbank (Hrsg.) (1994): Weltentwicklungsbericht. Washington.

Weltbank (Hrsg.) (1995): Weltentwicklungsbericht. Washington.

Werle, O. (1987): Der Nationalpark der Virunga-Vulkane in Ruanda. Ein Beispiel für Nutzungskonflikte in ostafrikanischen Hochbergen. In: Hochgebirge, Ergebnisse neuer Forschungen. Frankfurt a.M., S.241–265 (= Frankf. Beitr. z. Didaktik d. Geogr., 10).

Western, D./Wesley, H. (1979): Economics and conservation in the Third World national parks. In: Bioscience, 29, S.414–418.

Widmer-Münch, R. (1990): Der Tourismus in Fès und Marrakesch, Strukturen und Prozesse in bipolaren urbanen Räumen des islamischen Orients. Basel (= Baseler Beitr. z. Geogr., 39).

Wild, G. P. Int. Ltd. (Ed.) (1994): The cruise market. London.

Wilhelmy, H. (1992): Dreißig Jahre kubanisches „Entwicklungsmodell". Beobachtungen auf zwei Reisen 1959 und 1991. In: Die Erde, 123, S.321–328.

Williamson, P. A. T. (1993): Tourist developers on Koh Samui, Thailand. In: J. of Cultural Geogr., 12, S.53–64.

Wilson, D. (1979): The early effects of tourism in the Seychelles. In: de Kadt, S. 205–236.

Wilson, D. (1993): Time and tides in the anthropology of tourism. In: Hitchcock et al., S. 32–47.

Wirth, A. (1976): Massentourismus und abhängige Entwicklung. Kritik der herrschenden Theoreme zum Tourismus in der Dritten Welt. Marburg (Diss.).

Wong, P. (1993): Island tourism development in peninsula Malaysia: Enviromental perspectives. In: Wong, S. 83–97.

Wong, P. P. (Ed.) (1993): Tourism vs. environment. The case of coastal areas. Dordrecht.

Wood, R. E. (1984): Ethnic tourism, the state and cultural change in Southeast Asia. In: Ann. of Tourism Res., 11, S. 353–374.

Wood, R. E. (1993): Tourism, culture and the sociology of development. In: Hitchcock et al., S. 48–70.

World Tourism Organization (WTO) (Ed.) (1994): National and regional tourism planning. Methodologies and case studies. London, New York.

World Tourism Organization (WTO) (Ed.) (1985ff): Yearbook of tourism statistics. Madrid.

World Travel & Tourism Council (Ed.) (1992): Travel & tourism. The world's largest industry. Brüssel.

Young, G. (1973): Tourism: Blessing or blight? Harmondsworth.

Zhao, X. (1994): Barter tourism along the China-Russia border. In: Ann. of Tourism Res., 21, S. 401–403.

Zimmermann, G. R. (1990): Der Tourismus auf Bali in Indonesien. Zur Erklärung der Fremdenverkehrsstruktur in ihrer raum-zeitlichen Entwicklung. In: Institut für Tourismus. Arbeitskr. „Freizeit und Fremdenverkehrsgeogr." Berlin, S. 103–122 (= Berichte u. Mat., 8).

REGISTER

Pionierreisende 21
-touristen 19. 24
Port el Kantaoui 79
Port Everglades 76
Praslin 190
Prostitution 58. 59. 114. 122. 150. 203
Puerto Plata 25. 180
Puerto Rico 19. 30. 76
Puerto Vallarta 89. 124. 150–152
Punta Canu 180

Querétaro 151
Quingdao 53
Quintana Roo 161

Rabat 57
Rangun 110
Raumbelegungsrate 25
-entwicklung 187
-ordnung 46
-ordnungskonzept 175
Regenwaldschutz 226
Regionalentwicklung 171. 185. 188. 193
Reisedevisenbilanz 136
-konzern 25. 76. 83–85. 91. 92. 98. 108
-motive 43
-veranstalter 11. 24. 35. 39. 46. 56. 74.
   84. 88. 106. 116. 175. 196. 224
Reynosa 58
Ressource(n) 1–4. 24. 25. 29. 109. 136. 138.
   140. 167. 171. 173. 174. 185. 189. 190. 191.
   209–212. 214. 221. 225. 226. 229
-ausstattung 1. 215
-management 229
-sicherung 209
-zerstörung 1. 3. 229–231
Reunion 29
Rhodesien 20. 213
Ruaha N. P. 215
Ruanda 158. 159. 214. 215
Rubondo 214
Rundreise(n) 58. 84. 85. 104. 116. 118.
   179. 183. 187. 197
-tourismus 33. 54–56. 120. 137. 173
Rußland 34
Ruwenzori 62

S-Asien 32. 79
Safari(s) 56. 96. 118. 182. 184. 197. 217.
   220. 221
-Tourismus 56. 61. 137. 180. 183. 225
-Veranstalter 25. 220
Sahara 29. 203. 211
Saisonalität 30–33. 54. 81. 195
Salomonen 104. 188
Salta 78
Samaná 180
Sambesi 213
Sambia 32
Samet 224
San Juan 76
sanfter Tourismus 225
Sansibar 104. 188
Santo Domingo 180
Sanur 115
Sargamantha 68. 69
Saudi-Arabien 41. 50
Schiffsreisen 17
Schott el Djerid 56
Schutzgebiet(e) 61. 63. 69. 157–159. 182–
   184. 209. 211. 213–217. 220–225
Schwarzafrika 20
-meerküste 51
Schweiz 24
SE-Asien (auch Südostasien) 14. 22. 28.
   32. 37. 79. 81. 106. 110. 112. 123. 157
Selous G.R. 215. 219
Senegal 104
Sepik 74
Serengeti 25. 61. 215. 218
Sex-Tourismus 25. 42. 150
Seychellen 2. 14. 26. 30. 32. 38. 39. 98.
   104. 106–108. 120. 129. 130. 134. 137.
   138. 141. 143. 144. 149. 155. 156. 163.
   164. 174. 188–191
Sherpas(s) 65–68
Sibiloi N. P. 214
Sickerrate 136. 138
Simla 194. 195
Singapur 1. 14. 21. 35. 37. 73. 74. 78–81.
   88. 89. 110
Sokkuthai 52
Sosua 123. 180